L'intégralité de votre livre* accessible en ligne

avec une simple connexion Internet !

OFFERT LIVRE EN LIGNE

Pour ACTIVER votre livre en ligne

- Rendez-vous sur www.nathan.fr/livre-en-ligne.
- Créez un compte **Nathan** en suivant les indications en ligne.
- Cliquez sur « Activer un livre », saisissez votre clé d'activation personnelle puis le mot du livre qui vous sera demandé.

Votre clé d'activation personnelle :

AGLV4R-8MA-B24G

Pour toute CONNEXION ULTÉRIEURE

Connectez-vous sur www.nathan.fr/livre-en-ligne avec vos identifiants **Nathan**.

IMPORTANT

Votre clé d'activation est unique et personnelle : une fois utilisée, elle ne sera plus valide. Elle offre un accès de 24 mois à compter de la date d'activation. Elle est réservée à un seul utilisateur et ne peut être partagée.

Configuration minimale requise : Internet Explorer 8, Mozilla Firefox 3.4, Chrome, Safari, Opera toutes versions.

Retrouvez les conditions générales d'utilisation sur www.nathan.fr/livre-en-ligne.

*Service disponible à partir du 27 juillet 2022.

BTS MCO 978-2-09-167606-7

Nathan

BTS MCO

Réflexe

1re / 2e années

Management commercial opérationnel

Toutes les matières

Les fiches « Je gère mon BTS »
Marie José CHACON BENITO
Monica MANZI
Marion MARRE-PINATEL
Christel POMMIER
Pascale STOUPY

Relation client et vente conseil
Marion MARRE-PINATEL
François RÉVEILHAC
Pascale STOUPY

Animation et dynamisation de l'offre
Marion MARRE-PINATEL
François RÉVEILHAC
Pascale STOUPY

Gestion opérationnelle
Laurent HOUVION
Dominique LEGROS
Monica MANZI
François RÉVEILHAC
Pascale STOUPY

Management de l'équipe commerciale
Monica MANZI
Marion MARRE-PINATEL

CEJM
Pascal BESSON
Marie José CHACON BENITO
Laurence GARNIER

Culture générale et expression
Christel POMMIER

Anglais
Daniel BONNET-PIRON

Nathan

Sommaire

Je gère mon BTS

DÉVELOPPEMENT DE LA RELATION CLIENT ET VENTE CONSEIL

Savoirs

Édition : Angélique Brézillon et Marie-Astrid Lehoux
Fabrication : Emmanuelle Perrier
Coordination artistique : Vincent Rioult
Couverture : Vincent Rioult
Maquette intérieure : David Bart
Composition : Nord Compo
Infographies : Christophe Vallée

ISBN : 978-2-09-167606-7

ANIMATION ET DYNAMISATION DE L'OFFRE COMMERCIALE

Savoirs

GESTION OPÉRATIONNELLE

Savoirs

MANAGEMENT DE L'ÉQUIPE COMMERCIALE

Savoirs

CEJM

Savoirs

CULTURE GÉNÉRALE ET EXPRESSION

ANGLAIS

S'organiser en BTS

1 Les spécificités du BTS

Le BTS est un diplôme d'études courtes qui vise à vous spécialiser dans un domaine particulier. Vous devez donc prendre conscience que vos matières de spécialité sont prépondérantes dans vos résultats et pour la réussite à l'examen. Cela ne signifie pas pour autant qu'il faille négliger les matières d'enseignement plus générales. Elles sont tout aussi importantes pour valoriser vos compétences et vous différencier sur le marché du travail. Les périodes en milieu professionnel sont également des moments de formation importants. Le choix de l'organisation d'accueil, son contexte et le contenu des actions professionnelles réalisées doivent nécessairement être en cohérence avec le référentiel de formation. Cela conditionne la pertinence des productions présentées lors des épreuves orales et pratiques à l'examen, d'ailleurs affectées de forts coefficients. Il faut donc organiser la recherche :
– en anticipant son argumentaire (présentation du BTS et des épreuves professionnelles) ;
– en structurant le cadre des missions et des projets à réaliser ;
– en créant un calendrier de recherche des organisations (dates d'envoi des candidatures, des relances et des prises de rendez-vous).

2 Comment travailler ?

La régularité du travail est très importante pour acquérir des connaissances solides.
– N'attendez pas le moment des examens ou des tests pour revoir vos leçons. Vous comprendrez beaucoup plus facilement les cours suivants si vous avez des bases solides.
– N'hésitez pas à faire **des fiches de synthèse** tout au long de l'année. Vous pouvez aussi vous procurer des **annales** pour comprendre l'esprit des épreuves et ce qu'on attend de vous.
– N'oubliez pas que les machines programmables disposent dorénavant d'un mode examen qui empêche l'étudiant d'accéder à ses données pendant l'épreuve. Seules les calculatrices comportant le logo « Mode examen intégré » sont autorisées. **Ne comptez** donc **pas sur votre calculatrice** pour vous servir de mémoire !
– Pensez à **revoir vos cours avant d'entamer la seconde année**. C'est en effet la continuité de votre programme, et la reprise sera moins difficile.

3 Comment réviser ?

– **N'oubliez pas que les examens du BTS portent sur les deux années du programme**. Vous pouvez donc avoir à l'examen des sujets comportant des notions de la première année, ou même parfois des sujets portant exclusivement sur le programme de première année. Ne négligez donc pas cette partie dans vos révisions.
– Établissez un **planning prévisionnel** sur plusieurs semaines, en prévoyant à l'avance des créneaux libres qui vous serviront à ajuster vos révisions en fonction des contraintes de dernière minute.
– **Alternez les matières et les compétences** : par exemple, notions à apprendre plutôt dans la matinée, exercices d'application en début d'après-midi et de nouveau acquisition de connaissances en fin d'après-midi.
– **Prévoyez de revoir plusieurs fois vos leçons**. La mémoire à long terme ne se mobilise qu'une fois la notion revue plusieurs fois.

L'épreuve E41 Développement de la relation client et vente conseil

1 L'objectif de l'épreuve

Cette épreuve permet d'évaluer les compétences et la maîtrise des savoirs du bloc de compétences n° 1 « Développement de la relation client et vente conseil ». Les situations professionnelles vécues ou observées sont réalisées en établissement de formation et en milieu professionnel pendant les deux années de formation. Elles doivent couvrir toutes les compétences du bloc de compétences n° 1, à savoir assurer la veille informationnelle, réaliser des études commerciales, vendre, entretenir la relation client.

2 Préparer le dossier

Les étudiants doivent préparer un **dossier numérique** qui fait référence aux situations vécues ou observées tout au long de leurs deux années de formation. Ces situations peuvent avoir été vécues en stage, avoir fait l'objet de travaux dirigés en classe ou externalisés.

Les domaines d'activité concernés sont :

- la collecte, l'analyse et l'exploitation de l'information commerciale ;
- la vente conseil ;
- le suivi de la relation client ;
- le suivi de la qualité des services ;
- la fidélisation de la clientèle ;
- le développement de la clientèle.

Chaque activité réalisée doit faire l'objet d'une **fiche d'activité** comprenant les éléments suivants :

- la (ou les) compétence(s) mobilisée(s) ;
- la date et la durée ;
- le contexte professionnel ;
- les objectifs poursuivis ;
- la méthodologie utilisée ;
- les moyens et les techniques mis en œuvre ;
- les résultats obtenus.

Le nombre de fiches d'activité n'est pas imposé, mais toutes les compétences doivent être acquises. Chaque compte rendu d'activité sera évalué par l'enseignant en charge de la matière.

3 Le format de l'épreuve

Coefficient : **3** – Modalité : **Pratique**

Les étudiants en formation initiale présentent l'épreuve en contrôle en cours de formation (CCF) en 2e année de STS. Les étudiants en formation continue présentent l'épreuve sous la forme ponctuelle orale de 30 minutes en fin de 2e année de STS.

Il s'agit d'une épreuve orale validée par une commmision d'évaluation composée d'un professeur de « Développement de la relation client et vente conseil » et ayant en charge le suivi du candidat pendant ses activités professionnelles, et d'un professionnel, ou en l'absence de ce dernier, d'un deuxième professeur en charge d'enseignements professionnels en STS Management commercial opérationnel. L'évaluation donne lieu à une note sur 20.

L'épreuve E42 Animation et dynamisation de l'offre commerciale

1 L'objectif de l'épreuve

Cette épreuve permet d'évaluer les compétences et la maîtrise des savoirs du bloc de compétences n° 2 « Animer et dynamiser l'offre commerciale » :

- élaborer et adapter en continu l'offre de produits ou de services ;
- organiser l'espace commercial ;
- développer les performances de l'espace commercial ;
- mettre en place la communication commerciale ;
- évaluer l'action commerciale.

Les situations professionnelles vécues ou observées sont réalisées en établissement de formation et en milieu professionnel pendant les stages de première et de deuxième années. Elles doivent couvrir les compétences et savoirs associés décrits dans le bloc de compétences n° 2 « Animer et dynamiser l'offre commerciale ».

2 Préparer le dossier

L'épreuve prend appui sur un **dossier numérique** personnel rédigé et constitué par le candidat, à rendre avant l'épreuve. Il rend compte des différentes situations professionnelles vécues ou observées au cours de la formation ou dans le milieu professionnel, sous forme de **fiches d'activité** contenant les éléments suivants :

- la (ou les) compétence(s) mobilisée(s) ;
- la date et la durée ;
- le contexte professionnel ;
- les objectifs poursuivis ;
- la méthodologie utilisée ;
- les moyens et les techniques mis en œuvre ;
- les résultats obtenus.

3 Le format de l'épreuve

Coefficient : **3** – Modalité : **Pratique**

Les étudiants en formation initiale présentent l'épreuve en contrôle en cours de formation (CCF). L'évaluation s'appuie sur le dossier professionnel réalisé par le candidat.
Les évaluations se déroulent tout au long des deux années de formation, au fur et à mesure de l'avancement du candidat. Chaque situation professionnelle fait l'objet d'une ou plusieurs évaluations. Pour chacune d'elles, le candidat devra joindre à son dossier la grille d'évaluation réalisée par les professeurs.
Une commission d'évaluation apprécie le degré de maîtrise des compétences relevant du bloc n° 2. L'évaluation donne lieu à une note sur 20. Les étudiants en formation continue passent une épreuve ponctuelle orale de 30 minutes en fin de 2e année de STS. Le candidat remet au jury son dossier au format numérique.
L'épreuve se déroule en deux temps :
- 10 minutes maximum durant lesquelles le candidat présente le contexte des situations professionnelles ainsi que les compétences mobilisées grâce à une présentation numérique sans être interrompu ;
- 20 minutes durant lesquelles la commission interroge le candidat sur l'ensemble des compétences du bloc n° 2.

L'épreuve E5 Gestion opérationnelle

1 L'objectif de l'épreuve

L'objectif de l'épreuve E5 est de valider les compétences du candidat correspondant au bloc de compétences n° 3 « Assurer la gestion opérationnelle » :

GÉRER LES OPÉRATIONS COURANTES	PRÉVOIR ET BUDGÉTISER L'ACTIVITÉ	ANALYSER LES PERFORMANCES
Gérer les stocks, les approvisionnements Suivre les règlements Vérifier l'équilibre du bilan Analyser le compte de résultat Fixer les prix [...]	Prévoir les ventes Fixer des objectifs commerciaux Élaborer les budgets prévisionnels Participer aux décisions d'investissement [...]	Concevoir et analyser un tableau de bord Analyser la rentabilité Rendre compte de l'activité Proposer des mesures correctives [...]

2 Le format de l'épreuve

Coefficient : **3** – Modalité : **Écrit** – Durée : **3 h**

L'épreuve se déroule sous la **forme ponctuelle**. Elle est identique, quel que soit le statut de l'étudiant (formation initiale ou formation continue).

L'épreuve prend appui sur l'**étude d'un cas de gestion d'une unité commerciale**.

Elle se compose de plusieurs parties permettant de couvrir les différentes compétences du bloc n° 3. Les travaux à réaliser s'appuient sur des annexes qui fournissent les informations nécessaires à la résolution des problèmes posés.

L'épreuve peut aussi comporter des questions à choix multiple. Elle propose des situations professionnelles accompagnées de documents destinés à présenter :
– le contexte commercial support de l'épreuve ;
– les informations nécessaires à la résolution des problèmes posés.

Le candidat devra veiller à rendre une copie dans laquelle l'ensemble des travaux des différents dossiers sera correctement présenté. Les travaux à traiter peuvent être indépendants mais il y a souvent une logique dans l'ordre des questions de chaque dossier. Il est donc conseillé de les traiter dans l'ordre.

Soignez votre copie, soyez professionnel : la présentation des résultats, la clarté et la qualité de la communication écrite, l'orthographe et la syntaxe sont des éléments à ne pas négliger.

L'épreuve E6
Management de l'équipe commerciale

1 L'objectif de l'épreuve

L'objectif de l'épreuve E6 est de valider les compétences du candidat correspondant au bloc de compétences n° 4 « Manager l'équipe commerciale » :

ORGANISER LE TRAVAIL DE L'ÉQUIPE COMMERCIALE	RECRUTER DES COLLABORATEURS
Analyser et répartir les tâches Planifier le travail Respecter les contraintes légales et réglementaires [...]	Évaluer les besoins en personnel Organiser/ participer au recrutement Conduire un entretien de recrutement Intégrer les nouveaux collaborateurs [...]
ANIMER L'ÉQUIPE COMMERCIALE	**ÉVALUER LES PERFORMANCES DE L'ÉQUIPE COMMERCIALE**
Conduire une réunion, un entretien Accompagner et motiver l'équipe Participer à la formation de l'équipe Gérer les conflits Prévenir et gérer les risques psychosociaux [...]	Construire et analyser un tableau de bord de suivi de l'équipe Mesurer et analyser les performances individuelles et collectives [...]

2 Le format de l'épreuve

Coefficient : **3** – Modalité : **Pratique ou écrite**

L'épreuve s'appuie sur un **contexte d'entreprise** diffusé dans la circulaire nationale d'organisation de l'examen.
Ce contexte est identique pour les candidats évalués en CCF comme pour ceux évalués sous forme ponctuelle.

2.1. L'évaluation en CCF : épreuve orale et pratique

Le contexte d'entreprise national sert de support d'évaluation de l'ensemble des compétences du bloc n° 4.
L'évaluation se déroule au cours de la deuxième année de formation. Elle peut prendre la forme d'une ou plusieurs **situations d'évaluation.**
Le contexte d'entreprise est complété localement par des **questions et/ou des problèmes à résoudre**. Différents scénarios d'évaluation peuvent être construits par les équipes pédagogiques.

2.2. L'évaluation sous forme ponctuelle : épreuve écrite de 2 h 30

L'épreuve prend appui sur le contexte d'entreprise figurant dans la circulaire nationale d'organisation de l'examen et comporte une série de questions et/ou des problèmes à résoudre relatifs aux compétences du bloc n° 4.

L'épreuve E3 Culture économique, juridique et managériale (CEJM)

1 L'objectif et le format de l'épreuve

Coefficient : **3** – Modalité : **Écrite** – Durée : **4 h**

L'épreuve E3 Culture économique juridique et managériale (CEJM) est une épreuve ponctuelle écrite présentée à la fin des deux années de formation. Elle permet d'évaluer les compétences économiques, juridiques et managériales relatives à l'enseignement de CEJM.
L'épreuve dure 4 heures.

Le sujet, un dossier documentaire de 10 pages maximum, vous présente une situation d'entreprise et vous demande de répondre à une série de questions d'ordres économique, juridique et managérial. Il comprend :
– la **présentation d'une situation contextualisée d'entreprise** qui contient des problématiques de nature économique ou juridique ou managériale ;
– une **base documentaire** économique, juridique et managériale ;
– une **série de questions** permettant de structurer et d'orienter le travail à réaliser.

2 Que faire pendant l'épreuve E3 ?

2.1. Analyser la situation et identifier le ou les problèmes économiques, juridiques et de management

Il est important de commencer par lire attentivement la situation de l'entreprise afin de l'analyser précisément. Vous pouvez recopier au brouillon la problématique et résumer en dessous :
– les éléments importants du contexte, très utiles pour l'introduction du rapport (conditions, circonstances dans lesquelles se produit la situation, type et taille de l'organisation…) ;
– les causes liées à la problématique ;
– les conséquences (vous pouvez relier par des flèches les causes et leurs conséquences).

2.2. Présenter la solution retenue ou à retenir

En fonction du problème identifié, vous devez :
– proposer des solutions en apportant les arguments nécessaires ;
– établir un diagnostic afin de préparer la prise de décision ;
– présenter les décisions opérationnelles possibles.

Vous devez, dans vos réponses aux questions, exploiter le dossier documentaire et exposer vos analyses et vos propositions de manière construite et argumentée.
Vous devez être capable de mobiliser les méthodologies propres à chacun des trois champs disciplinaires (économie, droit, management).

EXEMPLE Mobiliser le modèle PESTEL pour identifier les facteurs environnementaux ayant une influence sur la prise de décision dans l'entreprise en fonction des opportunités et des menaces du macro-environnement.

L'épreuve de culture générale et expression

1 La présentation de l'épreuve

L'épreuve de culture générale et expression (CGE) dure 4 heures.
Elle est composée de deux écrits :
– la **synthèse de documents** (sur 40 points) : cette épreuve a pour objectif de confronter les documents d'un corpus dans une synthèse organisée.
– l'**écriture personnelle** (sur 20 points) : il s'agit de répondre à une question, de manière argumentée.
La note sur 60 est ramenée à une note sur 20. Les deux écrits portent sur un des deux thèmes au programme et étudiés au cours de la 2e année.
La synthèse de documents et l'écriture personnelle portent sur un corpus de documents (entre 3 et 5) composé de **textes** extraits :
– d'œuvres littéraires (roman, pièce de théâtre…) ;
– d'essais (ouvrages de réflexion) ;
– d'articles de presse.

Le corpus peut également inclure un **document iconographique** : affiche publicitaire, tableau, dessin de presse…

2 Les attentes de l'épreuve

Les **principales compétences** mises en œuvre pour réussir l'épreuve de CGE sont :
– comprendre les textes ;
– synthétiser ;
– confronter ;
– argumenter ;
– travailler à partir de thèmes.

Les compétences déjà développées dans les cursus des étudiants sont nombreuses. Les textes argumentatifs ont été étudiés au collège et au lycée et la confrontation de documents fait partie des savoir-faire développés pour l'épreuve anticipée de français ou le bac professionnel. Tous les étudiants sont habitués à travailler par thèmes. La nouveauté en BTS tient au fait que les textes étudiés sont plus longs que dans les cycles précédents.
Il est important d'avoir une bonne connaissance des **deux thèmes** :
– pour la synthèse de documents : vos connaissances vous permettront, d'une part, de bien comprendre les documents et, d'autre part, de trouver plus facilement un plan ;
– pour l'écriture personnelle : de construire une argumentation pertinente, avec des références précises.
Exemples de thèmes : « Corps naturel, corps artificiel », « Seuls avec tous » (2018-2019).

3 Se préparer à l'épreuve

• Préparer de manière méthodique les deux exercices.
• Ne pas négliger l'écriture personnelle sous prétexte que l'épreuve est notée sur 20 points.
• S'intéresser, dès la 1re année, au thème qui sera maintenu l'année suivante.
• Lire, en 2e année, des ouvrages consacrés aux deux thèmes.
• Travailler tout au long des deux années l'expression, l'orthographe et le lexique.

L'épreuve d'anglais

1 L'objectif de l'épreuve

L'épreuve d'anglais a pour but d'évaluer le niveau B2 du Cadre européen commun de référence pour les langues.

2 L'épreuve de compréhension de l'écrit et d'expression écrite

L'épreuve dure deux heures. L'usage du dictionnaire bilingue (non spécialisé) est autorisé. Le candidat travaille à partir d'un ou de plusieurs documents (un seul le plus souvent) en anglais provenant de l'actualité contemporaine couvrant les domaines étudiés en BTS MCO pendant les deux années.

2.1. Compréhension de l'écrit (10 points)

Le candidat est amené à produire une synthèse ou un compte rendu en français en nombre limité de mots à partir du ou des documents en anglais. Plus rarement il pourra lui être demandé de traduire un passage.

2.2. Expression écrite (10 points)

Une ou deux questions plus générales seront à développer en anglais à partir de la thématique du ou des documents proposés comme supports.
Le nombre de mots souhaités pour chaque question sera indiqué, généralement une centaine par question.

3 L'épreuve d'expression orale

Il s'agit d'une mise en situation professionnelle sous la forme d'un entretien d'embauche, d'un exercice de vente, etc.

3.1. Préparation (20 minutes)

Le candidat se prépare pendant 20 minutes. Aucune note, aucun dictionnaire n'est autorisé pendant la préparation.

3.2. Passage (20 minutes)

Le candidat se produira pendant 20 minutes avec un examinateur qui jouera le rôle du client, du recruteur, etc. en fonction de la mise en situation professionnelle.

Savoir 1 La relation commerciale et son évolution

La relation commerciale comprend l'ensemble des échanges ou contacts commerciaux entre un client et une unité commerciale.

1 La notion de contact commercial

Les contacts commerciaux correspondent à une rencontre physique ou virtuelle entre le client et l'unité commerciale. Ils visent un échange de produits et/ou services ou un échange d'informations, peuvent être à l'initiative du client ou de l'unité commerciale et peuvent être établis par divers canaux.

2 Les enjeux de la relation commerciale

Les entreprises doivent adapter leur relation commerciale à l'omnicanalité et faire face à de nouveaux enjeux.

Ces enjeux sont de plusieurs ordres :
- le maintien et le développement du portefeuille client, grâce à un contact de qualité sur les différents canaux, qui permettra ensuite de transformer le client en prescripteur de l'enseigne ;
- l'amélioration de la connaissance client et des habitudes d'achat, grâce à l'utilisation de bases de données permettant de qualifier le client, de personnaliser l'offre, et de créer une relation commerciale privilégiée ;
- la différenciation de la concurrence, grâce à l'individualisation de la relation avec le client, à sa fidélisation, à l'amélioration de l'image de l'entreprise.

3 Les étapes de la relation commerciale

L'établissement de la relation commerciale passe par plusieurs étapes :
- l'acquisition du client (premier achat) ;
- l'augmentation du capital client (développement de ses achats) ;
- la fidélisation ;
- le suivi du client et l'individualisation de l'offre.

La relation commerciale a pour objectif de transformer les nouveaux clients en clients fidèles, qui deviendront par la suite de véritables ambassadeurs de la marque (on parle de « clients avocats »).

4 La diversité des canaux de contact commerciaux

Afin de répondre au mieux à leurs attentes et de renforcer la relation, les unités commerciales utilisent une grande variété de canaux de contact commerciaux.
Au-delà des canaux traditionnels de contact (communication locale [ILV, PLV], animations, ventes privées...), les unités commerciales utilisent aujourd'hui

simultanément plusieurs canaux de contact commerciaux afin de pérenniser la relation commerciale.

LE FACE-À-FACE	Contact direct avec les vendeurs permettant de personnaliser la relation.
LE TÉLÉPHONE	Contact direct et rapide avec l'unité commerciale. Il est aujourd'hui renforcé avec la communication *via* les smartphones. Il peut également s'agir de centres d'appels, de hotlines ou de serveurs vocaux.
INTERNET	Facilite l'accès aux produits et aux conditions commerciales. Il permet d'entrer en relation avec le client 24 h sur 24 et 7 jours sur 7, d'émettre des offres personnalisées (newsletter...), de collecter des données (formulaire en ligne...) et d'assister le client en temps réel (tchatbot).
LES RÉSEAUX MOBILES	Ils sont multiples : SMS, SMS géolocalisés, notifications sur les applications mobiles...
LES RÉSEAUX SOCIAUX	Ils permettent de tisser des liens, d'échanger, de créer une communauté de clients (Facebook, Instagram, Snapchat, Twitter, LinkedIn).

Grâce à ces canaux, le consommateur peut acheter à n'importe quel moment, n'importe où et sur n'importe quel support. On assiste donc à l'émergence d'une nouvelle forme d'expérience d'achat : l'omnicanal, qui modifie profondément la relation commerciale. Le client est devenu expert du fait de la qualité de l'information dont il dispose, et volatil car il a accès à de multiples parcours d'achat.

5 Les principales évolutions de la relation commerciale

La relation commerciale a dû s'adapter à cette nouvelle forme d'expérience d'achat. L'unité commerciale la considère aujourd'hui comme une véritable relation de service, qui doit être :
- permanente : les multiples canaux numériques doivent permettre une relation en tout lieu et à tout moment ;
- omnicanale : elle doit être continue sur l'ensemble des canaux. Le contact doit pouvoir être amorcé par un canal et conclu sur un autre ;
- personnalisable : une meilleure connaissance du profil client permet de personnaliser la relation et l'offre proposée ;
- responsable : elle doit répondre aux attentes éthiques (environnement, responsabilité sociale).

Ces évolutions sont devenues possibles grâce à la digitalisation de la relation commerciale, notamment au travers de supports tels que les smartphones et tablettes, mais aussi grâce à des canaux de communication variés et interconnectés qui permettent de créer une véritable expérience de consommation (bornes interactives en magasin, réseaux sociaux, applications mobiles, tchatbot...).

Mots clés Relation commerciale • Contact commercial • Connaissance client • Canaux de contacts • Expérience de consommation

Savoir 2 Les méthodes de vente et leur règlementation

La relation commerciale dépend de la méthode de vente utilisée. Différentes méthodes de vente existent, qui doivent toutes respecter certaines règles légales liées à la vente.

1 Les différentes méthodes de vente

Elles se distinguent selon la situation de vente avec les consommateurs.

VENTE-CONSEIL	Vente en face à face : le vendeur a un rôle actif, il effectue ses ventes sur le point de vente, dans un lieu de manifestation commerciale ou chez le client. Un vendeur peut avoir des clients dédiés du fait de la spécificité de son offre.
VENTE EN LIBRE- SERVICE	– Vente en libre-service : le client choisit seul son produit sans informations complémentaires (ex. : grande distribution). – Distributeur automatique : le client est autonome, les distributeurs sont généralement positionnés dans des lieux de passage.
VENTE À DISTANCE	– Vente par téléphone : la vente peut être à l'initiative de l'enseigne (démarchage téléphonique) ou du client. – Vente en ligne : le client effectue ses achats sur le site marchand. Il peut être assisté par un tchatbot ou une hotline.

2 La réglementation des ventes

Les ventes commerciales sont soumises à certaines règles légales.

VENTES RÉGLEMENTÉES	– Liquidation : permet d'écouler les stocks, sur autorisation municipale, en vue d'une fermeture pour travaux ou d'une cessation d'activité. – Vente au déballage : vente sur des lieux non dédiés, sur autorisation municipale (ex. : vide-grenier). – Soldes : périodes fixées par arrêté préfectoral. – Vente à distance : droit de rétractation de 14 jours, double-clic, mail de confirmation, délai de livraison maximal de 30 jours.
VENTES ILLICITES	– Vente subordonnée : interdiction de conditionner la vente d'un produit à l'achat d'un autre produit ou à une quantité imposée. – Vente par envoi forcé : interdiction d'envoyer un produit sans demande préalable du client. – Vente à la boule de neige : interdiction de proposer des produits remisés ou gratuits sous condition d'adhésion ou de parrainage (collecte d'adhésions).

Mots clés Relation commerciale • Méthode de vente • Vente-conseil • Vente en face à face • Vente en libre-service • Vente à distance • Vente réglementée • Vente illicite

Savoir

3 Les étapes de la vente

Une vente est une situation de communication orale interpersonnelle durant laquelle le vendeur pratique une écoute active et fait preuve d'efficacité relationnelle.

CONNAÎTRE LES OBJECTIFS DE LA VENTE	Ils sont fixés par le manageur. Ils peuvent être quantitatifs (atteindre un CA) et/ou qualitatifs (satisfaire le client).
PRÉPARER LA VENTE	Le vendeur doit connaître l'UC : sa culture, ses produits, ses prix, les clients de la zone de chalandise, les concurrents. Il doit ensuite préparer ses outils d'aide à la vente (OAV) et maîtriser les supports d'aide à la vente (logiciel de GRC, tablette...).
PRENDRE CONTACT	Le vendeur se présente et crée un climat favorable en respectant la règle des 4 × 20 : 20 premiers pas, 20 premiers centimètres du visage, 20 premiers gestes, 20 premiers mots.
DÉCOUVRIR LES BESOINS DU CLIENT	À partir du plan de découverte (voir Fiche 4), le vendeur interroge le client afin d'identifier ses besoins et mobiles d'achat.
REFORMULER LES BESOINS	Le vendeur reformule les besoins du client pour vérifier qu'il a bien cerné ses attentes.
ARGUMENTER	Le vendeur doit convaincre le client de la pertinence du produit qu'il lui propose grâce à un argumentaire de vente de type CAP et SONCAS (Fiche 4) et vérifie la portée de ses arguments avec des questions de validation (« Qu'en pensez-vous ? »).
TRAITER LES OBJECTIONS	Identifier d'abord le type d'objection, puis l'accepter et la valoriser, chercher à la comprendre en questionnant le client, confirmer sa compréhension, puis la traiter à l'aide de réactions préparées dans un OAV.
CONCLURE LA VENTE	Le vendeur cherche à obtenir l'accord (verbal ou écrit) du client dès lors qu'il détecte des signaux favorables.
PRENDRE CONGÉ	Le vendeur félicite le client pour son achat, montre qu'il reste disponible pour d'éventuelles questions et accompagne le client en caisse ou procède lui-même à l'encaissement.
SUIVRE LA RELATION CLIENT ET FIDÉLISER	Le vendeur propose l'adhésion au programme de fidélité, enregistre les données client, et contrôle la satisfaction grâce à une enquête.
MESURER L'ATTEINTE DES OBJECTIFS	Le manageur calcule le taux de réalisation des objectifs par vendeur ou par équipe.

Mots clés Outils d'aide à la vente (OAV) • Prendre contact • Découvrir les besoins • Reformuler • Argumenter • Objections • Conclure la vente • Prendre congé

Savoir 4 Les outils d'aide à la vente (OAV)

Pour réaliser une vente, le vendeur s'appuie sur des outils qu'il conçoit avant de se trouver en situation face au client. Il prépare toutes les questions et arguments qui lui permettront d'identifier les besoins du client, de proposer une offre adaptée et de répondre à ses objections.

1 La préparation de la découverte des besoins

Pour découvrir les besoins du client, le vendeur doit recueillir certaines informations : la motivation d'achat (hédoniste, oblative, d'autoexpression), la fréquence d'usage du produit (fréquente ou occasionnelle), la fréquence d'achat, les marques préférées du client, les caractéristiques du produit qu'il recherche et, enfin, le budget qu'il accepte de consacrer à cet achat.
Les mobiles d'achat peuvent être de plusieurs natures :

SÉCURITÉ	Le client attend des garanties, un produit fiable, un SAV performant.
ORGUEIL	Le client est attentif aux marques, au prestige de son achat.
NOUVEAUTÉ	Le client souhaite un produit moderne, innovant, exclusif.
CONFORT	Le client est sensible à l'aspect pratique et à la simplicité d'utilisation.
ARGENT	Le client souhaite réaliser un investissement, faire une bonne affaire...
SYMPATHIE	Le client est sensible à la relation de confiance avec le vendeur.

Le vendeur pourra formuler des questions ouvertes, fermées ou alternatives, permettant de proposer deux options favorables à la vente.

2 La préparation de l'argumentaire de vente

2.1. La méthode CAP

L'argumentation vise à convaincre le client d'acheter. Elle implique une bonne connaissance du produit. Sa préparation respectera la méthode CAP :
- caractéristiques : qualités techniques et commerciales du produit ;
- avantages : bénéfices que les caractéristiques peuvent apporter au client ;
- preuves : démonstration de l'avantage du produit.

CARACTÉRISTIQUES	AVANTAGES	PREUVES
IDENTIFICATION : nom du produit, modèle, marque, fabricant, origine Ex. : Modèle Eliott – Marque Simmons – 100 % made in France	Marque renommée et reconnue comme marque experte de la literie. Produits travaillés à la main et assemblés dans des usines françaises.	Existe depuis plus de 80 ans. Label Made in France
CARACTÉRISTIQUES TECHNIQUES : contenance, description, composants, couleurs, utilisation, mode d'emploi Ex. : Épaisseur de matelas 28 cm, empreinte à mémoire de forme, deux faces de couchage (été/hiver).	Le matelas est très souple et épouse parfaitement la forme du corps. Quelle que soit la saison, il reste parfaitement adapté à un usage optimal, avec une hygiène sans faille.	Les ressorts sont un procédé breveté. Seule marque à proposer une telle qualité de soutien.
CARACTÉRISTIQUES COMMERCIALES : prix de vente, conditions de paiement, garantie, SAV, services, conditionnement, promotion, produits complémentaires Ex. : Garantie de 5 ans.	Couvre tous les risques d'affaissement anormal du matelas ou toute déformation prématurée.	Bon de garantie

2.2. La typologie de clientèle

Cet argumentaire pourra ensuite être adapté à la typologie de clientèle SONCAS :

MOBILE D'ACHAT	CARACTÉRISTIQUES	AVANTAGES	PREUVES
Sécurité	Garantie de 5 ans	Couvre tous les risques d'affaissement anormal ou toute déformation prématurée.	Bon de garantie
Orgueil	Marque Simmons	Marque renommée et reconnue comme experte de la literie.	Témoignages de clients
Nouveauté	Ressort ensaché breveté	Technologie unique et nouvelle permettant un meilleur confort de sommeil	Test par le client
Confort	Parfaite indépendance de couchage	Dans toutes les positions pour que chacun profite du plus doux des sommeils.	Test par le client
Argent	Prix de 585 €	Bon rapport qualité-prix compte tenu des qualités excellentes.	Comparaison avec des marques concurrentes
Sympathie	Livraison offerte	Économie de 60 €	PLV

Lors de l'entretien avec le client, le vendeur choisit les trois ou quatre arguments correspondant aux besoins et au mobile d'achat identifiés.

3 La préparation du traitement des objections

Une objection est une réaction du client à une proposition du vendeur. Il s'agit le plus souvent d'une crainte ou d'un risque lié au manque d'information. Il appartient au vendeur de repérer le type d'objection émise.

3.1. Les types d'objections

	CARACTÉRISTIQUES	TRAITEMENT
Objection sincère	L'objection du client est réelle, elle exprime souvent un frein à l'achat. Le client veut soit obtenir davantage d'informations, soit vérifier la compétence du vendeur. Ex. : « Quinze jours de délai, c'est trop long… »	Il faut répondre par des arguments concrets, techniques. Ex. : « En attendant, nous pouvons mettre à votre disposition un produit de remplacement. »
Objection prétexte	Le client n'a pas réellement envie ou besoin d'acheter le produit. Ex. : « Je vais réfléchir… »	Relancer le client, reformuler ses objections. Ex. : « Quelles sont les autres questions que vous vous posez ? »

3.2. Les techniques de réfutation

Le vendeur doit ensuite faire face à l'objection en utilisant la technique de réponse adaptée :

TECHNIQUES	CARACTÉRISTIQUES	EXEMPLES
OUI…MAIS	Le vendeur accepte la remarque puis la transforme en avantage.	« Vous avez raison, c'est un produit technique mais il est doté d'une programmation automatique. »
PRÉVENTION	Le vendeur devance l'objection que le client va émettre, grâce à son expérience et grâce à l'observation du client.	« Je sais ce que vous allez me dire, je vous parlerai du prix dans quelques minutes… »
TÉMOIGNAGE	Le vendeur utilise le témoignage d'un autre client qui a déjà acheté le produit.	« La semaine dernière, une famille m'a acheté ce produit et… »
ÉCRAN	Le vendeur reporte la réponse à plus tard.	« J'ai bien noté votre question, je vais y revenir. Essayez d'abord… »
REFORMULATION	Il s'agit de pousser le client à préciser son point de vue.	« Je n'ai pas les moyens » : « Vous voulez donc dire que cela dépasse votre budget… »
AFFAIBLISSEMENT	Le vendeur diminue la force de l'objection.	« Je n'en ai pas besoin » : « Disons que vous n'en avez pas l'utilité pour le moment, mais avez-vous pensé à… »

3.3. Les techniques de réfutation de l'objection prix

L'objection prix peut être réfutée par différentes techniques :

TECHNIQUES	EXPLICATION	EXEMPLES
L'ADDITION	Énumérer les principaux avantages du produit au client.	« Vous bénéficiez gratuitement d'une extension de garantie de 2 ans et d'un échange à neuf de votre produit pendant les 6 premiers mois. »
LA SOUSTRACTION	Énumérer les avantages qu'il perd s'il achète un produit moins cher.	« Il ne reste que quelques produits en stock, cette opération se termine dans deux jours. »
LA MULTIPLICATION	Rapporter le prix à ses gains d'utilisation.	« Vous gagnerez 15 € par mois en utilisant cet appareil pendant 3 ans par rapport à sa valeur initiale. »
LA DIVISION	Diviser le prix par la durée de vie du produit.	« Si on ramène votre achat à sa durée de vie, cela ne coûte réellement qu'un euro par jour. »

Mots clés : Découvrir les besoins • Mobile d'achat • Méthode CAP • Caractéristiques • Avantages • Preuves • SONCAS • Objection sincère • Objection prétexte • Objection prix

S'ENTRAÎNER AU BTS
Exercice 1 : p. 55

Le contrat de vente

Pour tout produit ou service vendu, le vendeur passe un contrat avec l'acheteur. Ce contrat n'est pas nécessairement écrit.

1 Définition

Le contrat de vente est défini à l'article 1582 du Code civil : « La vente est une convention par laquelle l'un s'oblige à livrer une chose, et l'autre à la payer. »
C'est un contrat synallagmatique : il créé des obligations pour les deux parties, le vendeur et l'acheteur.

OBLIGATIONS DU VENDEUR	OBLIGATIONS DE L'ACHETEUR
– Obligation de délivrance du produit/service – Obligation de garantie légale qui couvre les vices cachés	– Obligation de prendre livraison de la chose – Obligation de payer le prix convenu

Le contrat de vente permet de transférer la propriété de la chose à l'acheteur, dès l'instant où les deux parties sont d'accord sur la chose et sur le prix. En cas de non-respect de ses obligations par l'une des parties, l'autre peut demander l'annulation du contrat, l'exécution forcée, ou encore la réparation du préjudice subi (dommages et intérêts).

2 Les conditions de validité du contrat de vente

Le contrat de vente est soumis aux mêmes conditions de validité que les autres contrats, à savoir, selon l'article 1113 du Code civil :
- le consentement : accord de volonté entre les deux parties, non vicié par le dol, l'erreur ou la violence ;
- la capacité juridique de contracter : les parties peuvent exercer leurs droits ;
- un contenu licite et certain : l'objet du contrat ne doit pas être contraire à l'ordre public ou aux bonnes mœurs et doit être clairement déterminé ou déterminable.

3 L'obligation d'information

Avant la conclusion du contrat, le vendeur est tenu d'informer l'acheteur sur les caractéristiques du bien/service (nature du produit, conditions d'utilisation, prix, risques liés à l'utilisation du produit…). En cas de non-respect de cette obligation, le Code de la consommation prévoit des sanctions financières.
Dans la vente en B to C, le vendeur est considéré comme expert, et l'acheteur comme profane. Le vendeur doit s'informer sur l'usage qui sera fait de la chose et est tenu à un devoir de conseil vis-à-vis de l'acheteur : plus le produit est technique, plus son obligation de conseil est importante ; si le produit présente une dangerosité, son devoir de mise en garde est également important.

Mots clés Contrat de vente • Obligation • Consentement • Capacité • Contenu licite et certain

Savoir 6

La veille informationnelle et ses enjeux

La veille informationnelle est une surveillance continue de l'environnement technologique, commercial et concurrentiel pour anticiper ses évolutions. Cette veille est primordiale pour l'UC, qui doit faire face à ses concurrents et s'adapter en permanence à la demande.

1 Anticiper les tendances du marché

La veille informationnelle permet de cerner les évolutions futures du marché, de connaître les nouvelles tendances de consommation et de s'y adapter par la création de nouveaux produits et stratégies.

EXEMPLE Les consommateurs n'achètent plus de CD mais écoutent la musique en streaming (succès grandissant des plateformes comme Deezer ou Spotify).

2 Repérer ses forces et faiblesses

La veille informationnelle permet de se positionner par rapport à la concurrence afin de cerner ses points forts et points faibles. Elle permet aussi de repérer les nouveaux entrants ou les entrants potentiels sur le marché et d'imaginer des techniques pour pouvoir les contrer afin de préserver ses parts de marché.

EXEMPLE Début 2018, le site Wish est entré directement à la 15e place des sites marchands les plus consultés en France, selon le baromètre Médiamétrie. Il remet en question le fonctionnement des sites de vente en ligne classiques du fait des prix bas qu'il pratique.

3 Surveiller son image

La veille permet d'observer comment évolue l'image de l'entreprise auprès des clients, d'anticiper son éventuelle dégradation et de prendre des mesures pour y remédier.

EXEMPLE Avec ses smartphones offrant un excellent rapport qualité-prix, la marque Huawei a gagné des parts de marché, au détriment des marques déjà présentes. Jusqu'à présent, la marque chinoise ne jouissait pas d'une bonne image auprès des consommateurs car inconnue du public, elle était jugée « bas de gamme ». En réaction, Apple et Samsung tentent de préserver leurs parts de marché en misant sur toujours plus d'innovation.

Mots clés Veille informationnelle • Points forts • Points faibles • Image

Savoir 7 La veille du macro-environnement

La veille du macro-environnement permet de repérer les changements majeurs susceptibles d'impacter l'unité commerciale.
Elle s'appuie sur la méthode PESTEL, qui décompose la veille en six domaines : politique, économique, socioculturel, technologique, écologique, légal.

POLITIQUE	Décisions prises par les gouvernements en matière de politique fiscale et sociale, commerce extérieur, stabilité politique. Ex. : Une hausse de l'âge de départ à la retraite modifie la politique de recrutement : les jeunes diplômés ne pourront plus être embauchés pour remplacer les personnes partant à la retraite puisque celles-ci continuent à travailler.
ÉCONOMIQUE	Éléments influençant le pouvoir d'achat et le comportement des consommateurs : taux d'intérêt, chômage, inflation, revenus... Ex. : Une hausse du chômage engendre une baisse des revenus de la population concernée et donc diminue la consommation
SOCIO-CULTUREL	Loisirs, démographie, mode de vie, niveau d'éducation, attitude face au travail... Ex. : Une hausse de la consommation en ligne engendre une baisse de la rentabilité du commerce physique.
TECHNOLOGIQUE	Innovations susceptibles de modifier le marché : nouvelles découvertes, obsolescence...
ÉCOLOGIQUE	Réglementation liée au développement durable : déchets, économies d'énergie, protection de l'environnement... Ex. : L'émergence de la voiture électrique entraînera une chute de la vente des véhicules à moteur thermique ; l'interdiction de la fourniture de sacs plastique dans les magasins peut entraîner la faillite des entreprises qui les produisaient.
LÉGAL	Lois qui concernent le marché du travail, le commerce, etc. : droit du travail, normes, lois sur les monopoles, lois sur la santé... Ex. : L'autorisation d'ouverture des magasins le dimanche va modifier le bien-être des salariés au travail.

Mots clés Macro-environnement • PESTEL

Savoir 8 La veille commerciale

La veille commerciale a pour but de détecter les tendances d'évolution des marchés pour mieux y faire face. Elle permet aussi de repérer l'évolution des attentes des consommateurs.

1 Les sources d'information traditionnelles

Elles apportent des informations utiles sur les clients et les marchés.

SOURCE D'INFORMATION	OBJECTIFS
LA PRESSE ÉCONOMIQUE	Se tenir informé des nouveautés concernant les marchés émergents, les partenariats et alliances, le comportement des clients.
LES SALONS SPÉCIALISÉS	Être informé des nouvelles tendances et des innovations.
LES ENQUÊTES	Connaître le comportement des consommateurs, leur degré de satisfaction et cerner leurs attentes.
LES BASES DE DONNÉES CLIENTS	Analyser la relation du client avec l'unité commerciale.
LES AVIS CLIENTS	Connaître l'avis des clients sur les services de l'UC pour cerner leur degré de satisfaction et identifier les sources de mécontentement.
LE PERSONNEL DE VENTE	Connaître le ressenti des clients, identifier leurs habitudes de consommation.

2 Les réseaux sociaux

Les réseaux sociaux permettent d'obtenir des informations sur les attentes des clients.

FACEBOOK	Communiquer rapidement avec les clients et avoir des retours rapides sur leur ressenti.
TWITTER	Communiquer rapidement avec ses clients.
INSTAGRAM, SNAPCHAT	Connaître les tendances de consommation des jeunes, qui suivent les influenceurs.

3 La e-réputation

Surveiller sa e-réputation permet à l'enseigne de savoir comment elle est perçue par les internautes, en consultant des sites d'avis, blogs, forums ou réseaux professionnels (LinkedIn, Viadeo), mais aussi par le biais d'outils comme Mention (outil de veille) ou Hootsuite (outil de gestion des réseaux sociaux).

Mots clés Veille commerciale • Réseaux sociaux • E-réputation

Savoir 9 La veille concurrentielle

La veille concurrentielle consiste à surveiller ses concurrents afin de détecter les opportunités et les menaces susceptibles de concerner l'unité commerciale.

1 Les informations à rechercher

Les informations sur les concurrents concernent :
- les nouveaux concurrents, leur offre de produits ou services ;
- les accords, rachats, alliances, partenariats ;
- les évolutions de la législation et de la réglementation ;
- les données financières des concurrents ;
- leurs effectifs, mode de recrutement, politique salariale, turn-over ;
- les prix qu'ils pratiquent, la qualité des prestations offertes ;
- leur clientèle actuelle, leur zone de couverture géographique...

EXEMPLE Carrefour et Google ont formé une alliance pour contrer Amazon, qui se lance dans la distribution alimentaire, en développant l'application Google Shopping.

2 Les sources d'information

2.1. Les sources d'information traditionnelles

On peut obtenir des informations sur les concurrents par le biais de la presse généraliste et spécialisée, de leurs prospectus ou de visites mystères.

2.2. Les sources d'information en ligne

Pour une veille thématique, Google Alertes permet de recevoir gratuitement des alertes en paramétrant des mots-clés. Les logiciels de veille concurrentielle comme Netvibes, Scoop-it ou Alerti permettent une veille constante de l'environnement. Les moteurs de recherche ou annuaires d'entreprises comme Societe.com, Manageo, Infogreffe ou Euridile permettent d'obtenir des informations financières et administratives sur les concurrents, tout comme les chambres de commerce. Surveiller la communication des concurrents, par exemple en s'abonnant à leurs newsletters et en consultant leurs sites, permet d'être informé des nouveautés.

2.3. L'analyse des informations collectées

Les informations obtenues visent à évaluer les forces et faiblesses de l'unité commerciale en vue de définir sa stratégie concurrentielle.

EXEMPLE La prise en compte de l'arrivée des hard-discounters comme Aldi et Lidl a incité les grandes enseignes comme Auchan et Carrefour à proposer une offre discount.

Mots clés : Veille concurrentielle • Opportunités • Menaces • Veille thématique • Moteur de recherche • Newsletter • Logiciel de veille • Stratégie concurrentielle

Savoir 10 Le système d'information commerciale (SIC)

Le SIC représente l'ensemble des moyens et procédures utilisés par l'entreprise pour traiter l'information commerciale : collecte, stockage, analyse et diffusion.

1 Le rôle du SIC

Le SIC (système d'information commerciale) est un outil essentiel pour le manageur, qui a besoin de s'appuyer sur des informations complètes, fiables, pertinentes et actualisées pour prendre ses décisions opérationnelles. Le SIC est un élément du SIM (système d'information mercatique), qui regroupe l'ensemble des informations mercatiques nécessaires à la décision stratégique. Le SIE (système d'information de l'entreprise) englobe, quant à lui, toutes les informations provenant des différents services de l'entreprise : production, gestion financière, ressources humaines, comptabilité, etc.

EXEMPLE Le SIC d'un supermarché connecte l'ensemble des terminaux utilisés (caisses, terminaux portatifs, ordinateurs...). Connecté au serveur central par l'intranet et aux fournisseurs par l'extranet, il permet d'accéder aux bases de données produits et clients.

2 Le PGI

Le PGI (progiciel de gestion intégré) est l'outil qui permet à tous les acteurs de l'entreprise d'utiliser une interface unique qui gère l'ensemble des données informatiques. Il est structuré autour d'une base de données et intègre toutes les applications logicielles nécessaires.

EXEMPLE Le PGI d'une banque permet à chaque conseiller d'accéder à toutes les données (comptes clients, fiches produits...) et à tous les outils (mail, messagerie interne, planning, tableur, traitement de texte...) nécessaires à leur activité.

3 La sécurisation du SIC

L'entreprise doit sécuriser son SIC afin d'empêcher toute suppression accidentelle ou volontaire des données. Une procédure rigoureuse doit être mise en place :
- respect d'une charte informatique, pour un bon usage de l'outil informatique ;
- mots de passe pour contrôler l'accès au réseau (ordinateur, tablette, smartphone...) ;
- attribution de droits d'accès réservés à certains espaces du réseau pour le traitement des informations confidentielles ;
- utilisation de pare-feu, antivirus et anti-spam pour contrôler et sécuriser les points d'accès à Internet.

Mots clés SIC (Système d'information commerciale) • SIM (Système d'information mercatique) • SIE (Système d'information de l'entreprise) • PGI (Progiciel de gestion intégré) • Base de données • Application logicielle • Sécurisation du SIC

Savoir 11

La réglementation de la collecte de l'information

Le Règlement général sur la protection des données (RGDP) est un règlement européen qui constitue le texte de référence en matière de protection des données à caractère personnel. Il s'applique à l'ensemble des États membres de l'Union.

RELATION CLIENT ET VENTE CONSEIL

1 Les dispositions du RGPD

Les objectifs du RGPD sont à la fois de renforcer la protection des personnes concernées par un traitement de leurs données à caractère personnel et de responsabiliser davantage les organismes acteurs de ce traitement, encadrés par des autorités de régulation.

Le RGDP impose :
– le consentement explicite et positif : l'organisme doit donner à l'internaute le contrôle sur ses données privées, notamment *via* l'acceptation des cookies sur les sites Internet et sur le contrôle de l'utilisation qui est faite des données personnelles ;

EXEMPLE La case « J'accepte de recevoir la newsletter » ne peut plus être précochée dans un formulaire de contact.

– le droit à l'accès, à la rectification, à l'interrogation et à l'opposition sur ses données ;
– le droit à l'effacement : l'internaute a le droit d'obtenir l'effacement, dans les meilleurs délais, des données à caractère personnel le concernant ;
– le droit à la portabilité des données personnelles : l'internaute a le droit de recevoir les données à caractère personnel le concernant, et a le droit de les transmettre à un autre organisme commercial.

EXEMPLE La portabilité qui s'imposait aux opérateurs de téléphonie mobile est généralisée à tous les secteurs.

2 La mise en œuvre du RGPD

L'UC doit mettre en œuvre des mesures de sécurité afin que l'information stockée ne soit ni déformée, ni endommagée, ni communiquée à des tiers non autorisés. Elle doit également informer chaque personne concernée sur l'ensemble de ses droits prévus par le RGDP.

EXEMPLE Formule à insérer sur le site : « Avertissement concernant vos données personnelles : les informations recueillies sont enregistrées sur un fichier informatisé par [*responsable du traitement*] pour [*finalité du traitement*]. Elles sont conservées pendant [*durée de conservation*] et sont destinées [*destinataires des données*]. Vous pouvez exercer votre droit d'accès aux données en contactant [*service chargé du droit d'accès*]. »

Mots clés

RGPD (Règlement général sur la protection des données) • Données à caractère personnel • Consentement • Droit à l'accès • Droit à l'effacement • Droit à la portabilité

Savoir 12 Le stockage, le traitement et la diffusion de l'information

Le phénomène de Big Data, qui désigne des ensembles de données volumineux dépassant les capacités des outils de gestion de l'information, soulève les questions du stockage, du traitement et de la diffusion de l'information.

1 Le stockage des données

Il concerne l'ensemble des méthodes et technologies permettant d'entreposer et de conserver l'information numérique. L'UC a deux possibilités :
– le stockage interne : les données sont sauvegardées sur un serveur local et/ou sur des disques durs externes ;
– le stockage externalisé : un prestataire spécialisé sauvegarde les données sur le Cloud computing, ensemble de serveurs accessibles *via* Internet.

2 Le traitement de l'information

Les informations collectées sont regroupées dans des bases de données permettant de stocker et traiter l'intégralité des données.

EXEMPLE Le fichier clients regroupe l'ensemble des informations collectées sur les clients, le plus souvent grâce aux cartes de fidélité (nom, prénom, âge, adresse, mode de contact, fréquence d'achat, type d'achat, panier moyen…).

L'ensemble des bases de données de l'entreprise peut être regroupé dans une base unique, le datawarehouse *(entrepôt de données)*, qui constitue le socle de la prise de décision. Son exploitation opérationnelle utilise le datamining, technique d'exploration ciblée d'informations pour réaliser une opération précise.

EXEMPLE Analyser l'historique d'achat d'un client permet d'éditer des coupons de réduction ciblés.

3 La diffusion de l'information

Une fois traitées, les informations sont diffusées :
– au réseau, via l'intranet, le téléphone, les mails ou réunions, sous forme de rapport d'activité (reporting) sur les performances commerciales (chiffre d'affaires, marge, taux de transformation, panier moyen…) ;
– à l'équipe commerciale de l'UC, qui doit maîtriser les informations essentielles sur les clients et les produits (nouveautés, promotions en cours…) ;
– aux fournisseurs, *via* les mails, le téléphone, le face-à-face ou l'extranet ;
– aux clients : envoi d'offres commerciales par publipostage, e-mailing, newsletter, ILV/PLV, SMS et face-à-face.

Mots clés Big Data • Cloud computing • Datawarehouse • Datamining • Intranet • Reporting • Extranet

Savoir 13

Les enquêtes commerciales quantitatives

Réalisé par le biais de sondages auprès de la clientèle ou de prospects, ce type d'enquête permet de cerner le niveau de satisfaction des clients, de connaître la notoriété de l'enseigne et de mesurer les intentions d'achat.

1 Les termes utiles à l'enquête

Avant d'administrer les questionnaires, il faut définir la population mère, c'est-à-dire les individus concernés par l'enquête, puis l'unité de sondage, qui représente l'élément de la population à interroger (homme, femme, ménage...).

EXEMPLE Pour une boutique de prêt-à-porter pour femmes, la population mère correspond à l'ensemble des clients, et l'unité de sondage correspond à la femme.

2 Les méthodes de sondage

Les méthodes probabilistes nécessitent de disposer de la liste nominative de tous les individus concernés. On peut opter pour le sondage aléatoire simple, qui consiste à tirer au sort les individus à interroger, ou pour l'échantillon systématique, qui consiste à sélectionner les individus selon une périodicité (par exemple une personne sur dix). Les méthodes non probabilistes, qui permettent d'établir des quotas reflétant la structure de la population mère (méthode des quotas), consistent à interroger des personnes volontaires (échantillon à participation volontaire) ou disponibles, pour des raisons pratiques (échantillon de convenance).

EXEMPLE Selon la méthode des quotas, si on a une proportion de 70 % de femmes dans la population mère, on respectera cette même proportion dans l'échantillon à interroger.

3 Les modes d'administration de l'enquête

L'enquête en face-à-face permet d'obtenir des réponses immédiates et d'expliquer les questions complexes. Toutefois, il peut être difficile de convaincre les personnes de répondre au questionnaire.
L'enquête en ligne sera utilisée surtout pour sonder le ressenti du client après un achat, mais les personnes ne sont pas obligées de répondre et les résultats sont souvent orientés (très satisfaits ou très mécontents).
L'enquête par téléphone implique d'administrer rapidement le questionnaire. Les personnes ne se montrent pas toujours réceptives.

Mots clés

Population mère • Unité de sondage • Méthode probabiliste • Sondage aléatoire • Échantillon systématique • Méthode non probabiliste • Quota • Échantillon à participation volontaire • Échantillon de convenance

S'ENTRAÎNER AU BTS
Exercices 2, 3, 4 : p. 55-56

Savoir
14 La méthodologie d'enquête

Avant de mener l'enquête, il faut calculer la taille de l'échantillon (nombre de personnes à interroger), puis rédiger le questionnaire et le saisir sur un logiciel. Il sera ensuite administré et dépouillé, puis les résultats seront analysés.

1 Le calcul de la taille de l'échantillon

1.1. À partir d'un budget disponible

On part du principe que l'on administre un nombre de questionnaires en fonction du budget dont on dispose. Il faut tenir compte du coût de rédaction du questionnaire, du coût d'administration et du coût du dépouillement et d'analyse.

EXEMPLE Pour un budget de 2 000 €, un coût de rédaction de 1 000 €, un coût d'administration de 1 € par questionnaire et un coût de dépouillement et analyse de 2 € par questionnaire, on pourra administrer : 2 000 – 1 000 = 1 000 / (2 + 1) = 333 questionnaires.

1.2. À partir d'une formule

La formule est tirée de la loi normale sur les grands nombres :

$$n = \frac{1{,}96^2 \times P \times Q}{E^2}$$

– à partir d'un seuil de confiance « t » : plus ce seuil est élevé, plus les résultats de l'enquête peuvent être extrapolés à l'ensemble de la population. On s'appuie généralement sur un seuil de confiance de 95 %, qui équivaut à t = 1,96 ;

– à partir d'une marge d'erreur admise E : plus elle est élevée, plus cela signifie que les personnes interrogées ont répondu au hasard ;

– à partir de la proportion P d'individus concernés par une caractéristique ;

– à partir de la proportion Q d'individus non concernés, pour atteindre 100.

EXEMPLE Si, dans une précédente enquête, 60 % des clients étaient satisfaits (caractéristique) et si l'on admet une marge d'erreur de 5 %, la taille de l'échantillon au seuil de 95 % sera de $\frac{1{,}96^2 \times 0{,}6 \times 0{,}4}{0{,}05^2}$ = 369 personnes.

2 Construire le questionnaire

2.1. La structure du questionnaire

Il débute par une introduction mettant en confiance la personne interrogée, puis se décompose en questions simples, avant les questions fondamentales à l'enquête ; il se termine par les questions signalétiques : âge, sexe, profession, lieu de résidence...

2.2. Les différents types de questions

– Les questions ouvertes : la personne interrogée peut s'exprimer librement mais les réponses ne sont pas facilement exploitables.

– Les questions fermées à choix unique : elles filtrent les personnes interrogées au début de l'enquête pour s'assurer qu'elles correspondent au profil recherché.

EXEMPLE « Achetez-vous des produits bio ? »

– Les questions fermées à choix multiple : elles laissent le choix entre plusieurs possibilités.

– Les échelles : elles permettent de mesurer une préférence ou l'importance d'un critère : attribuer une note (de 1 à 5 par exemple) ou mesurer une intensité (de « tout à fait d'accord » à « pas du tout d'accord »).

2.3. Le test du questionnaire

Pour s'assurer que les questions sont bien formulées, le questionnaire sera testé auprès d'un nombre réduit d'individus avant d'être administré en grandeur réelle.

2.4. La saisie du questionnaire

Le questionnaire est saisi sur un logiciel d'enquête comme Sphinx, Ethnos ou Askabox, afin de faciliter son dépouillement.

3 L'administration de l'enquête

Selon la méthode retenue, on réalisera une feuille de quotas (méthode des quotas) ou un planning d'administration (échantillon de convenance), ou bien on laissera les questionnaires aux caisses (participation volontaire). Pour une enquête en ligne, on informera par mail les personnes à interroger, avec un délai pour participer.

EXEMPLE Feuille de quotas

RÉPARTITION DE LA POPULATION	%	NOMBRE DE PERSONNES À INTERROGER
15 à 44 ans	38 %	8
45 à 74 ans	51 %	10
75 ans et +	11 %	2
Hommes	46 %	9
Femmes	54 %	11

4 L'analyse des résultats

Une fois l'enquête administrée, il faut la dépouiller puis traiter les résultats. On peut établir des tris à plat (résultats question par question) ou des tris croisés (comparer les résultats de plusieurs questions pour repérer un lien entre elles). Enfin, on analyse les résultats obtenus en commentant les chiffres les plus révélateurs.

Mots clés Échantillon • Question ouverte • Question fermée • Échelle • Logiciel d'enquête • Tri à plat • Tri croisé

S'ENTRAÎNER AU BTS
Exercices 5, 6, 7 : p. 56-57

Savoir 15 Les enquêtes commerciales qualitatives

Ces enquêtes permettent de comprendre la manière dont le consommateur se comporte et ce qui le pousse à acheter ou rejeter un produit ou service.

1 Le nombre de personnes à interroger

Il n'est pas nécessaire de calculer la taille d'un échantillon pour réaliser cette enquête : il suffit d'interroger quelques dizaines de personnes, selon la complexité de la problématique. Une étude qualitative débute souvent par des entretiens individuels avant de se poursuivre avec des entretiens de groupe.

2 Les techniques utilisées

2.1. Les études qualitatives directes

a) Les entretiens individuels

Ils sont le plus souvent semi-directifs : l'enquêteur laisse parler la personne interrogée en suivant la trame d'un guide d'entretien. L'introduction mettra le répondant en confiance, qui sera ensuite amené à raconter des expériences précises. Certains points sont creusés, éventuellement par le biais de jeux de rôle.

b) Les entretiens de groupe

Il peut s'agir de focus groups, c'est-à-dire de groupes constitués d'une dizaine d'« experts », qui peuvent être des personnes représentant une population particulière (consommateurs de produits bio par exemple) dont on cherche à connaître les valeurs, le vocabulaire, les attentes, les répulsions...., afin de leur proposer des produits adaptés et des promotions ciblées. Ces focus groups peuvent aussi viser à définir le prix psychologique d'un produit/service, à adapter un message publicitaire ou à compléter une analyse des ventes.

2.2. Les études qualitatives indirectes

a) Les techniques projectives

Elles consistent à faire compléter des phrases ou des histoires, à faire associer des mots, à établir un portrait chinois. Elles sont particulièrement adaptées si le thème de l'étude est susceptible de gêner, pour préserver la sincérité des réponses.

EXEMPLE

Le portrait chinois : « Si vous étiez un chien, quelle serait votre race ? »

b) L'observation directe

L'observation du comportement des clients en magasin permet de repérer les réactions face à un rayon ou produit et de cerner son degré d'attractivité. Si le rayon n'est pas attractif, il s'agira d'en identifier les causes par une observation plus précise, puis de trouver des solutions. Le plan du rayon aidera à analyser les informations recueillies.

3 La méthodologie de la technique d'observation en magasin

Dans un premier temps, il s'agit de déterminer le nombre de personnes à observer, puis d'établir un plan du magasin définissant un code couleur pour le parcours de chaque client, avec une légende indiquant les arrêts du client, les prises en main de produits, les éventuelles interventions des vendeurs, les éventuels essayages, les achats réalisés. Cette observation pourra être filmée.
On calcule ensuite des indices, qui seront analysés. Ils permettront de cerner les zones chaudes et zones froides du magasin.

INDICE DE PASSAGE	$\frac{\text{Nombre de clients passant dans le rayon}}{\text{Nombre de clients entrant dans le magasin}}$
INDICE D'ACHAT	$\frac{\text{Nombre de clients achetant dans le rayon}}{\text{Nombre de clients achetant dans le magasin}}$
INDICE D'ATTENTION D'UNE FAMILLE DE PRODUITS	$\frac{\text{Nombre d'arrêts devant une famille}}{\text{Nombre de passages dans le rayon}}$
INDICE D'ACHAT D'UNE FAMILLE DE PRODUITS	$\frac{\text{Nombre d'achats dans la famille}}{\text{Nombre de prises en main par les clients}}$
INDICE DE MANIPULATION	$\frac{\text{Nombre de prises en main}}{\text{Nombre d'arrêts}}$
INDICE D'ATTRACTIVITÉ	$\frac{\text{Indice d'achat}}{\text{Indice de passage}}$

L'indice de passage varie en fonction de la situation du rayon (s'il est situé à l'entrée du magasin, davantage de monde passera devant).
Si l'indice de passage est faible, il faudra améliorer le balisage du rayon, ou bien le changer de place. Si l'indice est bon mais que l'indice d'achat est insuffisant, il faut se demander si le niveau de prix est suffisamment attractif ou si la gamme correspond bien aux attentes des clients.
Si l'indice d'attention d'une famille est faible, il faut pousser l'analyse et voir si la gamme proposée est conforme aux attentes du client.
Si l'indice de manipulation est bon mais que le produit n'est pas mis dans le panier, il faut s'interroger sur le rapport qualité/prix.

Mots clés : **Étude qualitative** • **Focus group** • **Technique projective** • **Observation directe** • **Indices**

Savoir 16 L'étude de la zone de chalandise

La zone de chalandise est le territoire géographique où se trouvent les clients de l'UC.

1 La notion de zone de chalandise

1.1. Les trois zones

La zone de chalandise se divise en trois sous-zones : la zone primaire (la plus importante), qui est la plus proche du point de vente ; la zone secondaire ; la zone tertiaire, qui est la plus éloignée.

EXEMPLE Zone 1 : 0 à 10 minutes, zone 2 : 10 à 15 minutes, zone 3 : plus de 15 minutes.

1.2. Le traçage des zones

a) Courbes isochrones

Elles déterminent le temps d'accès au magasin. Il s'agit de tracés à 5, 10 ou 15 minutes du magasin. Elles tiennent compte des difficultés de circulation.

EXEMPLES Des feux tricolores ; un col en montagne.

b) Courbes isométriques

Elles mesurent la distance qui sépare le client de l'unité commerciale. Cette distance est évaluée en mètres ou en kilomètres selon le pouvoir d'attraction du point de vente. Elle ne tient pas compte des difficultés de circulation.

EXEMPLE Un magasin de proximité aura une zone d'attraction de quelques centaines de mètres, celle d'un centre commercial régional sera de plus de 40 kilomètres.

2 L'intérêt de connaître la zone de chalandise

Il est indispensable pour l'unité commerciale d'étudier sa zone de chalandise pour :
- connaître ses concurrents : leur nombre, leur offre, leurs stratégies de prix ;
- proposer un assortiment conforme aux attentes des clients ;
- adapter la communication au contexte local et mesurer son efficacité ;
- estimer le chiffre d'affaires espéré et déterminer la surface de vente optimale ;
- fixer le niveau de prix en fonction des clients potentiels.

3 La mesure de la zone de chalandise

Pour mesurer l'ampleur de la zone de chalandise, deux solutions existent :
- la zone théorique peut se dessiner à partir d'outils en ligne comme Owlapps ;
- la zone réelle est obtenue à partir des cartes de fidélité, des factures, ou par relevé en caisse du code postal des clients.

Mots clés Zone primaire • Zone secondaire • Zone tertiaire • Courbe isochrone • Courbe isométrique

Savoir
17 L'évaluation du CA potentiel

L'étude de la zone de chalandise est complétée par le calcul du CA potentiel.

1 La méthode de l'addition des marchés

On estime le nombre d'acheteurs, on divise par deux pour tenir compte des écarts intention d'achat / achat réel, puis on multiplie par la valeur prévue des achats.

EXEMPLE Si 2 000 personnes se déclarent susceptibles de dépenser 100 € par mois dans le magasin, le CA prévisionnel sera de 2 000 × 50 % × 100 × 12 = 1 200 000 €.

2 La méthode des normes professionnelles

On utilise les normes INSEE de CA au mètre carré pour des magasins similaires.

EXEMPLE Si la norme est de 1 200 € le mètre carré par mois, le CA annuel pour un magasin semblable de 1 000 m^2 est de 1 000 × 1 200 × 12 = 14 400 000 €.

3 La méthode de l'indice du pouvoir d'achat

– Les dépenses commercialisables
Elles représentent le revenu par ménage duquel on soustrait l'épargne et autres dépenses non commercialisées comme les loyers, les emprunts, les assurances...
– L'indice de richesse vive (IRV)
Il évalue le pouvoir d'achat d'une région par rapport à la moyenne nationale.

EXEMPLE Si l'IRV d'une ville est de 1,20, cela signifie que le revenu des habitants est de 20 % plus élevé que la moyenne nationale.

– L'indice de disparité de consommation (IDC)
Il mesure les principales dépenses des ménages d'une région sur une base nationale de 100 afin d'apprécier les disparités de consommation locales.

EXEMPLE Si l'IDC des dépenses de loisirs est de 112 à Paris, cela veut dire que les parisiens dépensent 12 % de plus que la moyenne des français.

– L'évasion, l'attraction commerciale et la concurrence
L'évasion représente les dépenses réalisées en dehors de la zone de chalandise.
L'attraction concerne les dépenses réalisées sur la zone par les non-résidents.
On peut estimer sa part de marché grâce à des normes de chiffre d'affaires par m^2.

CA potentiel = dépenses commercialisables × IDC
ou IRV – évasion + attraction – CA des concurrents

Mots clés
Dépense commercialisable • IRV (Indice de richesse vive) • IDC (Indice de disparité de consommation) • Évasion • Attraction

S'ENTRAÎNER AU BTS
Exercices 8, 9 : p. 57-58

Savoir 18

L'étude de la concurrence

Pour connaître ses concurrents, il faut définir les concurrents à étudier, déterminer les sources d'information pertinentes, puis traiter les informations collectées.

1 Établir une classification des concurrents

CONCURRENTS DIRECTS ET INDIRECTS	Le concurrent direct propose des produits ou services identiques. Ex. : Un supermarché concurrence directement un autre. Le concurrent indirect vend des produits ou services qui peuvent se substituer à l'offre existante. Ex. : La vente en ligne de prêt-à-porter concurrence les ventes en magasin physique.
CONCURRENTS ACTIFS OU POTENTIELS	Les concurrents actifs sont les concurrents déjà en place. Les concurrents potentiels sont ceux qui sont susceptibles de s'installer à proximité.

2 Délimiter les domaines à étudier

Il s'agit de déterminer si l'on souhaite étudier une famille de produits, un rayon ou tout le magasin, et le type d'information recherchée : assortiment, niveau de prix...

3 Rechercher les sources d'information

SOURCES D'INFORMATION	MOYENS D'OBTENTION DES INFORMATIONS	BUT DE LA COLLECTE D'INFORMATION
ENSEIGNES CONCURRENTES	Se faire passer pour un client, relever les prix pratiqués, comparer les assortiments, consulter les prospectus, les sites Internet, consulter les avis clients.	Connaître l'accueil réservé aux clients, le positionnement prix, l'ampleur de l'assortiment, les promotions en cours, l'opinion des clients.
PERSONNEL DE VENTE	Collecte des retours clients qui fréquentent des UC concurrentes.	Connaître les sources d'insatisfaction des clients, leurs critères de choix d'un magasin.
ORGANISMES OFFICIELS	La chambre de commerce, l'INSEE, site Infogreffe...	Connaître les résultats des concurrents.
PRESSE SPÉCIALISÉE	*LSA-Conso, Points de vente, Linéaires*...	Connaître les tendances du marché.

Mots clés Concurrent direct • Concurrent indirect • Source d'information

L'exploitation des informations sur la concurrence

Il s'agit d'évaluer les forces et faiblesses de l'UC par rapport aux concurrents.

1 Localiser les concurrents

En concevant une carte situant les concurrents, on visualisera leur distance par rapport au magasin, les facilités d'accès, ou encore les atouts de leur emplacement.

2 Positionner les concurrents

2.1. Construire une carte perceptuelle

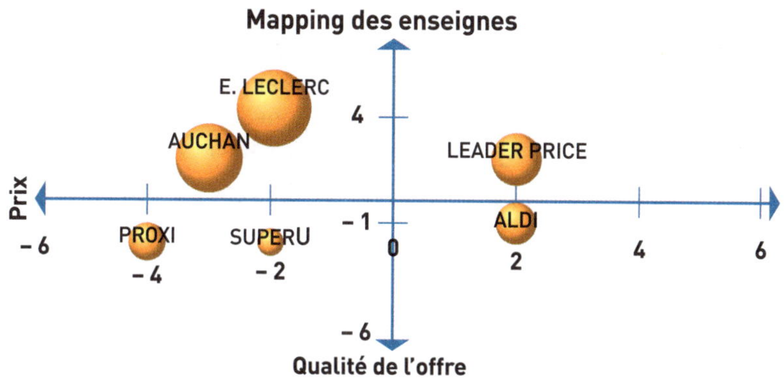

2.2. Construire un graphe radar

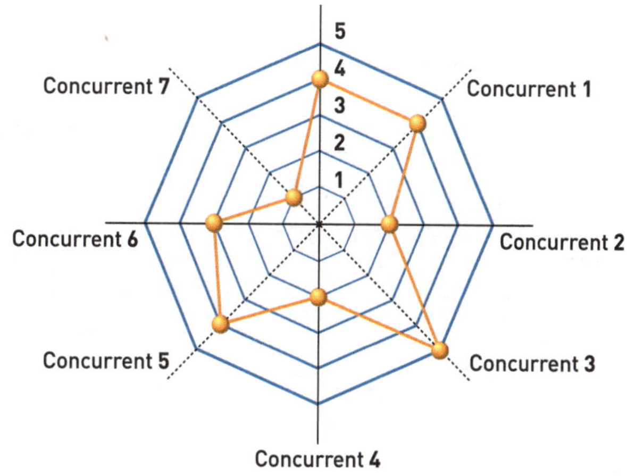

3 Analyser les résultats

Un tableau recensera les forces et faiblesses de l'enseigne par rapport à ses concurrents pour ensuite trouver des solutions pour résoudre les points faibles.

Mots clés Carte perceptuelle • Graphe radar • Forces et faiblesses

Savoir 20 La segmentation de la demande

Segmenter consiste à diviser le marché en groupes homogènes de manière à adapter sa stratégie à chaque segment.

1 Les méthodes de découpage

1.1. La segmentation traditionnelle

On liste tout d'abord une série de critères en lien avec le secteur d'activité (sexe, habitat...) pour ne retenir que les plus intéressants. Puis, on découpe le marché en sous-ensembles homogènes et distincts les uns des autres.

EXEMPLE Pour la clientèle d'un cinéma : – de 25 ans, 25-40 ans et + de 40 ans.

1.2. La typologie

On observe les individus, puis on recherche et on analyse leurs points communs. Ensuite, on les regroupe de façon homogène. La méthode est ascendante : on observe les comportements avant de classer les individus.

EXEMPLE Les bricoleurs par passion et les bricoleurs par obligation.

1.3. Le scoring

Il s'agit d'une méthode prédictive partant du principe que l'on peut établir un score en fonction de la récence des achats, de la fréquence et du montant dépensé. À partir de ce score, on peut engager des actions pour inciter le client à agir.

EXEMPLE Une offre spéciale sera envoyée aux clients ayant obtenu les meilleurs scores, c'est-à-dire ceux qui ont acheté le plus, le plus souvent et qui ont dépensé le plus.

2 Les critères de segmentation

CRITÈRES LIÉS AU CONSOMMATEUR	CRITÈRES LIÉS AU PRODUIT
– Démographiques : âge, sexe, taille et composition du foyer, cycle de vie familial. – Géographiques : région, type d'habitat, catégorie d'agglomération... – Socioéconomiques : revenu, niveau d'instruction, professions et catégories socio-professionnelles (PCS), pratique religieuse... – Psycho-graphiques : personnalité, style de vie.	– Comportementaux : niveau de consommation, situation d'usage – Avantages recherchés

3 Le ciblage

– La segmentation sélective : l'entreprise concentre ses efforts sur un seul segment et un seul produit ;

EXEMPLE Sur le marché automobile, Ferrari cible les hauts revenus.

- La segmentation différenciée : plusieurs segments sont ciblés avec une gamme de produits différents ;

EXEMPLE Couches culottes adultes ; critères de segmentation : âge, sexe, jour/nuit.

- Le segmentation adaptée : un même produit est proposé à différents segments avec quelques légères modifications, comme le conditionnement.

EXEMPLE Coca-Cola : original, light, Zéro, vanille, cherry.

4 Les conditions d'une bonne segmentation

- Segments homogènes : les individus ont des comportements très proches ;
- Segments bien différenciés : bien distincts des autres segments ;
- Segments mesurables : l'effectif que cela représente ;
- Segments attractifs : par leur taille, leur potentiel, leur solvabilité ;
- Segments accessibles : la stratégie doit pouvoir se concentrer sur la cible choisie.

EXEMPLE Le segment des porteurs de lunettes est intéressant car la population est vieillissante.

5 La représentation des segments

5.1. Les **arbres de segmentation**

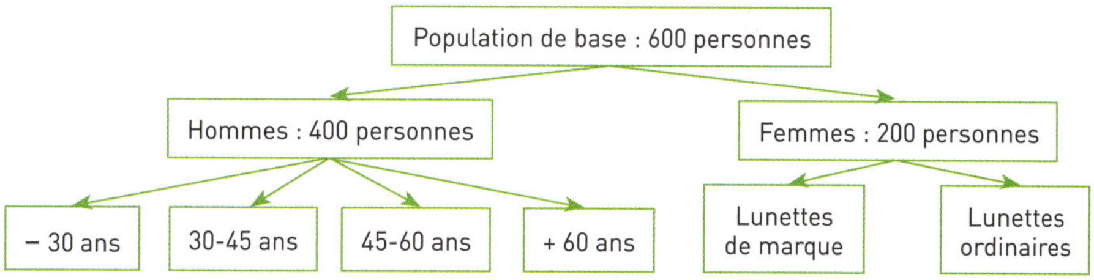

5.2. Le **mapping**

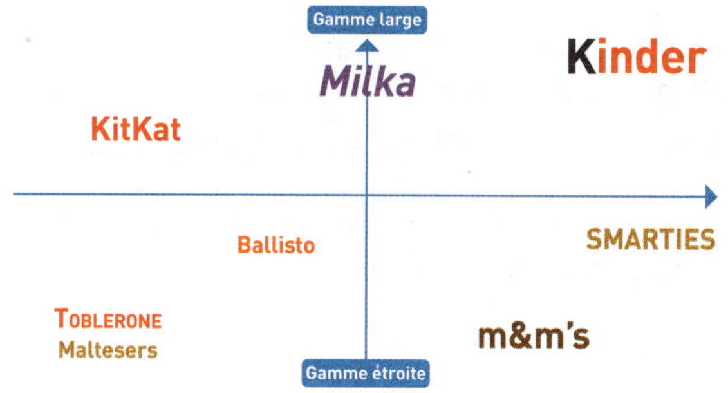

Mots clés Segmentation traditionnelle • Typologie • Scoring • Arbre de segmentation • Mapping

S'ENTRAÎNER AU BTS Exercice 10 : p. 58

Savoir 21 La connaissance des besoins, les motivations et les freins

La connaissance des besoins du client, de ses motivations et freins à l'achat permet à l'UC de s'adapter afin d'être plus performante.

1 Les besoins : la pyramide de Maslow

Selon Maslow, les besoins sont hiérarchisés : l'individu ne passe au besoin suivant que lorsque le précédent est assouvi.

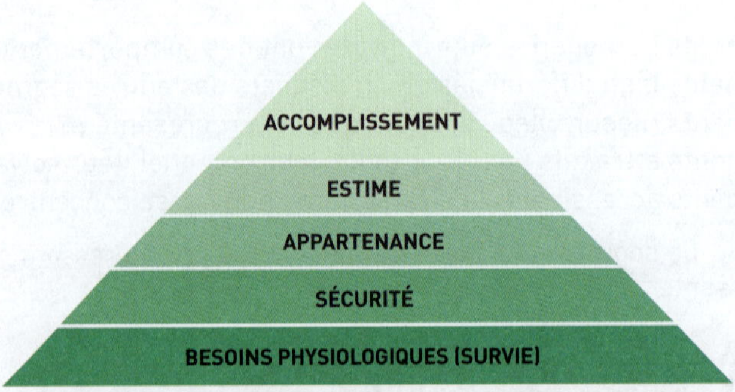

EXEMPLE On n'aspire pas à acheter un véhicule Porsche si on n'a ni logement, ni travail.

2 Les motivations

Selon Joannis, l'achat est lié à trois types de motivations :
- hédonistes : on achète pour se faire plaisir ;
- oblatives : on achète pour faire plaisir ;
- autoexpression : on achète pour s'affirmer.

EXEMPLE On achètera une montre Rolex pour affirmer sa réussite professionnelle.

3 Les freins

Ils empêchent ou retardent l'acte d'achat :
- les inhibitions : elles engendrent un sentiment de culpabilité à acheter un produit ;

EXEMPLE Acheter le dernier iPhone si celui que l'on possède déjà fonctionne encore.

- les peurs : ce sont des pulsions négatives liées aux difficultés que l'on peut rencontrer lorsqu'on achète un produit ;

EXEMPLE La peur de ne pas savoir se servir du produit.

- les risques : ce sont les incertitudes liées à l'achat.

EXEMPLE Le risque de vol des données personnelles si on achète un smartphone Huawei.

Mots clés : Maslow • Hédoniste • Oblative • Auto-expression • Inhibitions • Peurs • Risques

Savoir 22

Le processus d'achat

Identifier le comportement d'achat permet de proposer le bon produit, au bon moment, au bon endroit, à la bonne personne. Le processus comporte plusieurs phases.

LA PRISE DE CONSCIENCE DU BESOIN	Écart entre la situation actuelle et la situation désirée révélée par un stimulus interne (envie de remplacer un objet) ou externe (publicité).
↓	
LA RECHERCHE D'INFORMATIONS	Le consommateur va rechercher des informations sur les modèles, les caractéristiques, les prix.
↓	
L'ÉVALUATION DES OPTIONS	Le consommateur va ensuite évaluer les différentes solutions possibles en prenant en compte les éléments qui lui semblent indispensables (ex. : taille de la mémoire) et selon le budget qu'il s'est fixé.
↓	
LA PRISE DE DÉCISION	Le consommateur décide d'acheter ou de ne pas acheter.
↓	
LE SENTIMENT POST-ACHAT	Après l'achat, le consommateur continuera à être sensible aux publicités concernant le produit et sera satisfait ou non de son achat.

Mots clés Prise de conscience du besoin • Stimulus • Recherche d'informations • Évaluation des options • Prise de décision • Sentiment post-achat

Savoir 23 Les facteurs d'influence de l'acte d'achat

Divers éléments influencent l'acte d'achat. Ils peuvent être individuels ou sociologiques.

1 Les facteurs individuels

- Facteurs sociaux et démographiques : âge, sexe, profession, lieu de vie, revenus.

EXEMPLE Selon son niveau de revenu, un individu achète des biens plus ou moins chers.

- Personnalité : traits de caractère de l'individu.
- Perception : façon dont l'individu perçoit le produit.

EXEMPLE La perception que l'on a d'une marque incitera ou non à l'achat si l'on estime que les produits sont de bonne ou de mauvaise qualité.

- Attitude : état prédisposant à agir.

EXEMPLE Un individu déçu par une marque hésitera à l'acheter de nouveau.

- Style de vie : comportement de l'individu selon ses activités et centres d'intérêt.

2 Les facteurs sociologiques

- Groupe d'appartenance : groupe dont l'individu fait partie.
- Groupe de référence : groupe qui représente un modèle pour lui.

EXEMPLE L'individu peut avoir envie d'acheter une maison d'un budget supérieur à ses moyens pour se rapprocher de son groupe de référence.

- Cycle de vie familial : évolution de la famille qui engendre une modification de la consommation.

EXEMPLE Une famille recomposée aura tendance à acheter une maison avec plusieurs chambres pour pouvoir recevoir les enfants des deux conjoints.

- Classe sociale : groupe d'individus partageant les mêmes valeurs et comportements.

EXEMPLE Les individus des classes sociales supérieures n'auront pas envie d'acheter une maison à proximité de logements sociaux.

- Culture : coutumes et valeurs transmises d'une génération à l'autre.

Mots clés Facteurs sociaux • Personnalité • Perception • Attitude • Style de vie • Groupe d'appartenance • Groupe de référence • Cycle de vie familial • Classe sociale • Culture

Savoir 24 L'expérience client

L'expérience client correspond au ressenti du client vis-à-vis d'une marque ou d'une enseigne, avant, durant et après l'acte d'achat. Elle nécessite de mettre en place des mesures destinées à satisfaire le client et à soigner l'image de l'enseigne.

1 Les enjeux de l'expérience client

Un client fidélisé fréquente davantage le point de vente et dépense plus qu'un nouveau client. Tous les points de contact avec le client sont à prendre en considération : magasin, presse, communication sur les réseaux sociaux, site Internet.
L'objectif est de n'avoir aucun point faible, de manière à :
- augmenter la satisfaction client ;
- développer le chiffre d'affaires ;
- transformer le client en prescripteur ;
- se démarquer de la concurrence ;
- créer une relation personnalisée avec le client.

2 Les moyens pour détecter un client mécontent

Une mauvaise expérience risque de changer les habitudes de consommation du client mécontent et de dégrader l'image de l'enseigne : le client mécontent peut faire part de son mécontentement à son entourage et sur les réseaux sociaux.
On identifie les clients mécontents par divers moyens :
- les enquêtes en ligne ;
- en discutant avec eux sur les réseaux sociaux ;
- en analysant les conversations sur les forums ou les sites d'avis ;
- en mettant à disposition dans les points de vente une tablette, une borne ou un boîtier connecté invitant le client à noter son expérience.

3 La mesure de l'expérience client

Différents indicateurs permettent de mesurer l'expérience client :
- le NPS (Net Promoter Score) : taux de recommandation d'un produit ou service ;
- le CSAT (Customer Satisfaction) : taux de satisfaction exprimé par les clients ;
- le taux d'attrition ou taux de fidélisation.

Mots clés Prescripteur • Image • Borne • Boîtier connecté • NPS (Net Promoter Score) • CSAT (Customer Satisfaction) • Taux d'attrition

Savoir
25 L'après-vente et le SAV

L'après-vente et le service après-vente désignent l'ensemble des actions mises en place pour garantir une bonne relation commerciale après la vente.

1 L'après-vente

L'après-vente recouvre toutes les actions de l'unité commerciale auprès des clients à la suite de leurs achats.

1.1. Les enjeux d'une mercatique après-vente

La mercatique après-vente est indispensable pour préserver une bonne relation avec le client :
- le client est de plus en plus exigeant et veut être récompensé des achats qu'il réalise ;
- un nouveau client dépense moins qu'un client fidèle et coûte plus cher à l'unité commerciale ;
- la concurrence est de plus en plus rude : perdre des clients peut engendrer des pertes financières et, à terme, exposer à un risque de faillite.

1.2. Le principe de l'après-vente

Il s'agit d'assurer la vente et la livraison éventuelle dans des conditions optimales, puis de vérifier les conditions de livraison et le bon déroulement de la prestation.

1.3. Le suivi des engagements

En cas de non-respect des délais de livraison ou en cas de problème lié aux produits livrés, il faut respecter la procédure : informer le client, fixer un nouveau délai de livraison, proposer le remplacement du ou des produits défectueux.

2 Le service après-vente

Le service après-vente (SAV) représente l'ensemble des actions permettant de traiter les demandes des clients liées à l'utilisation des produits ou des services vendus.

2.1. La prise en charge du SAV

Le SAV peut être pris en charge par :
- l'unité commerciale qui a vendu le produit (de plus en plus rare) ;
- le fabricant du produit ;
- un sous-traitant.

2.2. Le rôle du SAV

Un SAV efficace permet de satisfaire et de fidéliser le client. Ses activités sont :
- la gestion des réclamations ;
- l'installation et la mise en service des produits vendus ;
- l'entretien, le dépannage et la réparation ;
- l'assistance au client (le plus souvent *via* une hotline).

2.3. Les différents types de garantie

On distingue différents types de garantie :
- la garantie légale : elle est obligatoire et couvre les défauts éventuels du produit. Elle a une durée de deux ans en France. Le client peut faire réparer ou échanger son produit gratuitement, sauf s'il a modifié le produit ou si le dysfonctionnement est lié à un mauvais usage du produit ;

EXEMPLE Si le propriétaire d'un smartphone l'a fait tomber dans l'eau et qu'il ne fonctionne plus, il ne pourra pas invoquer la garantie légale.

- la garantie contractuelle : elle permet, moyennant paiement lors de l'achat, d'allonger la durée de la garantie d'origine. Le client peut de ce fait demander le remplacement ou la réparation du produit durant toute la durée du contrat ;

EXEMPLE Lors de l'achat d'un véhicule automobile, le client peut opter pour une garantie contractuelle de cinq ans au lieu de deux ans.

- la garantie des vices cachés : elle protège de défauts qui pourraient être cachés lors de l'achat et se révéler plus tard et qui empêchent un usage normal du produit. La durée de cette garantie est en théorie de deux ans à compter de la découverte du vice, mais elle peut s'appliquer de manière illimitée par exemple en cas d'achat concernant un véhicule d'occasion. Le client pourra demander à être remboursé ou pourra demander au vendeur le remboursement des réparations effectuées.

2.4. Les échanges et retours de produits

LE DROIT DE SE RÉTRACTER APRÈS L'ACHAT	PRODUIT INDISPONIBLE OU RETARD DE LIVRAISON
ACHATS EN LIGNE, DÉMARCHAGE TÉLÉPHONIQUE, VENTE À DOMICILE Le client dispose d'un délai de rétractation de 14 jours pour changer d'avis et annuler le contrat ou retourner le produit. Le droit de rétractation ne s'applique pas pour l'achat en ligne de services d'hébergement, de transport, de restauration ou de loisirs prévus à une date précise, sauf dispositions contraires de l'entreprise. ACHATS EN MAGASIN Il n'y pas de délai de rétractation obligatoire, mais certaines enseignes proposent un échange ou un remboursement si le client change d'avis. Le délai est variable.	Si le produit est indisponible, le magasin doit rembourser le client dans un délai de 30 jours. Le délai de livraison doit toujours être précisé. Le cas échéant, on le fixera à 30 jours maximum. Un retard de livraison peut faire l'objet d'une indemnisation au client.

Mots clés Après-vente • SAV (Service après-vente) • Réclamation • Garantie légale • Garantie contractuelle • Garantie des vices cachés • Délai de rétractation

Savoir 26 Le traitement des réclamations

Les réclamations sont inévitables. Elles ne signifient pas forcément que le client est perdu : au contraire, leur traitement représente une opportunité de le fidéliser.

1 Les différents types de réclamations

1.1. La réclamation de bonne foi

Le client utilise convenablement le produit mais celui-ci tombe en panne ou présente un défaut que le client n'avait pas vu lors de l'achat. Les garanties légale et contractuelle s'appliquent dans ce cas.

1.2. La réclamation de mauvaise foi

Le client a mal manipulé le produit, ce qui a engendré son dysfonctionnement, mais il refuse de reconnaître sa responsabilité et demande à être remboursé.

EXEMPLE M. X a fait tomber sa tablette tactile. Il prétend que l'écran était déjà brisé à l'achat.

1.3. La réclamation portant sur la faute du vendeur

Le vendeur n'a pas fourni toutes les informations nécessaires pour la mise en service du produit, ce qui l'a rendu partiellement ou totalement inutilisable.

EXEMPLE Le vendeur a omis de préciser qu'un pull-over en pure laine vierge devait être lavé uniquement à la main et à l'eau froide.

2 Le traitement des réclamations

2.1. L'identification de la nature de la réclamation

La réclamation peut être liée :
- au produit : mauvaise qualité, rupture de stock, produit ne correspondant pas au besoin du client ;
- au prix : plus cher que chez les concurrents, erreur dans le prix facturé ;
- aux services : erreur de commande, erreur de livraison ;
- au personnel : absence d'empathie, incompétence… ;
- au magasin : manque de propreté, défaut de signalétique…

2.2. Les étapes du traitement

On adaptera la procédure à la typologie du client (affectif, sincère, opportuniste) : écouter le client, le remercier de s'être manifesté, s'excuser au nom de l'enseigne, donner satisfaction au client, prendre congé.

Mots clés Réclamation • Bonne foi • Mauvaise foi • Faute du vendeur

Savoir 27 La mesure de la satisfaction client

Un client est satisfait si on lui a proposé un produit ou service correspondant à ses attentes. L'envoi régulier d'enquêtes permet d'établir un baromètre de satisfaction indispensable pour mesurer l'évolution de la satisfaction dans le temps.

1 La mesure de la satisfaction dans les UC physiques

Diverses possibilités permettent d'évaluer le niveau de satisfaction des clients :
– les enquêtes : les études de satisfaction mesurent la satisfaction des clients à l'égard des produits, des prix, du magasin en général et du personnel. Il s'agit le plus souvent d'un questionnaire envoyé par e-mail au client après l'achat ;
– les retours du personnel de contact : les remontées du personnel au contact de la clientèle permet de cerner les principaux reproches adressés au point de vente ;
– l'analyse des réclamations : le but est de dégager les principales sources d'insatisfaction des clients ;
– l'analyse des clients perdus : il s'agit d'identifier les raisons pour lesquelles les clients sont partis à la concurrence ;
– la borne « smiley » : solution rapide à mettre en place en magasin pour récolter l'avis du client en temps réel ;
– les clients mystères : les visites de ces faux clients visent à évaluer le degré de qualité du service apporté au client ;
– les boîtes à idées : le client est invité à soumettre des appréciations ou des suggestions.

2 La mesure de la satisfaction dans les UC virtuelles

Les unités commerciales virtuelles peuvent recourir aux moyens traditionnels (enquêtes en ligne, étude des réclamations, analyse des clients perdus…) mais aussi à des moyens complémentaires :
– le tracking : il consiste à suivre l'internaute durant sa navigation pour étudier son comportement ;
– l'e-mail mystère : envoyé de manière anonyme par l'unité commerciale à son service clients pour contrôler la qualité et la rapidité de traitement des demandes.

Mots clés : Étude de satisfaction • Personnel de contact • Réclamation • Client perdu • Smiley • Client mystère • Boîte à idées • Tracking • E-mail mystère

Savoir **28**

Les enjeux et la stratégie de la fidélisation

RELATION CLIENT ET VENTE CONSEIL

Dans un contexte de concurrence forte et de volatilité des consommateurs, la fidélisation est une stratégie indispensable pour maintenir et développer les ventes.

1 De la satisfaction à la fidélité

Un client satisfait n'est pas forcément un client fidèle : la fidélité se constate par l'attachement à la marque ou à l'enseigne.

LA FIDÉLITÉ BASÉE SUR L'INERTIE	Le consommateur est fidèle par facilité ou par défaut (ex. : acheter son pain sur le trajet métro/domicile).
LA FIDÉLITÉ SUBIE	Le consommateur est lié par un engagement contractuel (ex. : le forfait téléphonique sur 12 ou 24 mois).
LA FIDÉLITÉ OBLIGÉE	Le consommateur est fidèle, même s'il est insatisfait, car il n'y a pas d'autre offre (ex. : monopole).
LA FIDÉLITÉ VOULUE (ATTITUDINALE)	Le consommateur est fidèle par choix, il donne sa préférence à la marque ou à l'enseigne (ex. : 85 % des clients de McDonald's déclarent ne pas fréquenter d'autre enseigne).

2 Les enjeux de la fidélisation

MAÎTRISER SON RETOUR SUR INVESTISSEMENT	Le coût de fidélisation d'un client déjà acquis est beaucoup plus faible que le coût d'acquisition d'un nouveau client.
AUGMENTER SON CHIFFRE D'AFFAIRES	Le consommateur fidèle a un panier moyen supérieur au client occasionnel et il est moins sensible aux prix.
BÉNÉFICIER DU BOUCHE-À-OREILLE	Le client fidèle peut devenir prescripteur de l'enseigne.

3 La stratégie de fidélisation

Elle comprend quatre étapes :
- la connaissance du client (pour identifier les opportunités de fidélisation) ;
- la détermination de la cible à viser ;
- l'élaboration du programme de fidélisation ;
- la détermination des objectifs et la mesure des résultats.

EXEMPLE Après analyse de ses données clients, Monoprix a modifié son programme de fidélité en rendant les avantages plus lisibles : la fréquentation a augmenté de 5 % en un an.

Mots clés Satisfaction • Fidélité • Coût de fidélisation • Coût d'acquisition • Prescripteur • Programme de fidélisation

Savoir 29

L'élaboration du programme de fidélisation

Pour construire une fidélisation efficace, l'entreprise dispose de divers outils qui l'aideront à définir sa cible et à personnaliser son programme.

1 La détermination de la cible

La connaissance du portefeuille clients permet un ciblage efficace : sur la base de l'ensemble des données collectées au cours de la relation commerciale, l'entreprise détermine la cible de son programme. Divers procédés sont possibles :
– la segmentation : c'est le découpage de l'ensemble de la clientèle sur la base de critères socioéconomiques (PCS, revenu…), démographiques (âge, sexe…) ou comportementaux (habitudes d'achat, attitudes…) ;
– le scoring : il s'agit d'identifier des profils clients et de quantifier leur intérêt potentiel à l'aide d'une note. On utilise la méthode RFM, qui s'appuie sur trois critères : Récence, Fréquence et Montant, et sur un barème de points pour attribuer une note au client ;

EXEMPLE Scoring RFM pour un supermarché :

RÉCENCE DU DERNIER ACHAT		NBRE D'ACHATS PAR MOIS		PANIER MOYEN	
< 1 semaine	10 points	> 20	10 points	> 80 €	10 points
> 1 et < 3 semaines	5 points	> 8 et < 20	5 points	> 20 et < 80 €	5 points
> 3 semaines	0 point	< 8	0 point	< 20 €	0 point

– le scoring comportemental : il évalue le comportement numérique de l'internaute, selon le temps passé, le nombre de clics et la nature des pages visitées.

2 Les types de fidélisation

La fidélisation s'appuie sur deux axes complémentaires : le dialogue (fidélisation relationnelle) et la récompense (fidélisation transactionnelle).

2.1. La fidélisation relationnelle

Elle vise à créer une relation privilégiée avec le client pour développer une attitude favorable au ré-achat. Elle s'appuie sur :
– la qualité de l'accueil ;
– les techniques du marchandisage : facteurs d'ambiance, valorisation de l'offre sur le point de vente ;
– les outils de la mercatique après-vente : communication avec le client *via* la newsletter, mailings personnalisés (par exemple pour les anniversaires)…

2.2. La fidélisation transactionnelle

Elle cherche à déclencher le ré-achat grâce à la promesse d'une récompense.

3 Les techniques de fidélisation traditionnelles

Il existe plusieurs techniques de fidélisation : la carte de fidélité, la promotion personnalisée, le bon d'achat, le bon de réduction, les ventes privées, les cadeaux et les offres de parrainage.
La carte de fidélité, qui reste le support de base, constate les achats du client afin de le récompenser pour sa fidélité. Payante ou gratuite, elle prend diverses formes :
– carte simple : support physique sur lequel le commerçant comptabilise le nombre d'achats réalisés ;

EXEMPLE Midas tamponne un carnet d'entretien de vidanges : la sixième est gratuite.

– carte à puce : lue automatiquement en caisse, elle permet, en plus de comptabiliser les achats, de mémoriser un grand nombre d'informations ;

EXEMPLE La carte Auchan mémorise les achats effectués et permet de verser des crédits au client qui achète les produits de la marque.

– carte de paiement : elle regroupe carte de fidélité et carte de crédit renouvelable ;

EXEMPLE La carte BHV Marais Mastercard propose 10 € en bon d'achat tous les 250 € d'achat, un crédit renouvelable annuel et le paiement en trois fois sans frais.

– carte multi-enseignes : elle permet de cumuler des avantages auprès de différentes enseignes.

EXEMPLE La carte Client Roi donne droit à des bons d'achat auprès des commerçants de proximité adhérents dans de nombreuses villes (Dijon, Grenoble, Versailles, etc.).

4 Les techniques de fidélisation omnicanale

4.1. La carte de fidélité dématérialisée

Pour mieux suivre les clients hyper-connectés, la carte de fidélité est de plus en plus souvent dématérialisée *via* l'application mobile de l'enseigne ou sur le compte client du site. Les achats sont ainsi pris en compte quel que soit le canal d'achat.

4.2. Un programme fidélité personnalisé

Grâce à la collecte des données clients, le programme peut être personnalisé pour mieux intégrer le comportement d'achat de chaque consommateur.

4.3. La communication digitale

Les enseignes utilisent l'ensemble des canaux de manière simultanée (réseaux sociaux, e-mailing, SMS, *push mobile* des applications...).

EXEMPLE L'application SNCF propose des cartes de réduction d'abonnements dématérialisées, des promotions personnalisées en fonction des habitudes de déplacement et avec la géolocalisation, ou avertit les usagers en cas de perturbations sur leur ligne.

Mots clés Portefeuille clients • Segmentation • Scoring • Fidélisation relationnelle • Fidélisation transactionnelle • Carte de fidélité • Communication digitale

Savoir 30 La mesure des performances de la fidélisation

Comme toute opération commerciale, la mise en place d'un programme de fidélisation a un coût. L'enseigne doit donc choisir les indicateurs de performance pertinents afin de mesurer le succès de son programme et sa rentabilité.

1 Les indicateurs de mesure de la fidélité client

Pour mesurer l'efficacité globale d'un dispositif commercial, on utilise les indicateurs clés de performance ou KPI (*Key Performance Indicator*). Dans le cas d'un programme de fidélisation, l'enseigne peut utiliser différents indicateurs :
- le taux de fidélité : part des clients de l'enseigne en période N qui sont toujours clients en N+1 ;
- le taux de rétention : différence entre le nombre de clients gagnés et le nombre de clients perdus sur la période par rapport au nombre total de clients ;

EXEMPLE L'enseigne a 7 000 clients en début de période. Elle constate 800 clients gagnés et 700 clients perdus, donc 7 100 clients en fin de période : son taux de rétention sera de [(7 100 – 800) / 7 000] × 100 = 90 %.

- le taux d'attrition : nombre de clients perdus par rapport au nombre total de clients en début de période ;

EXEMPLE La même enseigne a un taux d'attrition de (700 / 7 000) = 10 %.

- le taux d'encartage : mesure le nombre de clients encartés, c'est-à-dire détenteurs de la carte de fidélité, par rapport au nombre total de clients ;

EXEMPLE Plus de 70 % des clients de l'enseigne E.Leclerc possèdent la carte de fidélité.

- le taux d'activation : mesure le nombre d'avantages utilisés par rapport au nombre d'avantages proposés.

EXEMPLE Sur 1 000 coupons de réduction distribués aux clients, 600 ont été utilisés. Le taux d'activation pour cette opération est donc de : (600 / 1 000) × 100 = 60 %.

2 La notion de retour sur investissement

La mise en place et la gestion d'un programme de fidélisation représente un investissement : coûts de lancement, des animations et promotions et des récompenses accordées. Le CA généré par le programme doit être rapporté aux dépenses engagées pour évaluer le retour sur investissement.

Mots clés Taux de rétention • Taux d'attrition • Taux d'encartage • Retour sur investissement

Savoir 31 La valeur client

Le concept de valeur client consiste à mesurer dans le temps la rentabilité des investissements consacrés à la fidélisation sur les ventes de l'entreprise. Elle représente ce que le client peut rapporter à l'entreprise à court, moyen et long termes.

1 Du portefeuille client à la valeur client

Le portefeuille client est constitué de l'ensemble de la clientèle de l'entreprise. Si l'entreprise considère que son portefeuille client est une richesse qu'elle doit développer en utilisant la fidélisation, on parle alors de « capital client ».
Le capital client peut être estimé à l'aide de critères quantitatifs (nombre de clients, CA par client...) et qualitatifs (fidélité, attachement à l'enseigne...).
La valeur client de chaque client est évaluée en fonction de sa rentabilité, en comparant la marge commerciale qu'il dégage aux coûts engagés pour son acquisition, sa satisfaction et sa fidélisation. Cette valeur client repose sur sa valeur actuelle, mais également sur sa valeur potentielle future : on parle de « valeur à vie du client » (*life time value*).

2 La valeur à vie du client

Le calcul de cette valeur à vie s'effectue en plusieurs étapes :
- la valeur d'acquisition : c'est la différence entre la marge brute dégagée et le coût d'acquisition du client pour son premier achat ;

EXEMPLE Pour une offre de bienvenue envoyée à 2 000 prospects (coût de 500 €), 40 ont répondu, dégageant une marge nette de 600 €. La valeur d'acquisition est de [(600 – 500) / 40] = 2,50 €.

- la valeur de fidélisation : c'est l'évaluation du potentiel du client sur une longue période, en prenant en compte le coût de rétention du client ;

EXEMPLE Le client qui génère 150 € de marge annuelle et qui reste fidèle pendant dix ans (coût de la fidélisation : 20 € par an) présente une valeur de fidélisation de [(150 – 20) × 10] = 1 300 €.

- la valeur de développement du potentiel client : c'est l'évaluation de l'accroissement de marge dégagée sur les ventes additionnelles effectuées par le client fidélisé ;

EXEMPLE Le même client va développer ses achats sur la période pour une marge nette de 400 €.

- la valeur à vie du client : c'est la somme des trois valeurs précédentes.

EXEMPLE La valeur globale est de (2,50 + 1 300 + 400) = 1 702,50 €.

Mots clés Portefeuille client • Capital client • Valeur clien • Valeur à vie du client • Coût d'acquisition • Coût de rétention

Exercice 1 Voir Fiche Savoir 4

La préparation des OAV

Vous êtes en stage dans la parapharmacie d'Auchan-Issy. L'été approche : vous avez reçu de nouveaux produits solaires pour enfant. Vous disposez de la fiche produit en annexe.

- **Établissez les divers outils d'aide à la vente :**
– plan de découverte des besoins du client ;
– argumentaire de vente de type CAP SONCAS ;
– plan de traitement des objections.

Annexe Fiche produit Ambre solaire Garnier Enfant Indice 50+

Prix conseillé : 14,15 €

La texture du lait hydratant FPS 50+ est résistante à l'eau et au sable. Application uniquement sur le corps.

Ingrédients – La formule *Garnier Ambre solaire* contient un système filtrant photostable breveté au Mexoryl SX et Mexoryl XL, offrant une protection efficace contre les UVA et les UVB à l'origine des coups de soleil et du vieillissement de la peau.

Les atouts du produit

Permet une excellente résistance à l'eau et au sable (jusqu'à deux bains de 20 minutes) pour protéger les enfants quelle que soit leur activité.

Testé sous contrôle dermatologique, pédiatrique, hypoallergénique, il garantit une tolérance optimale, unique.

Sa texture, visible au moment de l'application pour n'oublier aucune partie du corps, et sa capsule service ont été conçues pour faciliter son utilisation.

Non collant et non gras, le lait sent bon l'abricot et pénètre la peau extrêmement vite.

Les experts en parlent

Les expositions intensives et les coups de soleil répétés durant l'enfance peuvent ouvrir la voie à des conséquences graves à l'âge adulte. L'enfant a une peau plus vulnérable au soleil, car son système mélanocytaire, responsable du bronzage, n'est pas encore arrivé à maturité. Sa peau doit donc être encore mieux préservée des rayons nocifs du soleil, d'autant qu'elle reçoit en moyenne trois fois plus d'ultraviolets que celle d'un adulte à rester jouer de longues heures sur la plage. Les enfants ont donc besoin de la meilleure protection, dans des formules adaptées, faciles à appliquer.

La filtration solaire : *Ambre solaire*, expert de la peau au soleil, a développé une filtration brevetée haute technologie, qui permet d'assurer une protection renforcée en profondeur sur l'ensemble du rayonnement ultraviolet (UVA et UVB courts et longs).

FAIT ☐ REVU ☐

Exercice 2 Voir Fiche Savoir 13

Les études commerciales quantitatives

En stage dans une supérette, vous collaborez à l'élaboration du planning d'administration de l'enquête qui va être menée dans le magasin pour évaluer la satisfaction client. Vous disposez du nombre de tickets de caisse édités chaque jour et du pourcentage de clients correspondant (annexe).

1. **Calculez le pourcentage de clients acheteurs par jour.**

2. **Calculez le nombre de personnes à interroger chaque jour, sachant que vous devez interroger 150 personnes au total.**

Annexe Statistiques du magasin

JOURS	NOMBRE DE TICKETS DE CAISSE	% DE CLIENTS ACHETEURS PAR JOUR	NOMBRE DE PERSONNES À INTERROGER
Lundi	250		
Mardi	120		
Mercredi	330		
Jeudi	230		
Vendredi	390		
Samedi	480		
Total	1 800	100 %	150

FAIT ☐ REVU ☐

Exercice 3 Voir Fiche Savoir 13

Les études commerciales quantitatives

Suite à la crise sanitaire de Covid-19, qui a impacté le comportement des consommateurs, le magasin Auchan-Louvroil souhaite connaître les attentes de la clientèle sur les services que le magasin pourrait proposer.

1. À quelle condition pourra-t-on utiliser une méthode probabiliste pour mener cette étude ?

2. Si l'enquête est réalisée par un stagiaire qui interroge une personne sur cinq dans la rue, peut-on parler d'échantillon probabiliste ?

FAIT ☐ REVU ☐

Exercice 4 Voir Fiche Savoir 13

Les études commerciales quantitatives

Vous êtes en stage dans un magasin Carrefour. Votre tutrice, directrice du magasin, vous demande de mettre en place une enquête destinée à connaître le degré de satisfaction de la clientèle. Vous devez préparer une feuille de quota au 1/300e pour votre zone de chalandise, qui se compose de 7 500 personnes (annexe 1).

- **Complétez la feuille de quota (annexe 2), sachant que vous retenez comme critères l'âge, le sexe et la profession.**

Annexe 1 Informations sur la zone de chalandise

SEXE	
Hommes	3 900
Femmes	3 600

ÂGE	
18-34 ans	3 600
35-49 ans	2 400
50-64 ans	900
65 ans et +	600

PROFESSION	
Commerçants	300
Cadres supérieurs	600
Cadres moyens	3 000
Ouvriers	3 000
Inactifs	600

SITUATION	
Propriétaires	1 300
Locataires	6 200

Annexe 2 Feuille de quota

CRITÈRES	NOMBRE D'ENTRETIENS
Hommes	
Femmes	
18-34 ans	
35-49 ans	
50-64 ans	
65 ans et +	
Commerçants	
Cadres supérieurs	
Cadres moyens	
Ouvriers	
Inactifs	

FAIT ☐ REVU ☐

Exercice 5 Voir Fiche Savoir 14

La méthodologie de l'enquête

Vous envisagez d'ouvrir une boutique de prêt-à-porter. Avant de vous accorder le financement dont vous avez besoin, la banque vous demande un business plan. Vous devez donc réaliser une étude de marché et recueillir les intentions d'achat des clients potentiels. Votre budget étant limité, vous vous demandez combien de personnes vous allez pouvoir interroger (annexes 1 et 2).

1. Quelle sera la taille de l'échantillon compte tenu des contraintes budgétaires ?

2. Vous envisagez la possibilité d'interroger 500 personnes, quitte à dépasser votre budget. Quelle somme devrez-vous consacrer à l'étude, sachant que :
– il faut doubler le nombre d'enquêteurs le mercredi après-midi ainsi que les vendredi et samedi toute la journée ;
– les frais variables diminuent de 10 % ?

Annexe 1 Budget de l'enquête

Vous disposez d'un budget de 3 000 € :
- rémunération des enquêteurs : 10 € / heure en fonction du planning
- frais de déplacement forfaitaires : 5 € (compter 1 déplacement par demi-journée sauf le samedi, 1 déplacement pour la journée)
- frais variables divers : 7,50 € par questionnaire
- frais de conception du questionnaire : 300 €
- frais fixes généraux : 200 €.

Annexe 2 Planning d'administration des questionnaires

	10-12 H	14-18 H	10-18 H	ENQUÊTEURS
Lundi	X			1
Mardi		X		1
Mercredi	X	X		3
Jeudi	X	X		2
Vendredi	X	X		3
Samedi			X	3

FAIT ☐ REVU ☐

Exercice 6 Voir Fiche Savoir 14

La méthodologie de l'enquête

Manageur de rayon chez Match, vous avez constaté une baisse de fréquentation du rayon poissonnerie. Vous souhaitez déterminer, à plus ou moins 2 % près, la proportion de clients qui fréquentent ce rayon ; cette proportion était de 20 % dans une précédente enquête.

• **Quelle est la taille d'échantillon nécessaire pour connaître la proportion de fréquentation du rayon, avec un seuil de confiance de 95 % ?**

FAIT ☐ REVU ☐

Exercice 7 Voir Fiche Savoir 14

La méthodologie de l'enquête

En tant que responsable marketing dans une grande surface, vous avez confié à un stagiaire une étude sur le comportement des clients en magasin. Vous êtes déçu(e) car vous n'arrivez pas à tirer des conclusions de cette enquête. Vous vous demandez si les questions ont bien été comprises par les personnes interrogées.

• **Donnez votre avis sur les questions de l'étude (annexe) et reformulez-les si besoin.**

Annexe Questions de l'étude

1. « Êtes-vous gros ou petit buveur de Coca ? »
2. « Venez-vous souvent dans le magasin ? »
3. « Ne pensez-vous pas que les fruits que nous proposons sont trop chers ? »
4. « Combien de litres d'essence avez-vous achetés l'an dernier ? »

FAIT ☐ REVU ☐

Exercice 8 Voir Fiche Savoir 17

L'évaluation du CA potentiel

M. Dupuis envisage d'ouvrir un magasin de fruits et légumes bio. Pour vérifier la rentabilité du projet, il doit calculer son CA prévisionnel. Sa zone de chalandise s'étendra à 30 km autour du magasin (annexe). Il pense toucher 80 % des ménages de la zone primaire (0-10 km), 60 % de ceux de la zone secondaire (11-20 km) et 30 % de ceux de la zone tertiaire (21-30 km).

1. Sachant que M. Dupuis vise un taux d'emprise de 6 % et sachant qu'en France un ménage dépense en moyenne 500 € par an en fruits et légumes bio, calculez le chiffre d'affaires qu'il peut espérer pour la première année.

2. Sachant qu'un point de vente de ce type réalise un CA moyen de 2 200 € par mètre carré, quelle devra être la surface du magasin ? (Vous arrondirez votre résultat.)

Annexe Caractéristiques des sous-zones

	ZONE PRIMAIRE	ZONE SECONDAIRE	ZONE TERTIAIRE
Nbre d'habitants	83 000	52 000	28 000
Nbre pers. / ménage	1,5	2,1	1,9
IDC*	115	78	96

* Indice de disparité de consommation

FAIT ☐ REVU ☐

Exercice 9 Voir Fiche Savoir 17

L'évaluation du CA potentiel

Titulaire d'un BTS MCO, vous êtes recruté(e) comme directeur(trice) adjoint(e) pour l'enseigne Carré Blanc, qui souhaite ouvrir un magasin au sein du nouveau « Village des marques » qui s'installe dans votre région. Le directeur vous confie la tâche d'évaluer le CA prévisionnel du nouveau point de vente, à l'aide des données de la zone de chalandise (annexe), sachant qu'une étude récente estime son taux d'emprise à 9 %.

1. Calculez le CA prévisionnel du futur magasin.

2. Évaluez la surface théorique de vente, sachant que le CA moyen au mètre carré est de 1 000 € pour des points de vente similaires.

Annexe Données de la zone de chalandise

	ZONE PRIMAIRE	ZONE SECONDAIRE	ZONE TERTIAIRE
Nbre d'habitants	35 977	45 284	34 170
Nbre pers. / ménage	2,3		
Dépenses commer-cialisables	152 €	121 €	80 €
IDC	112	101	78
Taux d'évasion	15 %	40 %	60 %
Taux d'attraction	18 %		

FAIT ☐ REVU ☐

Exercice 10 Voir Fiche Savoir 20

La segmentation de la demande

Vous êtes fleuriste et utilisez la méthode du scoring pour envoyer des offres commerciales à vos clients. Nous sommes le 5 juin N, la Fête des mères approche, vous voulez récompenser vos meilleurs clients avec une offre spéciale.

1. À partir du fichier clients (annexe 1), calculez le score de chaque client (annexe 2).

2. Sachant que seuls les clients ayant obtenu plus de 10 points bénéficieront de l'offre, précisez quels sont les clients concernés.

Annexe 1 Fichier clients

NOM	DATE DERNIER ACHAT	FRÉQUENCE D'ACHAT	DÉPENSE MOY. / ACHAT
X	30/05/N	1 fois/an	50 €
Y	24/03/N	12 fois/an	20 €
Z	27/12/N–1	6 fois/an	30 €
A	14/02/N	4 fois/an	40 €

Annexe 2 Calcul des scores

RÉCENCE DERNIER ACHAT	NOTE	NBRE ACHATS / AN	NOTE	DÉPENSE MOY. / ACHAT	NOTE
1 mois	5	9-12	5	30-50 €	5
3 mois	3	6-8	3	20-29 €	3
6 mois	2	0-5	2	1-19 €	2

FAIT ☐ REVU ☐

Exercice 11 Voir Fiche Savoir 31

La valeur client

Telson, éditeur d'une lettre d'information par abonnement pour les professionnels libéraux, souhaite mettre en place un programme de fidélisation pour diminuer son taux d'attrition.

1. Calculez la valeur du client actuel (annexe 1).

2. Calculez la valeur du client après mise en place du programme de fidélisation. Concluez sur l'intérêt de ce programme (annexe 2).

Annexe 1 Données commerciales

- Coût d'acquisition d'un client : 400 €
- Marge mensuelle par abonnement : 23 €
- Conquête de 1 000 nouveaux clients par an
- Taux d'attrition annuel de 30 %
- Durée du contrat : un an
- Durée moyenne d'un abonnement : 5 ans

Annexe 2 Le programme de fidélisation

- Coût annuel : 30 € par client
- Objectif : ramener le taux d'attrition à 20 %

FAIT ☐ REVU ☐

CORRIGÉS

Exercice 1 Voir Fiche Savoir 4

La préparation des OAV

• Établissez les divers outils d'aide à la vente :
– plan de découverte des besoins du client ;
– argumentaire de vente de type CAP SONCAS ;
– plan de traitement des objections.

Plan de découverte des besoins du client

- Quel type de crème solaire recherchez-vous ?
- Est-ce pour vous ou pour une autre personne ?
- Pour quelle utilisation ?
- Combien de temps partez-vous ?
- Quel niveau de protection souhaitez-vous ?
- Souhaitez-vous qu'elle résiste à l'eau ?
- Avez-vous des allergies ou des contre-indications ?
- Préférez-vous une crème, un spray, une huile ?
- Préférez-vous une marque plutôt qu'une autre ?
- Quel est votre budget ?

Argumentaire de vente

	CARACTÉRISTIQUES	AVANTAGES	PREUVES
S	Système filtrant photostable Mexoryl SX	Efficace contre les coups de soleil	Testé sous contrôle dermatologique Brevet
O	Marque *Ambre Solaire*	Reconnue (L'Oréal) depuis 1930	Site Internet de la marque
N	FPS 50+	Meilleure protection que le FPS 50	Norme FPS sur le conditionnement
C	Lait hydratant avec texture visible à l'application	Facile à appliquer, n'oublie aucune partie du corps	Démonstration produit
A	Prix : 14,15 €	Bon rapport qualité-prix	Comparaison avec les autres marques en magasin
S	Senteur abricot	Parfum qui plaît aux enfants	Démonstration produit

Plan de traitement des objections

OBJECTION	TECHNIQUE / RÉPONSE
« Je ne suis pas sûr(e) que cette crème soit aussi efficace que celle que j'utilisais avant… »	Témoignage : « Nous n'avons que des retours très positifs ! »
« C'est trop cher ! »	Addition : « Vous protégez votre enfant longtemps pour un prix raisonnable. »

Exercice 2 Voir Fiche Savoir 13

Les études commerciales quantitatives

1. Calculez le pourcentage de clients acheteurs par jour.

JOURS	NBRE DE TICKETS DE CAISSE	% DE CLIENTS ACHETEURS PAR JOUR
Lundi	250	14 %
Mardi	120	7 %
Mercredi	330	18 %
Jeudi	230	13 %
Vendredi	390	22 %
Samedi	480	27 %
Total	**1 800**	**100 %**

2. Calculez le nombre de personnes à interroger chaque jour, sachant que vous devez interroger 150 personnes au total.

JOURS	NBRE DE TICKETS DE CAISSE	% DE CLIENTS ACHETEURS PAR JOUR	NBRE DE PERSONNES À INTERROGER
Lundi	250	14 %	21
Mardi	120	7 %	10
Mercredi	330	18 %	28
Jeudi	230	13 %	19
Vendredi	390	22 %	33
Samedi	480	27 %	40
Total	**1 800**	**100 %**	**150**

Exercice 3 Voir Fiche Savoir 13

Les études commerciales quantitatives

1. À quelle condition pourra-t-on utiliser une méthode probabiliste pour mener cette étude ?
L'étude pourra s'appuyer sur une méthode probabiliste si le magasin dispose d'un fichier clients à jour avec les coordonnées des clients.

2. Si l'enquête est réalisée par un stagiaire qui interroge une personne sur cinq dans la rue, peut-on parler d'échantillon probabiliste ?
Non, car dans ce cas, le stagiaire interroge des individus anonymes ; un échantillon probabiliste suppose que l'on connaisse l'identité des personnes interrogées.

Exercice 4 Voir Fiche Savoir 13

Les études commerciales quantitatives

• **Complétez la feuille de quota (annexe 2), sachant que vous retenez comme critères l'âge, le sexe et la profession.**

Pour connaître le nombre d'entretiens à mener, il faut calculer :

– la taille de l'échantillon : 7 500 / 300 = 25 ;

– la part représentée par chacun des items à l'intérieur de chaque critère.

Exemple : le critère « sexe » comprend deux items : hommes ou femmes. Les hommes représentent : 3 900 / 7 500 = 52 % de la population étudiée, et les femmes 48 %.

Nom de l'enquêteur :
Date : Lieu de l'enquête :

CRITÈRES	NOMBRE D'ENTRETIENS	BARRER APRÈS ENTRETIEN EFFECTUÉ
Hommes	13	1 2 3 4 5 6 7 8 9 10 11 12 13
Femmes	12	1 2 3 4 5 6 7 8 9 10 11 12
18-34 ans	12	1 2 3 4 5 6 7 8 9 10 11 12
35-49 ans	8	1 2 3 4 5 6 7 8
50-64 ans	3	1 2 3
65 ans et +	2	1 2
Commerçants	1	1
Cadres supérieurs	2	1 2
Cadres moyens	10	1 2 3 4 5 6 7 8 9 10
Ouvriers	10	1 2 3 4 5 6 7 8 9 10
Inactifs	2	1 2

On applique ensuite ce taux à la taille de l'échantillon : 25 × 0,52 = 13 hommes à interroger.

Exercice 5 Voir Fiche Savoir 14

La méthodologie de l'enquête

1. Quelle sera la taille de l'échantillon compte tenu des contraintes budgétaires ?

	10 H-12 H	14 H-18 H	10 H-18 H	ENQUÊTEURS	HEURES À RÉMUNÉRER
LUNDI	✓			1	2
MARDI		✓		1	4
MERCREDI	✓	✓		3	18
JEUDI	✓	✓		2	12
VENDREDI	✓	✓		3	18
SAMEDI			✓	3	24
Total					**78**

Rémunération : 10 × 78 = 780 €.
Frais de déplacement : 5 × 21 = 105 €.
Total frais fixes : 780 + 105 + 300 + 200 = 1 385 €.
Il reste sur le budget : 3 000 – 1 385 = 1 615 €.
On pourra administrer : 1 615 / 7,50 = 215 questionnaires.

2. Vous envisagez la possibilité d'interroger 500 personnes, quitte à dépasser votre budget. Quelle somme devrez-vous consacrer à l'étude, sachant que :

– il faut doubler le nombre d'enquêteurs le mercredi après-midi ainsi que les vendredi et samedi toute la journée ;

– les frais variables diminuent de 10 % ?

Le nombre d'heures à rémunérer passerait à : 78 + 12 + 18 + 24 = 132 heures.
La rémunération sera de : 10 × 132 = 1 320 €.
Frais de déplacement : 5 × (21 + 3 + 6 + 3) = 165 €.
Total des frais : 1 320 + 165 + 300 + 200 = 1 985 €.
Coût des questionnaires : 500 × 7,50 × 0,90 = 3 375 €.
Coût total pour 500 questionnaires : 1 985 + 3 375 = 5 360 €.

Exercice 6 Voir Fiche Savoir 14

La méthodologie de l'enquête

• **Quelle est la taille d'échantillon nécessaire pour connaître la proportion de fréquentation du rayon, avec un seuil de confiance de 95 % ?**

Au seuil de confiance de 95 %, on a $t = 1{,}96$. Lors de la précédente enquête, le pourcentage de personnes fréquentant le rayon était de 20 %, donc P = 20 % et Q = 80 % (P + Q = 100 %). La marge d'erreur e = 2 %. Le nombre N de personnes à interroger est donc : $(1{,}96^2 \times 20\,\% \times 80\,\%) / 0{,}02^2$ = 1 536.

Exercice 7 Voir Fiche Savoir 14

La méthodologie de l'enquête

• **Donnez votre avis sur les questions de l'étude (annexe) et reformulez-les si besoin.**

1. **« Êtes-vous gros ou petit buveur de Coca ? » La question est trop vague, il faut demander de préciser. Par exemple :**

« Buvez-vous du Coca ? ❑ Oui ❑ Non

Si oui, combien de bouteilles buvez-vous en moyenne par semaine ?

❑ 1 à 3 ❑ 3 à 5 ❑ 5 et + »

2. **« Venez-vous souvent dans le magasin ? » Question trop vague. Préférer :**

« Vous venez dans notre magasin :

❑ Tous les jours

❑ Une fois par semaine

❑ Deux fois par mois »

3. **« Ne pensez-vous pas que les fruits que nous proposons sont trop chers ? » La question influence la réponse. Préférer :**

« Que pensez-vous des prix pratiqués dans notre rayon Fruits :

❑ Ils sont justes.

❑ Ils sont bon marché.

❑ Ils sont trop élevés. »

4. **« Combien de litres d'essence avez-vous achetés l'an dernier ? » Question trop difficile. Préférer :**

« Combien de fois par mois faites-vous le plein d'essence ?

❑ 1 fois ❑ 2 fois ❑ 3 fois ❑ 4 fois ❑ + 4 fois »

« Combien dépensez-vous en moyenne chaque fois que vous faites le plein d'essence ?

❑ 20-30 € ❑ 30-50 € ❑ 50-80 € ❑ 80-100 €

❑ 100 € et + »

Exercice 8 Voir Fiche Savoir 17

L'évaluation du CA potentiel

1. **Sachant que M. Dupuis vise un taux d'emprise de 6 % et sachant qu'en France un ménage dépense en moyenne 500 € par an en fruits et légumes bio, calculez le chiffre d'affaires qu'il peut espérer pour la première année.**

	ZONE PRIMAIRE	ZONE SECONDAIRE	ZONE TERTIAIRE
Nbre ménages	55 333	24 762	14 737
% ménages captifs	80 %	60 %	30 %
Nbre ménages captifs	44 267	14 857	4 421
Dépenses produits bio	500 €	500 €	500 €
IDC	115	78	96
Dépenses corrigées	575 €	390 €	480 €
Dépenses totales	25 453 333	5 794 286	2 122 105
Total	33 369 724,31 €		
Taux d'emprise	6 %		
CA potentiel	2 002 183,46 €		

2. **Sachant qu'un point de vente de ce type réalise un CA moyen de 2 200 € par mètre carré, quelle devra être la surface du magasin ? (Vous arrondirez votre résultat.)**

La surface sera d'environ 900 m².

Exercice 9 Voir Fiche Savoir 17

L'évaluation du CA potentiel

1. **Calculez le CA prévisionnel du futur magasin.**

2. **Évaluez la surface théorique de vente, sachant que le CA moyen au mètre carré est de 1 000 €**

pour des points de vente similaires.

	ZONE PRIMAIRE	ZONE SECONDAIRE	ZONE TERTIAIRE
Nbre ménages	15 642	19 689	14 857
Dépenses corrigées	170,24 €	122,21 €	62,40 €
Marché théorique	2 662 924 €	2 406 155 €	927 047 €
Total	5 996 126,14 €		
Évasion commerciale	399 438,55 €	962 462,20 €	556 228,17 €
Attraction	479 326,26 €	433 107,99 €	166 868,45 €
Marché théorique	5 157 299,92 €		
Emprise 9 %	464 157 €		
Surface théorique	464 m^2		

Le CA prévisionnel se monte à 464 157 € et la surface théorique du point de vente devrait être de 464 m^2.

Exercice 10 Voir Fiche Savoir 20

La segmentation de la demande

1. À partir du fichier clients (annexe 1), calculez le score de chaque client (annexe 2).

NOM	SCORE DATE	SCORE FRÉQUENCE	SCORE MONTANT	TOTAL
X	5	2	5	12
Y	3	5	3	11
Z	2	3	5	10
A	2	2	5	9

2. Sachant que seuls les clients ayant obtenu plus de 10 points bénéficieront de l'offre, précisez quels sont les clients concernés.

Les clients qui bénéficieront de l'offre sont les clients X et Y.

Exercice 11 Voir Fiche Savoir 31

La valeur client

1. Calculez la valeur du client actuel (annexe 1).

ANNÉE	N	N+1	N+2	N+3	N+4
Nbre clients	1 000	700	490	343	240
Marge annuelle	276 000	193 200	135 240	94 668	66 240
Coût d'acquisition	400 000				
Coût de fidélisation	0	0	0	0	0
Marge nette	– 124 000	193 200	135 240	94 668	66 240

Marge annuelle par client : 23 × 12 = 276 €. Valeur de la clientèle = 365 348 € (somme des marges nettes annuelles). Valeur client : 365 348 / 1 000 = 365,35 €.

2. Calculez la valeur du client après mise en place du programme de fidélisation. Concluez sur l'intérêt de ce programme (annexe 2).

ANNÉE	N	N+1	N+2	N+3	N+4
Nbre clients	1 000	800	640	512	410
Marge annuelle	276 000	220 800	176 640	141 312	113 160
Coût d'acquisition	400 000				
Coût de fidélisation	30 000	24 000	19 200	15 360	12 300
Marge nette	– 154 000	196 800	157 440	125 952	100 860

Valeur de la clientèle = 426 692 € ; valeur d'un client = 426,70 €. Le programme est rentable (augmente la valeur client de 16,8 %).

Le marché

Le marché désigne l'ensemble des clients potentiels ou actuels, capables et désireux de procéder à un échange leur permettant de satisfaire un besoin ou un désir à travers un produit.

1 Les différents types de marché

Un marché peut être abordé sous divers angles : géographique (local), par catégorie de produit (bricolage), par occasion de consommation (petit-déjeuner), par la nature de l'offre (produits de grande consommation), par sa destination (*B to C*), ou par ses caractéristiques :

MARCHÉ GÉNÉRIQUE	Ensemble des produits et services participant à la satisfaction d'un même besoin (ex. : marché du sport et du loisir).
MARCHÉ SUPPORT	Ensemble de produits différents mais dont la consommation est liée au produit principal étudié (ex. : marché des sports d'hiver).
MARCHÉ PRINCIPAL	Ensemble des produits répondant à un même besoin et présentant des caractéristiques communes (ex. : marché des skis de descente).
MARCHÉ DES PRODUITS COMPLÉMENTAIRES	Ensemble des produits appartenant au même univers et nécessaires à la consommation des produits du marché principal (ex. : marché des chaussures de ski.
MARCHÉ ENVIRONNANT OU SUBSTITUABLE	Ensemble des produits répondant au même besoin que le produit principal avec des caractéristiques différentes (ex. : marché du snowboard).
MARCHÉ AMONT/AVAL	Le marché amont regroupe les producteurs et fournisseurs ; le marché aval comprend les intermédiaires, les concurrents et clients.

2 Les structures de marché

PLUSIEURS OFFREURS	Concurrence	Ex. : marché de la coiffure.
QUELQUES OFFREURS	Oligopole	Ex. : opérateurs de téléphonie mobile.
UN SEUL OFFREUR	Monopole	Ex. : la RATP.

3 L'évolution du marché

Que ce soit au niveau du CA, des ventes ou des parts de marché de l'entreprise ou de ses concurrents, le taux d'évolution constitue un indicateur pertinent :

$$\text{Taux d'évolution} = \frac{\text{Valeur d'arrivée} - \text{Valeur de départ}}{\text{Valeur de départ}} \times 100$$

Mots clés Marché • Concurrence • Oligopole • Monopole • Taux d'évolution

S'ENTRAÎNER AU BTS
Exercice 1 : p. 111

Savoir
2 L'offre

L'offre sur le marché est constituée de l'ensemble des acteurs qui mettent à disposition un produit ou service pour le consommateur.

1 Les offreurs

On distingue deux types d'offreurs :
– les producteurs ou fabricants, qui fournissent les produits et services ;

EXEMPLE
Bonduelle produit des légumes en conserve.

– les distributeurs, qui achètent les produits et services aux producteurs et assurent leur commercialisation par divers canaux.

EXEMPLE
Carrefour distribue les produits de la marque Bonduelle.

Analyser l'offre consiste à repérer et caractériser ces acteurs (identification, type, nombre, performances, position sur le marché), ainsi que les produits et services qu'ils proposent. Cette analyse doit permettre de repérer les menaces concurrentielles et les opportunités possibles.

2 Les différents types de concurrence sur le marché

Afin de prendre en compte l'ensemble des offres face à un besoin exprimé, on peut analyser l'offre en fonction des différentes typologies de concurrence :

CONCURRENCE	DÉFINITION	EXEMPLES
DIRECTE (INTERPRODUIT)	Concurrence entre des produits ou services de même nature répondant à un même besoin.	Concurrence au sein d'un même secteur.
INDIRECTE (INTERSEGMENT)	Concurrence entre des produits ou services substituables pour répondre au même besoin.	Concurrence entre train et avion sur un même trajet.
GÉNÉRIQUE	Concurrence entre des produits ou services totalement différents pour répondre au même besoin.	BlaBlaCar, Oui Go et Easy Jet.
INTERMARQUE	Concurrence entre des marques différentes sur un même segment de marché.	Concurrence entre Coca-Cola et Pepsi.
INTERSECTORIELLE	Concurrence entre différents secteurs d'activité.	Concurrence entre Renault et la SNCF.
INTRAMARQUE	Concurrence entre différents distributeurs sur un produit de même marque.	Le même article est vendu à des prix différents dans deux enseignes concurrentes.

3 L'évaluation des parts de marché des concurrents

Pour déterminer la position des concurrents, le calcul des parts de marché est un indicateur pertinent permettant de mettre en perspective les ventes en volume et en valeur.

INDICATEUR	EXPLICATIONS	FORMULES DE CALCUL
PART DE MARCHÉ EN VOLUME	Exprime les quantités de produits vendus par l'entreprise par rapport à l'ensemble des ventes sur le marché.	$\frac{\text{Ventes en volume de l'entreprise}}{\text{Total des ventes* sur le marché}} \times 100$ * en volume
PART DE MARCHÉ EN VALEUR	Exprime le CA (en euros) réalisé par l'entreprise par rapport au CA total du marché.	$\frac{\text{CA de l'entreprise}}{\text{CA du marché}} \times 100$
PART DE MARCHÉ RELATIVE	Exprime la part de marché de l'entreprise par rapport à son principal concurrent. Elle peut se calculer en valeur ou en volume.	$\frac{\text{Part de marché de l'entreprise*}}{\text{Part de marché du principal concurrent}} \times 100$ * en valeur ou en volume

4 La caractérisation de la position concurrentielle

Selon sa part de marché, l'entreprise occupe une place spécifique par rapport à ses concurrents.

POSITION	CARACTÉRISTIQUES
CHEF DE FILE OU LEADER	Il détient la plus forte part et est la référence sur le marché. Pour rester leader, il doit ancrer sa notoriété et innover.
PRÉTENDANT OU CHALLENGER	Il occupe la deuxième place et souhaite devenir chef de file. Il mène pour cela des stratégies agressives.
SUIVEUR	Il possède une faible part de marché et peu de moyens. Il est contraint de s'adapter au leader.
OUTSIDER	Il représente une offre nouvelle sur le marché et connaît une forte croissance des ventes.
SORTANT	Il peine à maintenir sa position, ses ventes sont en net recul.

Mots clés Offre • Concurrence • Part de marché

S'ENTRAÎNER AU BTS
Exercice 2 : p. 111

Savoir 3

La demande

La demande est constituée de l'ensemble des individus susceptibles d'acheter les produits ou services de l'entreprise. Commercialiser un produit nécessite de l'appréhender afin de déterminer la quantité à produire ou à acheter, d'évaluer le chiffre d'affaires et d'adopter une stratégie commerciale adaptée.

1 Les différents aspects de la demande

La demande peut être envisagée sous deux aspects : la demande globale, c'est-à-dire l'ensemble des demandes individuelles sur un marché, et la demande de l'entreprise, qui fait référence à la clientèle d'une entreprise déterminée.

2 La structure de la demande

2.1. Les différents types de consommateurs

On distingue trois types de consommateurs, qui vont servir de base pour le calcul des différents niveaux de demande.

CONSOMMATEUR	Personne physique ou morale qui achète et ou utilise un ou plusieurs produits ou services, quelle que soit la marque, pour satisfaire un besoin précis.
NON-CONSOMMATEUR ABSOLU	Individu qui, pour une raison physique, morale ou religieuse, ne peut pas consommer un produit/service.
NON-CONSOMMATEUR RELATIF	Il peut être : – non-consommateur volontaire : il ne consomme pas un produit ou service particulier pour des raisons psychologiques, sociales ou culturelles ; – non-consommateur involontaire : il ne consomme pas certains produits pour des raisons économiques, géographiques ou commerciales.

2.2. Les différents niveaux de demande

La demande peut être analysée selon trois niveaux :

LA DEMANDE THÉORIQUE	Il s'agit de l'ensemble de la population à laquelle l'entreprise peut s'adresser.	Population totale
LA DEMANDE POTENTIELLE	Désigne l'ensemble des consommateurs susceptibles de consommer le produit.	Demande théorique – Non-consommateurs absolus
LA DEMANDE EFFECTIVE	Regroupe les clients actuels de l'enseigne et les clients actuels des enseignes concurrentes.	Demande potentielle – Non-consommateurs relatifs

3 Les acteurs de la demande

LE CONSOMMATEUR	Il utilise le bien ou service sans l'avoir nécessairement acheté. Ex. : Un enfant à qui on offre un jouet.
L'ACHETEUR	Il procède à la transaction sans nécessairement le consommer. Ex. : Un homme qui achète un bracelet pour l'offrir à sa femme.
LE DÉCIDEUR	Il prend la décision d'achat. Ex. : Le responsable des achats.
LE PRESCRIPTEUR	Il recommande le produit, oriente l'achat sans en tirer de bénéfice direct. Ex. : Un médecin pour l'achat d'un médicament.
L'INFLUENCEUR	Personne à forte notoriété qui donne envie de l'imiter. Ex. : Un leader d'opinion qui se met en scène avec un produit.

4 L'évaluation de la demande

4.1. Les indicateurs quantitatifs

INDICATEURS	DÉFINITIONS	CALCULS
VENTES EN VOLUME	Quantités de produits/services achetés.	= Quantités vendues
VENTES EN VALEUR	CA réalisé par la vente de produits/services.	Quantités vendues × PV unitaire
FRÉQUENCE D'ACHAT	Laps de temps entre deux achats d'un même produit/service.	$\frac{\text{Nbre de commandes sur une période}}{\text{Nbre de clients uniques}}$
PANIER MOYEN	Dépense moyenne par achat.	$\frac{\text{CA}}{\text{Nbre de clients}}$
TAUX D'ÉQUIPEMENT	Concerne les biens de consommation durables ou semi-durables : indique le pourcentage d'utilisateurs du produit.	$\frac{\text{Nbre de produits vendus}}{\text{Nbre de consommateurs potentiels}}$
BUDGET MOYEN	Part du budget consacrée à l'achat d'un produit sur une période.	$\frac{\text{Somme des dépenses consacrés au produit}}{\text{Période}}$
TAUX DE PÉNÉTRATION	Rapport entre la demande actuelle et la demande potentielle. Permet d'évaluer les possibilités de croissance.	$\frac{\text{Nbre d'utilisateurs du produit}}{\text{Population totale}} \times 100$

4.2. Les indicateurs qualitatifs

Ils sont liés au comportement du consommateur : typologie de clientèle, profil type, facteurs explicatifs du comportement d'achat, influences sociales, étapes et durée du processus d'achat, saisonnalité, lieu d'achat…

Mots clés Demande • Consommateur • Non-consommateur absolu • Non-consommateur relatif • Demande théorique • Demande potentielle • Demande effective

S'ENTRAÎNER AU BTS
Exercice 3 : p. 111

Savoir 4

L'environnement

L'entreprise doit être en veille permanente sur l'environnement concurrentiel dans lequel évolue son marché : l'offre et la demande sont influencées par ses différentes composantes. On peut les lister d'après la méthode PESTEL.

COMPOSANTES	DÉFINITIONS	EXEMPLES
POLITIQUE	Intervention des pouvoirs publics sur un marché.	Interdiction des OGM, du Bisphénol A, aide à l'équipement des ménages…
ÉCONOMIQUE	Variables économiques susceptibles d'influencer le marché. Elles prennent en compte l'évolution de la population.	Taux de croissance de l'économie générale ou du marché, taux d'inflation, taux d'intérêt, vieillissement de la population…
SOCIALE	Comprend l'évolution des opinions, des habitudes, des valeurs et des traditions qui influencent le comportement des individus.	Interdiction religieuse de consommer certains produits.
TECHNOLOGIQUE	Tient compte de l'évolution des technologies liées au secteur d'activité et aux métiers.	Développer la recherche, surveiller les dépôts de brevets, tenir compte des nouvelles tendances en e-commerce…
ÉCOLOGIQUE	Prend en compte la nécessité de préserver l'environnement. Nombre d'entreprises intègrent à leur image une dimension de développement durable.	Lutter contre la pollution, contre le gaspillage des ressources énergétiques, favoriser le commerce équitable…
LÉGALE	S'impose à l'entreprise dans tous les domaines : fabrication des produits, relations avec les acteurs (fournisseurs, salariés, clients…), fixation des prix, conditions de vente…	Normes de sécurité des produits, conformité avec la législation, protection du consommateur, réglementation des relations entre producteurs et distributeurs, protection des données personnelles (RGPD), respect des règles de concurrence…

Cette analyse pourra se présenter sous la forme d'un diagnostic opportunités/menaces.

Mots clés Environnement • PESTEL

Savoir 5

Les unités commerciales physiques et virtuelles

L'unité commerciale (UC) est un lieu physique ou virtuel qui permet à un client d'accéder à une offre de biens et/ou services.

1 Les différents types d'UC

1.1. Les UC physiques

L'unité commerciale physique est un lieu permanent (une boutique) ou itinérant (un étal sur un marché) qui propose à un acheteur potentiel d'accéder à une offre.

EXEMPLES
Hypermarché, boutique de vêtements, fleuriste, salon de coiffure.

1.2. Les entreprises de vente à distance (VAD) et les UC virtuelles

Elles utilisent une ou plusieurs techniques de communication à distance. La présence physique simultanée de l'acheteur et du vendeur n'est plus nécessaire.

EXEMPLES
Site marchand (Amazon), entreprise de vente par correspondance (La Redoute), banque en ligne (ING Direct), chaîne de téléachat (M6 Boutique).

2 Les formes de commerce

On distingue les unités commerciales selon leur degré d'indépendance :

– commerce indépendant isolé : il exerce sa responsabilité juridique, financière et commerciale en totale autonomie ;

EXEMPLES
Points de vente traditionnels de proximité : une boulangerie, un bar-tabac...

– commerce indépendant associé : il s'associe à un réseau pour des raisons d'efficacité commerciale mais il reste indépendant juridiquement et financièrement ;

EXEMPLES
Groupements de détaillants (Leclerc, Intermarché), de franchises (Yves Rocher, McDonald's, Century 21), d'affiliations (Mango, DPAM) ou de concessions (Peugeot).

– commerce intégré : le point de vente est la succursale d'un groupe ; il est dirigé par un salarié de l'enseigne qui met en œuvre les directives de la tête de réseau.

EXEMPLES
Les grands magasins (Le Printemps), la plupart des grandes surfaces spécialisées (Decathlon, Darty) et des grandes surfaces alimentaires (Auchan, Carrefour).

Mots clés UC physique • UC virtuelle • Commerce indépendant isolé • Commerce indépendant associé • Commerce intégré

Savoir
6 Les formats de commerce

L'appareil commercial français est très dense (440 000 magasins de commerce de détail) et très diversifié, avec des formats distincts.

1 Les petites surfaces

Il existe diverses sortes de petits commerces :
– le commerce alimentaire traditionnel : ce détaillant assure un accueil personnalisé et propose des produits souvent de qualité à prix élevés (ex. : boulangerie) ;
– le petit commerce spécialisé : d'une surface de moins de 120 m², il propose une assistance à l'achat, avec un assortiment étroit et profond centré sur un métier (ex. : fleuriste) ;
– la bazarette (*convenience store*) : petite surface urbaine à large horaire proposant un assortiment étroit et superficiel de produits de consommation courante (ex. : Daily Monop') ;
– la superette : magasin d'alimentation générale de 120 à 400 m² proposant un assortiment de base, superficiel, à dominante alimentaire (ex. : Carrefour City).

2 Les moyennes et grandes surfaces

On distingue :
– le supermarché : libre-service de 400 à 2 500 m² proposant un assortiment large et profond en alimentaire, et étroit en non-alimentaire (ex. : Super U) ;
– le supermarché hard-discount (maxidiscompte) : il propose une offre limitée aux produits de consommation de base peu chers et sans aménagement ni service (ex. : Lidl) ;
– l'hypermarché : d'une surface de 2 500 m² au moins, localisé en périphérie, il propose un vaste assortiment (30 000 à 100 000 références) en libre-service et libre-service assisté, à prix divers (bas à élevés) (ex. : Géant Casino) ;
– le magasin populaire : magasin de centre-ville de 2 500 m² en moyenne, proposant un assortiment mixte (alimentaire et non-alimentaire) à prix variables (bas à élevés), avec une offre large de services (ex. : Monoprix) ;
– le grand magasin : de 2 500 à 40 000 m², implanté en centre-ville, il est organisé en départements avec un assortiment large et profond en équipement de la personne et de la maison, à des prix élevés, avec une offre très large de services (ex. : Le Printemps) ;
– la grande surface spécialisée (GSS) : d'une surface de 2 500 m² ou plus, elle propose un assortiment étroit et profond à prix attractifs, en libre-service assisté (ex. : Darty) ;
– la GSS discount : implantée en périphérie, elle propose un assortiment étroit et superficiel de produits non alimentaires, à prix bas, parfois composé d'invendus (ex. : Gifi) ;
– le hall de vente de biens d'équipement : il propose une gamme de produits, souvent de marque unique, avec une force de vente spécialisée (ex. : concession Renault) ;

– le « concept store » : boutique souhaitant marquer une rupture avec l'univers concurrentiel en proposant une offre centrée sur un concept original (ex. : Résonnances) ;
– le magasin amiral (*flagship*) : boutique dédiée à la communication de la marque, située sur un lieu prestigieux (ex. : Nike sur les Champs-Élysées).

3 Les formes de commerce atypiques

3.1. Les unités sans personnel de contact

Ce sont les distributeurs automatiques, bornes multimédia, caisses automatiques (ex. : Yatoopartoo, Ximiti – agence bancaire entièrement automatisée).

3.2. Les ensembles d'unités commerciales

Plusieurs UC partageant des services communs (communication, animations, parking...) sont regroupées sur un même espace.
On distingue plusieurs formes :
– la galerie marchande : quelques magasins spécialisés de proximité ;
– le centre commercial de quartier : boutiques spécialisées adossées à un supermarché ;
– le centre commercial intercommunal d'intérêt local : même concept mais les boutiques sont adossées à un hypermarché ;
– le centre commercial régional : doté d'une vaste zone de chalandise, il dispose de plusieurs locomotives (hypermarché, GSS...), d'équipements et de services (ex. : Parly 2) ;
– le centre de magasins d'usine : il regroupe des magasins vendant à prix réduits des fins de séries ou des seconds choix de produits de marque (*outlet*) (ex. : Usine Center) ;
– les parties d'UC (*corner* ou *shop-in-shop*) : localisées dans les UC, elles sont identifiables à leur propre enseigne et constituent un centre de profit autonome (ex. : Chanel chez Printemps).

Mots clés
Appareil commercial • ***Convenience store*** • **Supermarché** • **Hypermarché** • **Magasin populaire** • **Grande surface spécialisée (GSS)** • **Centre commercial régional** • ***Corner***

Savoir 7 Les partenaires de l'UC

L'UC s'inscrit dans un tissu local ; en tant qu'acteur de cette vie locale, elle est en contact avec divers partenaires institutionnels et locaux.

1 L'impact de l'UC sur son environnement

L'UC a une influence sur son environnement dans plusieurs domaines :
– économique : elle offre des débouchés pour les entreprises locales, élargit l'offre, crée de l'emploi et participe à l'attractivité territoriale ;
– social : elle participe à l'animation de quartier, à l'insertion par l'emploi et peut proposer un parrainage local, sportif ou culturel ;
– environnemental : par sa politique architecturale et sa démarche qualité.

2 Les principaux acteurs publics

2.1. Les partenaires dans le domaine économique et commercial

– Les banques et assurances permettent le financement à court terme (trésorerie), à moyen et long termes (investissements), et la couverture des risques.
– La Direction départementale de la concurrence, de la consommation et de la répression des fraudes (DDCCRF) contrôle le respect des règles de la concurrence et protège les intérêts des consommateurs (prix, qualité…).
– Les Chambres de commerce et d'industrie (CCI) gèrent les infrastructures économiques et développent les espaces économiques locaux.
– Les associations consuméristes défendent les consommateurs.

2.2. Les partenaires dans le domaine social

– La Direction départementale du travail, de l'emploi et de la formation professionnelle (DDTEFP), qui comprend l'Inspection du travail.
– Pôle Emploi aide à l'embauche, à la formation et à l'insertion professionnelle.
– L'Union de recouvrement de la Sécurité sociale et des allocations familiales (URSSAF) collecte les prélèvements sociaux pour la Sécurité sociale.

2.3. Les acteurs institutionnels

– La commune : elle accorde des subventions et des aides fiscales.
– Le département : le préfet délivre les autorisations d'ouverture exceptionnelle des magasins et fixe les dates des soldes.
– Les Commissions départementales d'équipement commercial (CDEC) autorisent ou refusent l'ouverture des points de vente de plus de 1 000 m^2.
– L'État agit sur les UC par la législation et réglementation commerciale.

Mots clés Tissu local • DDCCRF • CCI • DDTEFP • URSSAF • CDEC

Savoir 8

Les circuits et canaux de distribution

Pour le fabricant, le choix du mode de distribution est fondamental : il constitue l'un des éléments de son plan de marchéage.

1 L'identification des canaux de distribution

Un canal de distribution est le chemin parcouru par un produit pour aller du stade de la production à celui de la consommation. On identifie trois types de canaux :

– le canal direct (ou circuit direct) : le producteur assure toute la fonction de distribution sans intermédiaire et propose son offre directement au consommateur ;

EXEMPLES Les banques en ligne (Monabank, ING direct) ou certaines marques « *full Web* », uniquement présentes sur Internet (les casquettes Redfills).

– le canal court : il comprend un seul intermédiaire entre le fabricant et le consommateur, le détaillant se fournissant directement auprès du fabricant ;

EXEMPLES Le marché automobile (fabricant et concessionnaire), le supermarché qui se fournit directement auprès de producteurs locaux.

– le canal long : entre le producteur et le détaillant se situe le grossiste ou la centrale d'achat (et ses plateformes logistiques).

EXEMPLES Métro fournit les commerçants indépendants en alimentaire ; le Galec est la centrale d'achat qui négocie l'ensemble des achats pour tous les points de vente Leclerc.

2 Le choix du circuit de distribution

On distingue un grand nombre de fonctions de distribution :

– la fonction de transport et d'éclatement de la production (répartition de la production sur les différents lieux de vente) ;

– la fonction d'assortiment : transformer les lots de production en lots de vente ;

– la fonction de stockage : ajuster dans le temps la production et la demande ;

– la fonction de financement : rémunérer le fabricant avant l'achat du client ;

– la fonction de communication : affichage des prix, rôle des vendeurs, PLV... ;

– les services matériels : livraison, installation, reprise éventuelle, entretien, etc.

Le fabricant choisit son circuit de distribution selon le nombre de fonctions qu'il souhaite assurer ou qu'il préfère déléguer à un ou plusieurs intermédiaires. Chaque fonction prise en charge par le fabricant génère des coûts et nécessite du personnel et un savoir-faire mais permet de conserver la marge rémunérant le distributeur, ainsi que son indépendance commerciale.

EXEMPLES Les marques de produits de grande consommation (comme Danone ou Coca Cola) délèguent l'ensemble des fonctions aux distributeurs, contrairement à Zara ou H&M.

Mots clés Distribution • Canal direct • Canal court • Canal long • Fonctions de distribution

Savoir 9

L'omnicanalité

Le client est de plus en plus connecté, ce qui modifie son comportement d'achat. Il utilise plusieurs canaux d'information et d'achat pour comparer les offres en temps réel et choisir entre point de vente physique et point de vente virtuel.

1 Du canal unique à l'omnicanal

Le mode dominant en distribution a longtemps été le canal simple : l'offre de chaque intervenant n'est disponible que par un seul canal, le point de vente physique et la vente par correspondance. Avec Internet et l'apparition du e-commerce, plusieurs types de canaux se sont ajoutés :

– le canal simple, qui utilise uniquement la vente en boutique physique ;

– le multicanal : l'enseigne utilise en parallèle des modes de contact et de vente physiques et virtuels. Chaque canal est considéré de manière indépendante ;

EXEMPLE CDiscount, présent uniquement sur Internet, a aussi ouvert des points de vente.

– le cross-canal : il aborde l'ensemble des canaux de distribution et d'information de manière simultanée, afin de tirer profit des interactions et des synergies entre eux ;

EXEMPLE Leclerc, en plus de son parc de magasins, gère plus de 650 Drive et 16 sites Web spécialisés (parapharmacie, culture, électroménager...).

– l'omnicanal privilégie l'utilisation simultanée des divers canaux : le client pourra utiliser plusieurs canaux en même temps (par exemple son mobile en boutique).

EXEMPLE Starbucks informe en ligne sur ses produits et permet de commander à l'avance et de payer.

2 Les outils de l'omnicanalité

Ils sont nombreux :

– la livraison à domicile : déjà utilisée par la boutique traditionnelle, c'est l'outil principal de la vente à distance (VAD) ;

– le Click & collect : l'enseigne propose au client de commander en ligne et de retirer ses achats dans une UC dans un délai très court ;

– le Drive : les achats sont livrés au coffre du véhicule en point de retrait. Le client commande sur Internet et choisit un créneau horaire de retrait ;

– les applications mobiles permettent de commander un produit, de le géolocaliser dans le magasin, de le payer et de bénéficier de promotions individualisées ;

– les bornes de commandes permettent de commander en magasin des produits non disponibles immédiatement.

Mots clés : **Comportement d'achat • Multicanal • Cross-canal • Omnicanal • Click & collect • Drive**

Savoir 10 Le réseau et les types de réseaux

Un réseau commercial est un ensemble organisé d'unités commerciales liées par des intérêts communs, de nature commerciale, juridique et financière. Le plus souvent, les UC partagent la même enseigne et présentent une offre commune.

1 Les enjeux de la constitution des réseaux

Aujourd'hui en France, 85 % des points de vente appartiennent à un réseau. Le développement des divers formats d'enseigne et de l'omnicanalité accentuent cette tendance. Les effets attendus sont nombreux :

– l'effet de taille, pour la recherche des économies d'échelle ;

– l'effet d'expérience : chaque nouvelle unité profite de l'expérience des autres ;

– l'effet de synergie : l'échange d'informations favorise le dynamisme du réseau ;

– l'effet de levier : la mise en commun des moyens du réseau augmente les ressources financières ;

– l'effet d'image : plus un réseau est présent sur le territoire, plus sa notoriété est forte.

2 La composition des réseaux

Un réseau est constitué de trois types d'entités :

– les entités de pilotage : elles prennent les grandes décisions stratégiques et assurent la cohérence de la structure ;

– les entités fonctionnelles : elles centralisent certaines fonctions, comme le référencement, la négociation avec les fournisseurs, la communication, etc. ;

– les entités opérationnelles : il s'agit des magasins ou agences qui assurent la relation client.

EXEMPLE Le réseau Leclerc a un pôle stratégique, l'ACDLEC (Association des centres distributeurs E. Leclerc) ; le GALEC (Groupement d'achat des centres E. Leclerc) gère les fonctions administrative, financière, informatique et commerciale ainsi que le référencement. L'ensemble des hypermarchés et supermarchés de l'enseigne assure les fonctions opérationnelles face au client.

3 Les différents types de réseaux

3.1. Les réseaux intégrés

La tête de réseau possède en propre l'ensemble des points de vente, succursales gérées par des salariés qui ne sont pas juridiquement des commerçants. C'est le siège qui détermine la stratégie et sa mise en œuvre (la politique commerciale).

EXEMPLES Auchan, Casino, Monoprix, Célio, H&M, Camaïeu, Picard...

3.2. Les réseaux associés

Des commerçants s'associent pour mettre en œuvre une politique commune pour leurs achats, leur gestion, leur logistique, leur communication, etc., mais ils restent juridiquement indépendants et propriétaires de leur point de vente.

On distingue :

a) Les associations horizontales

Le commerçant est adhérent au groupement, c'est un actionnaire qui peut donc intervenir dans les décisions concernant le fonctionnement de réseau.

EXEMPLES Système U, Leclerc, But, les opticiens Krys...

b) Les associations verticales

Le commerçant est lié contractuellement avec la tête de réseau. La direction fixe la stratégie et définit la mise en œuvre opérationnelle que le commerçant devra respecter. On distingue :

– la chaîne volontaire : elle regroupe un grossiste (qui assure le rôle de centrale d'achat) et des détaillants ;

EXEMPLES Trésors de Flandre, Logis de France...

– la franchise : c'est un contrat entre un franchiseur (fabricant ou prestataire de services) détenteur d'un concept commercial, et plusieurs franchisés (commerçants indépendants) qui vont exploiter ce concept. On distingue la franchise de production (Yves Rocher), de distribution (Zara, Bricomarché), de services (Midas, Jean-Louis David) et la franchise industrielle (Yoplait, Florette) ;

– l'affiliation : c'est une convention passée entre un fournisseur et un commerçant qui commercialise les produits, mais le stock reste la propriété du fournisseur. Le commerçant est rémunéré par une commission sur le chiffre d'affaires ;

EXEMPLES Mexx, DPAM, Mango...

– la concession : c'est un contrat par lequel un commerçant indépendant (le concessionnaire) vend les produits d'un fabricant (le concédant), sa marque devenant l'enseigne du commerçant.

EXEMPLES Renault, Mobalpa...

3.3. Les réseaux mixtes

Il s'agit au départ de réseaux intégrés, donc composés uniquement de succursales, qui ont choisi de se développer en accueillant au sein de leur enseigne des commerçants associés en qualité de franchisés, affiliés ou concessionnaires. Cette forme mixte permet au réseau de s'agrandir sans investir lui-même, car l'investissement est supporté par le commerçant associé. La principale difficulté est le risque de conflit entre les deux branches du réseau.

EXEMPLES Le réseau McDonald's en France est composé à 20 % de succursales et à 80 % de franchises (certains franchisés possédant plusieurs dizaines de points de vente). Carrefour développe son enseigne Carrefour Bio uniquement en franchise et transforme ses hypers et supermarchés en location-gérance (statut proche de la chaîne volontaire).

Mots clés Réseau • Enseigne • Réseau intégré • Succursale • Réseau associé • Chaîne volontaire • Franchise • Affiliation • Concession • Réseau mixte

S'ENTRAÎNER AU BTS
Exercice 4 : p. 111-112

Savoir 11

Les stratégies et contrats de distribution

Le fabricant doit adapter sa production par rapport à la demande visée. Il doit donc choisir une stratégie de distribution, puis le type de contrat qu'il souhaite mettre en œuvre avec ses partenaires.

1 Les stratégies de distribution

Le choix de la stratégie de distribution du fabricant dépend de ses capacités financières, du degré de banalisation du produit et de sa volonté ou non de maîtriser la politique commerciale.

1.1. La distribution intensive

Il s'agit de faire appel au plus grand nombre de canaux et de distributeurs possibles. L'objectif est d'assurer une présence forte sur le marché afin de générer un volume de ventes important. Mais c'est une stratégie coûteuse en termes de force de vente et de communication, qui concerne surtout les produits de grande consommation et les grandes marques nationales.

EXEMPLE Hollywood Chewing-gum est présent dans plusieurs types de points de vente : grande distribution, petit commerce alimentaire, stations-services, bureaux de tabac, boulangeries, distributeurs automatiques...

1.2. La distribution sélective

Le choix des détaillants se fait selon leurs caractéristiques techniques et commerciales. L'intérêt est de garantir le positionnement souhaité en proposant un service qualifié d'aide à la vente. Mais cette distribution suppose un suivi et un contrôle régulier des points de vente et encourt une perte de potentiel de vente si le choix n'est pas optimal.

EXEMPLES Guerlain ou Chanel ne sont pas présents dans toutes les parfumeries.

1.3. La distribution exclusive

C'est la sélection importante de détaillants qui auront une aire de marché exclusive. Cette stratégie contractualise et donc renforce les relations, permettant une maîtrise plus importante de la politique commerciale.

EXEMPLE La marque Rolex est vendue dans seulement 62 points de vente agréés en France.

1.4. La distribution intégrée

Le fabricant s'affranchit des intermédiaires et vend directement au client final. Cette distribution permet une maîtrise totale de la politique commerciale et s'approprie la marge du distributeur, mais elle suppose des moyens financiers importants.

EXEMPLES Les marques H&M, Zara ou Célio possèdent leur propre réseau de distribution.

2 Les contrats de distribution

2.1. Le cadre réglementaire

Le contrat de distribution régit les relations juridiques et matérielles liant un fabricant et un distributeur. Une grande liberté est laissée aux parties, dans le respect du droit de la concurrence. Le contrat doit préciser le barème des prix, les conditions générales de vente et les délais de paiement (45 à 60 jours maximum).

2.2. Les principaux types de contrats de distribution

– Le contrat de franchise : un fournisseur (le franchiseur) concède à un commerçant (le franchisé) le droit d'utiliser tout ou partie des droits incorporels lui appartenant (nom commercial, marques, licences), contre versement d'un pourcentage sur son chiffre d'affaires ou d'un pourcentage calculé sur ses bénéfices.

EXEMPLES Certaines enseignes ont été développées sur ce modèle (Bio c' Bon, Alain Afflelou, Léonidas) ; plusieurs enseignes de type intégré l'utilisent de plus en plus pour accroître leur implantation (Darty, McDonald's, Carrefour Proximité, Starbucks...).

– Le contrat de distribution sélective : le fournisseur autorise un distributeur sélectionné par lui à vendre ses biens et/ou services.

EXEMPLES Répandu dans le secteur du haut de gamme : habillement (Esprit, Chanel), parfumerie (Dior, Saint Laurent), bijoux (Bulgari) et produits technologiques (Apple).

– Le contrat de distribution exclusive : le fournisseur s'engage à vendre ses produits à un seul distributeur agréé sur un territoire déterminé.

EXEMPLES Utilisé dans le secteur du très haut de gamme (Hermès, Guerlain) ou lorsque l'entreprise veut créer de la rareté : Nespresso détient seulement 45 boutiques en France.

– Le contrat de concession : le concessionnaire s'engage à acheter les produits du concédant pour les vendre, et le fabricant s'engage à fournir ses produits de façon exclusive à son concessionnaire sur une zone géographique déterminée.

EXEMPLES Fréquent dans le secteur automobile (Peugeot, Renault, Ford...) ou dans les services publics (cantines scolaires, collecte des ordures...).

– Le contrat de licence de marque : le propriétaire d'une marque donne le droit à un commerçant de se servir de sa marque contre paiement d'une redevance. Ce contrat est proche du contrat de franchise mais il ne prévoit pas la mise à disposition d'un savoir-faire ni l'assistance du franchiseur.

EXEMPLES Présent dans divers secteurs, comme la réparation automobile (Speedy), la restauration rapide (Subway) ou les agences immobilières (Century 21).

– Le contrat de commission-affiliation : le fournisseur (le commissionnant) propose son enseigne et ses produits à un distributeur (le commissionnaire) mais reste propriétaire de la marchandise commercialisée. Le commissionnaire est rémunéré par un pourcentage sur les ventes.

EXEMPLES Surtout présent dans le prêt-à-porter (Caroll, Naf-Naf, Kookaï, Mango, Etam).

Mots clés Distribution intensive • Distribution sélective • Distribution exclusive • Distribution intégrée • Contrat de concession • Contrat de commission-affiliation

Savoir 12 La logistique de distribution

Pour un distributeur, la logistique représente la gestion de l'ensemble des flux physiques et informationnels nécessaires à son activité. Elle fait partie de la mercatique amont, avec la fonction d'achat et la fonction d'approvisionnement.

1 Définition

La logistique d'un réseau a pour fonction d'assurer la circulation du produit jusqu'au client dans les meilleures conditions, les meilleurs délais et au moindre coût.
La gestion de la chaîne logistique (*supply chain management*) recouvre la gestion de l'ensemble des flux qui existent entre l'entreprise et son environnement : les opérations de transport, de livraison, de stockage et de manutention, ainsi que l'utilisation optimale de l'ensemble des informations qui en découlent.

2 Les différents types de flux

2.1. Les flux physiques

C'est l'ensemble des manipulations nécessaires autour du produit : transport depuis les différents fournisseurs, entreposage, livraison, emballage, stockage, mise en rayon, traitement des invendus et (éventuellement) livraison chez les clients.

2.2. Les flux informationnels

Ils concernent le traitement administratif des commandes et la traçabilité des flux de produits, ainsi que le suivi de la qualité des services rendus.

2.3. Les flux financiers

Ils concernent les règlements aux fournisseurs et la vente des produits aux clients, et constituent la gestion de la trésorerie.

3 L'organisation des livraisons

3.1. La livraison directe

Les fournisseurs livrent directement les unités commerciales. C'est un système coûteux et souvent compliqué à gérer, donc peu courant.

3.2. La livraison indirecte

Les fournisseurs livrent à une structure gérée par le réseau, qui livre ensuite aux unités commerciales en fonction des besoins de réassort. On distingue l'entrepôt (les marchandises sont stockées un certain temps) et la plateforme de stockage (les marchandises sont stockées pour une durée très limitée).

EXEMPLE Carrefour utilise des entrepôts et des plateformes urbaines (*city hub*) pour approvisionner ses points de vente petit et moyen formats de centre-ville.

Mots clés Logistique • Supply chain management • Flux physique • Flux informationnel • Flux financier • Entrepôt • Plateforme de stockage

Savoir 13 L'urbanisme commercial

Les pouvoirs publics régulent les nouvelles implantations commerciales dans une démarche d'aménagement du territoire. Le but est de défendre les intérêts des UC existantes et ceux des consommateurs en mesurant les risques : pollution, nuisances, problèmes de circulation, concurrence avec le petit commerce de centre-ville...

1 Les projets concernés par la réglementation

Ce sont tous les projets de création ou d'extension d'une surface de vente de plus de 300 m² pour les communes de moins de 20 000 habitants et de plus de 1 000 m² pour les communes plus importantes. Les projets de changement d'activité des magasins de plus de 2 000 m² et les projets de création ou d'extension de Drive sont également concernés.
Ne sont pas visés par la réglementation les pharmacies, vendeurs automobiles, stations-services et les magasins situés dans les gares.

2 Le cadre réglementaire

La première loi date de 1974 (loi Royer). Elle a fait l'objet de plusieurs révisions : loi ALUR en 2014, loi Macron en 2015 et loi Élan en 2018.
L'ouverture d'une surface de vente supérieure à 1 000 m² ou l'extension d'une surface existante qui atteindrait ce seuil nécessitent une autorisation administrative délivrée par la Commission départementale d'aménagement commercial (CDAC). Cette commission compte 11 membres (7 élus dont le maire de la commune d'implantation, et 4 experts en consommation, développement durable et aménagement du territoire) ; elle est présidée par le préfet du département, représentant de l'État.

3 La procédure de demande d'exploitation commerciale

La CDAC examine le dossier en prenant en compte différents critères :
- l'aménagement du territoire ;
- la préservation des centres urbains ;
- le développement durable et la protection de l'environnement.

En cas de rejet de la demande (environ 12 % des demandes), un recours peut être déposé devant la Commission nationale d'aménagement commercial (CNAC).

EXEMPLE En avril 2019, la CNAC a refusé la demande d'extension de 1 795 m² du centre Leclerc de Lamballe au motif que « le projet situé en périphérie correspond à des commerces présents en centre-ville et priverait donc le centre-ville d'un équilibre commercial » et que « le site n'est pas accessible par pistes cyclables et les transports en commun desservent faiblement ce site, amenant une circulation supplémentaire de voitures ».

Mots clés Autorisation administrative • CDAC • Aménagement du territoire • CNAC

Le positionnement

Le positionnement est, avec la cible visée, l'élément-clé de la mercatique stratégique. Il correspond à la position que souhaite occuper une marque, un produit ou une enseigne dans l'esprit des consommateurs par rapport à ses concurrents.

1 Les caractéristiques du positionnement

La détermination du positionnement est stratégique : sur des marchés très concurrentiels, l'entreprise doit définir une identité forte et distinctive.

EXEMPLE Monoprix se différencie de ses concurrents en affirmant une image « premium » : citadin, chic, quotidien.

Pour être efficace, le positionnement doit :
- correspondre aux besoins et attentes de la clientèle définie comme cible ;
- différencier l'entreprise de ses concurrents dans l'image perçue par la cible ;
- être cohérent avec les ressources de l'entreprise.

EXEMPLE Les grandes surfaces alimentaires ne peuvent plus utiliser uniquement l'argument « prix bas » et doivent opter pour un positionnement plus qualitatif. Il s'agit de séduire la clientèle urbaine et de transformer l'achat corvée en achat plaisir.

Le slogan de l'enseigne illustre le positionnement choisi.

EXEMPLES Carrefour : « On a tous droit au meilleur » ; Intermarché : « Tous unis contre la vie chère » ; Lidl : « Le vrai prix des bonnes choses » ; Auchan : « Auchan, et la vie change » Leclerc : « Défendre tout ce qui compte pour vous ».

2 Les axes de positionnement des enseignes

Le positionnement de l'enseigne va essentiellement se traduire par ses choix en matière d'assortiment et de politique de prix.
Plusieurs axes sont possibles :
- l'axe prix/différenciation : un assortiment large et profond ne permet pas une politique de prix bas (ex. : Monoprix), une stratégie de prix bas impose un assortiment limité (ex. : Lidl) ;
- l'axe généraliste/spécialiste : un assortiment très large et superficiel pour cibler une large clientèle (ex. : l'hypermarché) ou un assortiment étroit et très profond pour une clientèle plus spécifique (ex. : la grande surface spécialisée) ;
- l'axe produit/bouquet : se centrer sur une offre produit (Darty, Decathlon...) ou proposer une offre large autour d'un concept (Ikea, Nature & Découvertes...).

Mots clés Identité • Image perçue • Assortiment • Politique de prix

Savoir 15

La gamme et l'assortiment

La qualité d'un intervenant sur un marché définit son offre : le fabricant propose une gamme, le distributeur propose un assortiment.

1 La gamme

La gamme est définie comme un ensemble de produits de même catégorie, ou répondant au même type de besoin, proposé par une même marque.

EXEMPLE Coca-Cola propose 15 produits avec 14 conditionnements différents.

La gamme se caractérise par :
– ses dimensions : la largeur (le nombre de familles de produits répondant à des besoins différents), la profondeur (le nombre de références dans chaque famille) et son ampleur (le nombre total de références proposées) ;

EXEMPLE Renault propose 18 modèles de véhicules : citadine, berline, break, monospace, crossover... La Clio est proposée en 5 versions, 10 couleurs, 6 motorisations.

– ses niveaux : entrée de gamme (qualité basique à prix bas), moyen de gamme (qualité correcte à prix moyen), haut de gamme (qualité élevée à prix supérieur).

2 L'assortiment

L'assortiment représente l'ensemble des références qu'un distributeur propose. L'offre doit satisfaire les besoins de la clientèle, et à terme, la fidéliser et assurer la rentabilité du point de vente.
L'assortiment, comme la gamme du fabricant, se caractérise par sa longueur, sa profondeur et son ampleur.

EXEMPLE Un hyper Carrefour (80 000 références) a un assortiment large et profond, un Carrefour Market (15 000 références) a un assortiment étroit et profond, un Carrefour Contact (5 000 références) a un assortiment étroit et peu profond.

Pour construire son assortiment, le manageur doit prendre en compte :
– le positionnement et la politique commerciale de l'enseigne ;
– les caractéristiques du comportement d'achat du consommateur visé ;
– les spécificités de la concurrence locale ;
– les contraintes liées au point de vente (surface, logistique d'approvisionnement).

On procède alors au choix des familles, puis des références. Dans les réseaux, c'est la centrale d'achat qui constitue l'assortiment.

EXEMPLE Decathlon dispose de 5 tailles d'assortiment par univers de produits, qu'il choisit selon la taille du magasin et selon la zone de chalandise.

Mots clés Gamme • Largeur • Profondeur • Assortiment • Référence • Positionnement

Savoir
16 Les produits et services

L'activité de production vise à créer les produits et services proposés sur un marché. Il s'agit de l'ensemble des biens matériels, dits biens tangibles (voiture, bouteille d'eau), et des biens immatériels, dits intangibles (consultation médicale, place de concert).

1 Les caractéristiques du produit

Le produit est la réponse proposée par un fabricant à un besoin identifié chez un acheteur potentiel. Il présente plusieurs dimensions :
- physiques : il s'agit de sa composition ;
- commerciales : ce sont les éléments concrets et visibles du positionnement (la marque, le conditionnement, le prix) ;
- fonctionnelles : correspond au besoin fondamental du client, ce que va apporter l'utilisation du produit ;
- psychologiques : c'est la réponse proposée aux attentes du client en termes d'image, de confort, de sécurité, etc.

2 La classification des produits

Les produits et services sont classés selon plusieurs critères :
- la fréquence d'achat : elle permet de distinguer les produits banals (un yaourt) et anomaux (un réfrigérateur) ;
- la durée d'utilisation : un produit est durable (téléviseur), semi-durable (chaussures) ou fongible, c'est-à-dire non durable (une bouteille de lait) ;
- le degré de complexité d'achat, qui, selon l'implication de l'acheteur, définit son besoin d'information (faible pour un aliment, élevé pour une voiture) ;
- la nature économique : on distingue les produits et services marchands, vendus à un prix supérieur au coût de revient afin de rémunérer le fabricant, et les produits et services non marchands, gratuits ou vendus à un prix inférieur au coût de revient car subventionnés par la collectivité (hospitalisation, Pass Navigo...).

3 Les services

3.1. Les caractéristiques des services

Le service est une activité immatérielle, une prestation sans transfert de propriété :
- il est intangible : c'est le résultat d'une activité abstraite et on ne peut le stocker ;
- il est périssable : il est produit et consommé simultanément ;
- le client participe à sa réalisation et à sa consommation ;
- il est délivré par un personnel de contact qui produit le service avec le client.

EXEMPLE
Une coupe de cheveux chez le coiffeur.

3.2. La notion de service global

L'entreprise propose généralement une offre de base à laquelle elle associe des services associés, proposant ainsi un service global.

EXEMPLES

Un hôtel propose un service de base (chambre), des services facilitateurs (bar, restauration) et des services de soutien (accès à la location de voiture, à une assistance touristique).

Un fabricant d'imprimantes multifonctions à destination des professionnels propose une offre de services complète : financement (crédit, location, leasing), conception de solutions personnalisées, installation, mise en marche, formation, maintenance, dépannage...

4 La notion de cycle de vie

Un produit n'est pas éternel, il va connaître un cycle de vie : sa vie, son déclin et sa disparition dépendent de l'évolution des besoins des consommateurs. La notion de cycle de vie est aussi valable pour les marques et les enseignes.

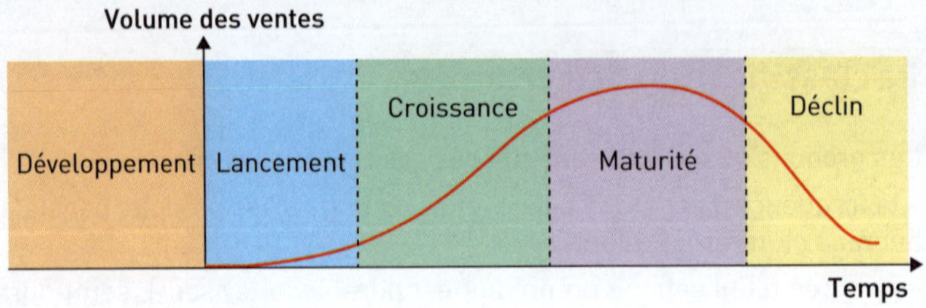

On identifie quatre phases :

– le lancement : le produit arrive sur le marché, les ventes sont faibles ; comme les investissements sont importants, cette phase n'est pas rentable ;

– la croissance : les ventes se développent, la rentabilité s'installe car les coûts de revient unitaires baissent ;

– la maturité : la croissance des ventes diminue, la rentabilité se stabilise ;

– le déclin : les ventes diminuent, l'entreprise doit relancer le produit ou l'abandonner.

Il existe un certain nombre de produits au cycle de vie atypique :

– les produits gadgets, dont le cycle de vie est très court (ex. : le *hand spinner*) ;

– les produits de mode, dont le cycle de vie est très resserré dans le temps (ex. : le patin à roulettes) ;

– les produits relancés qui recommencent un nouveau cycle après leur phase de déclin (ex. : le scooter, le disque vinyle 33 tours) ;

– les produits « sans âge », dont la phase de maturité s'éternise (ex. : l'aspirine, le Coca-Cola).

Mots clés Bien matériel • Bien immatériel • Degré de complexité d'achat • Cycle de vie

Savoir
17 La marque

La marque est le signe qui sert à distinguer une offre. Ce signe se compose d'un nom (géographique, patronymique, de fantaisie) et/ou d'une représentation graphique (le logo).

1 Le contenu symbolique de la marque

La perception de la marque par le consommateur constitue l'image de marque de l'entreprise, c'est-à-dire l'ensemble des représentations rationnelles et affectives associées par un individu à une marque. On distingue ainsi l'image voulue par l'entreprise (le positionnement) et l'image perçue par le consommateur.

2 Les stratégies de marque des fabricants

On distingue :

– la marque unique : tous les produits du fabricant portent le même identifiant (ex. : la marque Peugeot signe des véhicules automobiles, des vélos, de l'outillage...) ;

– la marque ombrelle : c'est une signature commune mais chaque ligne de produits possède son propre nom (ex. : Renault avec ses modèles Clio, Mégane, Espace, Twingo, Talisman, Zoé...) ;

– la marque caution : c'est une marque générique, déclinée par ligne de produits (ex. : Nestlé avec Nescafé, Nestea, Nespresso, Nesquik) ;

– la marque gamme ou produit : elle signe une gamme ou un produit unique (ex. : Unilever avec ses marques Omo, Persil, Bonux, Rexona, Dove, Cajoline...).

3 Les qualités commerciales et juridiques de la marque

3.1. Les qualités commerciales

– Le nom doit être euphonique (c'est-à-dire agréable à l'oreille) et mémorisable (ex. : Nivea, Orange, Bic ; contre-exemple : Whirlpool, Huawei).
– Il doit être significatif et évocateur, approprié au produit et à son positionnement (ex. : Le Bon Coin, Taillefine, Kiloutou ; contre-exemple : desserts Francorusse).
– Il doit être déclinable et exportable (ex. : France Telecom, Vinci, DS ; contre-exemple : Pajero – injure en espagnol).

3.2. Les qualités juridiques

La protection de la marque est assurée par l'INPI (Institut national de la propriété industrielle), qui vérifie lors du dépôt qu'elle est bien disponible (non utilisée), distinctive (non générique : la marque « yaourt » est interdite), et non déceptive (elle ne trompe pas le consommateur : Chocapic doit contenir du chocolat).

Mots clés : Image de marque • Marque ombrelle • Marque caution • Positionnement • INPI

Savoir

18 La stylique et l'emballage

Le produit est perçu et identifié d'emblée par sa stylique et son emballage.

1 La stylique

La stylique ou design est l'ensemble des éléments contribuant à l'apparence visuelle d'un produit. Elle doit répondre à deux objectifs marketing :

– objectif de séduction par l'apparence du produit et l'image qu'il véhicule ;

EXEMPLES Les cafetières Nespresso, les chaussures Nike.

– objectif fonctionnel – ergonomie : la forme du produit doit faciliter son usage (stockage, prise en main, utilisation) et optimiser les coûts de fabrication ;

EXEMPLES Les meubles Ikea, les smartphones Samsung.

La stylique peut être un élément fort de différenciation du produit. Elle concerne aussi l'ensemble de l'identité visuelle de l'entreprise : logo, charte graphique, site Internet, aménagement des locaux, habillage des véhicules…

2 L'emballage

Le terme anglais « packaging » regroupe deux notions : le conditionnement, qui est la première enveloppe du produit (ex. : une canette), et l'emballage, qui enveloppe l'unité de vente (le carton ou film plastique regroupant plusieurs canettes).

2.1. Les fonctions techniques de l'emballage

L'emballage assure plusieurs fonctions autour du produit :

– la conservation : pour maintenir les caractéristiques physiques du produit (essentielle aux produits périssables), le protéger contre les chocs et dégradations ;

– l'usage par le consommateur : pour faciliter le stockage et la consommation ;

– la logistique : pour optimiser la manutention et le stockage.

Le matériau est choisi selon le produit, l'image recherchée et le coût : le verre est lourd et coûteux mais il évoque transparence et tradition ; le carton est économique et léger mais fragile ; le plastique est économique et léger mais peu écologique.

2.2. Les fonctions commerciales de l'emballage

L'emballage assure diverses fonctions commerciales :

– alerte et attribution : il permet d'identifier le produit, séduit et incite à l'achat ;

– support du positionnement choisi par le fabricant ;

– service lié à l'achat ou à l'usage (poignée de transport, bec-verseur, dosettes…) ;

– information grâce à l'étiquette, qui communique les informations obligatoires et les informations commerciales (conditions et conseils d'utilisation).

Mots clés Stylique • Design • Ergonomie • Packaging • Conditionnement • Emballage • Conservation • Logistique • Étiquette

Savoir 19

Le cadre de la fixation du prix

Pour l'enseigne, le prix est à la fois un vecteur de positionnement et d'image et l'élément clé de sa rentabilité. La détermination du prix doit respecter les contraintes légales.

1 Le prix, critère de choix pour le client

La perception des prix par le client fluctue en fonction de deux paramètres :

– la sensibilité au prix : elle dépend de la perception et des motivations du client et varie selon la catégorie de produit. Elle sera plus forte pour les produits d'achat courant et répétitif et pour les produits à fort contenu symbolique et vecteurs d'image ;

EXEMPLE Le client sera sensible au prix de la baguette de pain ou de sa prochaine voiture.

– le concept de valeur client : prix et valeur sont des notions différentes. La valeur de l'achat est la perception de l'ensemble des avantages procurés par le produit. Le prix accepté du produit dépend donc de la valeur perçue subjectivement.

EXEMPLE L'acheteur d'un iPhone peut considérer le produit comme cher mais lui attribuera une valeur qui lui fera accepter le prix.

2 La contrainte économique

Le prix de vente d'un bien ou service doit permettre à l'entreprise de couvrir l'ensemble de ses charges et de dégager un profit :

– le prix public d'un produit intègre un grand nombre d'éléments : le coût d'achat, les frais de transport, les remises obtenues des fournisseurs, la démarque connue et la démarque inconnue, les marges commerciales et les taxes ;

EXEMPLE Le prix public d'un paquet de pâtes se décompose ainsi : 70 % pour le coût d'achat (dont 20 % de matières premières), 3 % pour le transport, 1 % pour les démarques, 20,5 % pour la marge et 5,5 % pour la TVA.

– le prix public d'un service prend en compte le coût d'achat des matières premières, les prestations des partenaires participant au service, la conception du service, les moyens humains, les déplacements, le transport et les taxes.

3 Les contraintes légales

3.1. Les principes

La réglementation française prévoit que les prix sont déterminés librement, notamment par le jeu de la concurrence. Ce principe s'applique à toutes les activités de production, de distribution (biens et produits) et de services, et bénéficie à tous les agents économiques, qu'ils soient privés ou publics.

Le gouvernement peut déroger au principe de liberté des prix dans deux cas :
– pour certains secteurs d'activité particuliers ;

EXEMPLES Le prix est réglementé pour les livres, les courses de taxi, l'électricité, les transports publics urbains de voyageurs, les péages autoroutiers.

– en cas de circonstances exceptionnelles (crise, guerre, catastrophe naturelle) entraînant des difficultés sérieuses d'approvisionnement en matières premières.

EXEMPLE Le prix du flacon de solution hydro-alcoolique plafonné à 3 € les 100 ml lors de la crise sanitaire du Covid-19.

3.2. L'application

Un certain nombre de règles doivent être respectées :
– le prix imposé : le fournisseur ne peut pas imposer de prix public au distributeur, il peut seulement lui communiquer un prix indicatif ;

EXEMPLE Si un prix apparaît sur la publicité d'un fabricant, il doit être accompagné de la mention « prix constaté » ou « prix conseillé ».

– le prix d'appel (prix fixé très bas afin de créer un flux de clientèle) est interdit si les stocks sont insuffisants pour répondre à la demande ;

EXEMPLE Lidl a été condamné plusieurs fois pour publicité mensongère car l'enseigne proposait des produits en promotion avec un stock insuffisant.

– la vente à perte : la vente à un prix inférieur au coût d'achat (majoré des frais de transport) est interdite, sauf pour les produits périssables ou saisonniers ;

EXEMPLE Certains produits textiles de mode en fin de soldes.

– les pratiques discriminatoires : les tarifs différenciés entre clients sont interdits, sauf si le montant d'achat est négocié ;

EXEMPLE Apple a été condamné à une amende de 1,1 milliard d'euros en mars 2020 pour entente illicite avec ses grossistes visant à imposer des prix différents selon les revendeurs.

– le refus de vente : il est interdit vis-à-vis d'un particulier mais est autorisé entre distributeurs s'il peut se justifier ;

EXEMPLE Une compagnie aérienne ne peut pas refuser l'accès d'un avion à un client handicapé. Chanel peut refuser de vendre ses produits à Monoprix, qui pratique le libre-service.

– l'information sur les prix : le client doit pouvoir identifier facilement les prix ou tarifs pratiqués. L'affichage doit être visible et lisible, exprimé toutes taxes comprises (TTC), et doit préciser le prix à l'unité en plus du prix de vente.

Mots clés Sensibilité au prix • Valeur client • Coût d'achat • Marge commerciale • Liberté des prix • Prix indicatif • Vente à perte • Information sur les prix

Savoir 20

Les méthodes de fixation du prix

L'enseigne doit prendre en compte deux éléments de son environnement avant de fixer sa politique de prix : la demande et la concurrence.

1 La prise en compte de la demande

1.1. Le prix d'acceptabilité (ou prix psychologique)

a) Le principe

Même inconsciemment, le client associe un prix jugé trop bas à une qualité insuffisante. À l'inverse, un prix jugé trop élevé l'empêche d'envisager l'achat. Pour un produit ou service donné, chaque client a donc une zone d'acceptabilité du prix.

b) La méthodologie

Il s'agit de réaliser une étude par sondage auprès de clients appartenant à la cible, en leur posant deux questions : au-dessus de quel prix n'achèterez-vous pas ce produit, le jugeant trop cher ? En dessous de quel prix n'achèterez-vous pas ce produit, le jugeant de mauvaise qualité ? Le prix psychologique sera celui qui semblera acceptable au plus grand nombre. Cette méthode connaît toutefois des limites : l'interrogé n'est pas en situation d'achat ; les données recueillies sont déclaratives ; elle privilégie le chiffre d'affaires mais ne tient pas compte de la marge réalisée.

1.2. L'élasticité de la demande par rapport au prix

La loi économique de l'offre et de la demande affirme que les quantités achetées diminuent si le prix augmente, et inversement. Les calculs d'élasticité visent à évaluer les proportions de variation, c'est-à-dire les conséquences d'une variation du prix sur les quantités achetées.

L'élasticité demande/prix (E) est le rapport entre deux données relatives :

la variation relative de la demande :

$$\frac{D_1 - D_0}{D_0}$$

divisée par la variation relative du prix :

$$\frac{P_1 - P_0}{P_0}$$

d'où

$$E = \frac{\text{\% variation de la demande}}{\text{\% variation du prix}}$$

Remarque : le coefficient obtenu s'interprète en valeur absolue.

Trois possibilités :

– E = 1 : la demande est parfaitement élastique, la variation de la demande correspond à la variation du prix ;

EXEMPLE Si le prix d'un paquet de café augmente de 10 %, sa demande va baisser de 10 % ; à l'inverse, si son prix baisse de 10 %, sa demande augmentera de 10 %.

– E > 1 : la demande est très élastique. Une faible variation du prix entraîne une forte variation de la demande ;

EXEMPLE La hausse de 5 % du prix d'un paquet de biscuits entraînera une baisse de 15 % des ventes ; une baisse de 10 % pourra augmenter la demande de 15 %.

– E < 1 : la demande est peu élastique, peu sensible à la variation du prix.

2 La prise en compte de la concurrence

L'UC est rarement en situation de monopole ; elle doit intégrer les pratiques tarifaires des concurrents et se situer en conséquence, en appliquant :

– une stratégie de pénétration : fixer ses prix en dessous des prix des concurrents ;

– une stratégie d'écrémage : fixer ses prix au-dessus de ceux des concurrents ;

– une stratégie d'alignement : fixer ses prix au même niveau que les concurrents.

3 La politique de prix du distributeur

3.1. Les modulations de prix

La variation du prix est négociée avec le client ; la réduction peut être :

– le rabais : pour un produit déclassé, défectueux, non conforme ;

– la remise : selon l'importance de la commande et/ou le statut du client ;

– la ristourne : selon le volume de commandes sur une période donnée ;

– le prix promotionnel : vente temporaire à prix bas d'un produit ;

– l'escompte : réduction à caractère financier en échange de paiement comptant.

3.2. La différenciation des prix

Elle répond à trois enjeux : segmenter les différentes catégories de consommateurs selon la valeur qu'ils accordent au produit ou service, s'adapter à la politique de prix de la concurrence et lisser les variations de la demande. On trouve :

– les tarifs multidimensionnels : selon la saison, les jours ou heures (réductions pendant une nocturne, *happy hour*) ;

– les tarifs liés aux quantités achetées : pratique fréquente consistant à abaisser le prix unitaire à mesure que la quantité achetée est grande ;

– les tarifs fonction de l'offre proposée : c'est l'offre groupée (*bundling*), un lot de produits ou services différents pour un prix inférieur à la somme des prix isolés (pratiquée dans le tourisme, la banque ou les télécommunications).

3.3. La différenciation des prix dans les services

Le yield management est une technique de calcul en temps réel du meilleur niveau de prix pour un service donné. Il module les tarifs selon la période de consommation et optimise les infrastructures, selon la saison (tourisme), les jours (transport aérien) ou heures de consommation (le TGV avec les heures de pointe).

Mots clés : Prix d'acceptabilité • Élasticité demande/prix • Pénétration • Écrémage • Alignement • Modulation de prix • Différenciation des prix • Yield management

S'ENTRAÎNER AU BTS
Exercice 5 : p. 112-113

Savoir

21 La sélection des fournisseurs

Le choix des fournisseurs conditionne le degré de satisfaction des clients et la stabilité de leur relation avec le distributeur.

1 Les étapes de la recherche de fournisseurs

La sélection d'un fournisseur comprend plusieurs étapes successives : déterminer les critères de sélection ; définir un cahier des charges ; lancer l'appel d'offres ; examiner les offres reçues ; négocier les conditions ; choisir le fournisseur ; signer le contrat ; démarrer la relation et les commandes.

ANIMATION ET DYNAMISATION DE L'OFFRE

2 Les critères de sélection

LE DEGRÉ DE COMPÉTENCES	Le fournisseur doit prouver sa compétence, son sérieux et sa fiabilité.
LES CAPACITÉS DE PRODUCTION	Le fournisseur doit pouvoir fournir les quantités demandées et savoir s'adapter à une hausse éventuelle des quantités.
L'ENGAGEMENT DU FOURNISSEUR	Le fournisseur s'engage à fournir des produits à qualité constante et à respecter les délais de livraison.
LE CONTRÔLE DE LA QUALITÉ	Le fournisseur doit prouver que les procédures de fabrication sont maîtrisées.
LES RESSOURCES FINANCIÈRES	Le fournisseur doit être financièrement solide pour supporter les délais de paiement et financer son activité.
LES TARIFS PRATIQUÉS	Le fournisseur doit être compétitif au niveau des prix et des conditions financières. Toute nouvelle commande fera l'objet d'un appel d'offres auprès des fournisseurs.

3 Utiliser un modèle de décision

Le modèle courant est le scoring, qui consiste à définir des critères à pondérer.

EXEMPLE Le fournisseur choisi ici sera le C, qui obtient la meilleure note.

CRITÈRES /10	PONDÉRATION	FOURNISSEUR A	FOURNISSEUR B	FOURNISSEUR C
Tarifs /5	60 %	Note : 2 × 60 %	Note : 3 × 60 %	Note : 5 × 60 %
Qualité /5	40 %	Note : 1 × 40 %	Note : 3 × 40 %	Note : 2 × 40 %
Note		= 1,2 + 0,4 = 1,6	= 1,8 + 1,2 = 3	= 3 + 0,8 = 3,8

Mots clés Compétences • Capacité • Qualité • Prix • Appel d'offres • Scoring

S'ENTRAÎNER AU BTS
Exercice 6 : p. 113

Savoir 22 Les enjeux de la relation commerciale

La relation commerciale entre distributeurs et fournisseurs donne lieu à des négociations lors desquelles chacun défend ses intérêts, dans un cadre réglementé.

1 Les enjeux des négociations

	INTÉRÊT DU DISTRIBUTEUR	INTÉRÊT DU FOURNISSEUR
CONDITIONS GÉNÉRALES DE VENTE (CGV)	Obtenir les prix les plus bas possibles ainsi que des services additionnels	Vendre au prix le plus élevé
PROMOTIONS	Proposer les promotions les plus intéressantes possibles et en faire supporter le coût au fournisseur (communication)	Préserver son image de marque
MISE EN VALEUR DES PRODUITS	Mettre ses propres marques en avant	Obtenir la meilleure place possible en rayon
MARQUES	Commercialiser ses propres marques pour favoriser une meilleure marge	Mettre en valeur ses produits
RETOUR PRODUITS	Reprise des invendus	Vente définitive

2 Le cadre juridique des négociations

La loi réglemente la négociation commerciale, notamment sur les points suivants :

– revente à perte : il est interdit de revendre un produit à un prix inférieur à celui indiqué sur la facture d'achat, tous avantages financiers déduits ;

– délai de paiement : il est limité au 30e jour suivant la date de réception du produit mais peut, par dérogation, atteindre 45 jours fin de mois ;

– refus de vente : il est interdit de refuser la vente à un particulier ;

– référencement : l'accord pour proposer un produit à la vente est formalisé par contrat ; le déréférencement doit faire l'objet d'un préavis ;

– conditions générales de vente (CGV) : les tarifs, réductions de prix et conditions de règlement doivent être communiqués à tout acheteur qui en fait la demande ;

– les tarifs sont négociés chaque année par convention écrite entre les parties ;

– pratiques discriminatoires : les tarifs peuvent être liés à des contreparties (réductions plus importantes pour les meilleurs clients) ;

– les prix imposés sont interdits car ils entravent le jeu de la concurrence ;

– les promotions dans le secteur alimentaire sont limitées à 34 % du prix et sur 25 % du stock au maximum. Le terme « gratuit » ne peut pas être utilisé

Mots clés : Conditions générales de vente (CGV) • Revente à perte • Référencement • Déréférencement • Prix imposé • Promotion

Savoir 23

Les actions de coopération commerciale

Les actions de coopération entre fournisseurs et distributeurs visent à maximiser la rentabilité, en augmentant les ventes et en diminuant les coûts.

1 L'optimisation logistique

1.1. L'échange de données informatisé (EDI)

L'EDI relie le système informatique du fournisseur à celui du distributeur dans le but d'automatiser les opérations commerciales (factures, commandes...). Il aide à réduire les coûts et les risques d'erreur et accélère le traitement des opérations.

EXEMPLE Dans la plupart des enseignes de prêt-à-porter, le réapprovisionnement est automatique, le fournisseur étant informé en temps réel du stock présent dans l'enseigne.

1.2. Le Supplier Relationship Management (SRM)

Le SRM (gestion de la relation fournisseur) représente l'ensemble des décisions permettant d'améliorer le processus d'approvisionnement et la communication avec les fournisseurs, en partageant la même technologie et les mêmes informations. Il offre l'avantage de pouvoir négocier les meilleures conditions d'approvisionnement et il améliore la connaissance des produits car le distributeur et le fournisseur échangent toutes les informations utiles sur les produits et sur les consommateurs.

1.3. La Supply Chain Management (SCM)

La SCM (gestion de la chaîne logistique) est la coordination et la rationalisation des moyens humains et financiers et des flux d'informations des professionnels concernés par la chaîne d'approvisionnement. Elle permet d'optimiser les flux et d'anticiper les besoins.

EXEMPLE Prévoir les quantités à produire en fonction des prévisions de vente.

2 L'optimisation commerciale par l'ECR

L'ECR (Efficient Consumer Response – réponse optimale au consommateur) est un partenariat entre fournisseurs et distributeurs pour proposer le bon produit, au bon endroit, au bon moment et au bon prix : co-organisation et co-animation de rayons, choix commun de l'assortiment...
Au sein de l'ECR, le category management assure la satisfaction du client par un assortiment judicieux, en regroupant les produits par univers, à partir d'une segmentation (par lieu, par cible, etc.).

Mots clés
Échange de données informatisé (EDI) • Supplier Relationship Management (SRM) • Supply Chain Management (SCM) • Efficient Consumer Response (ECR) • Category management

Savoir 24 Les principes d'aménagement de l'espace commercial

Un espace commercial bien aménagé favorise la rentabilité du point de vente.

1 Les différentes zones du magasin

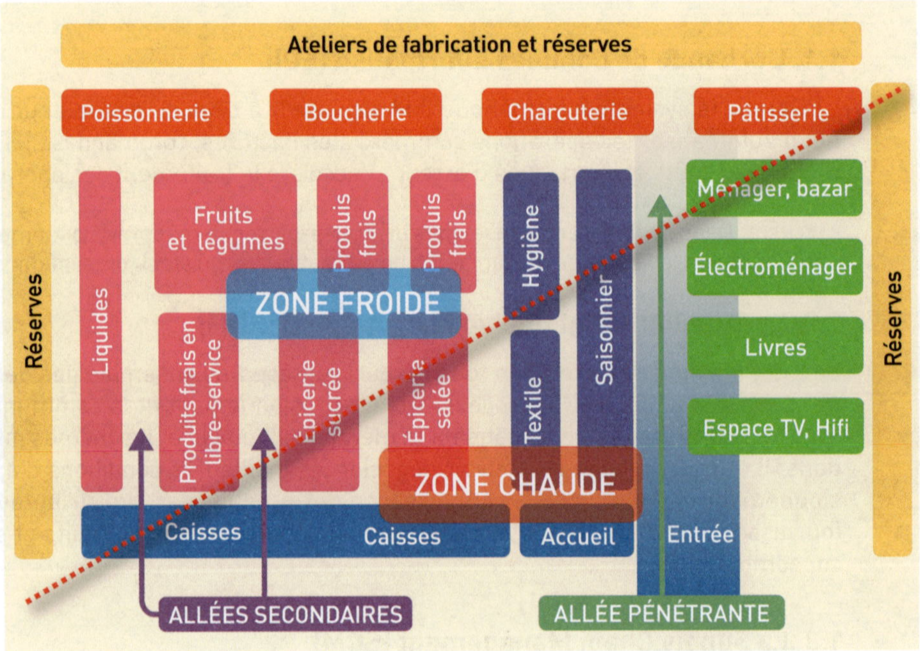

La zone chaude représente la partie du magasin qui serait la plus fréquentée par les clients si on ne les attirait pas dans la zone froide, qui, elle, serait la moins fréquentée. Pour attirer le client dans la zone froide, on y place les produits qui sont sur leur liste de courses, comme les produits frais. Dans la zone chaude, à droite de l'entrée, on place les produits nécessitant réflexion (hi-fi, électroménager...). On positionne ensuite le bazar, le textile et l'alimentaire.

2 Les contraintes à prendre en compte

CONTRAINTES TECHNIQUES	CONTRAINTES COMMERCIALES
– Les produits lourds ou nécessitant un réapprovisionnement fréquent sont à placer à proximité des réserves. – Les rayons Boulangerie et Boucherie sont à placer près des ateliers de fabrication. – Les caisses se situent en sortie du magasin.	– Les produits incompatibles doivent être séparés (le poisson et les parfums). – Les produits d'impulsion sont à placer sur les axes de circulation ou aux caisses. – Les produits complémentaires devront être rapprochés (les pâtes à côté des sauces).

Mots clés Allée secondaire • Allée pénétrante • Zone chaude • Zone froide

Savoir 25 Les techniques de marchandisage

Le marchandisage optimise la présentation des produits. Il s'agit d'avoir le bon produit au bon moment à la bonne place dans les bonnes quantités.

1 Le vocabulaire du rayon

- Le planogramme : il s'agit d'un plan de masse du rayon fourni par le siège afin de visualiser l'implantation des produits par le biais d'une photographie d'ensemble.
- Le facing : c'est le nombre d'unités de vente vues de face.

A	A	C
A	A	C

Le facing de A est de 4 unités

- Le linéaire au sol et le linéaire développé : le linéaire au sol représente la longueur de la gondole. Le linéaire développé représente le linéaire au sol multiplié par le nombre de niveaux.

3 étagères, linéaire développé : 3 × 1 m = 3 m

1 m = linéaire au sol

2 Les techniques de présentation

2.1. Les niveaux d'implantation

Niveau du chapeau (peu vendeur) : + 1,70 m : on y place les stocks.

Niveau des yeux (le plus vendeur) : pour les produits à plus forte marge (marques propres).

Niveau des mains (vendeur) : on y place les produits à forte marge et à forte demande.

Niveau des pieds (peu vendeur) : on y place les produits d'appel.

2.2. Les présentations possibles

Présentation verticale

A	B	C
A	B	C

Les produits de même marque sont placés les uns en dessous des autres, ce qui oblige le client à ralentir.

Présentation horizontale

A	A	A
B	B	B
C	C	C

Les produits de même marque sont placés les uns à côté des autres.

Mots clés : Planogramme • Facing • Linéaire au sol • Linéaire développé • Niveau d'implantation • Présentation verticale • Présentation horizontale

Savoir 26 La mesure des performances du marchandisage

La mesure des performances du marchandisage permet d'estimer si le linéaire attribué aux différents produits est bien en adéquation avec la place qu'ils occupent.

1 Les indices de sensibilité

1.1. L'indice de sensibilité au chiffre d'affaires

$$\text{Indice de sensibilité au chiffre d'affaires} = \frac{\text{CA du produit / CA du rayon}}{\text{\% de linéaire occupé par cette famille}}$$

Il doit être le plus proche possible de 1.

EXEMPLE Si l'indice du chocolat Côte d'Or est de 1,2, cela signifie qu'il se vend bien mais qu'il est sous-représenté : la place qu'il occupe est donc insuffisante.

1.2. L'indice de sensibilité à la marge brute

$$\text{Indice de sensibilité à la marge brute} = \frac{\text{Marge brute du produit / Marge brute du rayon}}{\text{\% de linéaire occupé par cette famille}}$$

Il doit être le plus proche possible de 1.

EXEMPLE Si l'indice du chocolat Côte d'Or est de 1,1, cela signifie qu'il réalise une bonne marge : il faut augmenter le linéaire qui lui est attribué pour le rentabiliser davantage.

2 L'analyse des indices de sensibilité

	INDICE MB > 1	INDICE MB < 1
INDICE CA > 1	Le produit se vend bien et a une bonne marge. Il n'est pas assez présent en linéaire. Il faut augmenter le facing.	Le produit se vend bien mais la marge est trop faible. Il peut s'agir de produits d'appel.
INDICE CA < 1	Le produit est rentable mais il se vend peu. Il faut pousser plus loin l'analyse pour en connaître la raison.	La marge est trop faible et le chiffre d'affaires également. Il faut en analyser les raisons. Ensuite, il faudra peut-être diminuer le facing. Il peut s'agir d'un nouveau produit.

Si ces indices ne sont pas bons, il faut analyser d'autres données avant de modifier le linéaire : il est possible que le produit soit souvent en rupture de stock, le balisage est peut-être mauvais, le produit n'est peut-être pas situé à un endroit vendeur... Il faut alors voir s'il est possible de le changer de place.

Mots clés Performances • Marchandisage • Indice de sensibilité au chiffre d'affaires • Indice de sensibilité à la marge brute

S'ENTRAÎNER AU BTS
Exercice 7 : p. 113-114

Le e-marchandisage

L'agencement du site virtuel de l'UC doit permettre à l'internaute de trouver facilement l'article qu'il recherche et doit l'inciter à rester le plus longtemps possible sur le site.

1 L'organisation d'un site de e-commerce

L'arborescence du site doit permettre d'optimiser l'entonnoir de conversion.

LA PAGE D'ACCUEIL	Elle indique de manière claire le nom du site, présente l'entreprise, contient ce qui a trait à l'actualité de l'enseigne (promotions, nouveautés…).
LE CATALOGUE ET LES FICHES PRODUIT	Le catalogue permet d'identifier clairement l'offre proposée. La fiche produit présente les caractéristiques précises de chaque article.
LE PANIER	Le panier reprend l'ensemble des produits que l'internaute a l'intention d'acheter.
L'ASSISTANCE	L'assistance apporte de l'aide à l'internaute indécis et le rassure. Le tchat en ligne lui permet d'obtenir des réponses immédiates aux questions non traitées dans la rubrique « Foire aux questions ».
LES RUBRIQUES CONTACT ET CGV	Ces deux rubriques sont obligatoires. La rubrique « Contact » présente les différentes possibilités pour l'internaute d'entrer en relation avec l'entreprise. Les Conditions générales de vente (CGV) expliquent tout le processus d'achat, de la commande à la livraison, informent sur la sécurisation du paiement et des données et sur la procédure de retour des produits.
L'ESPACE CLIENT	Dans cet espace, l'internaute doit pouvoir accéder à toutes ses informations personnelles, à l'historique de ses achats, à ses offres, au suivi des dernières pages consultées.

2 Le tunnel de conversion

Le tunnel de conversion représente le nombre d'étapes depuis l'arrivée de l'internaute sur le site de e-commerce jusqu'à sa sortie. L'objectif est de limiter au maximum l'abandon avant la validation de la commande (représenté en pourcentages).

Visiteurs du site 100 %	→ **Recherche de produits** 90 %	→ **Visite des fiches produit** 70 %	→ **Ajout de produits dans le panier** 20 %	→ **Finalisation de la commande** 10 %

Mots clés
Arborescence • Page d'accueil • Catalogue • Fiche produit • Panier • Assistance • Tchat • Conditions générales de vente (CGV) • Espace client • Tunnel de conversion

Savoir 28 L'animation commerciale et la promotion des ventes

Pour dynamiser l'espace commercial et développer les ventes, plusieurs techniques peuvent être utilisées, notamment l'animation et la promotion des ventes.

1 Notions

Une animation commerciale désigne un ensemble de techniques ayant pour but de promouvoir un produit, un univers ou un point de vente. Un animateur, interne ou externe à l'entreprise, dynamise l'offre en « poussant » le produit vers le client.

EXEMPLE Distribution d'échantillons de la marque Lancôme dans une boutique Sephora.

La promotion des ventes désigne un ensemble de techniques et d'actions visant à offrir un avantage matériel au client : baisse de prix, cadeaux, jeu-concours... Elle est limitée dans le temps et est en adéquation avec les objectifs de l'UC.

EXEMPLE Produit vendu avec une quantité supplémentaire offerte.

2 Les enjeux de l'animation et de la promotion des ventes

L'animation et la promotion des ventes recouvrent des enjeux très proches.

2.1. Les enjeux quantitatifs

Il s'agit de dynamiser les performances de l'enseigne, en augmentant :

- le panier moyen ;
- les ventes complémentaires ;
- le trafic ;
- le chiffre d'affaires ;
- le taux de transformation.

La promotion des ventes permet également à l'UC d'améliorer sa gestion des stocks, en écoulant les produits non vendus.

2.2. Les enjeux qualitatifs

L'animation commerciale permet de faire découvrir de nouveaux produits et de conquérir une nouvelle clientèle. Elle contribue à :

- fidéliser les clients ;
- améliorer l'image de l'enseigne et développer sa notoriété ;
- créer de l'engagement sur les réseaux sociaux ;
- se différencier de la concurrence en créant une expérience client unique ;
- combattre la concurrence du e-commerce en créant une relation privilégiée et personnalisée avec le client.

Mots clés Animation commerciale • Promotion des ventes

Savoir 29 Les techniques d'animation commerciale et de promotion

L'animation commerciale et la promotion des ventes répondent à des techniques d'animation commerciale et à des opérations promotionnelles particulières.

1 Les techniques d'animation commerciale

ÉCHANTILLONNAGE	Distribution d'échantillons de produits dans le point de vente ou sur le stand d'animation.
DISTRIBUTION DE CADEAUX	Cadeau publicitaire offert par l'animateur pour l'achat d'un ou plusieurs produits.
DÉGUSTATION	Pour les produits alimentaires. Dégustation simple ou animation culinaire.
DÉMONSTRATION/TEST	Démonstration des fonctionnalités du produit par un vendeur ou un animateur de la marque.
ATELIER DIY (*DO IT YOURSELF*)	Mise en place d'ateliers permettant au client d'utiliser les produits d'une gamme.
VENTE FLASH PAR ANNONCE MICRO	Opération promotionnelle à durée limitée faisant l'objet d'une annonce micro par un animateur dans le point de vente.
JEU D'ANIMATION	Sous forme de jeu ou de concours avec cadeau à gagner. Permet de collecter des données sur les clients.
PARTENARIAT AVEC UNE MARQUE	Offre de produits exclusifs en édition limitée, en accord avec une marque.
SOIRÉE / VENTE PRIVÉE	Offre réservée à une clientèle ciblée donnant accès à une nouvelle collection, à une offre en avant-première ou à des services personnalisés.
ANIMATION DIGITALISÉE	Peut être mise en place grâce à une borne de jeux interactive, une borne digitale de démonstration, une borne olfactive ou encore une vitrine interactive, des cabines d'essayage virtuelles ou encore l'utilisation de la réalité augmentée.
STREET MARKETING	Animation qui s'opère directement dans la rue auprès des passants (ex. : distributions de flyers).
POP-UP STORE	Magasin éphémère de petite surface implanté temporairement dans un centre commercial ou sur le lieu d'un événement.
ANIMATION DANS LES UC VIRTUELLES	Les formes les plus développées sont les encarts thématiques (« Les indispensables de l'été »), les webinaires (Keynote d'Apple), les ventes flash et les jeux-concours.

2 Les différentes opérations promotionnelles

PROMOTIONS PAR LE PRIX	RÉDUCTION DE PRIX	Baisse temporaire du prix de vente du produit.
	COUPON, BON DE RÉDUCTION, BON D'ACHAT, OFFRE DE REMBOURSEMENT	Titre de remboursement ou bon d'achat remis au client sur le lieu de vente, collé sur le produit ou adressé par mail *via* un courrier ou une application mobile.
PROMOTIONS AVEC OFFRE DE PRODUIT	VENTE JUMELÉE / COBRANDING	Vente de deux ou plusieurs produits de nature différente à un prix total inférieur à leur valeur réelle.
	VENTE AVEC PRIME	Remise gratuite d'un article identique ou d'un autre produit pour un achat, soit au moment de l'achat, soit de façon différée.
	VENTE PAR LOT	Vente de plusieurs produits dans un même emballage à un prix inférieur au prix à l'unité.
	PRODUIT EN PLUS (PRODUIT GIRAFE)	Vente d'un produit avec une quantité supplémentaire offerte (+10 % gratuit).
	ÉCHANTILLON DE PRODUIT	Offre d'une petite quantité de produit pour faire découvrir le produit au client.
PROMOTIONS PAR LE JEU	LOTERIE, JEU-CONCOURS	Le client participe à un jeu (de hasard, de connaissances...), pour lequel est offert un gain (voyage, lots divers...).
AUTRES PROMOTIONS	SOLDES FIXES	Ventes à prix réduits permettant l'écoulement accéléré des marchandises en stock, dont les dates sont règlementées.
	VENTES PRIVÉES	Ventes destinées à une clientèle ciblée sur une période donnée, à des tarifs préférentiels.
PROMOTIONS DANS LES UC VIRTUELLES	OFFRE DE BIENVENUE	Un code promotionnel permet au nouveau client de bénéficier de réductions ou de produits offerts lors de sa première commande en ligne.
	LIVRAISON OFFERTE	Les frais de livraison sont offerts au client à partir d'un certain montant d'achat ou pour l'ensemble des articles du site.
	REMISE PARTENAIRE	Réduction proposée aux visiteurs provenant de sites partenaires.

Mots clés Technique d'animation commerciale • Opération promotionnelle

Savoir
30 La préparation de l'animation et de l'opération promotionnelle

L'animation et l'opération promotionnelle suivent plusieurs étapes de préparation.

IDENTIFICATION DES OBJECTIFS ET DE LA CIBLE	Selon les performances commerciales de l'enseigne et le contexte, il faut déterminer les objectifs quantitatifs (augmentation de CA, du panier moyen…) et qualitatifs (cognitif, affectif, conatif). Puis, il s'agit d'identifier le cœur de cible auquel s'adresse l'opération.
CHOIX DES PRODUITS	Il s'agit de choisir les produits qui feront l'objet de l'animation ou de la promotion, selon les objectifs de l'UC (mise en avant d'une marque, écoulement des stocks…) et selon la cible visée.
CHOIX DES TECHNIQUES	La technique d'animation ou le type d'offre promotionnelle sont choisis selon la nature du produit, les objectifs et les ressources disponibles.
CHOIX DE L'EMPLACEMENT	Il est stratégique car le but est d'attirer le client. Les opérations promotionnelles sont le plus souvent positionnées dans des linéaires dédiés, en tête de gondole, sur des tables d'attaque ou des îlots.
RESSOURCES NÉCESSAIRES	– Matérielles : stock de produits et d'échantillons, mobilier (tables, picots, étagères), décoration, enceintes pour diffuser de la musique, prises électriques… ; – Humaines : personnel dédié à l'animation/promotion et à son suivi ; – Financières : le budget prévisionnel établi tiendra compte de l'ensemble des coûts.
PLANIFICATION	Un rétroplanning ou un diagramme de Gantt permettra de planifier les diverses tâches à mettre en œuvre dans le cadre de l'animation/promotion. La fixation de la date et de la durée de l'opération dépend généralement des variations saisonnières de l'activité et des événements calendaires.
COMMUNICATION	– Sur le lieu de vente : PLV, stop-rayon, coupon sur le ticket de caisse, vitrophanie, annonce micro dans le magasin… – En dehors du point de vente : publicité radio, presse, affichage urbain, réseaux sociaux, SMS géolocalisé, e-mailing, campagne de street marketing, distribution d'imprimés, prospectus, flyers…

Mots clés Cible • Emplacement • Ressources • Planification • Communication

Savoir 31

La réglementation liée aux animations et aux promotions

Les animations commerciales et les opérations promotionnelles sont encadrées par le Code de la consommation et par la réglementation européenne.

1 Réglementation des animations

RÈGLES D'HYGIÈNE ET DE SÉCURITÉ	L'animation ne doit pas gêner la circulation ni l'évacuation. La chaîne du froid doit être respectée lors des dégustations.
DROIT D'AUTEUR	Sur autorisation de la SACEM pour diffuser de la musique.
OCCUPATION DE LA VOIE PUBLIQUE	Sur autorisation de la mairie ou préfecture pour la voie publique, des pompiers pour le parking d'un centre commercial, de la direction du centre commercial pour l'intérieur du point de vente.
DÉBIT DE BOISSONS	Soumis à autorisation de la mairie.
IMPRIMÉS SANS ADRESSE (ISA)	Ils doivent comporter des mentions obligatoires, notamment la mention « Ne pas jeter sur la voie publique ».
RGPD	La collecte et le traitement des données personnelles doivent être conformes au Règlement général sur la protection des données.

2 Réglementation des promotions

LOTERIES ET JEUX-CONCOURS	Gratuits et sans obligation d'achat (illicites s'il y a obligation d'achat déloyale). Pour des lots importants, on aura recours à un huissier de justice pour le règlement et le tirage au sort.
VENTES PAR LOT / VENTES JUMELÉES	Les produits doivent pouvoir être achetés séparément, sauf pour les produits habituellement vendus par pack (ex. : yaourts).
CADEAUX ET PRIMES	Un cadeau est un produit ou service accordé sans obligation d'achat. La prime est remise à l'occasion d'un achat (interdite si elle constitue une pratique déloyale).
RÉDUCTIONS DE PRIX	Elles sont temporaires et doivent respecter les interdictions (revente à perte, prix abusivement bas) et les règles d'affichage de la période. L'UC doit également disposer d'un stock suffisant.
PROMOTIONS	La loi Egalim plafonne à 34 % les remises sur l'alimentaire et interdit l'offre « 1 acheté, 1 offert ». L'offre « 2 achetés, 1 gratuit » reste autorisée.

Mots clés Code de la consommation • Droit d'auteur • RGPD • Revente à perte • Loi Egalim

Savoir
32 L'évaluation des performances de l'opération promotionnelle et de l'animation

À l'issue de l'opération, l'UC doit assurer le suivi et l'évaluation des performances au travers d'indicateurs.

1 Les indicateurs quantitatifs et qualitatifs

MESURE DU FLUX	Analyse de l'augmentation du trafic client durant l'opération.
TAUX DE RETOUR	Calcul des retours par rapport au nombre d'invitations envoyées ou calcul du taux de participation à un jeu-concours.
TAUX DE TRANSFORMATION	Notamment grâce aux coupons présentés en caisse ou à l'analyse des ventes au regard du trafic supplémentaire créé.
ÉVOLUTION (CA, MARGE, PANIER MOYEN)	Calcul de l'évolution du CA et de la marge dégagée par l'opération (CA supplémentaire dégagé par la promotion – Coûts engendrés par l'opération), au niveau des produits et au niveau global ; analyse de la progression du panier moyen.
ANALYSE DE LA RENTABILITÉ	Permet de déterminer si le seuil de rentabilité a été dépassé et au bout de combien de temps (atteinte du « point mort »).
TAUX DE SATISFACTION	Il pourra être analysé si un questionnaire a été administré pendant ou après l'opération.
TAUX DE RÉALISATION DE L'OBJECTIF	Il s'agit de déterminer si les objectifs quantitatifs fixés ont été atteints, voire dépassés.
INDICATEURS DIGITAUX	En mesurant l'évolution des ventes sur le site, du trafic sur les réseaux sociaux de la marque ou du distributeur, le taux de clic, le nombre de commandes, le nombre de *followers*...

2 Les actions correctives

Si l'analyse des performances commerciales et financières révèle des résultats insuffisants, le manageur devra envisager des actions correctives : redéfinir la cible, repenser la communication ou encore diminuer les coûts.

Mots clés Trafic client • Taux de transformation • Évolution • Rentabilité

S'ENTRAÎNER AU BTS
Exercice 8 : p. 114

Savoir 33 La communication commerciale externe

En plus des opérations commerciales d'animations et de promotions, les UC doivent organiser leur communication commerciale en dehors du point de vente.

1 Les objectifs de la communication commerciale

La communication commerciale externe vise trois objectifs :

– l'objectif cognitif : informer le client actuel ou potentiel sur l'enseigne et les produits et services disponibles ;

– l'objectif affectif : construire une image positive de l'enseigne et de son offre ;

– l'objectif conatif : inciter la clientèle à venir sur le point de vente, pour tester le produit ou service, et tenter ainsi de modifier les comportements.

L'enseigne peut viser divers objectifs opérationnels :

– accroître sa notoriété ;

– accroître le trafic dans ses points de vente ;

– augmenter la valeur du panier moyen ;

– valoriser l'image de l'enseigne en affirmant son positionnement.

EXEMPLE L'enseigne Bio c' Bon mise sur une communication visant à augmenter sa notoriété face à des concurrents plus anciens avec son slogan « la fin du bio triste, fade et cher », et en mettant en avant sa proximité avec ses 150 points de vente.

2 Les étapes d'élaboration de la communication

Après avoir fixé ses objectifs, l'enseigne doit :

– identifier sa cible : c'est la mise en œuvre de la segmentation, qui doit permettre d'identifier le segment de consommateurs que l'enseigne va cibler ;

EXEMPLE Monoprix cible essentiellement les femmes citadines plutôt aisées, avec peu ou pas d'enfants à charge, notamment les jeunes cadres et les populations âgées.

– déterminer son budget : le retour sur investissement concernant les dépenses de communication étant assez difficile à évaluer, l'enseigne se fixe généralement un pourcentage de dépenses par rapport à son chiffre d'affaires (entre 5 et 10 %) ;

EXEMPLE H&M a fixé son budget de communication à 5 % de son CA.

– choisir les canaux de communication : l'enseigne utilise tout ou partie des canaux de communication disponibles (communications média, hors média et digitale).

EXEMPLES H&M utilise tous les médias : télévision, presse, affichage, réseaux sociaux et relations publiques. Zara utilise seulement ses magasins et vitrines.

Mots clés Objectif cognitif • Objectif affectif • Objectif conatif • Positionnement • Canal de communication

Savoir 34 Moyens et supports de la communication commerciale

Pour communiquer, l'enseigne peut utiliser la communication média et la communication hors média.

1 La communication média

Elle regroupe l'ensemble des actions publicitaires utilisant les grands médias. La publicité a plusieurs caractéristiques : elle permet de toucher un large public, elle fonctionne sur le principe de la répétition et de la durée, c'est un monologue qui ne permet pas l'interactivité mais son contenu est parfaitement maîtrisé par l'annonceur. Un média désigne un ensemble de supports relevant d'un même mode de communication.

EXEMPLES Presse, télévision, radio.

Un support désigne n'importe quel véhicule de la publicité.

EXEMPLES Une page dans un journal de presse écrite, un écran publicitaire sur une chaîne de télévision, un format 20 secondes sur une station de radio, un panneau d'affichage.

On identifie cinq mass media (en plus d'Internet, avec les bandeaux publicitaires) :

– la télévision : elle offre la plus large audience (mais la sélectivité est faible) ; elle nécessite de gros budgets mais son coût au contact est faible. On distingue les chaînes généralistes (ex. : TF1, France 2, C8), thématiques (LCI, L'Équipe TV) et régionales (8 Mont-Blanc, France 3 Aquitaine) ;

– la presse : elle permet une bonne sélectivité et son audience est identifiée. On distingue la presse nationale (ex. : *Le Figaro, Le Monde*), la presse quotidienne régionale (*Ouest-France, La Provence*), la presse magazine (*Paris Match, Télé 7 Jours*), et la presse professionnelle (*LSA, Le Moniteur des Travaux Publics*) ;

– l'affichage : il propose une grande variété de supports (mobilier urbain, affichage mural 4×3, couloirs de métro, habillage de taxis ou de tables de café…) ; il offre une bonne sélectivité géographique mais une faible segmentation ;

– la radio : elle permet un bon ciblage mais auprès d'une audience peu attentive et limite la possibilité de création. On distingue les radios nationales généralistes (France Inter, RTL), les radios musicales (NRJ, Fun Radio), thématiques (France Culture, RMC Sport) et communautaires (Beur FM, KTO) ;

– le cinéma : il permet un fort ciblage auprès d'une audience attentive mais limitée et le coût au contact est élevé.

2 La communication hors-média

Le hors-média regroupe l'ensemble des techniques de communication marketing n'utilisant pas les mass media. La communication hors-média est mise en place par l'enseigne et permet de s'adresser à un segment précis.
Plusieurs outils existent :

– la mercatique directe : c'est une communication interactive au contenu personnalisé, adressée à des individus identifiés dans des bases de données, utilisant la

voie postale (publipostage), le mail (mailing), le téléphone (phoning et SMS) ou les imprimés sans adresse (prospectus, flyers...).
La mercatique directe représente 45 % des dépenses de communication : 20 millions de foyers reçoivent chaque semaine des imprimés publicitaires, issus pour 60 % de la grande distribution ;

EXEMPLE Lidl distribue 12 millions de prospectus chaque semaine.

– les relations publiques : c'est l'ensemble des techniques destinées à développer une relation de confiance, d'estime et d'adhésion entre l'enseigne et divers publics (consommateurs, leaders d'opinion, pouvoirs publics...) ;

EXEMPLE L'enseigne H&M a préparé l'ouverture de son magasin à Marseille en organisant des visites de chantier, des visites média, une soirée avec des influenceurs et des défilés.

– le parrainage (*sponsoring*) : c'est le soutien matériel apporté à une manifestation, en vue d'en retirer un bénéfice en termes d'image, en associant son nom à l'événement médiatisé ;

EXEMPLES Lidl a établi un partenariat avec la Fédération française de handball ; Leclerc est le sponsor officiel du maillot du meilleur grimpeur sur le Tour de France.

– le mécénat : c'est également un soutien matériel apporté à une œuvre ou à une personne, mais sans contrepartie directe demandée au bénéficiaire.

EXEMPLE Leclerc soutient la Ligue contre le cancer et la Banque Alimentaire. Au niveau local, l'enseigne aide plus de 8 000 associations culturelles, sportives et d'insertion.

3 La création des supports de communication commerciale

Après avoir défini sa stratégie de communication, l'enseigne procède à sa mise en œuvre en créant ses différents supports de communication.

3.1. La définition du plan média

Selon ses objectifs, sa cible et son budget, l'UC détermine les moyens à utiliser pour diffuser sa communication publicitaire : choix des médias, des supports au sein des médias, et du calendrier de diffusion des messages.

EXEMPLE L'enseigne E. Leclerc (budget publicitaire de 360 millions d'euros en 2019) utilise la télévision pour sa communication institutionnelle d'enseigne et ses « marques repère » (spot de 30 secondes sur les chaînes généralistes) et la presse quotidienne régionale, la radio et l'affichage pour soutenir les animations commerciales en lien avec les prospectus.

3.2. La création publicitaire

Un message publicitaire se construit autour de quatre axes (résumés dans un document, la « copy-stratégie ») :

– la promesse : le message principal à communiquer à la cible ;

– la preuve : une démonstration, des résultats ;

– le bénéfice consommateur : l'avantage réel ou symbolique qui doit être apporté au consommateur ;

– le ton : c'est l'ambiance du message (humoristique, démonstratif, allégorique, scientifique...).

EXEMPLE Les publicités de couches pour bébés sont souvent construites sur le même modèle : la promesse que bébé soit au sec longtemps grâce à une innovation sur le produit, donc un bébé souriant et libre de ses mouvements, envoyant des signes de tendresse.

3.3. La conception du publipostage

Le publipostage comporte généralement une enveloppe porteuse, une lettre de présentation de l'offre, un dépliant de présentation et un coupon-réponse. Il est souvent construit selon la méthode AIDA :

- attirer l'Attention : c'est le rôle de l'accroche du courrier ;
- susciter l'Intérêt : montrer l'avantage de l'offre proposée ;
- provoquer le Désir : attirer le client vers le produit pour susciter l'envie d'achat ;
- inciter à l'Action : donner les outils pour conduire à l'achat (en joignant le bon de commande dans l'envoi).

EXEMPLE Yves Rocher envoie un mailing à chaque cliente pour son anniversaire avec une offre personnalisée et un cadeau pour l'inciter à se déplacer en boutique.

3.4. La conception du prospectus

Le prospectus, généralement distribué dans les boîtes aux lettres, a pour seul but d'annoncer les promotions de l'enseigne. Sa forme comme sa mise en page sont donc simples, directes et abondamment illustrées de photos. Les textes sont courts et ne comportent que les informations essentielles sur les promotions présentées.

3.5. La réglementation liée à la communication commerciale

a) La communication commerciale média

La publicité doit respecter un certain nombre de règles :

- elle ne doit pas être mensongère ;
- elle ne doit pas dénigrer un concurrent dans le cadre de la publicité comparative ;
- elle ne doit pas être contraire aux bonnes mœurs ;
- les enfants ne peuvent pas être prescripteurs du produit présenté ;

La publicité sur le tabac et l'alcool est spécialement réglementée (elle ne doit pas valoriser la consommation du produit, et certains médias lui sont interdits).

b) La communication commerciale hors-média

- Chaque document distribué doit comporter les informations permettant d'identifier son émetteur (nom, numéro RCS et numéro SIREN), le montant de son capital social et la forme sociale pour les personnes morales.
- Le prospectus doit comporter la mention « Ne pas jeter sur la voie publique ».
- La constitution des fichiers clients (utilisés pour le publipostage) doit respecter le cadre général sur la protection des données personnelles (RGPD).

Mots clés Communication média • Communication hors-média • Publicité • Média • Support • Mass média • Mercatique directe • Relations publiques • Parrainage (sponsoring) • Plan média • Copy-stratégie • Publipostage • Méthode AIDA

Savoir 35 La communication digitale

La communication digitale consiste à utiliser les outils de marketing digital pour communiquer avec les clients et prospects : sites Web, réseaux sociaux, terminaux mobiles, bornes interactives. Elle s'intègre à la stratégie de communication globale de l'entreprise.

1 Les enjeux de la communication digitale

Le consommateur est devenu volatil et plus exigeant. L'unité commerciale doit donc dépasser la distinction média/hors-média et élargir son contenu de communication, l'objectif étant de développer l'expérience client, c'est-à-dire favoriser les interactions émotionnelles entre le client et l'enseigne.
D'où le terme « marketing entrant » (*inbound marketing*), qui désigne l'idée de proposer un contenu de qualité à caractère non commercial sur son propre média (site Internet, blog, réseaux sociaux, newsletter...). Le but est de créer du trafic et d'attirer le visiteur, pour ensuite tenter de le convertir en prospect, puis en client.

EXEMPLE Ikea a développé une application de conception de cuisine en réalité virtuelle. Équipé d'un casque, le client explore différents styles de cuisine sur la plateforme de jeux Steam, avec la possibilité de modifier plusieurs paramètres.

2 La communication avec Internet

Il existe plusieurs outils possibles pour communiquer en ligne :

– le site Internet, qui est d'abord la vitrine virtuelle de l'entreprise et qui permet aussi de commander en ligne ;

– le blog, qui permet la publication d'informations sur l'actualité de l'enseigne. C'est une forme de communication moins officielle ;

– le forum, qui est un espace de discussion en ligne autour de différents thèmes ;

– la WebTV, qui est une chaîne de vidéos hébergée sur le Web, sur des plateformes comme YouTube ou Dailymotion.

EXEMPLE L'enseigne Leclerc exploite plusieurs sites marchands, possède une chaîne YouTube et un blog tenu par Michel-Édouard Leclerc.

3 La communication avec les réseaux sociaux

Pour les marques, l'objectif est d'interagir en temps réel avec une communauté de consommateurs, en véhiculant une image positive.

EXEMPLE Ikea diffuse sur Instagram et Pinterest des photos d'aménagement d'intérieur, et partage sur YouTube des vidéos ludiques, des tutoriels de montage ou des recettes de cuisine.

On distingue trois types d'internautes :

– le « *follower* » (suiveur), qui partage et commente les publications ;

EXEMPLE La marque Nike compte 106 millions d'abonnés sur Instagram.

– l'influenceur, qui partage son propre contenu sur les réseaux sociaux et possède une « communauté » de *followers*. Il peut être rémunéré par les marques ; ses publications influencent sa communauté ;
– l'ambassadeur, qui est un internaute ayant une grande affinité avec une marque et qui partage spontanément et gratuitement des messages positifs.

EXEMPLES Plusieurs marques comme Apple ou Nespresso encouragent leurs ambassadeurs en leur faisant bénéficier de certains avantages (produits en avant-première...).

4 Le e-marketing

L'enseigne peut utiliser divers outils numériques d'e-marketing :

– l'e-mailing : courrier électronique envoyé à une cible identifiée pour informer sur une opération commerciale. Son coût est très faible mais il est peu efficace : le taux d'ouverture moyen est d'environ 20 % et le taux de clic de 3 %. Sa réussite dépend surtout de la qualité de la base de données utilisée ;

– le SMS/MMS-mailing : message court (généralement annonce promotionnelle) envoyé sur le téléphone des clients identifiés. Son efficacité est plus forte que pour l'e-mailing (taux d'ouverture de 90 %) ;

– la newsletter : lettre d'information commerciale envoyée par mail aux clients inscrits ;

– l'application mobile : c'est la version mobile du site Internet de l'enseigne, qui peut proposer en plus la commande et le paiement sur le lieu de vente, ainsi que la géolocalisation pour trouver le point de vente de l'enseigne le plus proche.

EXEMPLE Ikea propose deux applications : « App Ikea », qui permet l'achat en ligne et l'accès aux informations sur les produits en scannant le QR-code, et « App Ikea Place », qui permet de visualiser un produit du catalogue dans son intérieur grâce à la réalité virtuelle.

5 La réglementation liée à la communication digitale

Les contenus publiés sur les sites Web, blogs et réseaux sociaux doivent respecter le droit à la vie privée, le droit d'auteur et le droit à l'image des personnes.

EXEMPLE Toute publication doit avoir l'accord de son auteur ; une photographie représentant une personne identifiable ne peut pas être diffusée sans l'accord de la personne.

L'envoi de messages électroniques doit respecter le Règlement général sur la protection des données (RGPD).

EXEMPLE Tout message électronique doit comporter un lien explicite de désabonnement.

Mots clés Communication digitale • Marketing entrant • E-marketing • E-mailing • Newsletter • Règlement général sur la protection des données (RGPD)

Savoir 36 La mesure des performances de la communication commerciale

L'enseigne mesure les résultats de sa campagne de communication grâce aux indicateurs de performance, afin de vérifier si ses objectifs ont été atteints.

1 La performance en communication média

Les enquêtes réalisées auprès de la cible permettent d'obtenir certains indicateurs :

– score de mémorisation spontanée : nombre de personnes déclarant avoir vu ou entendu le message publicitaire ;

– score de reconnaissance : nombre de personnes capables de dire le message ;

– score d'attribution : nombre de personnes ayant mémorisé le nom de la marque ;

– score d'agrément : nombre de personnes ayant apprécié la qualité du message ;

– score d'incitation : nombre de personnes incitées à agir suite au message.

EXEMPLE La dernière campagne publicitaire de Nespresso a obtenu un score de reconnaissance de 66 %, un score d'agrément de 85 % et un score d'incitation de 8 %.

2 La performance en communication hors-média

La performance des actions de mercatique directe (publipostage, phoning, prospectus) se mesure par le taux de conversion : nombre de personnes ayant réagi concrètement à l'offre par rapport au nombre de personnes contactées.

EXEMPLE Pour lancer son nouveau Scenic, Renault a envoyé une plaquette avec un hologramme à 200 000 ménages dont la femme attendait un deuxième enfant. Le taux de conversion (visite dans une concession) a été de 8 %.

3 La performance en communication digitale

L'évaluation des actions de communication digitale est propre à chaque support :

– sur Internet, on mesure le trafic sur le site (nombre de visiteurs, nombre de pages vues, durée moyenne des sessions, etc.) ;

– sur les réseaux sociaux, on mesure le nombre d'abonnés, le nombre de réactions aux publications (partages, « likes », commentaires…) ainsi que l'analyse qualitative des commentaires postés ;

– pour les e-mailing, SMS/MMS-mailing et newsletter, on mesure les taux de délivrabilité (nombre de messages réellement parvenus), de lecture, de conversion (nombre de personne ayant réagi au message) et de désabonnement.

Mots clés Indicateurs de performance • Score de reconnaissance • Score d'agrément • Taux de conversion • Trafic

S'ENTRAÎNER AU BTS
Exercice 9 : p. 114

S'ENTRAÎNER AU BTS

Exercice 1 Voir Fiche Savoir 1

L'analyse de l'évolution du marché

Vous êtes en stage au sein de l'enseigne Body Shop, spécialisée en produits cosmétiques bio. Votre responsable, qui s'interroge sur l'adéquation de son offre par rapport au marché, souhaite que vous lui apportiez des éléments permettant une vision actualisée des évolutions du marché des cosmétiques bio.

• **À partir des données en annexe, analysez l'évolution annuelle et globale du marché des cosmétiques bio.**

Annexe Données

Années	2014	2015	2016	2017	2018	2019
CA EN MILLIONS D'€	380	395	425	450	463	480

FAIT ☐ REVU ☐

Exercice 2 Voir Fiche Savoir 2

Le calcul de la part de marché et la détermination de la position des offreurs

Vous disposez de données concernant le marché du thé et du café en France (annexe).

1. À partir des données en annexe, calculez la part de marché de chacun des offreurs.

2. Déterminez leur position sur le marché.

Annexe Données

ACTEURS	PAYS D'ORIGINE	CA (EN M€)
JDE (Tassimo, Senseo, Maxwell House, Grand-Mère, L'Or, Jacques-Vabre...)	Pays-Bas	5 000
Nestlé (Nescafé, Nespresso, Ricoré...)	Suisse	97 573
Lavazza (Carte Noire, Lavazza...)	Italie	1 344
Migros (Café Royal)	Suisse	30 240
Unilever (L'Éléphant, Lipton)	R.-U., Pays-Bas	52 713
Finagral	France	284,5
Meo Fichaux	France	137,2
Malongo	France	105,33

FAIT ☐ REVU ☐

Exercice 3 Voir Fiche Savoir 3

L'évaluation de la demande

Vous êtes responsable de rayon dans une grande surface à Lyon. Votre supérieur vous demande d'analyser les différents niveaux de demande. Vous disposez des données concernant la demande de produits bio dans une grande agglomération (annexe).

• **Calculez la demande théorique en nombre de ménages, les demandes potentielle et effective, puis évaluez le budget moyen consacré au bio par ménage.**

Annexe Données

POPULATION	5 900 000 habitants
MÉNAGE MOYEN	4 personnes
FREINS DES MÉNAGES NON-CONSOMMATEURS DE BIO	15 % par manque de confiance dans la fiabilité des produits 25 % pour des raisons de prix et d'accessibilité géographique
REVENU MOYEN DES CONSOMMATEURS DE PRODUITS BIO	2 500 € par mois
PART MOYENNE DU BUDGET CONSACRÉE AU PRODUITS BIO	17 %

FAIT ☐ REVU ☐

Exercice 4 Voir Fiche Savoir 10

Le réseau et les types de réseau

Vous êtes responsable d'un point de vente Carrefour Market. Le siège de l'enseigne vous informe qu'il envisage de transformer certaines succursales, dont la vôtre, en franchise ou en location-gérance. Il vous laisse la possibilité de passer de salarié à partenaire, en devenant franchisé ou locataire-gérant. Vous étudiez la question, sachant que votre apport financier initial est limité.

1. Quelle serait pour vous la principale conséquence de passer de salarié à franchisé ou locataire-gérant ?

2. Présentez les principales caractéristiques du contrat de location-gérance (annexes 1 et 2).

3. Dans un tableau comparatif, relevez les principales différences entre la location-gérance et le contrat de franchise (annexe 3).

4. **Quel serait le meilleur choix pour vous (annexe 4) ?**

Annexe 1 Location-gérance

La location-gérance est un contrat par lequel le propriétaire d'un point de vente confie la gérance à un locataire, indépendant juridiquement. En contrepartie, celui-ci lui verse un loyer appelé redevance. Loueur et locataire sont solidairement responsables des dettes pendant les six premiers mois d'activité. Une fois passé ce délai, le locataire-gérant est seul responsable de la gestion et des dettes de l'établissement.

Le commerçant use du fonds librement, tout en étant responsable de sa gestion ainsi que de l'entreprise. Grâce à la location-gérance, le propriétaire du fonds de commerce garde la propriété des lieux, en conserve l'exploitation et perçoit un revenu par le biais des redevances. Le locataire-gérant minimise ses investissements (droit au bail, clientèle, licences, équipements, etc.) au moment de se lancer à son compte. De même, dans une perspective de rachat, il est en position idéale pour apprécier la viabilité de son entreprise à cet emplacement.

Évidemment, la location-gérance n'est pas dénuée de risques. Ainsi, en cas de mauvaise gestion de la part du locataire-gérant, le bailleur peut voir son bien se déprécier*. Quant au locataire-gérant, il ne récolte pas toujours les fruits de son travail, puisque le propriétaire n'est pas obligé de le lui vendre.

www.toute-la-franchise.com

*Perdre de la valeur.

Annexe 2 La location-gérance, un contrat à double tranchant

Palier intermédiaire entre le succursalisme et la franchise, la location-gérance présente des avantages pour les deux parties. À condition que les termes du contrat soient bien précis.

Et si la location-gérance devenait tendance ? Chez Carrefour, on y songe sérieusement : ce serait une manière de rentabiliser à moindre coût les magasins et de prendre moins de risques. À mi-chemin entre le salariat et la franchise, la location-gérance peut jouer le rôle de tremplin pour un entrepreneur en devenir, mais à ses risques et périls. Car si, pour l'enseigne, le système est souvent bénéfique, l'aventure est plus dangereuse côté locataire-gérant, notamment s'il n'a pas bien lu les conditions du contrat le liant au « franchiseur ».

Pas tout à fait indépendant, le locataire-gérant doit pourtant gérer le fonds de commerce. Une situation d'attente qui lui permet de patienter et de se roder, le temps de trouver les financements pour basculer en franchise.

Pour 7 500 € chez certaines enseignes, à vous la responsabilité d'un magasin de proximité. Loin de la mise de départ pour devenir son propre patron, autour de 30 % d'apport personnel. C'est également un pari : la location-gérance peut transformer un point de vente dormant en centre de profits. Moins risqué que la franchise, le système est un peu un galop d'essai pour le locataire-gérant. Souvent, il reprend un fonds ayant déjà été exploité et a une visibilité sur les chiffres.

Sans intermédiaire, la location-gérance intéresse les enseignes. C'est un moyen de « sauver » un point de vente en mal de rentabilité – un locataire-gérant sera toujours plus motivé qu'un simple salarié – et de garder la maîtrise de ses implantations.

Le locataire-gérant n'a pas de lien de subordination avec le franchiseur. Tout est régi par un contrat de location-gérance signé à l'avance pour une durée minimale de deux ans. Il suffit de bien le lire. Alors la location-gérance devient un modèle gagnant-gagnant.

www.lsa-conso.fr

Annexe 3 La franchise

La franchise est un contrat par lequel un franchiseur transmet à un franchisé un savoir-faire, une marque et une assistance en contrepartie d'une rémunération.

Juridiquement indépendant, comme le locataire-gérant, le franchisé est en revanche le créateur ou l'acheteur du point de vente qu'il exploite. Il loue un concept mais est propriétaire de son fonds de commerce.

Annexe 4 Les apports financiers nécessaires

- Locataire-gérant : apport minimum de 30 000 €
- Franchisé : apport minimum de 250 000 €

FAIT ☐ REVU ☐

Exercice 5 Voir Fiche Savoir 20

Les méthodes de fixation des prix

Vous êtes responsable du rayon biscuits d'un hypermarché. Vous envisagez de baisser de 20 % le prix de la référence ChocoCroc pendant une semaine afin de relancer les ventes, qui sont en moyenne de 48 paquets par semaine.

1. Calculez le taux d'élasticité de la demande par rapport au prix, puis commentez le résultat (annexe).

2. Estimez le nombre de paquets que vous allez vendre au cours de la semaine de promotion, en supposant que le coefficient d'élasticité reste inchangé.

Annexe Évolution des ventes

En N-1, avec un prix de vente public à 1,40 €, vous avez vendu 3 000 paquets sur l'année.

En N, une baisse du prix du paquet à 1,30 € a permis de vendre 3 500 paquets sur l'année.

FAIT ☐ REVU ☐

Exercice 6 Voir Fiche Savoir 21

La sélection des fournisseurs

Vous êtes responsable de l'Intermarché de Gaillac. Dans l'éventualité d'une prochaine crise sanitaire, vous souhaitez prévoir un stock de gel hydro-alcoolique, compte tenu du fait que les quantités consommées sont impressionnantes. Aussi, vous souhaitez comparer les offres de plusieurs fournisseurs. Vous avez établi une grille d'appréciation comportant cinq critères d'évaluation (annexe).

• **Sachant que les critères Qualité et Prix sont deux fois plus importants que les autres critères, déterminez le fournisseur à sélectionner. Vous retiendrez une échelle d'évaluation à 3 points (1 point pour le moins bon, 3 points pour le meilleur).**

Annexe Les critères d'évaluation

	DURAX	HELPON	ASTOA	SOCX
Qualité	Moyenne	Bonne	Bonne	Mauvaise
Prix	Le moins cher	Le plus élevé	Juste au-dessus de Durax	Au-dessus d'Astoa
Délai de règlement	Comptant	60 jours	60 jours	30 jours
SAV	Mauvais	Très bon	Moyen	Moyen
Sérieux	Image +	Image –	Neutre	Image +

FAIT ☐ REVU ☐

Exercice 7 Voir Fiche Savoir 26

La mesure des performances du marchandisage

Vous êtes manageur du rayon Confiserie pour l'enseigne Carrefour. Vous devez analyser les résultats du sous-rayon Chocolat en vue d'un éventuel remodeling. Le marché du chocolat a évolué de 0,8 % entre fin N-1 et fin N. Les tablettes représentent 52 % du marché en volume, les confiseries 28 %, et les barres chocolatées 20 %.

1. Complétez le tableau (annexe 1) et calculez l'indice de sensibilité au chiffre d'affaires.

2. Quels sont les produits qui sont sur- ou sous-représentés ? Comment pourriez-vous compléter votre étude du linéaire Chocolats ?

3. Comment pourriez-vous améliorer la rentabilité du sous-rayon Chocolats ?

4. Votre linéaire respecte-t-il les préconisations des marchandiseurs (annexe 2) ? Justifiez votre réponse.

5. Les ventes en volume du magasin sont-elles conformes aux moyennes nationales ? Que pouvez-vous en conclure ?

Annexe 1 Résultats du dernier mois

ARTICLE	QTÉ VENDUE	CA	CONTRIBUTION AU CA	LINÉAIRE ATTRIBUÉ	CONTRIBUTION AU LINÉAIRE	ICA
Tablette Côte d'Or lait	693	2 495		3		
Tablette Côte d'Or noisette	559	1 789		1,2		
Tablette Lindt lait	250	750		2,5		
Tablette Carrefour lait	189	473		2		
Rocher chocolat noir	36	101		0,5		
Rocher chocolat noisette	14	38		0,3		
Bonbons chocolat	86	129		0,2		
Barre fourrée truffe	40	52		0,2		
Barre fourrée noisette	38	72		0,3		
Barre fourrée praliné	12	20		0,3		
Total						

Annexe 2 Préconisations de marchandisage

Les marchandiseurs Carrefour préconisent l'implantation suivante :

TABLETTES	CONFISERIE	BARRES CHOCOLATÉES
60 %	15 %	25 %

FAIT ☐ REVU ☐

Exercice 8 Voir Fiche Savoir 32

L'évaluation de la rentabilité d'une opération promotionnelle

Vous êtes stagiaire chez Sport+. Suite au constat d'un surstock, votre responsable décide de mettre en place une opération promotionnelle sur la ligne Sport+ Run, plus particulièrement sur les tee-shirts. Cette promotion durera deux semaines. Vous disposez des données en annexe.

- **Calculez le nombre de produits à vendre par semaine pour rentabiliser votre opération.**

Annexe Données

PRIX D'ACHAT HT AUPRÈS DU FOURNISSEUR	9 €
PRIX DE VENTE HT UNITAIRE HORS PROMOTION	20 €
POURCENTAGE DE REMISE	20 %
VENTES HEBDOMADAIRES EN VOLUME EN PÉRIODE HORS PROMOTION	50

FAIT ☐ REVU ☐

Exercice 9 Voir Fiche Savoir 36

La mesure des performances de la communication commerciale

BioCorseEsthétic, implantée à Ajaccio, vend des produits cosmétiques bio. Après un an d'activité, l'entreprise souhaite élargir sa clientèle. Une campagne de communication a été menée.

1. **À partir des résultats de l'enquête, identifiez, calculez et commentez les indicateurs de performance pertinents (annexe 1).**

2. **Calculez le coût de la campagne de communication (annexe 2).**

3. **Calculez le chiffre d'affaires supplémentaire généré par la campagne (annexe 3).**

4. **Que pouvez-vous conclure sur l'efficacité de cette action de communication ?**

Annexe 1 Résultats de l'enquête

Sondage effectué auprès d'un échantillon de 500 personnes représentatives de la zone de chalandise :

- 280 personnes ont vu ou entendu un message publicitaire de BioCorseEsthétic
- 265 personnes ont pu citer l'enseigne
- 260 personnes ont pu décrire le message
- 225 personnes ont dit avoir apprécié le message
- 180 personnes comptent fréquenter l'enseigne

Annexe 2 Les dépenses de communication

SUPPORTS DE COMMUNICATION	COÛT
Encart dans *Corse Matin* (quotidien local) : 1 insertion / jour pendant 2 semaines	480 € l'insertion
Affichage urbain : 10 panneaux 4×3 pendant 2 semaines	120 € le panneau / semaine
Opération de publipostage auprès de 1 000 prospects	150 € de frais de conception et 0,60 € par adresse
Distribution de 3 500 flyers	Impression : 60 € le mille Distribution : 110 € le mille

Annexe 3 Extrait du tableau de bord

	MOIS PRÉCÉDANT LA CAMPAGNE	MOIS SUIVANT LA CAMPAGNE
Nombre de visiteurs	180	230
Taux de transformation	40 %	42 %
Panier moyen	35 €	36 €
Nbre de jours d'ouverture	26	26

FAIT ☐ REVU ☐

Exercice 1 Voir Fiche Savoir 1

L'analyse de l'évolution du marché

• **À partir des données en annexe, analysez l'évolution annuelle et globale du marché des cosmétiques bio.**

Calcul du taux d'évolution = (Valeur d'arrivée – Valeur de départ) / Valeur de départ × 100.

Évolution annuelle

ANNÉES	2014	2015	2016	2017	2018	2019
TAUX D'ÉVOLUTION ANNUEL EN %	–	+3,95	+7,59	+5,88	+2,89	+3,67

Taux d'évolution global du marché
= (480 – 380) / 380 × 100 = +26,32 %.

Exercice 2 Voir Fiche Savoir 2

Le calcul de la part de marché et la détermination de la position des offreurs

1. À partir des données en annexe, calculez la part de marché de chacun des offreurs.

Part de marché = CA de la marque / CA global × 100.

ACTEURS	CA (EN M€)	PART DE MARCHÉ
JDE	5 000	2,70 %
Nestle	95 573	51,55 %
Lavazza	1 344	0,72 %
Migros	30 240	16,31 %
Unilever	52 713	28,43 %
Finagral	284,5	0,15 %
Meo Fichaux	137,2	0,07 %
Malongo	105,33	0,06 %
Total	**185 397,03**	

2. Déterminez leur position sur le marché.

Nestlé est leader sur le marché, Unilever est le challenger, talonné par le groupe Migros. Les autres marques se placent en tant que suiveurs.

Exercice 3 Voir Fiche Savoir 3

L'évaluation de la demande

• **Calculez la demande théorique en nombre de ménages, les demandes potentielle et effective, puis évaluez le budget moyen consacré au bio par ménage.**

INDICATEURS	CALCULS	RÉSULTATS
Demande théorique (en nombre de ménages)	5 900 000 habitants (population) / 4 personnes (ménage moyen)	1 475 000 ménages
Demande potentielle	1 475 000 – (1 475 000 × 0,15)	1 253 750 ménages
Demande effective	1 253 750 – (1 253 750 × 0,25)	940 312 ménages
Budget mensuel moyen d'un ménage	2 500 € × 0,17	425 €

Exercice 4 Voir Fiche Savoir 10

Le réseau et les types de réseau

1. Quelle serait pour vous la principale conséquence de passer de salarié à franchisé ou locataire-gérant ?

Le salarié remplit sa mission dans le cadre d'un contrat de travail avec une rémunération fixe (plus les éventuelles primes liées aux objectifs) ; il n'a aucune responsabilité financière à assumer.

Le franchisé est un commerçant, détenteur du fonds de commerce ; il est donc financièrement responsable et sa rémunération dépend des résultats de son activité.

Le locataire-gérant est également commerçant mais il n'est pas propriétaire du fonds de commerce. Sa rémunération dépend également des résultats de l'activité.

2. Présentez les principales caractéristiques du contrat de location-gérance (annexes 1 et 2).

En location-gérance, le propriétaire d'un fonds de commerce (le loueur ou bailleur) accorde à une personne (le locataire-gérant) le droit d'exploiter librement le commerce. Le bailleur n'a ni obligation de transmettre un savoir-faire, ni obligation d'assistance envers le locataire-gérant. Il reste propriétaire du fonds et perçoit une redevance mais il n'intervient pas dans la gestion du point de vente. Il n'est pas responsable des dettes liées à l'activité.

3. Dans un tableau comparatif, relevez les principales différences entre la location-gérance et le contrat de franchise (annexe 3).

	FRANCHISE	LOCATION-GÉRANCE
Transmission d'un savoir-faire	Oui (c'est une obligation)	Possible
Assistance au franchisé	Oui (c'est une obligation)	Possible
Propriété du stock	Au franchisé	Au gérant-locataire
Statut du commerçant	Indépendant	Indépendant
Rémunération	CA – redevances	CA – redevances
Fonds de commerce	Propriétaire	Locataire

En résumé, le franchisé est un commerçant indépendant, propriétaire de son fonds de commerce, qui loue par contrat une licence de marque, la transmission d'un savoir-faire et une assistance, alors que le locataire-gérant est un entrepreneur indépendant qui loue un fonds de commerce dont le loueur reste propriétaire.

4. Quel serait le meilleur choix pour vous (annexe 4) ?

À moins de vouloir rester salarié, le meilleur choix est celui de la location-gérance, l'apport initial étant plus faible. Le cadre de la franchise semble préférable, mais la location-gérance peut aussi être une porte d'entrée vers la franchise : le contrat de location-gérance permet d'accumuler les fonds qui permettront finalement d'acheter le fonds de commerce et de devenir franchisé.

Exercice 5 Voir Fiche Savoir 20

Les méthodes de fixation des prix

1. Calculez le taux d'élasticité de la demande par rapport au prix, puis commentez le résultat (annexe).

Selon la formule : $e = \Delta Q/Q \div \Delta P/P$

$\frac{\Delta Q}{Q} = (3\,500 - 3\,000) / 3\,000 = 0{,}17$ soit 17 %

$\frac{\Delta P}{P} = (1{,}3 - 1{,}4) / 1{,}4 = -0{,}07$ soit −7 %

$e = 0{,}17 / -0{,}07 = -2{,}43$.

Lorsque le prix baisse de 7 %, la demande augmente de 17 % : l'élasticité de la demande par rapport au prix est donc très forte.

2. Estimez le nombre de paquets que vous allez vendre au cours de la semaine de promotion, en supposant que le coefficient d'élasticité reste inchangé.

Avec $e = \Delta Q/Q \div \Delta P/P = -2{,}43$ et en appliquant la baisse de prix de 20 % :

$\frac{\Delta P}{P} = 0{,}2$

on obtient pour e : $(-2{,}43) = \frac{\Delta Q}{Q} \div 0{,}2$

donc : $\frac{\Delta Q}{Q} = (-2{,}43) \times (-0{,}2) = 0{,}486 = 48{,}6$ %.

La demande moyenne de 48 paquets va augmenter de 48,6 %, donc (48 × 0,486) = 24 paquets.

Nombre de paquets vendus pendant la semaine promotionnelle : 48 + 24 = 72 paquets.

Exercice 6 Voir Fiche Savoir 21

La sélection des fournisseurs

• **Sachant que les critères Qualité et Prix sont deux fois plus importants que les autres critères, déterminez le fournisseur à sélectionner. Vous retiendrez une échelle d'évaluation à 3 points (1 point pour le moins bon, 3 points pour le meilleur).**

	COEF.	DURAX	HELPON	ASTOA	SOCX
Qualité	2	2 × 2 = 4	3 × 2 = 6	3 × 2 = 6	1 × 2 = 2
Prix	2	3 × 2 = 6	1 × 2 = 2	2 × 2 = 4	2 × 2 = 4
Délai de règlement	1	1 × 1 = 1	3 × 1 = 3	3 × 1 = 3	2 × 1 = 2
SAV	1	1 × 1 = 1	3 × 1 = 3	2 × 1 = 2	2 × 1 = 2
Sérieux	1	3 × 1 = 3	1 × 1 = 1	2 × 1 = 2	3 × 1 = 3
Total		**15**	**15**	**17**	**13**

Le fournisseur à retenir est Astoa, qui obtient la meilleure note (17 points).

Exercice 7 Voir Fiche Savoir 26

La mesure des performances du marchandisage

1. Complétez le tableau (annexe 1) et calculez l'indice de sensibilité au chiffre d'affaires.

ARTICLE	QTÉ VENDUE	CA	CONTRIBUTION AU CA	LINÉAIRE ATTRIBUÉ	CONTRIBUTION AU LINÉAIRE	ICA
Tablette Côte d'Or lait	693	2 495	42,15 %	3	28,57 %	1,48
Tablette Côte d'Or noisette	559	1 789	30,22 %	1,2	11,43 %	2,64
Tablette Lindt lait	250	750	12,67 %	2,5	23,81 %	0,53
Tablette Carrefour lait	189	473	7,99 %	2	19,05 %	0,42
Rocher chocolat noir	36	101	1,71 %	0,5	4,76 %	0,36
Rocher chocolat noisette	14	38	0,64 %	0,3	2,86 %	0,22
Bonbons chocolat	86	129	2,18 %	0,2	1,90 %	1,14
Barre fourrée truffe	40	52	0,88 %	0,2	1,90 %	0,46
Barre fourrée noisette	38	72	1,22 %	0,3	2,86 %	0,43
Barre fourrée praliné	12	20	0,34 %	0,3	2,86 %	0,12
Total	**1 917**	**5 919**		**10,5**		

2. Quels sont les produits qui sont sur- ou sous-représentés ? Comment pourriez-vous compléter votre étude du linéaire Chocolats ?

Les tablettes Côte d'Or lait, Côte d'Or noisette et les bonbons chocolat sont sous-représentés. Tous les autres produits sont surreprésentés.

Pour compléter l'étude du linéaire Chocolats, il serait utile de connaître la date d'introduction de chaque référence sur le marché et dans le magasin, pour observer l'évolution des ventes selon le cycle de vie du produit et la répartition des ventes de chaque catégorie de chocolats sur le marché local et national, afin de comparer les données du magasin avec celles du marché et s'assurer que les tendances sont les mêmes. Au niveau du magasin, il faudrait connaître le taux de rupture de stock, et disposer du planogramme afin de voir si les produits surreprésentés sont bien placés dans le rayon. Ensuite, il faut voir si le balisage des produits est effectué correctement.

3. Comment pourriez-vous améliorer la rentabilité du sous-rayon Chocolats ?

Pour améliorer la rentabilité, le manageur pourrait augmenter l'attractivité du rayon par des stop-rayons et un meilleur balisage et éviter les ruptures de stock. Il peut aussi déplacer les produits ayant un mauvais indice de sensibilité à des endroits plus vendeurs.

4. Votre linéaire respecte-t-il les préconisations des marchandiseurs (annexe 2) ? Justifiez votre réponse.

	LINÉAIRE CONSEILLÉ PAR LA CENTRALE	LINÉAIRE PAR TYPE DE CHOCOLAT
Tablettes	60	83 %
Confiseries	15	10 %
Barres choco.	25	8 %

Le linéaire ne respecte pas les préconisations : le chocolat en tablette est surreprésenté (+23 %), les confiseries et les barres chocolatées sont insuffisantes (–5 % et –17 %).

5. Les ventes en volume du magasin sont-elles conformes aux moyennes nationales ? Que pouvez-vous en conclure ?

	PART DU CA / TYPES CHOCOLAT CARREFOUR	PART CA / TYPES CHOCOLAT NATIONAL
Tablettes	93 %	52
Confiseries	5 %	28
Barres choco.	2 %	20

Les ventes en volume ne sont pas conformes aux ventes nationales : on vend plus de chocolats en tablette (+39 %), moins de confiseries (–23 %) et moins de barres chocolatées (–18 %).

ANIMATION ET DYNAMISATION DE L'OFFRE

Exercice 8 Voir Fiche Savoir 32

L'évaluation de la rentabilité d'une opération promotionnelle

• **Calculez le nombre de produits à vendre par semaine pour rentabiliser votre opération.**

Marge commerciale unitaire hors période de promotion = PV HT – PA HT = 20 – 9 = 11 €.

Marge commerciale globale hors promotion = Marge unitaire × Nombre de produits vendus = 11 € × 50 produits × 2 semaines = 1 100 €.

Prix unitaire durant la période de promotion = Prix de vente unitaire hors période de promotion × (100 – taux de remise) = 20 × 0,8 = 16 €.

Marge commerciale unitaire durant la période de promotion = 16 € – 9 € = 7 €.

Nombre total de produits à vendre pour réaliser la même marge que hors période de promotion = Marge commerciale durant la promotion / Marge unitaire durant la promotion = 1 100 / 7 = 157,15 soit 158 produits pour 2 semaines.

Nombre de produits à vendre pour une semaine = 158 / 2 = 79 produits, soit 29 de plus par rapport à une période hors promotion.

Exercice 9 Voir Fiche Savoir 36

La mesure des performances de la communication commerciale

1. À partir des résultats de l'enquête, identifiez, calculez et commentez les indicateurs de performance pertinents (annexe 1).

Taux de mémorisation spontanée :
(280 / 500) × 100 = 56 %.

Taux de reconnaissance : (265 / 500) × 100 = 53 %.

Taux d'attribution : (260 / 500) × 100 = 52 %.

Taux d'adhésion au message :
(225 / 500) × 100 = 45 %.

Taux d'incitation à la visite :
(180 / 500) × 100 = 36 %.

Si la visibilité de la campagne a été normale (un peu plus d'une personne sur deux a mémorisé le message), les autres indicateurs montrent une assez bonne efficacité du message (un tiers des personnes envisagent de fréquenter la boutique).

2. Calculez le coût de la campagne de communication (annexe 2).

SUPPORTS DE COMMUNICATION	COÛT
Encart dans *Corse Matin* : 1 insertion / jour pendant 2 semaines	12 × 480 € = 5 760 €
Affichage urbain : 10 panneaux 4×3 pendant 2 semaines	10 × 2 × 120 € = 2 400 €
Opération de publipostage auprès de 1 000 prospects	150 € + 600 € = 750 €
Distribution de 3 500 flyers	210 € + 385 € = 595 €
Total	**9 505 €**

3. Calculez le chiffre d'affaires supplémentaire généré par la campagne (annexe 3).

CA du mois précédant la campagne : Nombre de visiteurs × Taux de transformation × Panier moyen × Nombre de jours d'ouverture sur le mois = 180 × 0,4 × 35 × 26 = 65 520 €.

CA du mois suivant la campagne :
230 × 0,42 × 36 × 26 = 90 417, 60 €.

4. Que pouvez-vous conclure sur l'efficacité de cette action de communication ?

Dès le premier mois, le CA a augmenté de 38 %, avec des effets qui se prolongeront sur les mois suivants. La campagne de communication a donc été très efficace, avec un fort impact sur le trafic.

Savoir 1

Les documents commerciaux

Les documents commerciaux retranscrivent les flux physiques (achat et livraison de produits) entre l'entreprise et ses partenaires. Ces documents sont émis par le fournisseur à destination du client. Certains déclenchent des flux financiers (encaissement).

1 Le devis

Le devis est un document établi par le fournisseur à la demande du client, qui indique le montant du bien ou service proposé. Il doit être accepté par le client avant toute transaction. Il n'est pas obligatoire, sauf s'il est impossible de déterminer à l'avance le prix du service. Il est obligatoire pour les travaux dont le montant estimé est supérieur à 150 euros. Dans tous les cas, il doit indiquer sa durée de validité (par ex. : « Devis valable trois mois »).

2 Le bon de commande

Le bon de commande est la suite logique du devis, par lequel le client confirme sa commande. Il n'est pas obligatoire : le client peut simplement apposer sa signature sur le devis en indiquant la mention « bon pour accord ».

3 Le bon de livraison

Le bon de livraison est le document attestant que la marchandise a bien été livrée. Il doit être signé par le client pour être valable. Il n'est pas obligatoire mais constitue un élément de preuve en cas de litige.

4 La facture

La facture constate la vente et déclenche la demande de paiement.
Elle est obligatoire entre professionnels mais pas entre particuliers, même si elle est généralement réclamée pour faire valoir une garantie.

5 Les réductions

5.1. Les réductions à caractère commercial

- La remise est une réduction accordée en fonction des quantités achetées.
- Le rabais est une réduction accordée en cas d'anomalie (défaut du produit).
- La ristourne est une réduction accordée en fonction du chiffre d'affaires généré durant une certaine période.

5.2. Les réductions à caractère financier

L'escompte est une réduction accordée en cas de paiement comptant.

Mots clés Documents commerciaux • Flux physiques • Flux financiers • Devis • Bon de commande • Bon de livraison • Facture • Réduction

GESTION OPÉRATIONNELLE

Savoir 2 La réglementation liée aux documents commerciaux

Les documents commerciaux servent de preuve en cas de litige.
Certaines mentions sont obligatoires ; elles diffèrent selon le type de document.

1 Les mentions obligatoires de la facture

Pour être valable, la facture comporte des mentions obligatoires :
– l'identification de l'entreprise émettrice, son numéro d'immatriculation au Registre du commerce ou des sociétés ;
– l'identification de la facture et de la commande (n° de facture / de commande) ;
– l'adresse de livraison et l'adresse de facturation ;
– le mode de transport et le tarif en vigueur ;
– le mode de règlement ;
– le contenu de la commande (corps de la facture) ;
– le calcul du prix net à payer et du montant de TVA.

2 Le calcul du prix net à payer

2.1. Le corps de la facture

Le corps de la facture présente un ensemble de lignes (une ligne par produit). La somme des lignes correspond au montant brut à payer.

2.2. La TVA

Toutes les ventes sont soumises à la taxe sur la valeur ajoutée (TVA), qui est proportionnelle au prix de vente. Pour la calculer : TVA = PV HT × Taux de TVA.

Plusieurs taux de TVA sont applicables selon la nature du produit/service :
– le taux normal de 20 % (majorité des biens et services) ;
– le taux réduit de 5,5 % (alimentation, livres) ;
– le taux particulier de 2,1 % (médicaments) ;
– le taux de 10 % (travaux d'amélioration, de transformation, d'aménagement...)

Le montant HT correspond au montant TTC / 1 + Taux de TVA.
Lors d'une vente, l'entreprise encaisse la TVA mais celle-ci ne lui appartient pas : elle sera reversée au trésor public : c'est la TVA collectée. Lorsqu'elle achète à ses fournisseurs, l'entreprise paie la TVA, qui vient diminuer le montant redevable au trésor public : c'est la TVA déductible.

Mots clés
Identification de l'entreprise • Corps de la facture • TVA • TVA collectée • TVA déductible

S'ENTRAÎNER AU BTS
Exercice 1 : p. 171

Savoir 3

Les moyens de règlement

Le paiement peut être immédiat ou différé. Divers moyens de règlement sont possibles.

1 Le mode de règlement

Le client peut payer à réception de la facture : c'est le règlement au comptant. Lorsqu'il dispose d'un délai pour régler sa facture, on parle de règlement à crédit.

2 Les outils de règlement

2.1. Règlement au comptant

ESPÈCES	Possible jusqu'à 1 000 €. Il doit être effectué en main propre.
CHÈQUE	Ce règlement n'est pas garanti par la banque. L'entreprise peut aviser le client (avant achat) que ce mode de paiement n'est pas accepté. Il ne peut être utilisé qu'en France ; une pièce d'identité peut être exigée.
CARTE BANCAIRE	C'est l'outil le plus courant. Le règlement peut être conditionné à un montant minimal, mais le client doit en être informé avant l'achat. Pour un montant supérieur à 1 500 €, la signature du client est obligatoire.
VIREMENT BANCAIRE SEPA	Le virement Single Euro Payment Area (SEPA) consiste à verser une somme d'un compte à un autre. Le débiteur est assuré d'être payé rapidement. Le virement SEPA peut être utilisé dans toute l'Europe.
PRÉLÈVEMENT SEPA	Une somme est prélevée directement depuis un compte bancaire avec l'autorisation de son titulaire. Pour un prélèvement régulier, il remet à son fournisseur un mandat avec référence unique de mandat (RUM).
TIP SEPA	Le Titre interbancaire de paiement (TIP) est valable une seule fois, il doit être signé et retourné au fournisseur.

2.2. Règlement à crédit

VIREMENT COMMERCIAL	Il est effectué par le débiteur et fixé à une date future. Le créancier peut obtenir un règlement anticipé (avec intérêts) : il s'agit d'un escompte.
EFFET DE COMMERCE (LETTRE DE CHANGE, BILLET À ORDRE)	C'est une créance entre professionnels, inférieure à trois mois, établie par un écrit, par lequel le fournisseur (appelé tireur) donne l'ordre au client (le tiré) de lui payer une certaine somme à une date fixée (l'échéance). Il peut être cédé à un tiers ou vendu avant échéance à une banque en contrepartie du paiement d'agios. La lettre de change est émise par le créancier ; le billet à ordre est émis par l'acheteur.
BORDEREAU DAILLY	Il permet d'escompter plusieurs créances à échéances diverses sur différents débiteurs.

Mots clés Règlement au comptant • Règlement à crédit • Espèces • Chèque • Carte bancaire • Virement bancaire SEPA • Prélèvement SEPA • TIP SEPA • Virement commercial • Effet de commerce • Bordereau Dailly

GESTION OPÉRATIONNELLE

Savoir 4 Le cycle d'exploitation

Les activités courantes d'exploitation (achat et vente de marchandises, paiement des salaires...) se répètent de manière cyclique : on parle de cycle d'exploitation.

1 Les composantes du cycle d'exploitation

Les opérations d'achat, de stockage et de vente de marchandises constituent les opérations principales du cycle d'exploitation que l'entreprise effectue avec ses partenaires. Elles engendrent des dépenses (décaissements) pour s'approvisionner et stocker, des encaissements liés aux ventes, des créances sur les clients, le paiement de dettes auprès de fournisseurs ou de banques, le paiement des salaires et des charges sociales.

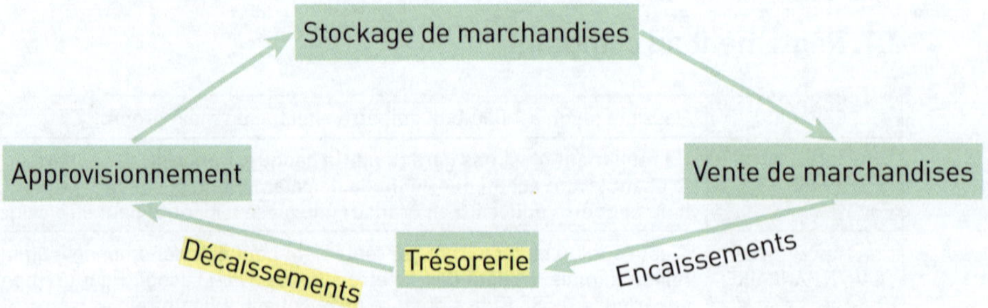

2 La durée du cycle d'exploitation

C'est la période qui s'écoule entre l'achat – de marchandises, fournitures ou services – et l'encaissement des recettes après leur vente.
La durée du cycle varie selon les durées de stockage, du crédit client, et du crédit fournisseur.

2.1. La durée de stockage

C'est la durée pendant laquelle les marchandises sont stockées en entrepôt avant d'être livrées dans les magasins pour être vendues.

2.2. La durée du crédit client

C'est le délai accordé au client pour le règlement de ses achats. Le délai varie généralement de 0 à 60 jours selon la qualité du client et la nature de la transaction.

EXEMPLES Les achats effectués par des clients particuliers dans une grande surface seront payés à la caisse sans délai. Les clients professionnels (B to B) bénéficient d'un délai de paiement jusqu'à 60 jours.

2.3. La durée du crédit fournisseur

C'est le délai accordé par les fournisseurs pour payer les marchandises qui ont été achetées. Le délai généralement accordé par les fournisseurs est de 60 jours à compter de l'achat.

3 La représentation du cycle d'exploitation

EXEMPLE
Soit une entreprise en B to B dont les étapes du cycle d'exploitation sont : achat des marchandises à crédit : délai de paiement 60 jours ; durée de stockage des marchandises : 70 jours ; durée du crédit client : 30 jours.

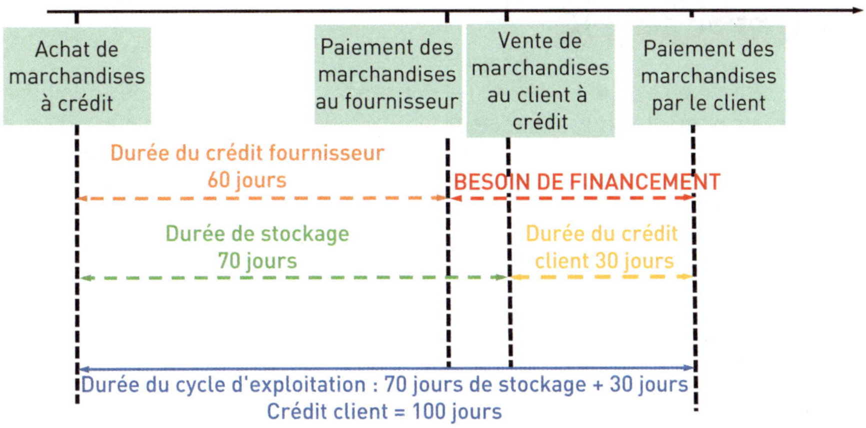

4 Influence du cycle d'exploitation sur la trésorerie

4.1. Le besoin de financement

Le cycle d'exploitation met en évidence les décalages entre les encaissements et les décaissements.
Le plus souvent, l'encaissement est postérieur au décaissement. Or, pendant cette période, l'entreprise a besoin de trésorerie pour son exploitation : on parle de besoin de financement.

EXEMPLE Dans le cas précédent, le crédit fournisseur est de 60 jours, la durée du besoin de financement est de 100 – 60 = 40 jours (durée du cycle d'exploitation – durée du crédit fournisseurs).

4.2. La ressource de financement

Lorsque les encaissements se font avant les décaissements, l'entreprise dispose d'une ressource de financement.

EXEMPLE Dans la grande distribution, les clients paient comptant alors que l'enseigne paie ses fournisseurs à 60 jours.

Mots clés Cycle d'exploitation • Encaissement • Décaissement • Trésorerie • Crédit client • Crédit fournisseur • Durée de stockage • Besoin de financement • Ressource de financement

S'ENTRAÎNER AU BTS
Exercice 2 : p. 171

Savoir 5

Le BFR et la RFR

Le besoin en fonds de roulement (BFR) et la ressource en fonds de roulement (RFR) correspondent au décalage entre les dépenses et les recettes.

1 La notion de BFR

L'entreprise a besoin de constituer des stocks de marchandises et doit avancer les fonds avant que les marchandises soient vendues. Par ailleurs, les clients ne paient pas immédiatement leurs marchandises : ils bénéficient de délais de paiement. Lorsqu'une entreprise achète des marchandises, elle cherche ainsi à négocier des délais de paiement avec ses fournisseurs. Le BFR représente donc les créances et les stocks de l'UC moins ses dettes (fournisseurs, sociales, fiscales...).

2 L'interprétation du BFR

Un BFR supérieur à 0 indique un besoin de financement que l'entreprise doit chercher à couvrir. Cette situation se produit lorsque les stocks sont trop élevés ou si l'entreprise n'obtient pas de délais de règlement suffisamment importants auprès de ses fournisseurs par rapport à ceux qu'elle accorde à ses clients.
Un BFR inférieur à 0 indique que les ressources d'exploitation de l'entreprise sont supérieures à ses besoins : on parle de ressource en fonds de roulement. Cela signifie que les dettes financent les créances et les stocks. Cette situation est possible lorsque les délais de paiement fournisseurs sont élevés, que les délais de règlement des clients sont courts ou que les stocks sont faibles, comme c'est le cas dans le secteur de la grande distribution.
Pour améliorer son BFR, l'entreprise peut renégocier ses délais de règlement fournisseurs, réduire les délais de règlement clients, ou réduire ses stocks.

3 La trésorerie

Elle détermine le montant des liquidités immédiatement disponibles. La trésorerie nette est égale à la trésorerie d'actif (banque, caisse) moins la trésorerie passive (découvert bancaire).

EXEMPLE Pour une créance client de 500 €, le BFR est de 500 €. Si l'entreprise dispose en plus d'un stock d'une valeur de 400 €, elle a dépensé 400 € de marchandises non encore revendues ; elle a donc encore un besoin de 400 €. Si elle doit 600 € à un fournisseur, elle dispose d'une ressource de 600 €. Son BFR est égal à : 500 + 400 – 600 = 300 €. Elle doit donc disposer de 300 € de trésorerie pour ne pas être en découvert bancaire.

Mots clés
Besoin en fonds de roulement (BFR) • Ressource en fonds de roulement (RFR) • Délai de règlement fournisseur • Délai de règlement client • Trésorerie d'actif • Trésorerie passive

S'ENTRAÎNER AU BTS
Exercice 3 : p. 171

Savoir 6

Les indicateurs de gestion des stocks

Le manageur doit s'assurer de disposer d'un stock suffisant pour satisfaire la demande, mais pas trop important pour minimiser les coûts et limiter les invendus.

1 Les niveaux de stock

Le stock est l'ensemble des produits de l'entreprise disponibles à la vente à une date donnée. Pour gérer efficacement ses approvisionnements, le manageur doit déterminer plusieurs niveaux de stock :

STOCK MINIMUM	Stock nécessaire pour faire face à la demande pendant le délai d'approvisionnement. Ex. : pour une vente moyenne de 40 sacs de ciment par jour avec 3 jours de délai de livraison, le stock minimum sera de : 40 × 3 = 120 sacs.
STOCK DE SÉCURITÉ	Niveau de stock supplémentaire permettant d'éviter la rupture de stock en cas d'imprévu (retard de livraison, hausse imprévue de la demande…). Ex. : si le stock de sécurité permet de faire face à 4 jours de retard de livraison, il sera de 160 sacs de ciment (4 × 40).
STOCK D'ALERTE	Niveau de stock qui doit déclencher la commande : Stock d'alerte = Stock minimum + stock de sécurité. Ex. : stock d'alerte du magasin : 120 + 160 = 280 sacs de ciment.

2 Le suivi des indicateurs de gestion

La gestion des stocks étant un élément-clé de la rentabilité, le manageur doit surveiller plusieurs indicateurs de gestion :

STOCK MOYEN	(Stock initial + Stock final) / 2 Ex. : début juin, le stock est de 120 sacs de ciment ; à la fin du mois, il est de 80 sacs. Le stock moyen est de : (120 + 80) / 2 = 100 sacs.
ROTATION DES STOCKS	Quantités vendues / Stock moyen Ex. : si les ventes s'élèvent à 800 unités sur le mois, le ratio de rotation est de : 800 / 100 = 8. Le stock moyen a été renouvelé 8 fois. Une rotation élevée améliore la rentabilité.
DURÉE MOYENNE DE STOCKAGE	(Stock moyen × 360) / Quantités vendues Ex. : durée moyenne de stockage : (100 × 360) / 800 = 45 jours. 360 / Taux de rotation Ex. : 360 / 8 = 45 jours. Le manageur doit veiller à ce que cette durée soit la plus courte possible pour améliorer la rentabilité.

Mots clés Stock minimum • Stock de sécurité • Stock d'alerte • Stock moyen • Rotation des stocks • Durée moyenne de stockage

Savoir 7

La gestion des stocks par exception

La gestion des stocks par exception consiste à déterminer quels produits en stock feront l'objet d'un suivi rigoureux. Différentes méthodes sont possibles pour y parvenir.

1 La méthode des 20/80 ou loi de Pareto

La méthode des 20/80 applique le principe selon lequel 20 % des produits en stock représentent 80 % du chiffre d'affaires. Ces produits feront donc l'objet d'une surveillance particulière, en termes de coût et de délais d'approvisionnement. À l'inverse, les 80 % de produits qui représentent 20 % du chiffre d'affaires feront l'objet d'une gestion moins soutenue.
Les produits sont d'abord classés par ordre décroissant de chiffre d'affaires, puis on calcule la contribution des quantités et du chiffre d'affaires de chaque référence.

EXEMPLE
Un magasin de décoration a recensé les références de son rayon « petit mobilier ».

RÉF.	QTÉS VENDUES	PRIX DE VENTE	CA	% DES QTÉS	CUMUL % QTÉS	% DU CA	CUMUL % CA
AF1	189	1 149	217 161	13,01 %	13,01 %	54,48 %	54,48 %
MG3	102	724	73 848	7,02 %	20,03 %	18,52 %	73 %
PA5	26	1 299	33 774	1,79 %	21,82 %	8,47 %	81,47 %
RE28	995	39	38 805	68,48 %	90,3 %	9,74 %	91,21 %
RB17	124	157	19 468	8,53 %	98,83 %	4,88 %	96,09 %
MH9	17	915	15 555	1,17 %	100 %	3,90 %	100 %
	1 453		398 611	100 %		100 %	

Après avoir cumulé les pourcentages de quantités et de CA, on sélectionne les références qui se rapprochent le plus des 20 % de quantités (en vert) et des 80 % de CA (en rouge). Les références AF1, MG3 et PA5 feront ainsi l'objet d'une gestion plus soutenue.

2 La méthode ABC

L'analyse ABC reprend cette méthode mais classe les produits en trois catégories :
– catégorie A : les 10 % de produits qui génèrent 60 % du CA ;
– catégorie B : les 40 % de produits qui génèrent 30 % du CA ;
– catégorie C : les 50 % de produits qui génèrent 10 % du CA.
L'attention est d'abord portée sur la catégorie A, puis B, puis C.

Mots clés : Méthode des 20/80 • Contribution • Quantité • Chiffre d'affaires • Analyse ABC

GESTION OPÉRATIONNELLE

Savoir 8

La gestion économique des stocks

La bonne gestion des stocks implique un contrôle régulier en quantité et en valeur. L'approvisionnement a un coût qui peut être optimisé en intégrant diverses contraintes.

1 Les composantes du coût d'approvisionnement

COÛT DE POSSESSION DU STOCK	Il correspond aux différents coûts liés au stock (entretien, maintenance, loyer du local, assurance, coût du capital immobilisé...). Il est évalué en pourcentage du stock moyen (taux de possession du stock). Ce taux est fixé en interne et varie selon le secteur d'activité.
COÛT DE PASSATION (OU ACQUISITION)	Il s'agit de l'ensemble des coûts liés au déclenchement de la commande (frais administratifs liés aux achats et à la livraison).

Coût total d'approvisionnement = Coût de possession + Coût de passation
L'objectif est de réduire ce coût en réduisant le rythme des commandes (la cadence) ou en diminuant le stock moyen par des commandes plus fréquentes.

2 La méthode de Wilson

La commande est déclenchée lorsque le stock d'alerte est atteint. Si la demande est régulière, l'unité commerciale peut calculer un lot économique par la méthode de Wilson. Cette formule mathématique permet de fixer une cadence optimale et des quantités qui réduisent les coûts de gestion des approvisionnements.

$$N = \sqrt{\frac{C \times Pu \times T}{2P}}$$

$$Q = \frac{C}{N}$$

N : Cadence optimale ; C : consommation (ventes) ; Pu : Prix unitaire ; T : taux de possession du stock ; P : coût de passation ; Q : quantités.

EXEMPLE

Une entreprise vend 8 000 unités pour un prix d'achat de 5 € ; le taux de possession du stock est de 5 % ; la passation d'une commande est de 12 €.

N = $\sqrt{((8\,000 \times 5 \times 0{,}05)/2 \times 12)}$ = 9 (nombre optimal de commandes).

Q = 8 000 / 9 = 889 produits à commander à chaque fois (lot économique).

Mots clés : Coût de possession • Coût de passation • Méthode de Wilson • Cadence optimale

GESTION OPÉRATIONNELLE

Savoir 9 L'organisation des approvisionnements

Le manageur choisit sa méthode d'approvisionnement et planifie ses commandes selon la prévision des ventes et la nature des produits à vendre.

1 La relation avec les fournisseurs

Une relation de confiance durable avec les fournisseurs est une condition de la pérennité de l'entreprise. Une relation régulière apporte un avantage réciproque : sécurité des approvisionnements pour l'un, garantie des commandes pour l'autre.

2 Les méthodes d'approvisionnement

Différentes méthodes permettent d'organiser le planning des commandes. Le choix d'une méthode dépend de la prévision de la demande.

LA DEMANDE EST CERTAINE ET RÉGULIÈRE	L'approvisionnement pourra s'organiser à dates fixes et quantités fixes (gestion par lots : méthode de Wilson).
LA DEMANDE EST INCERTAINE ET IRRÉGULIÈRE	L'approvisionnement s'organisera, soit à dates fixes et quantités variables (gestion calendaire), soit à dates variables et quantités fixes (au stock d'alerte).

3 Le cadencier

Le cadencier ou tableau d'approvisionnement permet de programmer plus facilement les commandes et de connaître l'état des stocks en temps réel.

EXEMPLE Une UC a opté pour la livraison en fin de semaine en quantités variables ; les quantités sont calculées selon les prévisions de ventes de la semaine suivante et selon un stock de sécurité de 10 % des ventes prévues (gestion calendaire).

SEMAINES	S1	S2	S3	S4
Stock initial début de période	190	220	209	165
Prévision des ventes	180	200	190	150
Stock avant livraison	10	20	19	15
Livraison	210	189	146	150
Stock final fin de période	220	209	165	165

Stock final S1 = prévision des ventes S2 + 10 %.

Mots clés Planning des commandes • Gestion calendaire • Stock d'alerte • Cadencier

S'ENTRAÎNER AU BTS
Exercice 4 : p. 172

Savoir 10

Le suivi des règlements

L'entreprise paie ses fournisseurs avant d'être payée par ses clients. Le suivi rigoureux des règlements permettra d'éviter les retards de paiement.

1 La balance âgée

La balance âgée est un document comptable qui récapitule l'ensemble des créances non payées, par client et par tranches de retard de paiement (en jours). Elle permet de calculer le montant total des créances non soldées et d'analyser son impact sur la trésorerie.

EXEMPLE Entreprise Sabrin – Balance âgée Clients au 02/08/N

CLIENTS		CRÉANCES		BALANCE ÉDITÉE LE 02/08/N			
				CRÉANCES ÉCHUES DEPUIS			
N° CLIENT	NOM	SOLDE DU COMPTE	CRÉANCES NON ÉCHUES	0 À 30 J	30 À 90 J	90 À 120 J	+ DE 120 J
411001	Aramis	16 500 €	8 250 €	8 250 €			
411002	Binet	1 800 €	1 200 €			600 €	
411003	Cherles	7 326,46 €	0 €			7 326,46 €	
411008	Supret	123 257 €	98 327 €	11 452 €	8 450 €	3 250 €	1 778 €
TOTAUX		**148 563,46 €**	**107 687 €**	**20 302 €**	**8 450 €**	**11 176,46 €**	**1 778 €**

2 L'échéancier de factures

L'échéancier de factures clients ou fournisseurs classe les factures par date d'échéance. Il permet de suivre chaque facture individuellement.

EXEMPLE Entreprise Sabrin – Échéancier des factures clients au 05/03/N

N° FACTURE	DATE FACTURE	NOM	MONTANT	VERSEMENT / ACOMPTE	SOLDE À RÉGLER	DATE ÉCHÉANCE	RÉGLÉE / À RELANCER
101001	03/02	Aramis	2 800 €	2 800 €	–	24/02	Réglée
101002	05/02	Binet	3 500 €	2 500 €	1 000 €	20/02	À relancer
101003	06/02	Cherles	4 200 €	2 000 €	2 200 €	15/02	À relancer

3 Les relances clients

La procédure de relance est progressive (selon l'entreprise) :
- première relance : 15 jours après l'échéance (par téléphone ou par mail) ;
- deuxième relance : 30 jours après l'échéance (par lettre recommandée) ;
- troisième relance : 45 jours après l'échéance (mise en demeure) ;
- procédure en contentieux (recouvrement judiciaire).

Mots clés Balance âgée • Échéancier • Échéance • Relance • Mise en demeure

GESTION OPÉRATIONNELLE

Savoir 11

Le bilan comptable

Le bilan comptable annuel présente le patrimoine de l'UC (généralement à la clôture de l'exercice comptable). Il recense l'ensemble de ses biens (actif) et dettes (passif).

1 La structure du bilan comptable

Valeur d'origine des éléments

Perte de valeur (probable ou certaine) des éléments de l'actif

Valeur nette des éléments = valeur brute – amortissements

Ensemble des ressources ayant permis de financer l'actif

ACTIF				PASSIF	
	Brut	Amort.	Net		Net
Actif immobilisé				**Capitaux propres**	
– Immo. incorporelles	25 000	21 450	3 550	– Capital	60 000
– Immo. corporelles	251 500	142 350	109 150	– Réserves	10 300
– Immo. financières	4 200	0	4 200	– Résultats	85 200
Total	280 700	163 800	116 900	**Total**	155 500
Actif circulant				**Dettes**	
– Stocks	63 000	12 000	51 000	– Dettes financières (dont concours bancaires courants (CBC) et découverts)	
– Créances clients	45 200	0	45 200		48 400
– Créances fiscales et sociales	21 500		21 500	– Dettes fournisseurs	65 500
– Créances diverses	18 500		18 500	– Autres dettes	8 600
– Valeurs mobilières de placement (VMP)	900		400		
– Disponibilités	24 500	500	24 500		
Total	173 600	12 500	161 100	**Total**	122 500
TOTAL ACTIF	**454 300**	**176 300**	**278 000**	**TOTAL PASSIF**	**278 000**

Biens détenus à long terme (Actif immobilisé)

Biens détenus à court terme (Actif circulant)

L'actif montre les emplois : investissements réalisés, stocks et créances, avoirs en caisse et en banque

Égalité entre les deux colonnes « net » de l'actif et du passif

2 Les ratios

Un ratio est un rapport entre deux grandeurs financières ou économiques.
Pour être utiles, ils doivent être comparés dans le temps, l'espace et les concurrents.

2.1. Les ratios de structure

CATÉGORIE	FORMULE	INTERPRÉTATION OU NORME
Indépendance financière	Emprunts et dettes fin. / Capitaux propres	Inférieur à 1 pour une relation de confiance avec les banques.

2.2. Les ratios de rotation

CATÉGORIE	FORMULE	INTERPRÉTATION OU NORME
Rotation des stocks	(Stock moyen / Achats HT) × 360	Nombre de jours durant lequel les biens restent en stock (le plus court possible).
Rotation des créances clients	(Créances / Ventes TTC) × 360	Délai moyen de règlement accordé (le plus court possible.

Mots clés Bilan comptable ● Actif circulant ● Ratios

Savoir 12

Le bilan fonctionnel

Établi à partir du bilan comptable, le bilan fonctionnel analyse la capacité de l'UC à financer ses investissements et son exploitation. Il présente la situation financière par cycles.

1 Les cycles du bilan fonctionnel

Le bilan fonctionnel met en évidence les trois cycles économiques qui régulent la vie de l'entreprise :
- le cycle d'investissement, qui représente les opérations d'investissement à long terme (outils de production...) ;
- le cycle de financement, qui représente les opérations de financement à long terme (obtention des prêts...) ;
- le cycle d'exploitation, qui représente les opérations à court terme liées à l'exploitation (achats, ventes, impôts, salaires...).

2 La structure du bilan fonctionnel

	EMPLOIS	N	RESSOURCES	N
Valeur brute La valeur d'origine des biens permet de mesurer l'effort financier mobilisé pour les acquérir.	**Emplois stables** Immobilisations incorporelles Immobilisations corporelles Immobilisations financières Cycle d'investissement	 25 000 251 500 4 200	**Ressources stables** Capitaux propres Amortissements et dépréciations Dettes financières Cycle de financement (long terme)	 155 500 176 300 48 400
	Total I	280 700	Total I	380 200
Valeur brute Ce que possède l'entreprise	**Actif circulant d'exploitation** Stocks et encours Créances clients Autres créances Cycle d'exploitation **Actif circulant Hors Exploitation (HE)** Créances diverses HE Charges constatées d'avances HE	 63 000 45 200 40 000	**Passif circulant** Dettes fournisseurs Autres dettes Cycle d'exploitation (court terme)	 65 500 8 600
	Total II	148 200	Total II	74 100
Trésorerie active Titres financiers pouvant être vendus rapidement	TRÉSORERIE ACTIVE Valeurs mobilières de placement (VMP) Disponibilités	 900 24 500	TRÉSORERIE PASSIVE Concours bancaires courants Découverts bancaires	
	TOTAL ACTIF	**454 300**	**TOTAL PASSIF**	**454 300**

Mots clés

Bilan fonctionnel • Cycle d'investissement • Cycle de financement • Cycle d'exploitation • Passif circulant • Trésorerie active • Trésorerie passive

S'ENTRAÎNER AU BTS
Exercice 5 : p. 172

Savoir 13

L'équilibre financier

L'équilibre financier repose sur le principe selon lequel un emploi stable doit être financé par une ressource stable.

1 Le fonds de roulement net global (FRNG)

Le FRNG correspond à la différence entre les ressources stables et les emplois stables. Cet excédent de ressources stables permet de financer en partie le cycle d'exploitation.

FRNG = Ressources stables – Emplois stables

Emplois stables	Ressources stables
Immobilisations incorporelles Immobilisations corporelles Immobilisations financières	Capitaux propres Amortissements et dépréciations Dettes financières
FRNG ↕	

2 Le besoin en fonds de roulement (BFR)

Le BFR correspond aux sommes que l'unité commerciale doit avancer pour couvrir le décalage entre ses décaissements et ses encaissements.

BFR = Actif circulant – Passif circulant

Actif circulant	Actif circulant
Stocks Créances clients Autres créances	Dettes fournisseurs Autres dettes
	↕ **BFR**

Si le passif circulant est supérieur à l'actif circulant, on parle de RFR (Ressource en fonds de roulement).

3 La trésorerie nette (TN)

La trésorerie nette est l'ensemble des disponibilités utilisées pour financer les dépenses à court terme. Elle correspond à la différence entre le FRNG et le BFR. Si le FRNG est inférieur au BFR, cela signifie que l'UC est en situation de découvert bancaire.

TN = Trésorerie active (TA) – Trésorerie passive (TP)

ou TN = FRNG – BFR

Mots clés

Fonds de roulement net global (FRNG) • Besoin en fonds de roulement (BFR) • Trésorerie nette (TN)

Savoir 14 Le compte de résultat

Le compte de résultat fait partie des documents annuels obligatoires. Il récapitule, pour un exercice comptable (période d'activité de 12 mois consécutifs), l'ensemble des charges et produits enregistrés, de façon à faire apparaître le résultat dégagé par l'entreprise.

1 Le compte de résultat de base

Le compte de résultat peut être présenté sous forme de tableau. Les charges, qui appauvrissent l'entreprise, sont inscrites dans la colonne de gauche, les produits, qui enrichissent l'entreprise, dans la colonne de droite, et selon un ordre précis. On distingue trois types de charges et trois types de produits.

CHARGES	N	PRODUITS	N
Charges d'exploitation		**Produits d'exploitation**	
Achats	345 100	Ventes de marchandises	416 800
Variation des stocks	8 120	Production vendue	506 200
Autres achats et charges externes	247 300	Production stockée	3 050
Impôts	38 900	Production immobilisée	35 000
Charges salariales	268 510	Subventions d'exploitation	
Autres charges d'exploitation	13 780	Reprises sur provisions	10 810
Dotations aux amortissements et provisions	24 150		
Charges financières		**Produits financiers**	
Intérêts des emprunts	6 540	Intérêts des placements	510
Charges exceptionnelles		**Produits exceptionnels**	
Valeur comptable nette des éléments d'actif cédés	5 830	Produits des cessions d'éléments d'actif	6 000
Pénalités et amendes	135	Dons et libéralités	830
Total des charges	958 365	**Total des produits**	979 200
Résultat (bénéfice)	20 835	**Résultat (perte)**	
Total général	979 200	**Total général**	979 200

En calculant la différence entre le total des produits et le total des charges, on obtient le résultat de l'exercice. Si le résultat est positif, il s'agit d'un bénéfice, à inscrire à gauche dans le compte de résultat. S'il est négatif, la perte est portée à droite dans le compte de résultat. L'égalité entre les totaux généraux des charges et des produits doit être respectée.

2 Le compte de résultat en liste

Le compte de résultat peut être présenté sous forme de liste. Il fait apparaître progressivement le résultat de l'entreprise, en passant par trois étapes :
– le résultat d'exploitation, qui est la différence entre les produits d'exploitation et les charges d'exploitation, liés au fonctionnement normal de l'entreprise ;
– le résultat financier, qui est la différence entre les produits financiers et les charges financières correspondant aux opérations de financement ;
– le résultat exceptionnel, qui provient de toutes les opérations ne relevant pas de l'activité normale de l'entreprise.

COMPTE DE RÉSULTAT	N
Produits d'exploitation	
Production vendue, stockée et immobilisée	961 050
Subventions d'exploitation	
Reprises sur provisions	10 810
Charges d'exploitation	
Achats	345 100
Variation des stocks	8 120
Autres achats et charges externes	247 300
Impôts	38 900
Salaires et traitements	268 510
Autres charges d'exploitation	13 780
Dotations aux amortissements et aux provisions	24 150
RÉSULTAT D'EXPLOITATION	26 000
Produits financiers	
Intérêts des placements	510
Charges financières	
Intérêts des emprunts	6 540
RÉSULTAT FINANCIER	– 6 030
RÉSULTAT COURANT AVANT IMPÔT	**19 970**
Produits exceptionnels	
Produits des cessions d'éléments d'actif	6 000
Dons et libéralités	830
Charges exceptionnelles	
Valeur comptable des éléments d'actif cédés	5 830
Pénalités et amendes	135
RÉSULTAT EXCEPTIONNEL	865
Participation des salariés	
Impôt sur les bénéfices	
RÉSULTAT NET COMPTABLE	**20 835**

Mots clés : Compte de résultat • Charges • Produits • Bénéfice • Perte • Résultat d'exploitation • Résultat financier • Résultat exceptionnel

GESTION OPÉRATIONNELLE

Savoir 15

Les soldes intermédiaires de gestion (SIG)

Les soldes intermédiaires de gestion (SIG) résultent de calculs intermédiaires permettant d'expliquer la formation du résultat de l'entreprise.

1 Le principe du calcul des SIG

Il s'agit de calculer la différence entre les produits et les charges à différentes étapes. Tous les comptes de charges et de produits doivent être utilisés une seule fois. Les SIG se calculent en cascade, ils sont interdépendants.

2 Le tableau de calcul des SIG

PRODUITS (1)	CHARGES (2)	SIG (3) = (1) – (2)
Vente de marchandises (compte 707) **416 800**	Coût d'achat des marchandises vendues (comptes 607 et 6037) **345 100 + 8 120**	= Marge commerciale **63 580 €**
Production vendue (70) + production immobilisée (72) + production stockée (71) (solde créditeur) **506 200 + 3 050 + 35 000**	Production stockée (71) (si solde débiteur)	= Production de l'exercice **544 250 €**
Marge commerciale + production de l'exercice **63 580 + 544 250**	Consommations en provenance de tiers (comptes 60 sauf 607, 61 et 62) **247 300**	= Valeur ajoutée **360 530 €**
Valeur ajoutée + subvention d'exploitation (compte 74) **360 530**	Impôts + charges salariales (comptes 63 et 64) **38 900 + 268 510**	= Excédent (ou insuffisance) brut(e) d'exploitation **53 120**
EBE + reprises sur provisions (compte 78) **53 120 + 10 810**	IBE + dotations aux amortissements et provisions (compte 68) **24 150**	= Résultat d'exploitation **39 780**

Mots clés : Soldes intermédiaires de gestion (SIG) • Marge commerciale • Valeur ajoutée • Excédent brut d'exploitation • Résultat d'exploitation

S'ENTRAÎNER AU BTS
Exercice 6 : p. 173

GESTION OPÉRATIONNELLE

Savoir 16

L'analyse des SIG

L'interprétation des SIG peut entraîner la mise en place de mesures correctives de gestion.

1 La marge commerciale (MC)

Cet indicateur mesure la performance commerciale de l'entreprise.
C'est un SIG essentiel pour les unités commerciales puisque leurs ressources proviennent presque exclusivement des ventes de marchandises.
Elle représente pratiquement le seul moyen pour l'entreprise de couvrir ses charges de structure.

2 La production de l'exercice (PE)

Ce SIG est propre aux entreprises qui produisent.
Il concourt à la formation de la valeur ajoutée par l'entreprise.
Dans une unité commerciale, ce solde intermédiaire a une valeur faible, voire nulle.

3 La valeur ajoutée (VA)

Ce SIG est très important dans les entreprises industrielles car la valeur ajoutée mesure la richesse créée par l'entreprise. Il mesure également la contribution de l'entreprise à l'économie du pays : la somme des valeurs ajoutées de toutes les entreprises implantées sur le territoire national constitue le produit intérieur brut (PIB).
La valeur ajoutée créée par l'entreprise doit être partagée entre tous les partenaires ayant participé à l'activité : salariés, État, banques, associés...

4 L'excédent brut d'exploitation (EBE)

L'excédent brut d'exploitation (EBE) est un indicateur de performance industrielle et commerciale. Il correspond à un éventuel surplus dégagé par l'entreprise après déduction des charges d'exploitation.
Si son solde est négatif, on parle d'insuffisance brute d'exploitation (IBE).

5 Le résultat d'exploitation (RE)

Le résultat d'exploitation (RE) est le résultat des activités courantes de l'entreprise (soit un profit, soit une perte). Il ne tient pas compte de la politique de financement de l'entreprise.
C'est un indicateur fréquemment utilisé pour effectuer des comparaisons dans le temps ou entre entreprises.

Mots clés : Produit intérieur brut (PIB) • Excédent brut d'exploitation (EBE) • Résultat d'exploitation (RE)

S'ENTRAÎNER AU BTS
Exercice 6 : p. 173

GESTION OPÉRATIONNELLE

Savoir 17

Les éléments de calcul du coût de revient

Connaître le coût de revient d'un produit ou service permet à l'entreprise de connaître les bénéfices réalisés sur chaque produit ou service vendu. Le coût de revient est calculé à partir des charges de la comptabilité.

1 Notions

1.1. Charge

Les charges sont des opérations qui appauvrissent l'entreprise. C'est une notion utilisée en comptabilité. Les charges apparaissent en effet dans le compte de résultat où elles sont classées par nature.

EXEMPLE Achats de matières premières, charges de personnels, impôts et taxes...

1.2. Coût

Le coût correspond à une somme de plusieurs charges. Cette notion est utilisée en gestion. Les charges de la comptabilité, initialement classées par nature, sont reclassées par fonction pour former les coûts.

EXEMPLE Coût d'une commande, coût de revient d'un produit, coût d'un événement...

GESTION OPÉRATIONNELLE

2 L'intégration des charges aux coûts

2.1. Les charges directes

Certaines charges ne concernent qu'un seul bien ou service et peuvent être affectées directement au coût du produit considéré. Ce sont les charges directes.

EXEMPLE Charges directes d'approvisionnement : la matière première utilisée pour fabriquer le produit.

2.2. Les charges indirectes

D'autres charges concernent plusieurs produits à la fois. La plupart d'entre elles sont des charges de fonctionnement de l'entreprise. Elles doivent être ventilées entre les produits, chacun n'étant concerné que par une partie. Pour cela, on s'y prend en deux temps : ces charges sont d'abord ventilées entre les services de l'entreprise (appelés centres d'analyse), puis les coûts de ces centres sont ventilés sur chaque produit. C'est pourquoi on parle de charge indirecte aux produits.

EXEMPLE L'amortissement d'une machine utilisée pour la fabrication de plusieurs produits est intégré au coût de fonctionnement d'un atelier. Puis, le coût de fonctionnement de cet atelier est réparti entre les différents produits pour former leur coût de revient respectif.

Mots clés Coût de revient • Charge • Coût • Charges directes • Charges indirectes

S'ENTRAÎNER AU BTS
Exercice 7 : p. 173-174

Savoir 18 La méthode des coûts complets

Le coût de revient complet comprend l'ensemble des charges : achat des matières premières, fabrication, ventes. Son calcul permet de prendre ensuite les décisions de gestion, par exemple fixer le prix de vente.

1 Le processus de calcul du coût de revient complet

ACHAT DES MATIÈRES PREMIÈRES (MP)	FABRICATION DES PRODUITS	VENTE DES PRODUITS
Charges directes d'achat + Charges indirectes d'approvisionnement = Coût d'acquisition MP achetées	Coût acquisition MP consommées + charges directes de prod. + charges indir. de prod. = Coût production produits fabriqués	Coût production produits vendus + charges directes de distribution + charges indirectes de distrib. + charges indir. d'administration = Coût de revient complet produits vendus
↓ Stockage →	↓ Stockage →	

2 Étape 1 : le calcul des charges indirectes

2.1. Le tableau de répartition des charges indirectes

À partir des comptes de la comptabilité générale, on classe les charges en deux catégories : charges directes et charges indirectes aux produits.
Les charges indirectes aux produits sont, dans un premier temps, réparties entre les différents centres d'analyse. Cette répartition apparaît dans un tableau de répartition des charges indirectes.

EXEMPLE

	CHARGES DE LA COMPTA.	CENTRES D'ANALYSE					
		CENTRES OPÉRATIONNELS					CENTRE DE STRUCTURE
		CENTRE AUXILIAIRE	CENTRES PRINCIPAUX				
		MAINTENANCE	APPROV.	PRODUCTION : ATELIERS			ADMIN.
				1	2	3	
Services extérieurs	xxxxxx						
Autres services ext.	xxxxxx						
Impôts et taxes	xxxxxx						
Personnel	xxxxxx						
Charges fin.	xxxxxx						
Amortissements	xxxxxx						
...							
Répart. primaire	xxxxxx	12 500	70 656	346 663	55 567	656 060	195 768

2.2. Les unités d'œuvre (UO)

Pour pouvoir ensuite répartir le total des coûts des centres d'analyse sur les produits fabriqués par l'entreprise, on utilise une clé de répartition, c'est-à-dire un élément de mesure représentatif de l'activité de chaque centre. Cette clé est appelée « unité d'œuvre ». On retient généralement une unité physique.

EXEMPLE Nombre d'heures travaillées, de kilos achetés, de produits vendus...

2.3. Le coût des unités d'œuvre

Une fois l'unité d'œuvre choisie, le gestionnaire calcule un coût moyen de l'unité d'œuvre, qui permettra de répartir les charges indirectes aux coûts des produits.

EXEMPLE

	APPROV.	PRODUCTION			ADMINISTRATION
		ATELIER 1	ATELIER 2	ATELIER 3	
Répart. secondaire	70 656	346 663	55 567	656 060	195 768
Nature UO	Kg de laine achetée	Kg de laine consommée	Heure MOD	Heure MOD	Coût production produits vendus
Nombre UO	68 341	68 341	3 150	17 150	1 881 198
Coût UO	1,0339	5,0725	17,6403	38,2542	0,1041

3 Étape 2 : le calcul du coût de revient complet

3.1. Les montants de charges directes et indirectes affectés aux produits

Les montants des charges directes proviennent de la comptabilité.

EXEMPLE Le prix d'achat des matières premières apparaît sur les factures, le salaire d'un ouvrier travaillant exclusivement sur un produit se retrouve à partir des fiches de paie.

Pour calculer le montant des charges indirectes affectées aux produits, il faut connaître, pour chaque centre d'analyse, le nombre d'unités d'œuvre consommées pour chaque produit.

EXEMPLE Pour fabriquer le pull Alpha, il a fallu 2 heures de travail dans l'atelier 2. Le coût moyen de l'unité d'œuvre de l'atelier 2 étant de 17,64 € par heure travaillée, on en déduit que le passage de ce pull en atelier 2 a coûté 35,28 € (17,64 × 2) à cet atelier. Ce montant sera intégré dans les charges indirectes de production du pull.

3.2. Une alternance de charges directes et indirectes

À chaque étape du processus de calcul du coût de revient (coût d'acquisition, coût de production, coût de revient complet), sont ainsi réparties sur le produit les charges directes et une partie des coûts des centres d'analyse (charges indirectes).

EXEMPLE Le coût d'acquisition de 1 kilo de laine comprend le prix d'achat de la laine (7 €/kg – charge directe) et une partie des frais du service approvisionnement (1,033 €/kg), indispensables pour acheter et acheminer ces matières, soit un total de 8,03 €/kg. Si le pull Alpha nécessite 1,5 kg de laine, le coût d'acquisition des matières consommées qui seront pris en compte dans son coût de revient est de 12,04 € (8,03 × 1,5).

Mots clés Tableau de répartition des charges indirectes • Unité d'œuvre (UO) • Clé de répartition • Coût moyen de l'unité d'œuvre

L'analyse des coûts partiels

La méthode des coûts partiels permet de réaliser des prévisions de résultats à partir des prévisions de chiffre d'affaires.

1 La variabilité des charges

1.1. La distinction entre charges variables (CV) et charges fixes (CF)

CHARGES VARIABLES	CHARGES FIXES
Charges dépendantes du niveau d'activité de l'entreprise : elles varient proportionnellement aux quantités vendues. Ex. : Matières premières	Elles sont indépendantes du niveau d'activité. Ex. : Loyer

1.2. La détermination du résultat par variabilité

Le compte de résultat différentiel (par variabilité) distingue les charges variables et les charges fixes. Il fait apparaître une marge sur coûts variables (MSCV) et un taux de marge sur coût variable à partir duquel on réalisera des calculs prévisionnels.

EXEMPLE

COMPTE DE RÉSULTAT DIFFÉRENTIEL		
ÉLÉMENTS	EN €	% DU CA
Chiffre d'affaires (CA) – Charges variables (CV)	100 000 € 35 000 €	
= Marge sur coût variable (MCV)	65 000 €	65 %
– Charges fixes (CF)	25 000 €	
= Résultat différentiel	40 000 €	

Taux de marge sur coût variable (TMCV)

1.3. L'utilisation du compte de résultat par variabilité

Lorsque le chiffre d'affaires de l'entreprise varie, seuls deux éléments du compte de résultat différentiel ne varient pas : le taux de marge sur coût variable et le montant des charges fixes. C'est pourquoi ces deux valeurs sont utilisées pour réaliser des simulations.

2 Le seuil de rentabilité (SR)

2.1. La notion de seuil de rentabilité

Le seuil de rentabilité correspond au niveau de chiffre d'affaires à partir duquel l'entreprise commence à faire des bénéfices.
Si chiffre d'affaires annuel < SR : l'entreprise est en perte
Si chiffre d'affaires annuel > SR : l'entreprise réalise des bénéfices
Si chiffre d'affaires annuel = SR : le résultat comptable = 0.

2.2. Le calcul du SR

Le seuil de rentabilité peut être calculé en valeur c'est-à-dire en niveau de chiffre d'affaires.

SR en valeur = CF / TMCV

EXEMPLE SR = 25 000 / 0,65 = 38 462 € : le chiffre d'affaires annuel de l'entreprise doit être de 38 462€ minimum pour que l'entreprise réalise des bénéfices.

À partir du seuil de rentabilité en valeur, on peut déduire un seuil de rentabilité en quantités à vendre.

SR en quantité = SR en valeur / Prix de vente unitaire HT

EXEMPLE Prix de vente d'un produit : 100 € : SR en qté = 38 461 / 100 € = 384,61 soit 385 articles à vendre pour commencer à réaliser des bénéfices.

3 Indicateurs

3.1. Le point mort (PM)

Le point mort permet de connaître le moment de l'année où le SR est atteint. Il se calcule en nombre de jours.

PM = (SR × Nombre de jours travaillés de la période) / CA de la période

EXEMPLE Pour une activité régulière toute l'année et un nombre de jours travaillés de 330 : PM = 38 461 × 330 / 100 000 = 126,92. Donc, 4 mois à 30 jours et 7 jours le 5e mois, soit le 7 mai.

3.2. La marge de sécurité (MS) et l'indice de sécurité (IS)

La marge de sécurité représente la part du chiffre d'affaires réalisé dans l'année au-delà du seuil de rentabilité. Plus cette marge est élevée, plus l'entreprise peut supporter une baisse de CA.

MS = CA – SR

L'indice de sécurité correspond à la marge de sécurité exprimée en pourcentage du CA de l'année.

IS = MS / CA × 100

EXEMPLE MS = 100 000 € – 38 461 € = 61 539 €.
Indice de sécurité = 61 539 / 100 000 = 61 %. L'entreprise peut supporter une baisse de 61 % de son chiffre d'affaires avant d'être en perte.

Mots clés Marge • Charges fixes • Charges variables • Taux de marge sur coût variable (TMCV) • Seuil de rentabilité • Marge de sécurité • Indice de sécurité

Savoir
20
La fixation du prix

Le prix a plusieurs fonctions. Fixer un prix implique la prise en compte de plusieurs facteurs internes et externes.

1 Les fonctions du prix

Le prix doit permettre :
- à l'entreprise de couvrir ses coûts en incluant une marge commerciale indispensable à la pérennité de l'entreprise ;
- au client d'évaluer le produit en termes de qualité, de capacité à satisfaire ses besoins ;
- aux concurrents de se positionner sur le marché les uns par rapport aux autres ;
- au marché de fonctionner par le jeu de la confrontation de l'offre et de la demande ;
- à l'État de calculer les recettes fiscales liées à la TVA, incluse dans le prix de vente au public.

GESTION OPÉRATIONNELLE

2 Les facteurs internes de fixation du prix

2.1. Le coût de revient

Le prix est obtenu en augmentant le coût de revient de la marge souhaitée.
Le mode de calcul diffère selon l'activité de l'entreprise :
- dans les entreprises industrielles : Prix de vente HT = Coût de revient + marge
- dans les entreprises commerciales : Prix de Vente HT = coût d'achat HT des marchandises + marge

ou : Prix de vente TTC = Coût d'achat HT × coefficient multiplicateur

2.2. La stratégie de l'enseigne

a) Le cycle de vie du produit

PHASES DU CYCLE DE VIE	PRIX DE VENTE	STRATÉGIE : CARACTÉRISTIQUES ET/OU OBJECTIF
Lancement	Prix de vente inférieur au prix moyen du marché	Stratégie de pénétration (produits similaires à ceux du marché)
	Prix de vente égal au prix moyen du marché	Stratégie d'alignement sur un marché très concurrentiel (produits comparables)
	Prix de vente supérieur au prix moyen du marché	Stratégie d'écrémage (produits innovants ou supérieurs) sur un petit segment de clientèle
Croissance	Prix stables voire légèrement en baisse	Objectif : attirer de nouveaux clients
Maturité	Révision du prix de vente	Baisse pour attirer de nouveaux clients ou hausse pour renforcer l'image
Déclin	Baisse des prix	Il faut faire disparaître le produit des stocks

b) Le positionnement du produit

Le prix doit refléter le positionnement choisi par l'entreprise :
- premier prix : les prix sont très bas pour des produits très simples ;
- entrée de gamme : prix inférieur au prix moyen du marché pour des produits proposant l'essentiel ;
- moyenne gamme : le prix correspond au prix moyen du marché pour un produit de qualité satisfaisante ;
- haut de gamme : le prix est supérieur au prix moyen pour des produits avec des caractéristiques spécifiques qui justifient le niveau de prix ;
- luxe : le prix est totalement déconnecté du prix du marché pour des produits eux-aussi très différents.

c) Les autres critères stratégiques

Il s'agit :
- du canal de distribution qui génère des coûts différents et donc des prix variables ;
- de l'implantation géographique ;
- du portefeuille produits (le prix fluctue en fonction de la place du p roduit au sein du portefeuille de produits).

3 Les facteurs externes d'influence sur le prix

LE CONTEXTE ÉCONOMIQUE	La situation économique globale, la confiance en l'avenir et le pouvoir d'achat sont des éléments qui peuvent faire évoluer les prix à la hausse ou à la baisse. Ex. : Le prix du carburant a baissé pendant la période de confinement lié au Covid19.
L'INTENSITÉ DE LA CONCUR-RENCE	Plus l'offre est importante (avec de multiples concurrents), plus les prix baissent. Ex. : Les tarifs des opérateurs mobiles ont diminué quand le nombre d'acteurs sur le marché a augmenté.
L'ATTRACTIVITÉ DU MARCHÉ	Plus le marché est attractif (car il est rentable), plus les prix baissent en raison du nombre croissant d'entrants.
LE POUVOIR DE NÉGOCIATION DES FOURNISSEURS	Les prix de vente suivent la même tendance que les prix d'achat. Ex. : Dans la grande distribution, le pouvoir de négociation des centrales d'achat permet de maintenir des prix assez bas pour le client.
L'INTERVENTION DE L'ÉTAT	L'État peut intervenir à des degrés divers dans la fixation des prix. Ex. : Le prix de l'énergie est fixé par la Commission de Régulation de l'Énergie.
LES CONTRAINTES LÉGALES	La législation impose des règles pour la fixation des prix afin de respecter la liberté de commerce. Ex. : La vente à perte interdite par les articles L. 420-5 et L. 442-2 du Code du commerce.

Mots clés Fonctions du prix • Facteurs internes • Cycle de vie du produit • Positionnement du produit • Facteurs externes

Savoir 21 — Prix de référence et modulation des prix

Le prix de référence est fixé en fonction des coûts de l'entreprise, mais il peut être modulé pour encourager les ventes.

1 La fixation du prix par les coûts

1.1. Principe de la méthode

Cette méthode consiste à fixer le prix de vente à partir du coût de revient et de la marge souhaitée.

Prix de vente HT = Coût d'achat HT + Marge

On calcule la marge commerciale qui résulte de cette comparaison :

Marge commerciale = Prix de vente – Coût d'achat

Et on peut également déduire le taux de marge :

Taux de marge = Marge / Coût d'achat HT

Le taux de marge permet de définir le coefficient multiplicateur de la façon suivante :

CM = 1 + Taux de marge

EXEMPLE Soit un produit dont le coût d'achat est de 70 €, avec une marge espérée de 80 %. Pour calculer le prix de vente, il faut utiliser le coefficient multiplicateur qui permet de passer du coût d'achat au prix de vente HT grâce au taux de marge : PV = coût d'achat × coef. multiplicateur, soit PV HT = 70 × (1 + 0,8) = 126 €.

Le taux de marque est calculé par rapport au prix de vente :

Taux de marque = Marge / Prix de vente HT

1.2. Limite de la méthode

Ces calculs ne tiennent compte que des facteurs internes, et non du marché.

2 La modulation des prix

2.1. Les enjeux

La modulation des prix correspond à divers enjeux :
– jouer sur les économies d'échelle : lorsque les quantités augmentent (autrement dit quand on travaille à grande échelle), les frais fixes unitaires diminuent car les

GESTION OPÉRATIONNELLE

frais fixes globaux sont répartis sur de plus grandes quantités ; alors les coûts unitaires baissent, engendrant ainsi des prix de vente moindres ;
– agir sur les marges : pour accroître ses parts de marché, l'entreprise peut être tentée de baisser ses prix de vente ; si les coûts unitaires n'ont pas été maîtrisés, la marge est impactée ;
– jouer sur les quantités vendues : on appelle « élasticité-prix » la variation de la demande en lien avec la variation de prix ; lorsque la baisse des prix fait augmenter de façon importante le niveau des ventes, l'élasticité est forte.

EXEMPLE

À l'approche de la Fête des mères, une parfumerie baisse ses prix de 20 % pour augmenter ses ventes. L'élasticité-prix est de – 4. Le prix de vente habituel du flacon « Cœur de mères » est de 75 € TTC. Le taux de marque est de 45 %. Une élasticité de – 4 signifie que lorsque le prix diminue, les quantités vendues seront 4 fois plus importantes que la baisse de prix, soit ici : 20 % × 4 = 80 %.

EN TEMPS NORMAL		AVEC LA FÊTE DES MÈRES	
Prix unitaire HT	75 / 1,20 = 62,50 €	Prix unitaire HT	75 × 80 % / 1,20 = 50 €
Quantité / jour	5	Quantité / jour	5 × 1,80 = 9
Marge avec taux de marque 45 %	62,5 × 45 % = 28,12 €	Marge avec taux de marque 45 %	50 × 45 % = 22,50 €
Marge globale	28,125 × 5 = 140,62 €	Marge globale	9 × 22,5 = 202,50 €

2.2. Les modulations de prix

SELON LE TYPE DE CLIENT	SELON LE CANAL DE DISTRIBUTION	SELON LE MOMENT D'ACHAT
À condition de l'avoir précisé dans les CGV, il est possible de pratiquer des prix spécifiques pour certaines catégories de clients. Ex. : Certains salons de coiffure proposent des tarifs spécifiques aux étudiants. Des lunetiers proposent un taux de réduction fonction de l'âge du client.	L'entreprise propose ses produits à prix variés selon le canal de distribution avec, toutefois, le risque de concurrence entre les différents canaux. Ex. : Les tarifs peuvent différer selon que l'achat a lieu en magasin ou sur Internet.	On parle dans ce cas de *Yield Management* (concerne seulement les services). Ce système de modulation consiste à faire varier les prix selon le moment, la clientèle ou le niveau de demande. Ex. : Tarifs des billets de train différents selon la date de réservation, le type de client, l'heure du trajet…

Mots clés Taux de marge • Taux de marque • Modulation des prix

Savoir 22

L'identification des risques

Le risque est l'éventualité d'un événement susceptible d'avoir des conséquences financières et humaines pour l'unité commerciale.

1 Les différents types de risques

1.1. Les risques selon l'objet

Les risques peuvent affecter :
– les personnes : les employés comme les clients peuvent subir un risque corporel (accident, maladie), financier (perte de salaire) ou moral (image, réputation) ;
– les biens : détérioration, vol, panne, dépréciation... ;
– les données informatiques : perte, vol, piratage...

1.2. Les risques selon la source

Les risques peuvent provenir :
– d'événements naturels : séisme, orage, tempête, inondation... ;
– de facteurs externes : retard de livraison, piratage de données... ;
– de facteurs internes : ensemble des accidents susceptibles de se produire dans l'unité commerciale (pollution, erreur de commande/de facturation...)

GESTION OPÉRATIONNELLE

2 L'analyse du risque

2.1. Le classement des risques selon leur incidence

L'incidence du risque désigne ses conséquences et ses répercussions. Pour évaluer l'incidence d'un risque, on utilise quatre indicateurs :

a) L'horizon du risque
L'incidence du risque peut être :
– immédiate : blessure d'un salarié, panne électrique, inondation... ;
– différée dans le temps : maladie professionnelle, usure du matériel...

b) Le niveau de complexité
L'incidence du risque peut être simple (une panne de véhicule entraînera un simple retard de livraison) ou avoir des effets complexes dans plusieurs domaines : une inondation pourra provoquer l'arrêt de l'activité, la perte des stocks, la destruction des données, une perte de clientèle...

c) La fréquence d'apparition
Un risque pourra être fréquent, probable, possible ou exceptionnel, selon son rythme de réalisation. Ce critère peut être quantifié par des calculs de probabilité.

d) La gravité potentielle
Il s'agit d'évaluer les conséquences financières et humaines que l'entreprise risque de subir. On distingue les réparations (indemniser un salarié blessé) et le manque à gagner (baisse de chiffre d'affaires).

2.2. La méthodologie de gestion des risques

a) Effectuer l'inventaire des risques

Il s'agit de détecter l'ensemble des risques, leur source et leur cible. La loi impose en partie ce travail.

b) Évaluer les risques

Pour chaque risque, il faut évaluer sa gravité, sa fréquence, sa détectabilité et le coût de sa survenance.

c) Supprimer, réduire ou transférer certains risques

On peut éliminer certains risques par des mesures de prévention ou de protection.

EXEMPLES Ne pas utiliser de produits dangereux, ne pas s'installer sur un terrain inondable.

Il s'agit de mettre en place des mesures de protection pour limiter l'impact des risques qui ne peuvent pas être supprimés.

EXEMPLE Équiper les personnels de matériel de sécurité spécifique.

La sous-traitance ou l'externalisation permettent de transférer certains risques.

EXEMPLES La sauvegarde des données informatiques, la gestion comptable et financière.

d) Gérer les risques non transférés

Il s'agit de mettre en place des mesures de prévention (formations, systèmes de protection…), et également de souscrire les assurances légales obligatoires (assurance des biens, responsabilité engagée par l'activité) ou facultatives (responsabilité civile du dirigeant).

e) Traiter les incidents

Le traitement consiste à mettre en place les procédures de gestion de crise, de réparer les dommages et de communiquer.

3 Les enjeux de la gestion des risques

Il peut s'agir d'enjeux de nature diverse :
– enjeux humains : le responsable doit préserver la santé (physique et mentale) des personnels, donc assurer leur sécurité. En cas d'accident, sa responsabilité civile et pénale peut être engagée ;
– enjeux économiques et financiers : cela concerne les coûts directs (assurances, réparation des dommages…) et indirects (en cas d'accident : remplacement du salarié, baisse de productivité…) ;
– enjeux juridiques : les obligations légales et réglementaires doivent être appliquées pour prévenir tout litige avec le personnel ou les partenaires extérieurs ;
– enjeux organisationnels : la sensibilisation du personnel et la formation aux risques permet de réduire les dysfonctionnements ;
– enjeux commerciaux : il s'agit d'éviter les pertes de CA, de maîtriser les coûts de fonctionnement et d'éviter une éventuelle détérioration d'image.

Mots clés Risque corporel, financier, moral • Incidence du risque • Inventaire des risques • Responsabilité civile du dirigeant

S'ENTRAÎNER AU BTS
Exercice 8 : p. 174

Savoir 23

L'évaluation des risques

Après avoir identifié les différents risques, l'entreprise les évalue et les classe selon le niveau de dangerosité, afin de hiérarchiser les actions de prévention.

1 Les critères d'évaluation

La criticité du risque correspond à l'évaluation chiffrée du risque, calculée sur l'analyse de trois critères :

– la gravité : mineure, modérée, importante, catastrophique ;

EXEMPLE Un accident pourra impliquer ou non des soins médicaux (gravité modérée, mineure), pourra entraîner un arrêt de travail plus ou moins long (gravité modérée, importante), pourra entraîner une incapacité permanente (gravité importante), ou pourra être mortel (gravité catastrophique).

– la fréquence d'apparition : rare, occasionnelle, fréquente, permanente ;

EXEMPLE Un risque d'électrocution dans un hypermarché se limite aux périodes de travaux ; un risque d'accident lié à l'usage d'un chariot élévateur est permanent.

– le niveau de maîtrise de l'entreprise pour gérer le risque : satisfaisant, correct, à améliorer, insuffisant.

EXEMPLE Une zone de déchargement et de stockage disposant d'éléments de protection efficaces maîtrisera mieux la survenue d'un risque.

GESTION OPÉRATIONNELLE

2 Le calcul du niveau de risque

2.1. Méthodologie de calcul de la criticité

Il s'agit de pondérer chacun des trois critères, en s'appuyant sur des données propres au secteur d'activité. La note de criticité est obtenue en multipliant les évaluations des trois critères : note = (gravité × fréquence × maîtrise).

EXEMPLE Pour chaque risque, la gravité et la fréquence seront évaluées sur une échelle de 1 à 20 ; la maîtrise, qui intervient sous forme de décote, sera évaluée entre 0,05 (satisfaisante) et 1 (insuffisante). Le risque lié à la manipulation de chariots élévateurs obtient ainsi une note de (4 × 5 × 0,3) = 6.

2.2. L'évaluation du risque

Une fois chaque risque quantifié, le manageur opère un classement global et qualifie chaque risque : mineur, secondaire, majeur.

EXEMPLE On classera tous les risques notés moins de 3 comme négligeables, ceux notés entre 3 et 10 comme secondaires et ceux notés plus de 10 comme majeurs.

Mots clés Criticité du risque • Gravité • Fréquence d'apparition • Niveau de maîtrise • Note de criticité

Savoir 24

Les obligations légales et le traitement des incidents

Le manageur veille à respecter et appliquer les obligations légales liées à la prévention des risques. Tout incident fera l'objet d'un traitement rigoureux.

1 Les obligations légales liées à la prévention des risques

1.1. Le DUER

Le Document unique d'évaluation des risques professionnels (DUER) oblige tout employeur à répertorier et évaluer tous les risques professionnels susceptibles de nuire à la sécurité des salariés, et à proposer des actions pour prévenir les risques.

1.2. Le registre de sécurité

Ce document prévoit les procédures en cas d'incendie ou d'évacuation du personnel et du public fréquentant l'établissement. Il indique également l'état des contrôles périodiques du matériel et des installations.

1.3. La formation du personnel

La formation des salariés est obligatoire. Elle doit permettre aux salariés de prendre les précautions nécessaires pour préserver leur propre sécurité et celle des autres.

GESTION OPÉRATIONNELLE

2 Le traitement des incidents

2.1. La procédure de gestion de crise

Il s'agit de :
- prévenir les organismes de sécurité internes ou externes (pompiers) ;
- prendre les mesures immédiates pour éviter d'aggraver la situation ;
- déposer plainte en cas d'acte volontaire (dégradation, vol...).

2.2. La réparation

Si possible, on interviendra rapidement pour réparer le dommage matériellement.

EXEMPLE Accorder un geste commercial au client qui aura subi un préjudice.

Si le risque a été transféré, c'est la responsabilité du partenaire qui sera engagée.

EXEMPLE Le transporteur, si des marchandises ont été détériorées pendant le transport.

Si le dommage est couvert par une assurance, la compagnie remboursera le dommage subi conformément aux dispositions du contrat.

2.3. La communication

Elle évite ou réduit les effets négatifs de l'événement sur l'image de l'enseigne.

Mots clés DUER • Registre de sécurité • Formation des salariés • Gestion de crise

S'ENTRAÎNER AU BTS
Exercice 9 : p. 174

Savoir 25

Les modèles mathématiques de prévision des ventes

La finalité des différentes méthodes de prévision des ventes est de trouver un lien mathématique entre les années (notées x) et les chiffres d'affaires annuels (notés y).

1 La méthode des points extrêmes

La méthode des points extrêmes, très simple voire simpliste, consiste à :
– repérer les points extrêmes (minimum et maximum) de la série statistique. Un point correspond à l'association d'un chiffre d'affaires (y_i) à une année donnée (x_i) ;
– trouver l'équation de la droite qui passe par ces deux points. L'équation de la droite est de type y = a.x +b

Pour trouver les valeurs de a et b, il faut résoudre le système à deux équations correspondant au point minimum et au point maximum.

$$y_{min} = a.x_{min} + b \text{ et } y_{max} = a.x_{max} + b$$

La limite de la méthode est le manque de fiabilité si les ventes sont irrégulières. Les prévisions ne sont réalistes que si les ventes varient peu d'une année sur l'autre.

EXEMPLE Depuis 2010, les quantités vendues ont évolué de la façon suivante :

ANNÉES (X)	CA (Y)
2010	352 500
2011	364 000
2012	365 000
2013	345 000
2014	358 000
2015	360 000
2016	364 000
2017	368 200
2018	370 000
2019	366 000

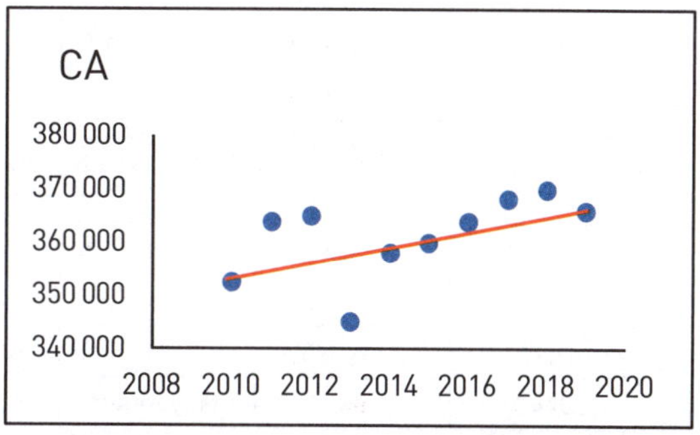

Résolution du système d'équation : 352 500 = 2010 a + b ; 366 000 = 2019 a + b.
Par différence entre les deux équations, on obtient : 9a = 13 500 d'où a = 13 500 / 9 soit 1 500.
En remplaçant a dans la première équation, on trouve : b = 352 500 – 2 010 × 1 500, soit b = – 2 662 500.
L'équation de la droite est alors : y = 1 500 × – 2 662 500.
Le CA 2020 serait alors de : 1 500 × 2020 – 2 662 500 soit 367 500 €.

2 La méthode de Mayer (ou de la double moyenne)

Pour appliquer la méthode de Mayer, il faut tout d'abord partager la série des points en deux groupes. Puis, on calcule au sein des deux groupes les valeurs moyennes de x et de y, de façon à obtenir les points moyens. La dernière étape consiste à trouver l'équation (de type y = ax + b) de la droite qui passe par ces deux points moyens.

GESTION OPÉRATIONNELLE

EXEMPLE En reprenant l'exemple précédent, on obtient deux points moyens pour chacune des périodes de 5 ans (2010-2014 et 2015-2019). Ces deux points moyens ont pour coordonnées respectives : point moyen minimum (2012 ; 356 900) et point moyen maximum (2017 ; 365 640).
Résolution du système d'équations :
356 900 = 2012 a + b ; 365 640 = 2017 a + b donne a = 1 748 et b = – 3 160 076.

3 La méthode des moindres carrés

La méthode des moindres carrés est la méthode la plus précise, car l'irrégularité des ventes est prise en compte avec la plus grande fiabilité possible. Elle consiste à trouver une droite qui minimise tous les écarts. L'équation de la droite est toujours de la forme y = a × x + b.
Les formules pour trouver a et b sont les suivantes :

$$a = \frac{\sum (x-\bar{x}) \times (y-\bar{y})}{\sqrt{\sum (x-\bar{x})^2}} \text{ et } b = a \times \bar{x} - \bar{y}$$

ANNÉES (X)	CA(Y)	X–X̄	Y–Ȳ	(X–X̄)²	(X–X̄) × (Y–Ȳ)
2010	352 500	–4,5	–8 770	20,25	39 465,00
2011	364 000	–3,5	2 730	12,25	–9 555,00
2012	365 000	–2,5	3 730	6,25	–9 325,00
2013	345 000	–1,5	– 16 270	2,25	24 405,00
2014	358 000	–0,5	–3 270	0,25	1 635,00
2015	360 000	0,5	–1 270	0,25	–635,00
2016	364 000	1,5	2 730	2,25	4 095,00
2017	368 200	2,5	6 930	6,25	17 325,00
2018	370 000	3,5	8 730	12,25	30 555,00
2019	366 000	4,5	4 730	20,25	21 285,00
2014,5	**361 270**	**Moyennes**	**Total**	**82,5**	**119 250**

a = 119 250 / 82,5 donc a = 1 445, 45.
b = 361 270 – 2014,5 × 1 445,45 donc b = – 2 550 598,18.
Le CA 2020 serait alors de : 1 445,45 × 2020 – 2 550 598,18 soit 369 210,82.

Mots clés Méthode des points extrêmes • Méthode de Mayer • Méthode des moindres carrés

S'ENTRAÎNER AU BTS
Exercice 10 : p. 174-175

Savoir 26

La notion de corrélation

L'établissement des prévisions de ventes impose la prise en compte de différents critères susceptibles d'influencer (ou non) ces prévisions.

1 La mesure de la corrélation

On appelle corrélation le lien existant entre deux variables.

EXEMPLE L'évolution des ventes est liée au niveau des prix pratiqués (promotion).

Le coefficient de corrélation indique le niveau d'influence d'une variable sur l'autre. On le calcule selon la formule :

$$r = \frac{\sum[(x_i - \overline{x}) \times (y_i - \overline{y})]}{\sqrt{\sum(x_i - \overline{x})^2} \times \sqrt{\sum(y_i - \overline{y})^2}}$$

PRIX (X)	QUANTITÉS VENDUES (Y)	$X_i - \overline{X}$	$(X_i - \overline{X})^2$	$Y_i - \overline{Y}$	$(Y_i - \overline{Y})^2$	$(X_i - \overline{X}) \times (Y_i - \overline{Y})$
5,00	50,00	-3,00	9,00	16,00	256,00	-48,00
7,50	39,00	-0,50	0,25	5,00	25,00	-2,50
8,00	32,00	0,00	0,00	-2,00	4,00	0,00
9,50	29,00	1,50	2,25	-5,00	25,00	-7,50
10,00	20,00	2,00	4,00	-4,00	196,00	-28,00
		Total	15,50		506,00	-86,00

Moyenne de x : 8 ; moyenne de y : 34.
Calcul de r = (– 86) / ($\sqrt{15,50} \times \sqrt{506}$) donc r = –0,97.
Le tableur propose une fonction « COEFFICIENT.CORRELATION » pour ce calcul.

2 Interprétation du coefficient de corrélation

Si r est positif, cela signifie que les variables évoluent de la même façon (si l'un augmente, l'autre augmente aussi). Si r est négatif, alors les variables évoluent en sens inverse (si l'un augmente, l'autre baisse).
Plus r s'approche de 1 (ou de – 1), plus la corrélation entre les deux variables est forte.

EXEMPLE Si r est proche de – 1 alors lorsque les prix augmentent, les quantités vendues diminuent.

Plus la corrélation entre une variable et le niveau des ventes est importante, plus il est judicieux de tenir compte de cette variable lors des prévisions de ventes.

Mots clés : Corrélation • Coefficient de corrélation

S'ENTRAÎNER AU BTS
Exercice 11 : p. 175

GESTION OPÉRATIONNELLE

Savoir

27 La prise en compte de la saisonnalité de l'activité

On parle de saisonnalité de l'activité lorsque les variations dépendent d'événements se déroulant à certaines périodes de l'année et qui se répètent d'une année sur l'autre.

1 Le coefficient de saisonnalité

Le coefficient de saisonnalité indique la façon dont évolue l'activité sur la période. Il permet, à partir du chiffre d'affaires annuel, d'évaluer celui de chaque saison. Un coefficient de saisonnalité supérieur à 1 indique une suractivité de pleine saison. Un coefficient inférieur à 1 révèle une sous-activité.

2 Le calcul du coefficient de saisonnalité

2.1. La méthode des pourcentages

PÉRIODES	ANNÉE 1	ANNÉE 2	ANNÉE 3	MOY./TRIM	COEFF. SAIS.
T1	1 000	1 100	1 200	1 100	17,19 %*
T2	1 500	1 800	2 400	1 900	29,69 %
T3	1 800	2 400	3 000	2 400	37,50 %
T4	900	1 000	1 100	1 000	15,63 %
Total	5 200	6 300	7 700	6 400	100,00 %

*17,19 % = 1 100 / 6 400. La somme des coefficients saisonniers est 100 %.
Les ventes du trimestre 1 représentent 17,19 % des ventes de l'année, celles du trimestre 3 sont plus importantes puisque le coefficient saisonnier est de 37,5 %.

2.2. La méthode des moyennes

PÉRIODES	ANNÉE 1	ANNÉE 2	ANNÉE 3	MOY./TRIM	COEF. SAIS.
T1	1 000	1 100	1 200	1 100	0,69*
T2	1 500	1 800	2 400	1 900	1,19
T3	1 800	2 400	3 000	2 400	1,50
T4	900	1 000	1 100	1 000	0,63
Moyenne				1 600	4,00

*0,69 = 1 100 / 1 600. La somme des coefficients saisonniers est de 4 (car l'année compte 4 trimestres). Ici, le CA trimestriel moyen auquel on applique le coefficient saisonnier de chaque trimestre permet d'obtenir le CA de chaque trimestre

EXEMPLE Les ventes pour l'année 4 sont estimées à 8 000 unités, soit 2 000 (8 000 / 4) unités par trimestre. Pour T1, les ventes porteront sur 2 000 × 0,69 soit 1 380 unités.

Mots clés : Saisonnalité • Coefficient de saisonnalité

S'ENTRAÎNER AU BTS
Exercices 12 : p. 175

Savoir

28 La démarche budgétaire

La mise en œuvre d'une démarche budgétaire consiste à chiffrer les objectifs de l'unité commerciale au début de l'exercice comptable pour anticiper les charges et produits sur l'année à venir.

1 La construction des budgets

Un budget est un tableau recensant pour une activité les besoins et/ou ressources nécessaires pour l'avenir. C'est un outil de planification et de contrôle des activités de l'entreprise. De nombreuses entreprises établissent chaque année un budget de trésorerie. Il dépend de nombreux autres budgets.

2 Les budgets liés aux encaissements

Ils regroupent toutes les futures entrées d'argent liés à l'activité de l'entreprise. Il est donc principalement dépendant du budget des ventes.

EXEMPLE L'entreprise Sabi établit ses prévisions de ventes en fonction de celles de l'année précédente. Le PU de vente HT est fixé à 10 €.

Budget des ventes :

ÉLÉMENTS	SEPTEMBRE	OCTOBRE	NOVEMBRE
Ventes en quantités	200	250	300
CA HT	2 000 €	2 500 €	3 000 €
CA TTC (TVA 20 %)	2 400 €	3 000 €	3 600 €

Les clients paient leur facture à 30 jours. Le CA TTC pour août est de 2 000 €.

ÉLÉMENTS	SEPTEMBRE	OCTOBRE	NOVEMBRE
Encaissements des ventes	2 000 €	2 400 €	3 000 €

3 Les budgets liés aux décaissements

Ils regroupent toutes les futures sorties d'argent liées à l'activité de l'entreprise. Ils sont donc principalement dépendants du budget des achats, des autres charges, des financements, de la TVA...

EXEMPLE Le budget des achats : les achats dépendent des ventes PA HT de 6 €.

BUDGET DES ACHATS			
ÉLÉMENTS	SEPTEMBRE	OCTOBRE	NOVEMBRE
Achats en quantités	200	220	250
Achats en € HT	1 200 €	1 320 €	1 500 €
Achats TTC (20 %)	1 440 €	1 584 €	1 800 €

Le budget de TVA permet de calculer la TVA à décaisser (TVA sur ventes – TVA déductible sur achats).

BUDGET DE TVA			
ÉLÉMENTS	SEPTEMBRE	OCTOBRE	NOVEMBRE
TVA collectée	400 €	500 €	600 €
TVA déductible	240 €	264 €	300 €
TVA à décaisser	160 €	236 €	300 €

Budget des décaissements : les fournisseurs sont réglés 30 % au comptant et le solde à 30 jours (achats août : 1 000 € TTC). La TVA est à décaisser le mois suivant (TVA due fin août : 200 €) ; les autres charges (10 € par mois) sont réglées au comptant.

	SEPTEMBRE	OCTOBRE	NOVEMBRE
Achats août	700,00		
Achats septembre	432,00	1 008,00	
Achats octobre		475,20	1 108,80
Achats novembre			540,00
Autres charges	120,00	120,00	120,00
TVA à décaisser	200,00	160,00	236,00
Total décaissements	1 452,00	1 763,20	2 004,80

GESTION OPÉRATIONNELLE

4 Le budget de trésorerie

EXEMPLE DE BUDGET DE TRÉSORERIE Début septembre, la trésorerie s'élève à 800 €.

	SEPTEMBRE	OCTOBRE	NOVEMBRE
Trésorerie début de mois	800,00	1 348,00	1 984,80
Encaissement	2 000,00	2 400,00	3 000,00
Décaissements	1 452,00	1 763,20	2 004,80
Trésorerie fin de mois	1 348,00	1 984,80	2 980,00

En cas de soldes positifs : l'entreprise peut réfléchir à des placements bancaires ou financiers.
En cas de soldes négatifs : l'entreprise peut envisager des solutions de financement à court terme (découvert bancaire, facilité de caisse...) ou renégocier les délais de règlement auprès des partenaires commerciaux.

Mots clés Budget • Budget de trésorerie • Budget des ventes • Budget des achats • Budget de TVA

Savoir
29 L'investissement

L'investissement est l'acquisitio n d'une immobilisation, dans le but de maintenir ou d'augmenter les performances d'une entreprise, afin d'en tirer profit dans le futur.

1 Notion d'immobilisation

Une immobilisation est un bien qui présente quatre caractéristiques :
- la durée de détention du bien par l'entreprise est longue (supérieure à deux ans) ;
- le bien a une valeur unitaire relativement importante (supérieure à 500 € HT) ;
- le bien est la propriété de l'entreprise ;
- le bien procure à l'entreprise des avantages économiques dans le futur.

2 Les différents types d'investissements

2.1. Le classement selon la nature des investissements

On distingue trois types d'investissements liés à la nature de l'immobilisation :
- les investissements immatériels : acquisition d'immobilisations incorporelles ou immatérielles, c'est-à-dire sans consistance physique (frais d'études ; brevets...) ;
- les investissements matériels : acquisition de biens matériels ayant une consistance physique (une machine-outil) ;
- les investissements financiers : placement ou acquisition de titres conservés longtemps sans aucune volonté spéculative (actions ou obligations).

2.2. Le classement selon l'objectif des investissements

On distingue trois types d'investissements selon l'objectif poursuivi :
- l'investissement de remplacement : l'immobilisation est acquise pour remplacer une autre immobilisation plus ancienne devenant défaillante ou obsolète ;
- l'investissement de capacité : l'immobilisation acquise doit permettre de suivre l'augmentation d'activité de l'entreprise ;
- l'investissement de productivité : l'immobilisation acquise est plus performante et permet de produire mieux.

3 Les enjeux de l'investissement

Un investissement engage l'entreprise pour une longue durée et met en jeu des sommes importantes. Il s'agit d'une décision stratégique susceptible de menacer la pérennité de l'entreprise s'il est mal évalué. Mais, l'investissement permet aussi à l'entreprise d'obtenir des avantages économiques futurs.
Investir est donc la réponse à un choix réfléchi entre les risques encourus et les gains espérés.

Mots clés
Immobilisation • Investissement immatériel • Investissement matériel • Investissement financier • Investissement de remplacement • Investissement de capacité • Investissement de productivité

Savoir 30

La rentabilité de l'investissement

Un investissement est une dépense de fonds importante avec des effets à long terme. Avant de le réaliser, il est indispensable d'en vérifier la rentabilité.

1 Le coût de l'investissement

Le coût de l'investissement est le coût de l'immobilisation. Il comprend le prix d'achat de l'immobilisation augmenté des frais d'installation, de livraison et d'étude et diminué des éventuelles réductions accordées par le fournisseur.

2 Le calcul de la capacité d'autofinancement (CAF)

GESTION OPÉRATIONNELLE

La capacité d'autofinancement (CAF) correspond aux gains que rapporte l'investissement ; c'est un flux de trésorerie. À la fin du projet, il faut tenir compte de la valeur résiduelle de l'immobilisation, c'est-à-dire la valeur à laquelle on peut espérer la vendre. Elle augmente la CAF de la dernière année.

EXEMPLE Soit un investissement de 520 000 € prévu sur 5 ans ; la valeur résiduelle est de 20 000 €. Les CAF sont calculées dans le tableau suivant :

	ANNÉE 1	ANNÉE 2	ANNÉE 3	ANNÉE 4	ANNÉE 5
Chiffre d'affaires	800 000	850 000	900 000	925 000	960 000
– Charges d'exploitation	600 000	630 000	675 000	715 000	750 000
– amortissements	100 000	100 000	100 000	100 000	100 000
= Résultat avant impôt	100 000	120 000	125 000	110 000	110 000
– impôt (au taux de 28 %)	28 000	33 600	35 000	30 800	30 800
= résultat après impôt	72 000	86 400	90 000	79 200	79 200
+ amortissements	100 000	100 000	100 000	100 000	100 000
= CAF	172 000	186 400	190 000	179 200	179 200

L'amortissement est une charge calculée qui doit être retranchée du chiffre d'affaires pour le calcul du résultat avant impôt. Son incidence sur la CAF se limite à cette diminution de l'impôt car il ne donne pas lieu à une sortie de fonds. C'est pourquoi il doit être réintégré après le calcul de l'impôt.

3 Le tableau des flux nets de trésorerie (FNT)

Ce tableau des flux nets de trésorerie présente les emplois et les ressources dégagés par l'investissement sur toute la durée du projet, depuis l'acquisition de l'immobilisation (année 0) jusqu'à la fin du projet (année N). L'investissement génère un besoin de trésorerie ou besoin en fonds de roulement (BFR) ; ce BFR est estimé par l'entreprise. La récupération du BFR apparaît quand il n'y a plus besoin de trésorerie.

Début d'année → 0 ; Fin d'année → 1 … 4

ANNÉES	0	1	2	3	4	5
EMPLOIS						
Investissement	520 000					
Variation BFR	8 000	6 500	6 200	5 800	5 500	
Total Emplois	528 000	6 500	6 200	5 800	5 500	0
RESSOURCES						
CAF d'exploitation		172 000	186 400	190 000	179 200	179 200
Valeur résiduelle						20 000
Récupération du BFR						32 000
Total Ressources	0	172 000	186 400	190 000	179 200	231 200
Flux nets de trésorerie	– 528 000	165 500	180 200	184 200	173 700	231 200

4 Les indicateurs de la rentabilité de l'investissement

4.1. La valeur actuelle nette (VAN)

Les FNT sont constatés à la fin de chaque période. Or, le décideur estime tous les FNT à la date de l'investissement (à la date t_0), alors que la valeur de l'argent évolue sur la durée du projet. Pour permettre une comparaison pertinente, on procède à l'actualisation des flux : tous les flux futurs sont évalués au moment de l'investissement, soit à leur valeur actuelle. La VAN est la somme de tous les FNT actualisés au moment de l'investissement avec un taux d'actualisation (t).

$$VAN = V_0 + V_1/(1+t)^1 + V_2/(1+t)^2 + ... + V_n/(1+t)^n$$

Une VAN positive signifie que le projet est rentable. Plus la VAN est élevée, plus le projet est rentable. Il faut retenir le projet ayant la plus forte VAN.

4.2. L'indice de profitabilité (IP)

L'indice de profitabilité (IP) est le rapport entre la somme des FNT actualisés et le montant de l'investissement. Il faut retenir les projets dont l'IP est supérieur à 1, ce qui indique que le projet est rentable, et ne pas retenir les autres.

4.3. Le délai de récupération

Le délai de récupération correspond au délai à l'issue duquel les FNT cumulés couvrent la dépense initiale. Il doit être le plus court possible.

Mots clés Capacité d'autofinancement (CAF) • Coût de l'investissement • Flux nets de trésorerie (FNT) • Valeur actuelle nette (VAN) • Indice de profitabilité (IP) • Délai de récupération

S'ENTRAÎNER AU BTS
Exercice 13 : p. 175-176

Savoir 31

Les ressources de financement

L'entreprise dispose de deux types de ressources financières : les ressources internes et les ressources externes.

1 Les ressources internes

1.1. L'autofinancement

L'autofinancement est la part de bénéfice non distribué aux actionnaires. Cette ressource permet de financer (souvent partiellement) les investissements. L'avantage de l'autofinancement est que l'endettement de l'entreprise n'est pas aggravé.

1.2. L'apport en comptes courants d'associés

Les associés peuvent être sollicités pour le financement d'un investissement. Ils prêtent des fonds moyennant une rémunération.

1.3. L'augmentation de capital

L'augmentation de capital consiste à émettre de nouveaux titres achetés par des actionnaires. Elle permet d'obtenir de nouveaux fonds tout en améliorant la structure financière de l'entreprise.

2 Les ressources externes

2.1. L'emprunt

L'emprunt est une opération par laquelle le prêteur (souvent une banque) met à la disposition d'une autre personne, l'emprunteur, une somme d'argent moyennant le remboursement et le paiement d'un intérêt.
L'emprunt est caractérisé par sa durée, son taux d'intérêt et le mode de remboursement (annuités constantes, amortissement constants, *in fine* – c'est-à-dire par un seul remboursement tout à la fin de la durée).
Le financement par emprunt modifie la structure financière de l'entreprise. Il fait augmenter le taux d'endettement de l'entreprise.

2.2. Le crédit-bail

Le crédit-bail est un moyen de financer une immobilisation sans recourir à l'emprunt. Il s'agit d'un contrat de location sur une période donnée, à l'issue de laquelle le locataire peut acheter le bien, le rendre au bailleur, ou prolonger la durée du contrat de location initial. Les loyers sont des charges décaissées qui réduisent le résultat et la CAF. La structure financière de l'entreprise n'est pas affectée.

Mots clés
Ressources internes • Ressources externes • Autofinancement • Apport en compte courant d'associés • Augmentation de capital • Emprunt • Crédit-bail

GESTION OPÉRATIONNELLE

Savoir 32

Le remboursement de l'emprunt

Trois modes de remboursement d'emprunt sont possibles. L'annuité d'emprunt comprend le remboursement à proprement parler (amortissement) et l'intérêt de l'emprunt.

1 Le remboursement par annuités constantes

Les sommes versées sont identiques tous les ans.

EXEMPLE Soit un emprunt de 20 000 € remboursable sur 4 ans au taux de 2,5 %. On calcule le montant de l'annuité avec a = 20 000 × 2,5 % / [1 – (1 + 2,5 %)$^{-4}$].

ANNÉES	CAPITAL DÛ EN DÉBUT D'ANNÉE	ANNUITÉS	INTÉRÊTS	AMORT.	CAPITAL DÛ EN FIN D'ANNÉE
1	20 000,00	5 316,36	20 000 × 2,5 % = 500,00	4 816,36	15 183,64
2	15 183,64	5 316,36	15 183,64 × 2,5 % = 379,59	4 936,77	10 246,88
3	10 246,88	5 316,36	10 246,88 × 2,5 % = 256,17	5 060,19	5 186,69
4	5 186,69	5 316,36	5 186,69 × 2,5 % = 129,67	5 186,69	0,00

2 Le remboursement par amortissements constants

L'amortissement (emprunt divisé par durée) est le même chaque année.

EXEMPLE

ANNÉES	CAPITAL DÛ EN DÉBUT D'ANNÉE	AMORT.	INTÉRÊTS	ANNUITÉS	CAPITAL DÛ EN FIN D'ANNÉE
1	20 000,00	5 000,00	20 000 × 2,5 % = 500,00	5 500,00	15 000,00
2	15 000,00	5 000,00	15 000 × 2,5 % = 375,00	5 375,00	10 000,00
3	10 000,00	5 000,00	10 000 × 2,5% = 250,00	5 250,00	5 000,00
4	5 000,00	5 000,00	5 000 × 2,5 % = 125,00	5 125,00	0,00

3 Le remboursement de l'emprunt *in fine*

Seuls les intérêts sont versés pendant la durée de l'emprunt *in fine* (le remboursement se fait tout à la fin).

ANNÉES	CAPITAL DÛ EN DÉBUT D'ANNÉE	ANNUITÉS	INTÉRÊTS	REMBOURSEMENT	CAPITAL DÛ EN FIN D'ANNÉE
1	20 000,00		20 000 × 2,5 % = 500,00		20 000,00
2	20 000,00		500,00		20 000,00
3	20 000,00		500,00		20 000,00
4	20 000,00	20 500,00	500,00	20 000,00	0,00

Mots clés : Annuité • Amortissement • Emprunt *in fine*

S'ENTRAÎNER AU BTS
Exercice 14 : p. 175-176

Savoir 33

L'impact du financement sur la rentabilité de l'investissement

Le mode de financement d'un investissement influe sur sa rentabilité.

1 L'impact sur la capacité d'autofinancement (CAF)

Un financement par emprunt augmente les charges, diminue le bénéfice, et par conséquent, abaisse la CAF.

	ANNÉE 1	ANNÉE 2	ANNÉE 3	ANNÉE 4	ANNÉE 5
Chiffre d'affaires	800 000	850 000	900 000	925 000	960 000
– Charges d'exploitation	600 000	630 000	675 000	715 000	750 000
– Charges d'intérêts	8 000	6 400	4 800	3 200	1600
– Amortissements	100 000	100 000	100 000	100 000	100 000
= Résultat avant impôt	92 000	113 600	120 200	106 800	108 400
– Impôt	25 760	31 808	33 656	29 904	30 352
= Résultat net	66 240	81 792	86 544	76 896	78 048
+ Amortissements	100 000	100 000	100 000	100 000	100 000
= CAF	166 240	181 792	186 544	176 896	178 048

2 L'impact sur le tableau des flux nets de trésorerie

D'autres éléments du tableau des flux nets de trésorerie changent : dans les ressources, le montant de l'emprunt apparaît sur la période concernée (généralement au début du projet) ; dans les emplois, il faut réintégrer à chaque période le montant du remboursement (seul le remboursement est intégré car les intérêts sont traités lors du calcul des CAF).

ANNÉES	0	1	2	3	4	5
EMPLOIS						
Investissement	520 000					
Variation BFR	8 000	6 500	6 200	5 800	5 500	
Remboursement emprunt		80 000	80 000	80 000	80 000	80 000
Total Emplois	528 000	86 500	86 200	85 800	85 500	80 000
RESSOURCES						
Emprunts	400 000					
CAF d'exploitation		166 240	181 792	186 544	176 896	178 048
Valeur résiduelle						20 000
Récupération du BFR						32 000
Total Ressources	400 000	166 240	181 792	186 544	176 896	230 048
Flux nets de trésorerie	– 128 000	79 740	95 592	100 744	91 396	150 048

Mots clés : Capacité d'autofinancement (CAF)

S'ENTRAÎNER AU BTS
Exercice 14 : p. 175-176

GESTION OPÉRATIONNELLE

Savoir 34

Le tableau de bord

Le tableau de bord rassemble divers indicateurs de pilotage. Il est réalisé périodiquement pour aider à la prise de décision.

1 Un outil de reporting

Le tableau de bord est un outil de reporting qui permet de faire circuler l'information vers les responsables ou vers le terrain, dans le but de motiver l'équipe ou de prendre des mesures pour redresser les résultats.
Il permet de mesurer les performances commerciales d'un rayon, d'un magasin, ou d'une équipe, ainsi que la satisfaction client à travers divers résultats.

2 Un outil de pilotage

Le tableau de bord est un outil de pilotage : il permet de mesurer les écarts entre les performances réalisées et les objectifs fixés.
Il révèle les points forts et points faibles dans le but de prendre les mesures correctrices adéquates.
Il permet de communiquer et de commenter les performances de chaque membre de l'équipe.

EXEMPLE Un vendeur qui a réalisé deux fois moins de ventes que les autres vendeurs du rayon a peut-être besoin d'une formation aux techniques de vente ou au produit.

3 La périodicité du tableau de bord

La périodicité pourra être quotidienne si on a besoin de prendre des mesures correctrices immédiates, ou hebdomadaire à trimestrielle pour aider à la prise de décision, ou encore annuelle pour faire le point sur les résultats globaux et définir une stratégie pour l'année suivante. La fréquence ne sera pas trop élevée, car il faut prendre le temps de mesurer l'impact des décisions.

EXEMPLES Agir sur les prix lors d'une promotion (périodicité quotidienne) ; définir les actions commerciales pour le trimestre suivant en vue de redresser les chiffres (périodicité trimestrielle) ; fixer les objectifs de l'année suivante (périodicité annuelle).

4 La collecte des informations

Pour alimenter le tableau de bord, il faut prévoir la manière de collecter et de remonter les informations nécessaires en demandant aux différents acteurs (responsables, commerciaux) de communiquer les informations dont on a besoin.

Mots clés Reporting • Pilotage • Performances • Périodicité • Collecte des informations

Savoir 35 La présentation du tableau de bord

Pour créer son tableau de bord, le manageur détermine au préalable les informations qui doivent y figurer.

1 Le contenu du tableau de bord

La structure doit être claire et simple. Il tiendra de préférence sur une seule page pour être facilement lisible. Il pourra être conçu sur tableur et comportera éventuellement des graphiques.

Il comprendra des indicateurs qui peuvent prendre la forme d'écarts et permettre la comparaison entre plusieurs périodes et plusieurs enseignes :

– écarts entre les réalisations et les objectifs (objectif ↔ réel) ;

– comparaison des indicateurs dans le temps (mois N ↔ mois N-1 ; année N ↔ année N-1) ;

– comparaison des indicateurs avec les autres magasins du groupe.

2 La forme du tableau de bord

EXEMPLE

Le tableau ci-dessous permet de comparer les objectifs de chiffre d'affaires des ventes de parfums dans différents points de vente et les réalisations. L'objectif global est atteint à 95 %, avec quelques disparités : les ventes de Too faced ont largement dépassé l'objectif prévu alors que celles d'Urban Decay n'ont atteint que 9 % de l'objectif.

	OBJECTIF DE CA	CA RÉALISÉ	ÉCART SUR OBJECTIF
Sephora	49 278 €	53 701 €	109 %*
Urban Decay	21 052 €	1 954 €	9 %
Too faced	5 698 €	16 054 €	282 %
Dior	6 453 €	5 844 €	91 %
Lancôme	3 330 €	3 725 €	112 %
Total	85 811 €	81 278 €	95 %

* (53 701 / 49 278) × 100.

Mots clés Graphiques • Indicateurs • Réalisations • Objectifs

S'ENTRAÎNER AU BTS
Exercice 15 : p. 176

Savoir 36

Les indicateurs commerciaux et financiers

Un indicateur est une information chiffrée permettant de mesurer la performance d'un domaine. Les indicateurs choisis doivent être simples à utiliser, à calculer et à interpréter.

1 Les indicateurs commerciaux

CHIFFRE D'AFFAIRES HT	Évalue l'évolution de l'activité.
MARGE COMMERCIALE	Mesure la rentabilité du point de vente : Prix de vente HT – Prix d'achat HT
TAUX DE MARQUE	Marge commerciale exprimée en pourcentage du prix de vente : $\frac{\text{Marge}}{\text{Prix de vente HT}} \times 100$
TAUX DE MARGE	Marge commerciale exprimée en pourcentage du prix d'achat : $\frac{\text{Marge}}{\text{Prix d'achat HT}} \times 100$
TAUX DE RUPTURE	Mesure l'absence d'une référence qui est habituellement présente en rayon. Il doit être le plus bas possible : $\frac{\text{Nombre de références en rayon}}{\text{Nombre de références théoriques}} \times 100$
PANIER MOYEN	Permet de savoir combien un client dépense en moyenne dans le magasin : $\frac{\text{Chiffre d'affaires}}{\text{Nombre de tickets de caisse}} \times 100$
INDICE DE VENTE	Nombre d'articles achetés par un client en moyenne.
TAUX DE DÉMARQUE	Représente les pertes liées à la casse et au vol. Il doit être le plus faible possible.

2 Les indicateurs financiers

Les indicateurs financiers sont :
– le besoin en fonds de roulement (BFR) : il correspond au besoin de financement lié au cycle d'exploitation ;
– le fonds de roulement : il permet de vérifier que les immobilisations sont financées par des ressources stables (capitaux propres et emprunts). Il représente la réserve financière qui va permettre à l'entreprise de financer l'exploitation courante ;
– la trésorerie : c'est la différence entre les ressources de l'entreprise et ses besoins. Elle doit permettre de régler les dettes qui arrivent à échéance.

Mots clés

Marge • Taux de marque • Taux de marge • Panier moyen • Indice de vente • Démarque • Besoin en fonds de roulement (BFR) • Fonds de roulement • Trésorerie

S'ENTRAÎNER AU BTS
Exercice 16 : p. 176-177

GESTION OPÉRATIONNELLE

Savoir 37

L'analyse du tableau de bord

L'analyse du tableau de bord permet de cerner les évolutions des indicateurs et de prendre les mesures correctrices appropriées.

1 Le repérage des éléments importants

1.1. Le contenu du tableau de bord

Il faut bien lire les titres pour savoir à quoi correspond le tableau : concerne-t-il le point de vente seul ou permet-il de comparer avec d'autres points de vente du réseau ? Les chiffres concernent-ils l'ensemble du point de vente, seulement un rayon, ou encore les résultats des commerciaux ?

1.2. La périodicité du tableau

Le tableau de bord peut être quotidien, hebdomadaire, mensuel, trimestriel, annuel. L'examen attentif de la date ou de la période permet de se positionner dans le temps et de repérer les données comparables de la période précédente.

EXEMPLES On ne comparera pas la fréquentation du mois de décembre et du mois de février, ni celles du lundi et du samedi.

1.3. Le type de données

Le tableau de bord pourra reprendre les données de la période ou bien des données cumulées. Il est important aussi de repérer s'il comporte uniquement des données réelles ou des objectifs à atteindre.

2 Le repérage des tendances

Le calcul des taux d'évolution permet de voir les tendances, si les indicateurs sont à la baisse ou à la hausse, et dans quelle mesure. On repérera aussi les éléments marquants, c'est-à-dire les indicateurs les plus significatifs.
On comparera les indicateurs actuels et ceux des périodes antérieures ou des autres points de vente du réseau afin de voir si les tendances sont identiques. On pourra tirer des corrélations entre les indicateurs.
Les résultats obtenus seront impérativement commentés et interprétés.

EXEMPLE Si les résultats d'un commercial sont à la baisse, il faudra en comprendre les raisons : objectif trop élevé, déficit de formation...

Il s'agira enfin de proposer les actions à mettre en œuvre pour résoudre les problèmes détectés, en tenant compte des actions antérieures.

Mots clés Périodicité • Données cumulées • Tendances • Éléments marquants

S'ENTRAÎNER AU BTS
Exercice 15 : p. 176

GESTION OPÉRATIONNELLE

Savoir 38 Le reporting

Le **reporting** consiste à collecter les informations visant à évaluer les performances, afin de prendre les mesures correctrices adaptées.

1 L'intérêt du reporting

Le reporting est un système de remontée verticale d'informations. Il permet d'agréger les résultats des collaborateurs afin de les transmettre à la direction. Le manageur doit être régulièrement informé des résultats des collaborateurs auxquels il a fixé des objectifs.

2 Les différents types de reporting

2.1. Le reporting individuel

Le reporting individuel concerne chaque salarié de manière individuelle.

INFORMATIONS COLLECTÉES	– Quantités vendues – Montant des ventes	– Nombre de clients rencontrés – Taux de concrétisation
MOYENS DE COLLECTE	– Comptes rendus – Briefing	– Traitement informatique des ventes – Visites de clients mystère

2.2. Le reporting collectif

Il concerne l'ensemble de l'équipe. Par les mêmes moyens que le reporting individuel, on obtient des informations pour l'ensemble de l'UC, à savoir :
- le niveau des ventes, de chiffre d'affaires ;
- le taux de concrétisation ;
- le taux de satisfaction ;
- le panier moyen, l'indice de vente ;
- les comparaisons avec les autres magasins de l'enseigne ;
- les taux d'évolution.

2.3. Reporting et tableau de bord

Le reporting fait état d'un résultat en fin de période et permet d'analyser des résultats ; le tableau de bord permet de constater un état d'avancement et de prendre des mesures correctrices en cours de période.

EXEMPLES Un reporting montre que le panier moyen a baissé au cours de l'année. On pourra en comprendre les raisons pour trouver des solutions pour l'année suivante. La lecture du tableau de bord de la semaine montre que l'objectif de panier moyen n'est pas atteint : des mises en avant la semaine suivante inciteront les clients à acheter plus.

Mots clés Reporting • Reporting individuel • Reporting collectif

Savoir 39

Le SIC

Le SIC (Système d'information commerciale) recouvre les moyens et procédures de collecte, d'analyse, de stockage et de diffusion de l'information au sein de l'unité commerciale.

1 L'intérêt du SIC

Le SIC contient des informations pertinentes issues de sources internes (ex. : fichier clients) et de sources externes (ex. : relevé des prix chez les concurrents).
Ces informations sont stockées, traitées puis diffusées, afin de faciliter la prise de décision et la mise en place des actions commerciales adéquates.
Le SIC permet de conserver une trace de toutes les opérations commerciales réalisées.

GESTION OPÉRATIONNELLE

2 La protection des données

2.1. La protection des données à caractère personnel

Sont considérées comme des données à caractère personnel les nom, prénom, date de naissance, numéro de téléphone, adresse mail…
Les informations dites sensibles comme les croyances religieuses, l'appartenance politique ou l'origine ethnique ne doivent pas figurer dans un fichier.
En France, la CNIL (Commission nationale de l'informatique et des libertés) vérifie que les droits de l'homme, la vie privée et les libertés individuelles sont bien respectés, sous peine de sanctions.

2.2. Le traitement informatique des données

Le RGPD (Règlement général sur la protection des données) encadre le traitement des données personnelles sur le territoire de l'Union européenne. Il oblige toutes les organisations publiques ou privées à observer certaines règles :
– le principe de finalité : les données personnelles peuvent être recueillies et traitées pour un usage déterminé et légitime, correspondant uniquement aux missions de l'unité commerciale ;
– les données sont conservées pour une durée limitée et doivent respecter les droits des personnes, qui peuvent demander à accéder aux informations collectées sur elles, à les rectifier ou à les supprimer du fichier.

EXEMPLE Un établissement disposant d'un système de vidéosurveillance ne peut pas conserver les images plus d'un mois.

Mots clés SIC (Système d'information commerciale) • Source interne • Source externe • Protection des données • Informations sensibles • CNIL (Commission nationale de l'informatique et des libertés) • RGPD (Règlement général sur la protection des données)

Savoir 40

La mesure de la rentabilité de l'activité

La rentabilité est la capacité à générer du bénéfice. Différents ratios permettent de mesurer la rentabilité de l'activité de l'unité commerciale.

1 La rentabilité commerciale

On mesure la rentabilité commerciale par le ratio :

$$\frac{\text{Résultat net}}{\text{Chiffre d'affaires}}$$

Il mesure l'importance du bénéfice net par rapport au chiffre d'affaires. On l'appelle aussi taux de marge nette.

EXEMPLE Le taux de marge nette d'Auchan est d'environ 1,4 % sur une année.

2 Le taux de marge commerciale

Le taux de marge commerciale mesure la marge par rapport au chiffre d'affaires. Ce résultat peut être comparé aux enseignes du même secteur.

$$\text{Taux de marge commerciale} = \frac{\text{Marge commerciale}}{\text{Chiffre d'affaires}}$$

EXEMPLE Le taux de marge commerciale dans le prêt-à-porter est d'environ 41,6 % du CA HT.

3 La rentabilité économique

La rentabilité économique est calculée à partir du résultat d'exploitation, duquel on soustrait l'impôt sur les sociétés (IS), rapporté aux capitaux stables de l'entreprise. Elle permet d'apprécier la performance en retenant l'ensemble des capitaux durables (capitaux d'endettement et capitaux propres) :

$$\frac{\text{Résultat d'exploitation} \times (1 - \text{taux d'IS})}{\text{Capitaux propres + dettes financières}}$$

4 La rentabilité financière

La rentabilité financière mesure la rentabilité des capitaux propres, c'est-à-dire la capacité de l'unité commerciale à rémunérer ses associés.
On l'obtient par la formule :

$$\frac{\text{Résultat net comptable}}{\text{Capitaux propres}}$$

Mots clés : Rentabilité • Taux de marge nette • Taux de marge commerciale • Rentabilité économique • Rentabilité financière

GESTION OPÉRATIONNELLE

Savoir 41

La mise en place de mesures correctrices

Lorsque les résultats ne sont pas conformes aux objectifs fixés, il convient de prendre des mesures pour faire repartir les ventes à la hausse et diminuer les dépenses.

1 L'augmentation des ventes

Pour accroître les ventes, plusieurs procédés sont possibles :
- augmenter le nombre de clients ;

EXEMPLE En touchant une nouvelle cible ou en élargissant la zone de chalandise.

- augmenter le panier moyen et le panier articles (ou indice de vente : nombre de produits différents achetés par un client) ;

EXEMPLE En proposant davantage de promotions et en impliquant davantage le personnel de vente.

- développer les actions de fidélisation (un client fidèle dépense plus qu'un nouveau client et est moins sensible aux prix) ;

EXEMPLES En réajustant le système de fidélisation, en adaptant davantage l'offre.

- augmenter le niveau d'implication des vendeurs ;

EXEMPLES En modifiant le système de rémunération, par l'attribution de primes.

- développer le niveau de compétences du personnel.

EXEMPLE En organisant des formations aux produits et/ou aux techniques de vente.

2 La diminution des dépenses

Diminuer les charges signifie faire des économies. L'entreprise peut recourir à plusieurs moyens :
- obtenir de meilleures conditions commerciales ou renégocier le prix d'achat des produits auprès des fournisseurs, tout en veillant à préserver la qualité des produits ;
- réduire les frais de personnel en demandant aux salariés d'augmenter leur productivité, ce qui risque toutefois de générer des tensions ;
- mieux communiquer en utilisant davantage la communication digitale pour faire connaître les nouveaux produits et informer des promotions en cours, pour ainsi diminuer les frais liés à la communication traditionnelle.

EXEMPLE Être plus actif sur les réseaux sociaux : Facebook, Twitter, Instagram.

Mots clés Panier moyen • Panier articles • Fidélisation • Implication • Compétences • Prix d'achat • Frais de personnel • Communication digitale

Exercice 1 Voir Fiche Savoir 2

La réglementation des documents commerciaux

Vous êtes en stage au Comptoir de l'Énergie. Votre directeur reçoit depuis quelque temps des réclamations de la part des clients au sujet de factures, qui seraient non conformes. Il vous demande de contrôler ces factures pour relever les éventuelles anomalies.

- **Selon vous, quels éléments de la réglementation ne sont pas respectés sur la facture (annexe) ?**

Annexe Facture

Facture du 25/07/2020

Comptoir de l'Énergie

Adresse de livraison **Adresse de facturation**

Adresse de livraison	Adresse de facturation
Bruno Ressus 50 rue de Reng 59000 LILLE	Bruno Ressus 50 rue de Reng 59000 LILLE

Numéro de facture	PRES012434
Date de facturation	25/07/2020
Réf. de commande	ETFJOSOUX
Date de commande	25/07/2020

RÉF.	PRODUIT	TAUX DE TVA	PRIX UNITAIRE (HT)	QTÉ	TOTAL (HT)
AXSPS-88P	Pompe à chaleur piscine Altech SP88 8.98 kW	21 %	1 188,00 €	1	1 188,00 €

Détail des taxes	**Taux de TVA**
Produits	21 %
Moyen de paiement	

Total produits	1 188,00 €
Frais d'expédition	Livraison gratuite
Total (HT)	1 188,00 €
Total taxes	237,60 €
Total	1 425,60 €

FAIT ☐ REVU ☐

Exercice 2 Voir Fiche Savoir 4

Le cycle d'exploitation

Vous travaillez chez un commerçant de fruits et légumes. Son chiffre d'affaires annuel s'élève à 250 000 € HT et ses achats de marchandises représentent 60 % des ventes HT.

On estime que les marchandises restent en stock 10 jours (sur 360 jours par an). Le stock de fournitures (carton, palettes) s'élève à 10 000 € HT. Les fournisseurs acceptent d'être payés à 30 jours. Parmi la clientèle, 70 % sont des particuliers et règlent comptant, et 30 % sont des restaurateurs qui règlent à 30 jours. La TVA est de 5,5 % sur les produits alimentaires, et de 20 % pour les fournitures.

1. **Calculez le montant du stock nécessaire.**
2. **Calculez le montant du crédit fournisseurs.**
3. **Calculez le montant du crédit clients.**

FAIT ☐ REVU ☐

Exercice 3 Voir Fiche Savoir 5

Le BFR et la RFR

Le magasin « La Perle des Caraibes » souhaite connaître l'évolution de son besoin en fonds de roulement. Vous venez d'être recruté(e) pour cette tâche : vous disposez des résultats pour les années N et N+1 (annexe).

1. **Évaluez le besoin en fonds de roulement pour N et N+1.**
2. **Commentez vos résultats.**

Annexe Résultats comptables

	ANNÉE N	ANNÉE N+1
Stocks	12 320	9 650
Créances clients	690	950
Dettes fournisseurs	6 740	5 690

FAIT ☐ REVU ☐

Exercice 4 Voir Fiche Savoir 9

L'organisation des approvisionnements

Lilou, responsable du magasin de fleurs « Fiori di Alassio », situé en région bordelaise, souhaite optimiser ses approvisionnements en pots d'Astromedia auprès du fournisseur habituel local.

Vous êtes chargé(e) de programmer les approvisionnements sur quatre semaines de mai, période la plus intense de l'année pour la vente de cette plante. Lilou vous transmet les prévisions de ventes (annexe 1) et les modalités d'approvisionnement (annexe 2).

1. Comment peut-on qualifier la méthode d'approvisionnement choisie par le magasin ?

2. Présentez le programme d'approvisionnement des fleurs Astromedia.

Annexe 1 Prévisions de ventes Astromedia

SEMAINES	1	2	3	4
VENTES PRÉVUES (NBRE POTS)	150	170	190	210

Annexe 2 Modalités d'approvisionnement

- Les quantités à livrer sont fixées en fonction des prévisions de ventes de la semaine suivante avec un stock de sécurité de 5 % des ventes prévues (arrondis à l'unité supérieure).
- Les livraisons se font à la fin de chaque semaine en quantités variables.
- Le stock en début de semaine 1 est de 160 pots.
- La prévision des ventes de la semaine 5 est de 140 pots.

FAIT ☐ REVU ☐

Exercice 5 Voir Fiche Savoir 12

Le bilan fonctionnel

Vous travaillez dans l'entreprise Pro'Barber, vendeur de produits pour la barbe. Votre directeur vous demande des informations concernant le bilan de l'année, afin de connaître la situation de l'entreprise. À partir du bilan de l'année N (annexe), répondez aux questions suivantes.

1. Présentez le bilan fonctionnel de l'année N.

2. Calculez les indicateurs d'équilibre financier.

3. Présentez les ratios d'équilibre.

4. Concluez sur la situation de l'entreprise.

Annexe Bilan au 31/12/N (en K€)

ÉLÉMENTS ACTIFS	MONTANTS BRUTS	AMORT. ET DÉPR.	NET ANNÉE N	ÉLÉMENTS PASSIFS	NET ANNÉE N
Immob.				Capitaux	
Incorporelles	140	70	70	Capital	60
Corporelles	100	45	55	Réserves	20
Financières	5	1	4	Résultat	– 24,55
TOTAL	245	116	129	TOTAL	55,45
Actif circulant				Passif circ.	
Stocks	30	3	27	Emprunt	65
Créances clients	10	4	6	Dette fourn.	25
Autres créances	5		0,5	Dette fiscale	5
VMP	4	0,5	3,5	Dettes sociales	15,2
Dispo	4,65		4,65	Découverts	5
Total	49,15	7,5	41,65	Total	
Total général	170,55			170,55	

FAIT ☐ REVU ☐

GESTION OPÉRATIONNELLE

Exercice 6 Voir Fiches Savoir 15 et 16

Les SIG et l'analyse des SIG

La SA Le Bon Goût est un grossiste en produits frais issus de l'agriculture biologique.

- **À partir de l'annexe, calculez et analysez les SIG.**

Annexe Compte de résultat

CHARGES		PRODUITS	
Achats de marchandises	518 450,00	Ventes de marchandises	830 521,00
Variation de stock	– 3 154,00	Subventions	
Autres achats et charges externes	98 750,00		
Impôts	15 698,00		
Charges de personnel	165 870,00		
Autres charges de gestion courante	6 596,00		
Dotations aux amortissements	12 630,00		
Total des charges d'exploitation	*814 840,00*	*Total des produits d'exploitation*	*830 521,00*
Intérêts	8 470,00	Produits des VMP	815,00
Total des charges financières	*8 470,00*	*Total des produits financiers*	*815,00*
Valeur comptable des éléments d'actif cédés	1 583,00	Produits des cessions d'éléments d'actif	2 000,00
Amendes	120,00	Dons, libéralités	500,00
Total des charges exceptionnelles	*1 703,00*	*Total des produits exceptionnels*	*2 500,00*
Total des charges	**825 013,00**	**Total des produits**	**833 836,00**
Résultat (bénéfice)	8 823,00	Résultat (perte)	0,00
Total général	***833 836,00***	***Total général***	***833 836,00***

FAIT ☐ REVU ☐

Exercice 7 Voir Fiche Savoir 17

Le calcul du coût de revient

L'entreprise Chauss'Dance fabrique des chaussures de danse à partir de bandes de cuir. Ces bandes passent dans un premier atelier pour y être découpées, puis dans un deuxième atelier pour être tannées. Les chaussures obtenues sont ensuite cirées dans un troisième atelier. Votre responsable vous demande de calculer les coûts de production et de revient pour le mois de mars.

1. Présentez le tableau des charges indirectes (annexe 1).

2. Calculez le coût d'achat des bandes de cuir et la fiche de stock au CUMP (annexe 2).

3. Calculez le coût de production des chaussures hommes et femmes fabriquées (pas de stock de produits finis).

4. Calculez le coût de revient des produits vendus et le résultat pour les deux types de produit.

5. Concluez sur les résultats obtenus.

Annexe 1 Tableau des charges indirectes

CHARGES INDIRECTES	APPROVIS.	DÉCOUPE	TANNAGE	CIRAGE	DISTRIB.
Montants	25 000	240 000	102 000	64 000	83 000
Nature UO	Qté achetée	Heures-machine	Heures-machine	Chaussures fabriquées	100 € de CA
Nombre UO					
Coût UO					

GESTION OPÉRATIONNELLE

Annexe 2 Données

Les stocks en début de période

Cuir = 1 500 bandes pour une valeur de 345 000 €

Achat de matières premières = 500 bandes à 210 € pièce.

Production et ventes sur la période

– chaussures hommes : 1 000 fabriquées et 1 000 vendues à 260 €

– chaussures femmes : 2 000 fabriquées et 1 800 vendues 320 €

Consommation de matières premières

– 1 bande de cuir pour 5 chaussures hommes

– 1 bande de cuir pour 4 chaussures femmes

Consommation de MOD

– 1 000 h à 22 € pour les chaussures hommes

– 2 000 h à 23 € pour les chaussures femmes

Temps de machine

Découpe : 400 h pour les hommes et 600 h pour les femmes

Tannage : 600 h pour les hommes et 700 h pour les femmes

Cirage : 300 h pour les hommes et 200 h pour les femmes

FAIT ☐ REVU ☐

Exercice 8 Voir Fiche Savoir 22

L'identification des risques

• **Indiquez à quelle catégorie de risques appartiennent ces événements (annexe).**

Annexe Événements

1. Erreurs de saisie de codes-barres.

2. Un client se blesse en glissant sur le sol mouillé dans le magasin.

3. Hold-up avec prise d'otages dans le magasin.

4. Une manifestation bloque l'entrée du magasin.

5. Panne d'un compresseur en chambre froide.

6. La commande d'un client n'a pas été livrée.

FAIT ☐ REVU ☐

Exercice 9 Voir Fiche Savoir 24

Le traitement des risques

Vous allez ouvrir un entrepôt pour stocker vos marchandises (valeur moyenne : 500 000 €). Vous consultez 3 assureurs pour connaître les modalités d'indemnisation en cas d'incendie.

1. À partir des informations fournies par les assureurs (annexe 1) et en fonction des trois scénarios envisagés (annexe 2), choisissez l'offre la plus intéressante.

2. Le calcul du niveau du risque fait apparaître une note de criticité du premier scénario très élevée, et très faible dans les deux autres cas. Cela peut-il modifier votre choix ?

Annexe 1 Offres des assureurs

LA BÂLOISE	Remboursement du sinistre avec franchise de 10 % sur le montant de la perte.
LA GMA	Retenue forfaitaire de 1 000 € et 4 % de franchise sur le montant de l'indemnité.
LA ZURICHOISE	Indemnisation totale avec franchise fixe de 2 500 €.

Annexe 2 Scénarios envisagés

SCÉNARIO 1	Début d'incendie rapidement maîtrisé par le personnel, perte inférieure à 10 000 €.
SCÉNARIO 2	Incendie avec intervention des pompiers, des dégâts estimés à une valeur maximale de 33 % de la valeur du stock.
SCÉNARIO 3	Perte totale du stock.

FAIT ☐ REVU ☐

Exercice 10 Voir Fiche Savoir 25

Les modèles mathématiques de prévision des ventes

Jouets & Rires vend des jouets, jeux éducatifs, articles de fête, farces et attrapes et déguisements. Le dirigeant veut évaluer les ventes de l'année à venir, d'autant que l'arrivée d'un concurrent fait craindre une baisse de chiffre d'affaires de l'ordre de 15 %.

1. **À partir des données (annexe), évaluez le CA pour l'année N+1 en utilisant la méthode des moindres carrés.**

2. **Calculez le CA pour l'année N+1 en tenant compte de l'arrivée du concurrent.**

Annexe Évolution du CA sur 5 ans

ANNÉES	CA
N-4	550 000 €
N-3	560 000 €
N-2	585 000 €
N-1	592 000 €
N	603 000 €

FAIT ☐ REVU ☐

Exercice 11 Voir Fiche Savoir 26

La notion de corrélation

Le dirigeant de Jouets & Rires se demande si une campagne publicitaire pourrait réduire l'impact de l'arrivée de son concurrent sur son chiffre d'affaires. Pour cela, il veut vérifier le lien entre le budget publicitaire et l'évolution du CA.

1. **À partir des données (annexe), calculez le coefficient de corrélation.**

2. **Interprétez ce résultat, puis précisez s'il est judicieux d'augmenter le budget publicitaire.**

Annexe Budget publicitaire et CA

ANNÉES	BUDGET PUBLICITAIRE	CA
N-4	1 000 €	550 000 €
N-3	1 000 €	560 000 €
N-2	1 500 €	585 000 €
N-1	1 500 €	592 000 €
N	2 000 €	603 000 €

FAIT ☐ REVU ☐

Exercice 12 Voir Fiche Savoir 27

La saisonnalité de l'activité

Le budget publicitaire du magasin Jouets & Rires est porté à 3 000 € pour N+1. Le dirigeant souhaite qu'il soit réparti sur l'année selon la saisonnalité des ventes. Les actions publicitaires sont menées dès les premiers jours de chaque trimestre.

• **À partir des données (annexe), calculez les coefficients saisonniers selon la méthode des pourcentages.**

Annexe Répartition trimestrielle du CA

	TRIM. 1	TRIM. 2	TRIM. 3	TRIM. 4
N-4	70 000	105 000	85 000	290 000
N-3	71 000	106 000	83 000	300 000
N-2	74 000	107 000	89 000	315 000
N-1	79 000	109 000	92 000	312 000
N	79 000	110 000	96 000	318 000

FAIT ☐ REVU ☐

Exercice 13 Voir Fiche Savoir 30

La rentabilité de l'investissement

L'entreprise Sorgel, spécialisée en bricolage, envisage de créer un rayon Jardinage. Ce projet nécessite un investissement de 85 000 € amorti sur 5 ans. L'augmentation de chiffre d'affaires générée serait de 50 000 € par an les deux premières années et de 73 000 € par an les années suivantes. Les charges d'exploitation correspondantes représentent 45 % du chiffre d'affaires. La valeur résiduelle de l'investissement est estimée à 5 000 €. On considérera que le taux d'impôt est de 28 %, et le taux d'actualisation, de 5 %.

1. **Calculez les FNT, la VAN, l'indice de profitabilité et le délai de récupération**

2. **Concluez sur l'opportunité du projet.**

FAIT ☐ REVU ☐

Exercice 14 Voir Fiches Savoir 32 et 33

L'emprunt et l'impact du financement sur la rentabilité de l'investissement

Pour financer l'investissement de 85 000 € pour son nouveau rayon Jardinage, la société Sorgel soucrit un emprunt de 50 000 €.

1. **À partir de l'annexe 1, calculez le montant de l'annuité de remboursement de l'emprunt.**

2. **À partir de l'annexe 1 et de la réponse à la question précédente, établissez le tableau d'amortissement de l'emprunt.**

3. **À partir des réponses aux questions précédentes et de l'annexe 2, calculez les nouvelles CAF (en tenant compte du financement par emprunt).**

4. **Mesurez l'impact de ce financement sur la rentabilité de l'investissement. Concluez.**

Annexe 1 Caractéristiques de l'emprunt

- Taux d'intérêt : 2,3 %
- Durée de l'emprunt : 5 ans
- Remboursement par annuités constantes

Annexe 2 Informations comptables

Les caractéristiques de l'investissement sont les mêmes que pour l'exercice 14.

Les BFR annuels sont les suivants :

Année N : 2 500 €

Année N+1 : 2 800 €

Année N+2 : 2 950 €

Année N+3 : 3 100 €

Année N+4 : 3 250 €

FAIT ☐ REVU ☐

Exercice 15 voir Fiches Savoir 35 et 37

La présentation et l'analyse du tableau de bord

Vous êtes en stage chez K par K, entreprise spécialisée dans la vente de portes et fenêtres. Votre responsable vous demande d'établir un tableau de bord pour suivre les ventes des commerciaux. Il souhaite également connaître les prévisions et résultats cumulés (annexe).

1. **Réalisez le tableau des ventes trimestrielles avec les écarts prévisions/réalisations.**

2. **Représentez graphiquement ces éléments.**

3. **Analysez les résultats.**

Annexe Données

	Prévisions mensuelles	Réalisations
Janvier	250	270
Février	105	110
Mars	380	370
Avril	150	150
Mai	250	280
Juin	150	200
Juillet	380	350
Août	150	200
Septembre	230	220
Octobre	200	210
Novembre	210	220
Décembre	300	310

FAIT ☐ REVU ☐

Exercice 16 voir Fiche Savoir 36

Les indicateurs commerciaux et financiers

Vous êtes responsable d'un magasin de prêt-à-porter féminin. À l'occasion de la Fête des mères, vous mettez en place une promotion sur certains articles (annexes 1 et 2). Cette promotion va durer une semaine. Vous prévoyez d'accorder une remise de 20 % sur le prix de vente public habituel. Vous avez négocié avec votre fournisseur une réduction de 5 % de votre prix d'achat hors taxes (TVA : 20 %).

1. **Calculez la marge et le taux de marque habituels (annexe 1).**

2. **La promotion vous permet d'augmenter les ventes de robes de 20 %, celles des chemisiers de 10 %, celles des foulards de 30 %, celles des jeans de 10 % et celles des vestes de 5 %. Calculez le volume des ventes au terme de l'opération (annexe 2).**

3. **Calculez le prix de vente promotionnel, la marge promotionnelle et le nouveau taux de marque promotionnel (annexe 3).**

4. **Vous souhaitiez augmenter votre chiffre d'affaires de 10 % : avez-vous atteint votre objectif ? Qu'en est-il de votre marge ? L'opération était-elle intéressante ? Justifiez vos réponses (annexe 4).**

Annexe 1 Calcul de la marge et du taux de marque

ARTICLES	PRIX D'ACHAT NORMAL HT	PRIX DE VENTE CONSEILLÉ TTC	MARGE	TAUX DE MARQUE
Robes	75,60	189,00		
Chemisiers	19,60	49,00		
Foulards	11,60	29,00		
Jeans	19,60	49,00		
Vestes	47,60	119,00		

Annexe 2 Calcul du volume des ventes

VENTES HEBDOMADAIRES HABITUELLES		VENTES RÉALISÉES AU TERME DE LA PROMOTION	
Robes	75	Robes	
Chemisiers	35	Chemisiers	
Foulards	28	Foulards	
Jeans	53	Jeans	
Vestes	19	Vestes	

Annexe 3 Calcul du prix de vente promotionnel, de la marge promotionnelle et du taux de marque promotionnel

ARTICLES	PRIX D'ACHAT PROMOTIONNEL HT	PRIX DE VENTE PROMOTIONNEL TTC	PV PROMO HT	MARGE PROMO.	TAUX DE MARQUE LORS DE LA PROMOTION
Robes					
Chemisiers					
Foulards					
Jeans					
Vestes					

Annexe 4 Calcul de la rentabilité de l'opération

ARTICLES	VENTES NOR-MALES	PV HT HORS PROMO	CA HT HORS PROMO	MARGE HORS PROMO	VENTES PROMO	PV HT PROMO	CA HT PROMO	MARGE PROMO
Robes								
Chemisiers								
Foulards								
Jeans								
Vestes								
TOTAUX								

FAIT ☐ REVU ☐

GESTION OPÉRATIONNELLE

CORRIGÉS

Exercice 1 Voir Fiche Savoir 2

La réglementation des documents commerciaux

• **Selon vous, quels éléments de la réglementation ne sont pas respectés sur la facture (annexe) ?**

– Le taux de TVA est de 20 % et non 21 %.
– Le mode de règlement n'est pas indiqué.
– Il manque le numéro d'identification de l'entreprise (Siret, Siren) et ses coordonnées (il manque l'adresse).

Exercice 2 Voir Fiche Savoir 4

Le cycle d'exploitation

1. Calculez le montant du stock nécessaire.

Sachant que les marchandises restent en stock 10 jours sur 360 jours :
Stock = CA × 30 / 360 = 250 000 × 10 / 360 = 6 944,44 €.
Il faut aussi tenir compte du stock de fournitures, soit 10 000 €.
Le stock nécessaire à financer se monte donc à 6 944,40 + 10 000 = 16 944,44 €.

2. Calculez le montant du crédit fournisseurs.

Ce montant comprend les achats de marchandises et le stock de fournitures, soit :
Achats de marchandises = 60 % × CA = 60 % × 2 500 000 = 150 000 € HT.
Stock de fournitures : 10 000 × 1,20 = 12 000 €.
Crédit fournisseur à 30 jours = [(150 000 × 1,055) + (10 000 × 1,20)] × 30 / 360 = 14 187,50 € TTC.

3. Calculez le montant du crédit clients.

Ce montant se calcule à partir du CA TTC, soit 250 000 × 1,055 = 263 750 €.
70 % des clients paient comptant et 30 % paient à 30 jours, donc le délai de paiement moyen est de 30 % × 30 jours = 9 jours sur 360.
263 750 × 9 / 360 = 6 593,75 €.

Exercice 3 Voir Fiche Savoir 5

Le BFR et la RFR

1. Évaluez le besoin en fonds de roulement pour N et N+1.

En N, le BFR est égal à 12 320 + 690 – 6 740 = 6 270 €.
En N+1, il s'élève à 9 650 + 950 – 5 690 = 4 910 €.

2. Commentez vos résultats.

Entre les deux années, le BFR a diminué de 1 360 €, soit (1 360 / 6 270) = 21,7 %.
Le magasin a constitué moins de stock, ce qui a permis de réduire les dettes fournisseurs, mais les créances clients ont progressé.

Exercice 4 Voir Fiche Savoir 9

L'organisation des approvisionnements

1. Comment peut-on qualifier la méthode d'approvisionnement choisie par le magasin ?

La méthode choisie est la gestion calendaire : à date fixe (fin de semaine) et en quantités variables.

2. Présentez le programme d'approvisionnement des fleurs Astromédia.

SEMAINES	1	2
STOCK INITIAL	160	179
PRÉVISIONS DE VENTES	150	170
STOCK FINAL AVANT LIVRAISON	10	9
LIVRAISON	169*	191
STOCK FINAL APRÈS LIVRAISON	179*	200

* Les quantités commandées sont calculées en fonction des ventes de la semaine suivante.

Pour la semaine 1 :
Le stock final à prévoir est de 170 + 5 % (stock de sécurité) = 179.
Livraison = 179 – 10 = 169.

SEMAINES	3	4
STOCK INITIAL	200	221
PRÉVISIONS DE VENTES	190	210
STOCK FINAL AVANT LIVRAISON	10	11
LIVRAISON	211	136
STOCK FINAL APRÈS LIVRAISON	221	147*

* Ventes semaine 5 + 5 % = 147.

GESTION OPÉRATIONNELLE

Exercice 5 Voir Fiche Savoir 12

Le bilan fonctionnel

1. Présentez le bilan fonctionnel de l'année N.

ACTIF	MONTANTS	PASSIF	MONTANTS
Emplois stables	245 000	Ressources stables	243 950
Actif circulant Trésorie active	40 500 8 650	Passif circulant Trésorerie passive	45 200 5 000
Total gén.	294 150	Total gén.	294 150

2. Calculez les indicateurs d'équilibre financier.

INDICATEURS	
FRNG	– 1 050
BFR	– 4 700
TN	3 650

3. Présentez les ratios d'équilibre.

Capitaux propres : 60 000 + 20 000 – 24 550 + 65 000 + 116 000 + 7 500 = 243 950.

Vérification : –1 050 – (–4 700) = 3 650.

4. Concluez sur la situation de l'entreprise.

Il y a un déséquilibre à long terme : les ressources stables ne couvrent pas les emplois stables. Le BFR est négatif, ce qui signifie que l'entreprise a un besoin en fonds de roulement. Il y a donc plus de dettes que de créances à court terme. C'est pourquoi l'entreprise a une trésorerie nette positive (les clients payent plus vite que l'entreprise ne paye ses fournisseurs). Le FRNG négatif est dû en partie à un résultat négatif.

Exercice 6 Voir Fiches Savoir 15 et 16

Les SIG et l'analyse des SIG

• À partir de l'annexe, calculez et analysez les SIG.

SIG	DÉTAIL	MONTANTS
Marge commerciale	830 521 - (518 450 - 3 154)	315 225,00
Valeur ajoutée	315 225 - 98 750	216 475,00
EBE	216 475 - (15 698 + 165 870)	34 907,00
Résultat d'exploitation	34 907 - (6 596 + 12 630)	15 681,00
Résultat courant avant impôt	15 681 + 815 - 8 470	8 026,00
Résultat exceptionnel	2 500 - 1 703	797,00
Résultat net	8 026 + 797	8 823,00

La marge commerciale représente 38 % du chiffre d'affaires.

La valeur ajoutée correspond à 26 % du chiffre d'affaires, il s'agit de la capacité à créer de la richesse.

Il n'y a pas d'externalisation de l'activité : cette entreprise a une activité difficilement délocalisable.

L'entreprise investit : les dotations aux amortissements correspondent à 36 % de l'EBE. Pour financer ces investissements, l'entreprise a emprunté (les charges d'intérêts représentent 54 % du résultat d'exploitation).

Exercice 7 Voir Fiche Savoir 17

Le calcul du coût de revient

1. Présentez le tableau des charges indirectes (annexe 1).

CHARGES INDIRECTES	APPROVIS.	DÉCOUPE	TANNAGE	CIRAGE	DISTRIBUTION
Montants	25 000	240 000	102 000	64 000	85 000
Nature UO	Qté achetée	Heures-machine	Heures-machine	Chaussures fabriquées	100 € de CA
Nombre UO	500	1000	1300	3 000	8 880
Coût UO	50	240	78,5	21,333	9,35

2. Calculez le coût d'achat des bandes de cuir et la fiche de stock au CUMP (annexe 2).

Coût d'achat des bandes de cuir

	QUANTITÉS	COÛT UNITAIRE	TOTAUX
Cuir	500	210	105 000 €
Charges approvis.	500	50	25 000 €
Coût d'achat	500	260	130 000 €

Fiche de stock au CUMP

	QTÉS	COÛT UNITAIRE	TOTAUX
Stock initial	1 500	230	345 000 €
Achat	500	260	130 000 €
Sorties	700	237,5	166 250 €
Stock final	1 300	237,5	308 750 €

3. Calculez le coût de production des produits fabriqués (pas de stock de produits finis).

Coût de production des chaussures hommes

	QTÉS	COÛT UNITAIRE	TOTAUX
Cuir	200	237,5	47 500
MOD	1 000	22	22 000
Atelier 1	400	240	96 000
Atelier 2	600	78,46	47 076,92
Atelier 3	1 000	21,33	21 333,33
Coût de production	1 000	233,91	233 910,26

Coût de production des chaussures femmes

	QTÉS	COÛT UNITAIRE	TOTAUX
Cuir	500	237,5	118 750
MOD	2 000	23	46 000
Atelier 1	600	240	144 000
Atelier 2	700	78,46	54 923,08
Atelier 3	2 000	21,33	42 666,67
Coût de production	2 000	203,17	406 339,74

4. Calculez le coût de revient des produits vendus et le résultat pour les deux produits.

Chaussures hommes

	QTÉS	CU	TOTAUX
Coût de production	1 000	233,91	233 910,26
Centre de distribution	2 600	9,35	24 301,80
Coût de revient	1 000	258,21	258 212,06
Chiffre d'affaires	1 000	260	260 000
Résultat analytique		1,79	1 787,94

Chaussures femmes

	QTÉS	CU	TOTAUX
Coût de production	1 800	203,17	365 705,77
Centre de distribution	5 760	9,35	53 837,84
Coût de revient	1 800	233,08	419 543,61
Chiffre d'affaires	1 800	320	576 000
Résultat analytique		86,92	156 456,39

5. Concluez sur les résultats obtenus.

Les résultats analytiques montrent que les deux produits sont bénéficiaires. En revanche, on voit nettement que le résultat des chaussures femmes est bien plus important, que ce soit en termes de prix unitaire ou pour le global : l'entreprise vend plus de chaussures femmes que de chaussures hommes.

Exercice 8 Voir Fiche Savoir 22

L'identification des risques

• **Indiquez à quelle catégorie de risques appartiennent ces événements (annexe).**

1. Risque commercial (démarque inconnue).
2. Risque lié à un tiers (accident corporel).
3. Risque lié aux personnes (salariés et clients).
4. Risque lié à l'environnement social.
5. Risque accidentel lié aux biens de l'entreprise.
6. Risque fournisseur.

Exercice 9 Voir Fiche Savoir 24

Le traitement des risques

1. À partir des informations fournies par les assureurs (annexe 1) et en fonction des trois scénarios envisagés (annexe 2), choisissez l'offre la plus intéressante.

Tableaux d'indemnisation des sinistres

LA BÂLOISE	
Scénario 1	10 000 – 10 % de 10 000 = 9 000 €
Scénario 2	(500 000 x 33 %) × 0 ,9 = 149 400 €
Scénario 3	500 000 × 0,9 = 450 000 €

LA GMA	
Scénario 1	10 000 – 2 500 = 7 500 €
Scénario 2	(500 000 × 33 %) – 2 500 = 163 500 €
Scénario 3	500 000 – 2 500 = 497 500 €

LA ZURICHOISE	
Scénario 1	100 000 – 1 000 – (4 % de 10 000) = 8 600 €
Scénario 2	166 000 – 1 000 – (4 % de 166 000) = 158 360 €
Scénario 3	500 000 – 1 000 – (4 % de 500 000) = 479 000 €

C'est donc la GMA qui semble la plus intéressante pour les moyens et gros sinistres.

2. Le calcul du niveau du risque fait apparaître une note de criticité du premier scénario très élevée, et très faible dans les deux autres cas. Cela peut-il modifier votre choix ?

Oui : La Bâloise, qui offre une meilleure garantie pour les petits sinistres, devient alors le meilleur choix.

Exercice 10 Voir Fiche Savoir 25

Les modèles mathématiques de prévision des ventes

1. À partir des données (annexe), évaluez le CA pour l'année N+1 en utilisant la méthode des moindres carrés.

X_i	Y_i	$X_i - X$	$Y_i - Y$	$(X_i - X)^2$	$(X_i - X)(Y_i - Y)$
1	550 000	– 2	– 28 000	4	56 000
2	560 000	– 1	– 18 000	1	18 000
3	585 000	0	7 000	0	0
4	592 000	1	14 000	1	14 000
5	603 000	2	25 000	4	50 000
3	578 000	Moy	Somme	10	138 000

Pour calculer le CA de N+1, on doit calculer a et b :

a = 138 000 / 10

a = 13 800

b = 578 000 – 3 × 13 800

b = 536 600

CA_{N+1} = 13 800 × 6 + 536 600, soit 619 400 €.

2. Calculez le CA pour l'année N+1 en tenant compte de l'arrivée du concurrent.

Le CA sera de 619 400 × 85 % = 526 490 €.

Exercice 11 Voir Fiche Savoir 26

La notion de corrélation

1. À partir des données (annexe), calculez le coefficient de corrélation.

X_i	Y_i	$X_i - X$	$(X_i - X)^2$	$Y_i - Y$	$(Y_i - Y)^2$	$(X_i - X)(Y_i - Y)$
1 000	550 000	– 420	176 400	– 28 000	784 000 000	11 760 000
1 000	560 000	– 420	176 400	– 18 000	324 000 000	7 560 000
1 600	585 000	180	32 400	7 000	49 000 000	1 260 000
1 500	592 000	80	6 400	14 000	196 000 000	1 120 000
2 000	603 000	580	336 400	25 000	625 000 000	14 500 000
1 420	578 000	Moy/∑	728 000		1 978 000 000	36 200 000

$$r = \frac{36\,200\,000}{\sqrt{(728\,000 \times 1\,978\,000\,000)}}$$

r = 0,954.

2. Interprétez ce résultat, puis précisez s'il est judicieux d'augmenter le budget publicitaire.

R est positif et proche de 1, on peut en déduire qu'il y a une corrélation entre le budget publicitaire et le CA et que les deux variables évoluent de la même façon. Il est donc judicieux d'augmenter le budget publicitaire.

Exercice 12 Voir Fiche Savoir 27

La saisonnalité de l'activité

- À partir des données (annexe), calculez les coefficients saisonniers selon la méthode des pourcentages.

	T1	T2	T3	T4	MOY/T	COEF. SAIS.
N-4	70 000	105 000	85 000	290 000	137 500	19,03 %
N-3	71 000	106 000	83 000	300 000	140 000	19,38 %
N-2	74 000	107 000	89 000	315 000	146 250	20,24 %
N-1	79 000	109 000	92 000	312 000	148 000	20,48 %
N	79 000	110 000	96 000	318 000	150 750	20,87 %
Total	373 000	537 000	445 000	1 535 000	722 500	100 %

GESTION OPÉRATIONNELLE

Exercice 13 Voir Fiche Savoir 30

La rentabilité de l'investissement

1. Calculez les FNT, la VAN, l'indice de profitabilité et le délai de récupération.

	N	N+1	N+2	N+3	N+4
CA	50 000	50 000	73 000	73 000	73 000
Ch. d'exploit.	22 500	22 500	32 850	32 850	32 850
Amortissement	16 000	16 000	16 000	16 000	16 000
Résultat av. IS	11 500	11 500	24 150	24 150	24 150
IS	3 220	3 220	6 762	6 762	6 762
Résultat ap. IS	8 280	8 280	17 388	17 388	17 388
Amortissement	16 000	16 000	16 000	16 000	16 000
Valeur rés.					5 000
FNT	24 280	24 280	33 388	33 388	38 388
FNT actualisés	23 124	22 023	28 842	27 468	30 078
Cumul FNT act.	- 61 876	- 39 853	- 11 011	16 457	46 535

– Calcul des FNT (tableau) : les FNT sont actualisés au taux de 5 % puis cumulés sur toute la durée de vie de l'investissement. Pour l'année N, la dépense réalisée en début d'année fait diminuer la CAF de 85 000 €. C'est ce qui explique un cumul des FNT actualisés négatif.

– La VAN est la somme de tous les FNT actualisés après déduction du montant de l'investissement initial (ou le cumul des FNT actualisés), soit 46 535 €.

– L'IP (indice de profitabilité) est le rapport entre la somme des FNT actualisés et le montant de l'investissement initial : 131 535 / 85 000 = 1,547.

– Le délai de récupération est d'un peu plus de 3 ans : le cumul des FNT actualisés devient positif pendant l'année N+3. Pour calculer plus précisément ce délai :

(11 012 / 27 468) × 360 = 144,325 jours.

11 012 € est la somme à récupérer pour que le cumul des FNT soit nul, et 27 468 € est la valeur du FNT actualisé de l'année N+3 (on considère qu'une année compte 360 jours). Le DR est donc de 3 ans et 145 jours (arrondi à l'unité supérieure).

2. Concluez sur l'opportunité du projet.

La VAN est positive, l'IP est supérieur à 1 et le DR permet de récupérer le montant de l'investissement. L'investissement est donc rentable.

GESTION OPÉRATIONNELLE

Exercice 14 Voir Fiches Savoir 32 et 33

L'emprunt et l'impact du financement sur la rentabilité de l'investissement

1. À partir de l'annexe 1, calculez le montant de l'annuité de remboursement de l'emprunt.

Il faut calculer l'annuité à partir de la formule :

$$a = E \times \frac{t}{1 - (1 + t)^{-n}}$$

Avec : E = 50 000 ; n = 5 ; t = 2,3 %.

a = 10 700,46 €

2. À partir de l'annexe 1 et de la réponse à la question précédente, établissez le tableau d'amortissement de l'emprunt.

ANNÉES	CAPITAL RESTANT DÛ EN DÉBUT D'ANNÉE	INTÉRÊTS	REMBOURS. DE L'EMPRUNT	ANNUITÉS	CAPITAL RESTANT DÛ EN FIN D'ANNÉE
N	50 000,00	1 150,00	9 550,46	10 700,46	40 449,54
N+1	40 449,54	930,34	9 770,12	10 700,46	30 679,42
N+2	30 679,42	705,63	9 994,83	10 700,46	20 684,59
N+3	20 684,59	475,75	10 224,71	10 700,46	10 459,87
N+4	10 459,87	240,58	10 459,87	10 700,45	0,00

3. **À partir des réponses aux questions précédentes et de l'annexe 2, calculez les nouvelles CAF (en tenant compte de ce financement par emprunt).**

	N	N+1	N+2	N+3	N+4
Chiffre d'affaires	50 000	50 000	73 000	73 000	73 000
Charges d'expl.	22 500	22 500	32 850	32 850	32 850
Intérêts emprunt	1 150	930	706	476	241
Amortissement	16 000	16 000	16 000	16 000	16 000

	N	N+1	N+2	N+3	N+4
Résultat avant IS	10 350	10 570	23 444	23 674	23 909
IS	2 898	2 960	6 564	6 629	6 695
Résultat après IS	7 452	7 610	16 880	17 045	17 215
Amortissement	16 000	16 000	16 000	16 000	16 000
Valeur rés.					5 000
FNT	23 452	23 610	32 880	33 045	38 215
FNT actualisés	22 335	21 415	28 403	27 187	29 942
Cumul FNT act.	- 62 665	- 41 250	- 12 847	14 340	44 282

4. **Mesurez l'impact de ce financement sur la rentabilité de l'investissement. Concluez.**

Il s'agit de construire le tableau des emplois/ressources.

	DÉBUT N	N	N+1	N+2	N+3	N+4
EMPLOIS						
Investissement	85 000					
BFR		2 500	2 800	2 950	3 100	3 250
Remboursement de l'emprunt		9 550	9 770	9 995	10 225	10 460
Total emplois	85 000	12 050	12 570	12 945	13 325	13 710
RESSOURCES						
Emprunt	50 000					
CAF d'exploitation		23 452	23 610	32 880	33 045	33 215
Valeur résiduelle						5 000
Récupération du BFR						14 600
Total Ressources	50 000	23 452	23 610	32 880	33 045	52 815
FNT (Ressources – emplois)	– 35 000	11 402	11 040	19 935	19 721	39 105
FNT Cumulés	– 35 000	– 23 598	– 12 558	7 377	27 097	66 202

Le cumul des FNT devient positif plus tôt que lorsque le financement n'avait pas été prévu, même si les CAF sont inférieures. Le projet demeure rentable et peut être envisagé. Le recours à l'emprunt améliore la rentabilité du projet.

Exercice 15 voir Fiches Savoir 35 et 37

La présentation et l'analyse du tableau de bord

1. **Réalisez le tableau des ventes trimestrielles avec les écarts prévisions/réalisations.**

	TR. 1	TR. 2	TR. 3	TR. 4	TOTAL
Prévisions	735	550	760	710	2 755
Réalisations	750	630	770	740	2 890
Écart en €	15	80	10	30	135
Écart en %	102	115	101	104	105

2. **Représentez graphiquement ces éléments.**

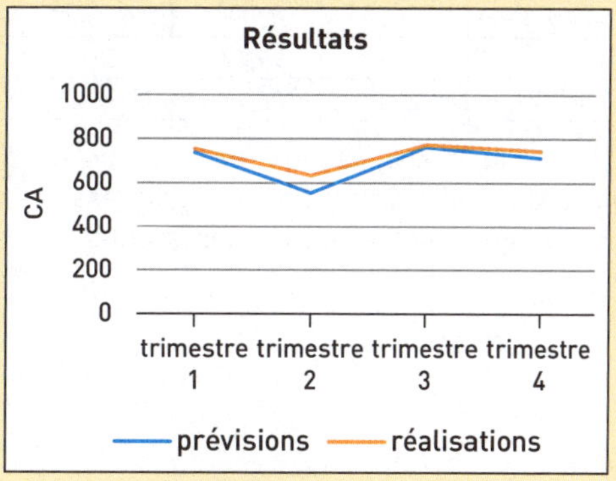

3. **Analysez les résultats.**

Les objectifs trimestriels sont atteints, l'objectif annuel est dépassé de 5 %. Les meilleurs résultats sont obtenus au trimestre 2 (dépassement de 15 %) ; le trimestre 3 est le moins bon.

GESTION OPÉRATIONNELLE

Exercice 16 voir Fiche Savoir 36

Les indicateurs commerciaux et financiers

1. Calculez la marge et le taux de marque habituels (annexe 1).

ARTICLES	PRIX D'ACHAT NORMAL HT	PRIX DE VENTE CONSEILLÉ TTC	MARGE	TAUX DE MARQUE
Robes	75,60	189,00	81,90	52 %
Chemisiers	19,60	49,00	21,23	52 %
Foulards	11,60	29,00	12,57	52 %
Jeans	19,60	49,00	21,23	52 %
Vestes	47,60	119,00	51,57	52 %

2. La promotion vous permet d'augmenter les ventes de robes de 20 %, celles des chemisiers de 10 %, celles des foulards de 30 %, celles des jeans de 10 % et celles des vestes de 5 %. Calculez le volume des ventes au terme de l'opération (annexe 2).

VENTES HEBDOMADAIRES HABITUELLES		VENTES RÉALISÉES AU TERME DE LA PROMOTION	
Robes	75	Robes	90
Chemisiers	35	Chemisiers	39
Foulards	28	Foulards	36
Jeans	53	Jeans	58
Vestes	19	Vestes	20

3. Calculez le prix de vente promotionnel, la marge promotionnelle et le nouveau taux de marque promotionnel (annexe 3).

ARTICLES	PRIX D'ACHAT PROMOTIONNEL HT	PRIX DE VENTE PROMOTIONNEL TTC	PV PROMO HT	MARGE PROMO.	TAUX DE MARQUE LORS DE LA PROMOTION
Robes	71,82	151,20	126,00	54,18	43 %
Chemisiers	18,62	39,20	32,67	14,05	43 %
Foulards	11,02	23,20	19,33	8,31	43 %
Jeans	18,62	39,20	32,67	14,05	43 %
Vestes	45,22	95,20	79,33	34,11	43 %

4. Vous souhaitiez augmenter votre chiffre d'affaires de 10 % : avez-vous atteint votre objectif ? Qu'en est-il de votre marge ? L'opération était-elle intéressante ? Justifiez vos réponses (annexe 4).

ARTICLES	VENTES NORMALES	PV HT HORS PROMO	CA HT HORS PROMO	MARGE HORS PROMO	VENTES PROMO	PV HT PROMO	CA HT PROMO	MARGE PROMO
Robes	75	157,50	11 812,50	6 142,50	90	126,00	11 340,00	4 876,20
Chemisiers	35	40,83	1 429,17	743,17	39	32,67	1 257,67	540,80
Foulards	28	24,17	676,67	351,87	36	19,33	703,73	302,61
Jeans	53	40,83	2 164,17	1 125,37	58	32,67	1 904,47	818,92
Vestes	19	99,17	1 884,17	979,77	20	79,33	1 582,70	680,56
TOTAUX	210	362,5	17 966,67	9 342,67	243	290	16 788,57	7 219,08

Pour atteindre l'objectif fixé, on aurait dû obtenir un CA hors taxes de 17 966 × 1,1 = 19 763 €, il n'est donc pas atteint. Les ventes ont progressé de 33 unités. En revanche, la marge a baissé de 2 124 €. L'opération n'était donc pas intéressante.

GESTION OPÉRATIONNELLE

Savoir 1

Les étapes du recrutement

Le recrutement est un enjeu stratégique pour toute unité commerciale, lui permettant d'assurer sa pérennité, de répondre à la concurrence, de s'adapter aux évolutions en matière de compétences et de limiter les coûts.

Le processus de recrutement correspond à une suite d'étapes successives que l'employeur doit appliquer, depuis l'identification de ses besoins en recrutement jusqu'à l'intégration des nouveaux salariés au sein de l'entreprise.

1. DIAGNOSTIC DES BESOINS	Diagnostic qualitatif et quantitatif des besoins en recrutement : comparaison entre la situation actuelle et les besoins futurs.
2. FORMALISATION DES BESOINS	– Choix du type de contrat de travail. – Création d'une fiche de poste et d'un profil de poste.
3. CHOIX DES MODES ET CANAUX DE RECRUTEMENT	– Choix du mode de recrutement : interne et/ou externe. – Utilisation des canaux de diffusion traditionnels (Pôle Emploi, APEC, Jobboards...) et/ou des réseaux sociaux professionnels et grand public.
4. RÉDACTION DE L'ANNONCE DE RECRUTEMENT	– Prise en compte des contraintes réglementaires. – Définition du contenu et adaptation de la forme selon le ou les canaux utilisés (longueur du message, ton utilisé).
5. RÉCEPTION DES CANDIDATURES	Réception des candidatures dans les delais impartis.
6. PRÉSÉLECTION DES CANDIDATURES	– Tri des CV et lettres de motivation. – Tests psychotechniques ou de personnalité (selon le type de poste), *case interview* (cas pratique), entretien téléphonique ou en visio-conférence. – Sélection des candidats. – Planification des entretiens de recrutement. – Information de tous les candidats.
7. ENTRETIENS DE RECRUTEMENT	– Entretiens collectifs et/ou individuels classiques. – Sélection finale du candidat.
8. INTÉGRATION DU CANDIDAT ET SUIVI DU RECRUTEMENT	– Information du candidat sélectionné. – Signature du contrat de travail. – Accompagnement et formation du nouveau salarié. – Suivi de l'intégration.

Mots clés

Processus de recrutement • Contrat de travail • Fiche de poste • Profil de poste • Mode de recrutement • Canaux de diffusion • Annonce de recrutement • Entretien de recrutement

Savoir 2 La détermination des besoins en recrutement

Le manageur doit apprécier son besoin en recrutement, tant au niveau quantitatif (taille de l'effectif) que qualitatif (compétences nécessaires).

1 L'équipe commerciale : composition, métiers et missions

L'équipe commerciale se compose du *front-office* (personnel en contact avec le client) et du *back-office* (personnel en appui, en réserve, dans les bureaux). Elle regroupe une grande diversité de métiers.
L'équipe doit s'efforcer d'atteindre les objectifs définis par l'unité commerciale. Pour y parvenir, chaque membre de l'équipe réalise des missions en lien avec les autres collaborateurs. Ces missions peuvent être quotidiennes, périodiques ou ponctuelles.

EXEMPLES Mission de vente (mission quotidienne) ; implantation des produits saisonniers (mission périodique) ; mise en place d'une campagne de communication (mission ponctuelle).

2 L'évaluation du besoin en recrutement

2.1. Identifier le besoin en recrutement

Le besoin en recrutement peut naître de la croissance de l'unité commerciale, du *turn-over*, ou encore d'un besoin en compétences nouvelles.

EXEMPLES Augmentation d'activité pendant la période de Noël, agrandissement de l'unité commerciale.

Pour déterminer la taille optimale de son équipe commerciale, le manageur doit connaître son effectif et ses missions et doit savoir anticiper ses futurs besoins.

2.2. Réaliser un diagnostic du besoin en recrutement

a) Le diagnostic quantitatif

Le besoin quantitatif (heures de travail ou nombre de personnes à recruter) est évalué selon le calcul suivant :

Volume d'heures pour assurer les missions confiées (Besoins)
– Volume d'heures pouvant être effectuées par l'équipe (Ressources)

b) Le diagnostic qualitatif

Il porte sur les besoins en compétences. Le manageur peut s'appuyer sur : l'analyse de l'organigramme, la cartographie des métiers (fiches ROME), la grille d'emploi, un référentiel de compétences ou encore les rapports sociaux de l'entreprise.

Mots clés Besoin en recrutement • *Front-office* • *Back-office* • Missions • Diagnostic • Compétences

S'ENTRAÎNER AU BTS
Exercices 1, 2 : p. 227

MANAGEMENT DE L'ÉQUIPE COMMERCIALE

Savoir 3

La fiche de poste et le profil de poste

Une fois qu'il a identifié son besoin en recrutement, l'employeur rédige la fiche de poste et le profil de poste.

1 La fiche de poste

1.1. Définition

C'est un outil essentiel pour lancer le processus de recrutement. La fiche de poste détermine les caractéristiques du poste de travail, ainsi que les responsabilités et missions qui seront confiées au futur salarié.

1.2. Le contenu de la fiche de poste

La fiche de poste comprend les rubriques suivantes :

INTITULÉ DU POSTE	Vendeur-conseil
STATUT	Salarié
PLACE DANS L'ORGANIGRAMME	Supérieur : chef de rayon / chef de secteur
MISSIONS PRINCIPALES	– Accueillir et renseigner le client – Fidéliser – Garantir la qualité de service et la satisfaction client – Participer à la performance du rayon
ACTIVITÉS ET TÂCHES	– Accueillir les clients – Conseiller les clients – Proposer le programme de fidélisation – Traiter les réclamations – Veiller à l'attractivité du rayon – Participer aux animations commerciales
INTERLOCUTEURS	Les autres membres de l'équipe commerciale / Les clients
CONDITIONS DE TRAVAIL	– CDD de 3 mois (35 heures) – SMIC horaire brut – Mobilité géographique nécessaire – Formations en e-learning – Évolution possible au sein du groupe
SAVOIRS	Formation en vente ou en relation client
SAVOIR-FAIRE / COMPÉTENCES	Première expérience dans la vente requise
SAVOIR-ÊTRE	– Sens de l'écoute – Esprit d'équipe – Ponctualité – Assiduité – Amabilité

La fiche de poste pourra être remise à jour en fonction de l'évolution de l'activité. Elle pourra servir à évaluer l'activité du salarié et ses besoins en formation.

2 Le profil de poste

2.1. Définition

Ce document permet d'établir le profil complet du candidat idéal pour le poste. À partir des informations de la fiche de poste, il s'agit de déduire les compétences, aptitudes et qualités requises, ainsi que les exigences en termes de formation, d'expérience professionnelle, de mobilité et de motivation.

2.2. Le contenu du profil de poste

INTITULÉ DU POSTE	Vendeur-conseil
LOCALISATION	Thiais
PLACE DANS L'ORGANIGRAMME	Supérieur : chef de rayon / chef de secteur
MISSIONS PRINCIPALES	– Accueillir et renseigner le client – Fidéliser – Garantir la qualité de service et la satisfaction des clients – Participer à la performance du rayon
RESPONSABILITÉS ET AUTONOMIE	– Créer une relation de confiance avec le client – Remonter les informations à la hiérarchie – Assurer la tenue du magasin – Participer à la fidélisation client
FORMATION	BTS MCO ou NDRC / DUT Techniques de commercialisation
EXPÉRIENCE PROFESSIONNELLE	Une première expérience dans la vente est requise.
COMPÉTENCES REQUISES	– Sens du relationnel – Sens de l'écoute – Bonne présentation – Esprit d'équipe
QUALITÉS	– Sérieux – Rigueur – Ponctualité – Polyvalence

Mots clés Fiche de poste • Profil de poste • Responsabilités • Missions • Savoir-faire • Savoir-être • Qualités • Formation • Expérience professionnelle • Compétences

S'ENTRAÎNER AU BTS
Exercice 3 : p. 227

Savoir 4

Les contrats de travail

Un contrat de travail est un document liant un salarié et un employeur, par lequel le salarié s'engage à travailler pour le compte de l'employeur, moyennant une rémunération.

Il existe plusieurs formes possibles de contrat de travail, selon le type d'activité, selon la nature du poste à pourvoir, ou encore selon la situation de la personne embauchée. Quelle que soit sa forme, le contrat de travail doit toujours respecter la législation et la réglementation en vigueur.

CONTRAT À DURÉE INDÉTERMINÉE (CDI)	C'est la forme normale et générale de la relation de travail. Le contrat n'est pas obligatoirement écrit. La durée maximale de la période d'essai est fixée à 2 mois pour les ouvriers, 3 mois pour les agents de maîtrise et 4 mois pour les cadres, renouvelable une fois.
CONTRAT À DURÉE DÉTERMINÉE (CDD)	Il correspond à l'exécution d'une tâche précise et temporaire (cas énumérés par la loi) : remplacement d'un salarié absent ou passé temporairement à temps partiel, attente de prise de fonction d'un salarié, accroissement temporaire d'activité, emploi saisonnier. Il peut être à temps plein ou à temps partiel, avec un minimum de 24 h par semaine. Le contrat est obligatoirement écrit. La période d'essai est limitée à un jour par semaine avec un maximum de deux semaines. La durée du CDD ne peut excéder 18 mois, renouvellements inclus. Le salarié bénéficie d'une indemnité de fin de contrat et d'une indemnité compensatrice de congés payés.
CONTRAT DE TRAVAIL TEMPORAIRE (CTT)	Le salarié est embauché et rémunéré par une entreprise de travail temporaire (ou agence d'intérim), qui le met à disposition d'une entreprise utilisatrice pour une durée limitée appelée « mission ». Ce contrat ne peut être conclu que dans les cas énumérés par la loi (identiques au CDD à l'exception de l'attente de prise de fonction). La durée de la période d'essai est comprise entre 2 et 5 jours. Le contrat peut être renouvelé deux fois et ne peut excéder 18 mois. Le salarié en CTT bénéficie d'une indemnité de fin de mission et d'une indemnité compensatrice de congés payés.
CONTRAT D'APPRENTISSAGE	Il permet à un jeune de suivre une formation en vue d'acquérir un diplôme d'État. Il est ouvert aux jeunes de 16 à 29 ans. La période d'essai est de 45 jours. La rémunération varie en fonction de l'âge de l'apprenti (de 27 % à 100 % du SMIC).
CONTRAT DE PROFESSIONNALISATION	Il permet d'acquérir une qualification professionnelle reconnue par l'État dans le cadre de la formation continue. L'objectif est le retour à l'emploi. Il est ouvert aux jeunes de 16 à 25 ans et aux demandeurs d'emploi de 26 ans et plus. La rémunération varie en fonction de l'âge du bénéficiaire et de sa rémunération initiale.

Mots clés

Contrat de travail • Contrat à durée indéterminée (CDI) • Contrat à durée déterminée (CDD) • Contrat de travail temporaire (CTT) • Entreprise utilisatrice • Mission • Contrat d'apprentissage • Contrat de professionnalisation

Savoir 5

Le mode et les canaux de recrutement

Pour répondre à son besoin en recrutement, l'employeur va procéder à une recherche de candidats. Le plus souvent, il mettra en place une campagne de recrutement.

1 Les modes de recrutement

Deux modes sont possibles :
– le recrutement interne, qui consiste à proposer le poste à des salariés déja présents dans l'entreprise (mutation ou promotion) ;
– le recrutement externe, qui consiste à rechercher des candidats extérieurs à l'entreprise.

2 Les canaux de recrutement

Lorsque l'employeur fait le choix du recrutement externe, il dispose de différents canaux pour diffuser son offre d'emploi.

JOBBOARDS GÉNÉRALISTES	Ces sites permettent d'accéder à une base importante de CV. Les candidatures sont actualisées.	Pôle Emploi Monster APEC
SITES D'EMPLOI SPÉCIALISÉS	Ces sites sont spécialisés par secteur, par fonction ou par zone géographique.	RegionsJob PacaJob
PRESSE	L'offre est diffusée dans la presse régionale ou nationale ou dans la presse numérique.	*Le Parisien* *Télérama*
SALONS DE RECRUTEMENT	Permet à l'entreprise de communiquer sur ses besoins en recrutement et sur son image. Elle peut rencontrer directement les candidats sur place.	Forum Emploi Initialis Salon Top Recrutement
CABINETS DE RECRUTEMENT, AGENCES D'INTÉRIM, CHASSEURS DE TÊTES	Conseille l'entreprise cliente dans sa stratégie de recrutement : définition du poste, publication de l'offre, sélection, entretien d'embauche, présentation des candidats. Les chasseurs de tête sont spécialisés pour les postes de haut niveau, ils approchent des professionnels déjà en poste.	Cabinet Mickael Page Manpower Adecco
COOPTATION	Consiste à recruter par l'intermédiaire des salariés de l'entreprise qui recommandent des personnes de leur réseau.	
RÉSEAUX SOCIAUX	L'offre est diffusée sur les réseaux sociaux professionnels, les réseaux grand public ou les nouveaux réseaux sociaux de recrutement.	LinkedIn, Viadeo Facebook, Twitter Snapchat, Instagram

Mots clés **Recrutement interne** • **Recrutement externe** • **Canaux de recrutement**

Savoir 6

L'annonce de recrutement

Après avoir détérminé son mode de recrutement et le canal de diffusion de l'offre, le manageur rédige l'annonce, qui sera destinée à informer et attirer les candidats.

1 L'annonce de recrutement classique

Elle comporte certaines informations destinées à bien expliquer le poste à pourvoir.

INTITULÉ DU POSTE	Il doit être simple et non genré ; on pourra préciser « H ou F ».
RÉFÉRENCE DE L'OFFRE	Permet au candidat d'indiquer la référence du poste pour lequel il postule.
DATE DE PUBLICATION	Elle doit être précisée dans l'annonce.
DESCRIPTIF DE L'ENTREPRISE	Présentation succincte de l'entreprise ; elle sera attractive et valorisante.
DESCRIPTION DU POSTE	Précise les missions du futur recruté en lien avec le profil de poste établi, ainsi que les spécificités du travail (en équipe, de nuit, horaires décalés, déplacements...).
CONDITIONS DE TRAVAIL	Type de contrat proposé (CDD, CDI), durée du travail (temps partiel/complet), lieu de travail, fourchette de salaire, perspectives d'évolution, éventuels avantages en nature (voiture de fonction...), date de la prise de poste.
PROFIL DU CANDIDAT	Formation, diplômes, expérience, compétences nécessaires pour le poste (connaissances informatiques, langues étrangères...) et qualités personnelles souhaitées (travail en autonomie, capacité d'adaptation...).
PIÈCES À FOURNIR ET MOYENS DE CONTACT	Documents à fournir (CV et lettre de motivation à jour), date limite de candidature, moyens de contact (nom de la personne à contacter, coordonnées téléphoniques, postales, électroniques).

L'annonce respectera les règles de forme : phrases courtes, intitulé du poste en évidence, présentation structurée, vocabulaire propre au secteur d'activité. Elle valorisera l'entreprise et insistera sur les avantages d'y travailler.

2 L'annonce de recrutement sur les réseaux sociaux

L'annonce publiée sur les réseaux sociaux diffère de celle publiée sur les sites classiques. Le texte, clair, concis et attractif, établira un lien de proximité avec les candidats.
L'offre sera publiée sur les réseaux sociaux par l'entreprise, avec la possibilité de la diffuser à son réseau *via* la fonction « Partage ».

Mots clés Description du poste • Conditions de travail • Profil • Réseaux sociaux

S'ENTRAÎNER AU BTS
Exercice 2 : p. 227

Savoir 7

La sélection des candidats

Après la collecte des candidatures, le manageur doit procéder à la sélection des candidats.

1 Les étapes de sélection des candidats

La sélection des candidatures suit plusieurs étapes : tri des CV et lettres de motivation, planification des entretiens, réalisation des entretiens individuels et/ou collectifs, confrontation des candidats, sélection du candidat final et, enfin, information de l'ensemble des candidats sur la décision de recrutement.

2 L'outil de présélection : la matrice multicritères

Le manageur présélectionne toutes les candidatures reçues (CV et lettres de motivation) dans le but d'identifier les candidats qui seront invités à passer un entretien. Grâce à la matrice multicritères, le manageur pourra définir des critères de comparaison, une échelle de notation, ainsi qu'une méthode de pondération :

CRITÈRES	COEFFICIENT DE PONDÉRATION	CANDIDAT A		CANDIDAT B		CANDIDAT C	
		NOTE SUR 4	NOTE PONDÉRÉE	NOTE SUR 4	NOTE PONDÉRÉE	NOTE SUR 4	NOTE PONDÉRÉE
FORMATION	2	1	2	3	6	4	8
EXPÉRIENCE	3	2	6	4	12	3	9
COMPÉTENCES TECHNIQUES	2	2	4	3	6	4	8
AUTRES COMPÉTENCES	1	2	2	4	4	4	4
TOTAL	–	7	14	14	28	15	29

Échelle de notation : insuffisant = 1 ; passable = 2 ; bien = 3 ; très bien = 4.

Après quoi, on attribue une note à chaque critère, on multiplie chaque note par son coefficient de pondération, puis on totalise les points. Divers processus de décision sont alors possibles :
– les candidats obtenant le plus de points sont présélectionnés (méthode additive) ;
– les candidats obtenant une note trop basse sur un critère déterminé sont éliminés (méthode conjonctive) ;
– les candidats obtenant la meilleure note sur un critère déterminé sont sélectionnés (méthode disjonctive).
La matrice peut également être réalisée pour chaque candidat et être représentée par un graphique en radar.
Le manageur convoque ensuite le ou les candidats sélectionnés pour un ou plusieurs entretiens individuels et/ou collectifs.

Mots clés
Matrice multicritères • Échelle de notation • Pondération • Coefficient de pondération

MANAGEMENT DE L'ÉQUIPE COMMERCIALE

Savoir 8

L'entretien de recrutement

Les entretiens de recrutement permettent de vérifier l'adéquation entre le profil du candidat et le poste à pourvoir. Ils constituent une occasion de demander au candidat des informations supplémentaires et d'évaluer sa motivation.

1 L'entretien

1.1. Les interlocuteurs de l'entretien

Selon le type de poste à pourvoir et la taille de l'entreprise, le candidat pourra faire face à différents interlocuteurs : responsable des ressources humaines, manageur ou dirigeant de l'entreprise. Le recrutement pourra également être assuré par un cabinet externe.

1.2. Les différents types d'entretiens

ENTRETIEN TÉLÉPHONIQUE / EN VISIO-CONFÉRENCE	Il fait gagner du temps et permet d'affiner rapidement la présélection. Le candidat n'a pas à se déplacer ; il veillera toutefois à prévoir de bonnes conditions d'entretien (être disponible, dans un environnement calme, avec une bonne qualité de connexion) et portera une tenue vestimentaire adaptée. Il devra pratiquer une écoute active.
ENTRETIEN COLLECTIF	Les candidats sont regroupés lors d'un même entretien destiné à repérer plus rapidement les profils intéressants. L'entretien collectif précède généralement les entretiens individuels. Il se déroule selon un format qui suit les étapes suivantes : présentation de l'entreprise/du poste, tour de table des candidats, mise en situation professionnelle. Ensemble, les candidats pourront être amenés à élaborer un mini-projet, à débattre sur un sujet, ou encore à argumenter et prendre une décision. Le recruteur observe la façon dont les candidats se comportent en groupe, leur expression orale, leur personnalité.
ENTRETIEN INDIVIDUEL CLASSIQUE	Ce type d'entretien permet d'évaluer le candidat en face à face (on parle d'échange « *one to one* » entre le recruteur et le candidat). L'objectif est de s'assurer que le profil correspond au poste à pourvoir et de faire connaissance. Le candidat peut être amené à passer une succession d'entretiens individuels avec différents interlocuteurs, avec une sélection à chaque tour.
JOB-DATING	Ce sont des entretiens d'embauche spontanés qui se font à l'occasion des salons de recrutement. Le candidat doit être capable de convaincre le recruteur en quelques minutes.

1.3. Les techniques d'animation

Selon le type de poste et le contact à établir, le recruteur a le choix entre plusieurs techniques d'animation :

L'ENTRETIEN DIRECTIF	Le recruteur pose des questions. Il mène l'entretien avec un plan et selon un timing précis. Les questions sont ordonnées et tous les candidats sont interrogés dans les mêmes circonstances.
L'ENTRETIEN SEMI-DIRECTIF	Il prend la forme d'un échange. Le candidat est invité à développer ses réponses. Le guide d'entretien est plus souple, avec possibilité de discuter sur des thèmes non planifiés. L'ordre des sujets n'est pas défini.
L'ENTRETIEN NON DIRECTIF	Le candidat présente son parcours et ses motivations. Le recruteur propose ensuite une liste de sujets (et non pas une liste de questions). L'entretien est informel, avec des sujets et des questions qui ne sont pas ciblés.

2 Les outils de l'entretien de recrutement

Pour guider le manageur, le service RH pourra mettre à sa disposition des outils d'entretien et d'évaluation.

2.1. Le guide d'entretien

Il liste les points à aborder avec le candidat et permet de collecter les informations de façon similaire pour tous les candidats.
Il recense l'ensemble des thèmes et questions à aborder.
Il pourra être structuré par thèmes : expérience professionnelle, comportement au travail, motivation pour le poste, compétences, formation, etc.

2.2. La grille d'évaluation des candidats

Elle pourra s'appuyer sur le profil de poste, sur les qualifications, compétences ou savoir-être, ou encore sur des compétences transversales.
Les candidats seront notés grâce aux mêmes méthodes que celles de la procédure de présélection.

3 Les autres techniques de recrutement

ÉTUDE DE CAS OU *CASE INTERVIEW*	On propose au candidat un cas ou un problème à résoudre, qu'il doit mener à bien en proposant une solution (ex. : proposer une action commerciale).
TESTS TECHNIQUES OU PSYCHOTECHNIQUES	Ils visent à évaluer les compétences techniques, la capacité à raisonner, les aptitudes intellectuelles, la capacité d'adaptation aux nouvelles situations. Ils sont présentés la plupart du temps sous forme de suites logiques à compléter.
TESTS D'APTITUDE / DE PERSONNALITÉ	Ils évaluent la logique et les traits de personnalité. Les plus utilisés sont les tests PAPI (pour évaluer le comportement d'un candidat en milieu professionnel) et SOSIE (pour évaluer sa personnalité, son comportement et sa motivation).
GAMIFICATION	*Escape game* ou autres types de jeux permettant d'analyser la personnalité et l'attitude des candidats au sein d'une équipe.

Mots clés
Entretien collectif • Entretien individuel • Techniques d'animation • Guide d'entretien

S'ENTRAÎNER AU BTS
Exercice 4 : p. 227

Savoir 9

L'intégration du salarié

Après le recrutement, l'entreprise veille à l'accueil et à l'intégration du nouveau salarié.

1 La phase d'accueil

Cette phase brève mais importante consiste à accueillir le nouveau salarié au sein de l'entreprise. Elle peut être individuelle ou collective et durera de quelques minutes à une journée, en fonction de l'importance qu'on lui accorde.

1.1. Les modalités de l'accueil

Il est constitué de deux phases distinctes :
– l'accueil physique, avec visite des locaux, présentation du poste de travail et des outils de travail, la rencontre avec la hiérarchie et les équipes ;
– l'accueil administratif, avec présentation des règles spécifiques à l'entreprise (règlement intérieur, charte d'utilisation de l'outil informatique), remise des supports de travail (badge, carte, clés...).

1.2. Les supports d'accueil

Les supports d'accueil éventuellement remis au nouvel arrivant fournissent des informations sur l'entreprise, sur son organisation et sur le poste occupé :

LIVRET D'ACCUEIL	Il rassemble les informations pratiques : organigramme, plan des locaux, horaires... Il peut également contenir le règlement intérieur (RI) et la charte d'utilisation de l'outil informatique, la convention collective ainsi que les modes opératoires des logiciels utilisés dans l'entreprise.
SITE INTRANET	L'intranet de l'entreprise peut prévoir un espace réservé aux nouveaux embauchés proposant des informations actualisées, des tutoriels ou des formations en ligne, des foires aux questions, ou encore permettre aux nouveaux embauchés de poser leurs questions sur une messagerie instantanée.

2 La phase d'intégration

La phase d'intégration correspond au temps nécessaire au salarié pour qu'il devienne autonome ; sa durée sera donc variable. Une bonne intégration du salarié créera chez lui un sentiment d'appartenance à l'entreprise et évitera les coûts liés à l'échec d'un recrutement.
L'entreprise pourra mettre en place divers types d'accompagnement du nouvel entrant, dans le cadre de son plan d'intégration : tutorat ou parrainage par un ou plusieurs membres de l'entreprise, passage de relais (mise en relation avec le collaborateur sortant), mise en place d'un parcours de découverte.

Mots clés Livret d'accueil • Accueil • Intégration • Plan d'intégration

Les besoins en formation

La formation est une obligation légale mais elle constitue aussi un outil de progrès et de motivation des salariés. Elle concerne tous les salariés de l'entreprise, tout au long de leur carrière.

1 Le cadre juridique

Tous les employeurs ont une obligation légale de participer au financement de la formation professionnelle.
Le plan de développement des compétences permet aux salariés de suivre des actions de formation à l'initiative de leur employeur, par opposition aux formations qu'ils peuvent suivre de leur propre initiative grâce à leur compte personnel de formation (CPF).
Dans les entreprises d'au moins 50 salariés, le Comité social et économique (CSE) est consulté sur les orientations stratégiques de l'entreprise, notamment sur le plan de développement des compétences (article L. 2312-24 du Code du travail).

2 Les objectifs de la formation

La formation peut viser différents objectifs.

INTÉGRER LES NOUVEAUX COLLABORATEURS	Ex. : Formation aux produits, aux procédures, aux logiciels de l'entreprise.
DÉVELOPPER ET PERFECTIONNER LES COMPÉTENCES	Ex. : Renforcement des qualifications, certification…
FAVORISER L'ADAPTATION AUX ÉVOLUTIONS TECHNOLOGIQUES DU SECTEUR	Ex. : Formation aux nouveaux produits/nouvelle stratégie, à la digitalisation de la relation commerciale et ses outils…
PERMETTRE L'ACCÈS À DE NOUVELLES RESPONSABILITÉS	Ex. : Formation des futurs cadres, formation en management, en gestion de projet.

3 L'évaluation des besoins

Les actions de formation doivent répondre à des besoins spécifiques. Le manageur peut être amené à détecter un besoin de formation lors du recrutement ou lors des entretiens professionnels.
Tout au long de l'accompagnement de ses collaborateurs, le manageur doit être capable de repérer les formations adaptées pour améliorer les performances de chacun, favoriser la polyvalence et aider les personnes à évoluer au sein de l'entreprise.
Les collaborateurs peuvent aussi être eux-mêmes à l'initiative d'une demande de formation dans le cadre de leur projet professionnel, en lien ou non avec leur activité.

Mots clés : **Plan de développement des compétences** • **Compte personnel de formation (CPF)** • **Certification** • **Adaptation aux évolutions technologiques** • **Accompagnement**

Savoir 11

Le plan de développement des compétences

À partir des besoins du personnel et des objectifs de son unité commerciale, l'employeur établit un plan de développement des compétences annuel, qui recense l'ensemble des actions de formation destinées aux salariés.

1 Le choix des formations

Le manageur choisit les formations pour les membres de son équipe en comparant les différents dispositifs. On distingue deux types de formation : les formations intra-entreprise et les formations inter-entreprises.

FORMATION INTRA-ENTREPRISE	FORMATION INTER-ENTREPRISES
La formation est dispensée aux salariés de l'entreprise en tenant compte des spécificités internes. Elle crée une dynamique entre salariés et renforce les compétences et les échanges en interne. Elle peut être animée par un salarié de l'entreprise ayant une compétence précise.	La formation est organisée par un organisme extérieur. Elle peut regrouper des salariés de plusieurs entreprises et favorise les échanges de pratiques.

Le manageur peut choisir, selon le profil du collaborateur et sa disponibilité, quel mode de formation sera le mieux adapté : formation en présentiel (face à face), formation à distance ou mixte.

2 Le coût de la formation

Pour les formations externes, les coûts représentent le prix de la formation dispensée par l'organisme, les coûts de transport, d'hébergement et de repas.
Pour les formations internes, il faut intégrer le salaire du formateur s'il ne fait pas partie de l'entreprise et les divers frais pédagogiques (supports, matériels, etc.).

3 L'élaboration du plan de développement des compétences

INTITULÉ DE LA FORMATION	COMPÉTENCES / CONTENU	NIVEAU	SALARIÉS À FORMER	TYPE DE FORMATION	DURÉE	BUDGET
Relation client	Argumenter et traiter les objections	Niveau 2 Maîtrise	2	Formation inter-entreprises	2 jours	1 600 €

Mots clés

Formation intra-entreprise • Formation inter-entreprises • Formation en présentiel • Formation à distance

MANAGEMENT DE L'ÉQUIPE COMMERCIALE

Savoir 12

Les modalités de suivi des formations

Compte tenu des enjeux et du coût de la formation pour l'entreprise, il est important de mettre en place des outils de suivi pour évaluer l'efficacité réelle des actions de formation dispensées aux salariés.

1 L'objectif du suivi

À l'issue de chaque formation, l'organisme de formation et le manageur peuvent recueillir l'avis des salariés pour connaître leur satisfaction sur le contenu, les méthodes et, surtout, la pertinence de l'action de formation par rapport à leurs besoins professionnels.

2 Les supports du suivi

Le suivi peut prendre plusieurs formes :

QUESTIONNAIRE DE SATISFACTION	À faire remplir par les stagiaires en fin de session de formation pour évaluer les apports utiles et constructifs ou au contraire relever les insuffisances de la formation.
TEST D'AUTOÉVALUATION	À l'aide de questionnaires en ligne, exercices ou QCM, afin de vérifier l'acquisition de compétences précises.
OBSERVATION DES PROGRÈS	Le manageur observe les comportements sur le terrain afin de vérifier les modifications et l'amélioration des compétences.

3 Le questionnaire de satisfaction

Un questionnaire de satisfaction d'une formation pourra être établi à partir d'une trame générique de grille d'évaluation, à adapter selon la nature de la formation : connaissance produits, relation commerciale, pratique managériale...

QUESTIONNAIRE DE SATISFACTION				
Nom : Référence du stage : Date du stage :				
PERTINENCE DE LA FORMATION	PEU SATISFAIT	MOYENNEMENT SATISFAIT	SATISFAIT	TRÈS SATISFAIT
Qualité des contenus				
Adaptation aux attentes				
Déroulement de la session				

Mots clés : Test d'autoévaluation • Satisfaction • Pertinence • Questionnaire de satisfaction

Savoir 13

Les missions de l'équipe commerciale

Pour organiser efficacement le travail, le manageur se doit de bien connaître les missions et tâches de chaque membre de l'équipe commerciale.

1 Les missions liées au management

RÉPARTIR LES TÂCHES	Le manageur répartit les tâches en tenant compte des contraintes de l'unité commerciale, des qualifications et des compétences de chacun. Il doit veiller à répartir équitablement la charge de travail globale.
PLANIFIER LE TRAVAIL	Le manageur met en place les plannings de présence en tenant compte des contraintes de fonctionnement de l'unité commerciale. Ex. : Les variations d'activité nécessitent d'ajuster les plannings pour assurer la qualité de l'accueil en période d'affluence.
ANIMER L'ÉQUIPE	Le manageur motive les membres de l'équipe, met en place des outils de stimulation et accompagne les collaborateurs pour les aider à progresser. Ex. : Organiser un challenge de vente pendant une période creuse.
DÉVELOPPER L'UNITÉ COMMERCIALE	Le manageur suit les tableaux de bord, anticipe les besoins de son unité commerciale, analyse son marché et met en place des projets de développement.

2 Les missions liées à la vente

Les missions de vente se décomposent en plusieurs tâches.

2.1. Les missions liées à la gestion de la relation commerciale

Les principales missions sont l'accueil et la prise en charge des clients dans l'unité commerciale, la vente, la fidélisation et le service après-vente (SAV).

2.2. Les missions liées à l'animation de l'offre

L'équipe commerciale doit gérer et animer l'offre de produits et services : adapter l'offre à la demande locale, mettre l'offre en valeur, gérer les approvisionnements, organiser des animations.

EXEMPLE La gestion des approvisionnements (mission) nécessite de suivre le niveau des stocks, de passer les commandes, d'organiser les inventaires, etc. (tâches).

Mots clés Missions • Tâches • Qualifications • Compétences • Projet de développement

Savoir 14

Le tableau de répartition des tâches

Le tableau de répartition des tâches (TRT) est utilisé pour répartir équitablement les tâches dans une équipe. Il permet d'analyser et d'organiser le travail de manière optimale. Pour le manageur, c'est un outil de pilotage qui lui permet de prévoir, contrôler et améliorer la répartition du travail au sein de l'équipe.

1 La fiche d'autoanalyse

Avant de construire un TRT, il est nécessaire de collecter les informations précises sur les volumes horaires consacrés aux tâches de travail.
Les membres de l'équipe peuvent indiquer sur une fiche d'autoanalyse le temps passé sur chaque tâche par période (semaine, mois...).
Le manageur peut aussi évaluer directement le temps consacré par l'équipe sur les différentes tâches (par observation, lors d'entretiens).

FICHE D'AUTOANALYSE DES TÂCHES RÉALISÉES		
Nom :	**Service :**	**Poste :**
Période d'analyse :		
LISTE DES TÂCHES		DURÉE (EN HEURES)
		Total :

Les informations sont ensuite répertoriées en fin de période par le manageur et analysées pour l'ensemble des membres de l'équipe. Cette compilation des résultats permet de construire le TRT.

2 La construction du TRT

Le TRT offre au manageur une vision globale du fonctionnement de l'équipe. Il peut ainsi mettre en évidence les éventuels dysfonctionnements, surcharges de travail ou compétences sous-exploitées.
Les tâches pourront être regroupées en activités pour favoriser une meilleure coordination.

EXEMPLE Les tâches liées à l'approvisionnement, à l'étiquetage et à la mise en rayon peuvent être regroupées au sein d'une même activité « Gestion rayon ».

TRT – RÉPARTITION HEBDOMADAIRE EN HEURES					
ACTIVITÉS	TÂCHES	VENDEUR 1	VENDEUR 2	MANAGEUR	TOTAL
Gestion rayon	Réception, étiquetage	2			2
	Commandes	2			2
Sous-total activité					*4*
Vente	Accueil, prise en charge clients	15	10	8	33
	Encaissement	16	25	8	49
Sous-total activité					*82*
Management de l'équipe	Animation			4	4
	Gestion			10	10
	Entretiens, réunions			5	5
Sous-total activité					*19*
TOTAL		**35**	**35**	**35**	**105**

Dans cette unité commerciale, les tâches ont été regroupées en trois activités principales pour faciliter l'analyse et la coordination.

3 L'analyse de l'organisation du travail

En s'appuyant sur ce support, le manageur pourra réfléchir à l'amélioration de l'organisation du travail.
Pour cela, il doit analyser la répartition actuelle :
– veiller à une répartition équilibrée des tâches entre les membres de l'équipe ;
– s'assurer que les volumes horaires consacrés aux tâches (ou activités) ne sont pas sur- ou sous-évalués ;
– valoriser les compétences de chacun selon l'organisation choisie dans l'unité commerciale : spécialisation ou polyvalence.
À l'issue de cette analyse, le manageur pourra proposer une nouvelle organisation : redéploiement des volumes horaires, décision de recrutement...

Mots clés

Tableau de répartition des tâches (TRT) ● Outil de pilotage ● Volume horaire ● Fiche d'autoanalyse ● Activité

S'ENTRAÎNER AU BTS
Exercice 5 : p. 228

Savoir 15

La délégation des tâches

Le manageur pourra envisager de déléguer certaines tâches de manière à améliorer la répartition des missions et s'épargner une éventuelle surcharge de travail. Il transmet dans ce cas une partie de son pouvoir à un collaborateur, tout en conservant une coresponsabilité.

1 Avantages et inconvénients de la délégation des tâches

La délégation des tâches présente des avantages et des inconvénients, pour le manageur comme pour le collaborateur.

	AVANTAGES	INCONVÉNIENTS
POUR LE MANAGEUR	En déléguant, il peut se consacrer aux activités importantes et peut mieux faire face à la surcharge de travail.	Il peut craindre de perdre son pouvoir. Il peut avoir le sentiment de perdre du temps (explications + contrôle).
POUR LE COLLABORATEUR	Il est valorisé et motivé, il améliore ses compétences, il accède à une plus grande autonomie.	Il peut appréhender la nouvelle responsabilité ou la surcharge de travail et craindre les réactions des autres membres de l'équipe.

2 La mise en œuvre de la délégation des tâches

L'objectif de la délégation est une meilleure efficacité globale. Pour réussir, le manageur doit se poser plusieurs questions :

QUELLES TÂCHES DÉLÉGUER ?	Le manageur doit distinguer entre les tâches à conserver en raison des responsabilités et enjeux importants (animation d'équipe, recrutement, fixation des objectifs, reporting à la direction..) et celles qui conditionnent le bon fonctionnement global de l'unité commerciale mais qui peuvent être déléguées (gestion et animation de l'offre...).
À QUI DÉLÉGUER ?	La tâche sera déléguée à un collaborateur motivé, ayant les compétences requises et dont la charge de travail est compatible avec la nouvelle activité.
COMMENT DÉLÉGUER ?	Le manageur fixe au collaborateur les modalités de mise en œuvre, les objectifs, les ressources, les délais d'exécution et le niveau d'autonomie.
COMMENT ACCOMPAGNER ?	Après avoir transféré la tâche et informé l'équipe, le manageur organise un suivi et reste disponible pour la bonne réalisation de la mission déléguée.

Mots clés
Délégation • Surcharge de travail • Autonomie • Responsabilité • Efficacité • Compétences

Savoir

16 Les plannings horaires

Le manageur élabore les plannings hebdomadaires de présence de manière à répartir les horaires de travail de l'équipe.

1 Les contraintes à respecter

CONTRAINTES LÉGALES (DROIT DU TRAVAIL)	Le Code du travail fixe le cadre réglementaire général : – durée du travail hebdomadaire : au maximum 35 heures pour un temps plein et 24 heures pour un temps partiel. Au-delà, il s'agit d'heures supplémentaires (ou complémentaires pour les temps partiels) ; – durée journalière de travail : entre 3 heures au moins et 10 heures au plus ; pas de durée de travail maximale pour les cadres ; – repos quotidien : au moins 11 heures consécutives entre deux journées de travail ; – repos hebdomadaire : 24 heures consécutives ; – congés annuels : chaque mois travaillé donne droit à 2,5 jours de congé payé à la charge de l'employeur. Les conventions collectives et le règlement intérieur peuvent venir compléter ce cadre.
CONTRAINTES LIÉES À L'UNITÉ COMMERCIALE	Ce sont les contraintes organisationnelles et commerciales : jours et heures d'ouverture, saisonnalité des activités, événements, jours d'affluence, jours de livraison, imprévus (absences, grèves, intempéries).

2 Les étapes de la construction des plannings

Il s'agit de prendre en compte :
– les contraintes d'absences (formation, congé maladie, congé annuel...) ;
– les contraintes de fonctionnement de l'unité commerciale (horaires, jours d'affluence, jours de livraison...) ;
– les souhaits des salariés (jours de congé, horaires...).
Le planning sera communiqué à toute l'équipe.

EXEMPLE Planning horaire de présence de l'équipe de conseillers clientèle DonatiSport :

	LUNDI	MARDI	MERCREDI	JEUDI	VENDREDI	SAMEDI	TOTAL
LUCIE	REPOS	14h-20h	10h-12h 13h-18h	12h-20h	11h-13h 14h-19h	11h-12h 13h-19h	35h
FLORENT	10h-12h 13h-18h	12h-18h	14h-20h	REPOS	10h-12h 13h-18h	10h-13h 14h-20h	35h
LILOU	14h-20h	10h-12h 13h-18h	REPOS	10h-12h 13h-18h	13h-20h	10h-12h 13h-19h	35h

Mots clés Code du travail • Durée du travail • Repos • Congés • Contraintes organisationnelles

MANAGEMENT DE L'ÉQUIPE COMMERCIALE

Savoir 17

Le diagramme de Gantt

Le diagramme de Gantt est un outil d'ordonnancement permettant de lister les tâches d'un projet et de définir leur durée et l'ordre dans lequel elles seront effectuées. Cet outil permet de prévoir la durée de réalisation du projet et de visualiser la simultanéité des tâches.

La construction d'un projet suit différentes étapes successives :

1. Lister les tâches du projet et leur durée de réalisation ;

2. Déterminer la succession des tâches (antériorités) ;

3. Élaborer une représentation graphique : on indique les repères de temps (jours, semaines) sur l'axe horizontal, et les intitulés des tâches (symbolisés par des lettres) sur l'axe vertical ;

4. Représenter chaque tâche par une ligne en respectant les antériorités.

EXEMPLE Projet de recrutement des emplois saisonniers :

TÂCHES		DURÉE (JOURS)	TÂCHES ANTÉCÉDENTES
A	Définir le besoin réel de recrutement	1	
B	Définir les profils	2	A
C	Rédiger une annonce	1	B
D	Publier l'annonce sur Internet	1	C
E	Réception des candidatures	6	D
F	Sélection des candidats pour les entretiens	3	E
G	Entretiens et choix des saisonniers	1	F
H	Conception d'un livret d'accueil	1	A
I	Organisation de l'accueil et de la formation	2	H
J	Intégration des nouveaux salariés	2	G I

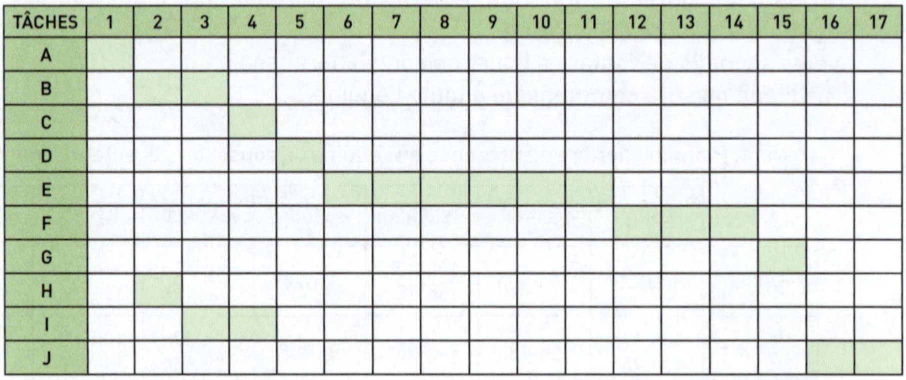

La durée totale du projet est de 17 jours. Le chemin critique est repéré sur le diagramme : c'est l'ensemble des tâches qui ne peuvent supporter aucun retard de réalisation. En cas de retard sur l'une de ces tâches, la durée du projet sera modifiée. Sur le diagramme, on peut lire que le chemin critique est A, B, C, D, E, F, G, J.

Mots clés Ordonnancement • Projet • Antériorités • Représentation graphique • Chemin critique

S'ENTRAÎNER AU BTS
Exercice 6 : p. 229

Savoir 18

Le réseau PERT

Le réseau PERT est un graphe permettant d'ordonnancer des projets en calculant la durée totale et le délai de réalisation de chaque tâche.

1 La construction du tableau d'ordre d'exécution

Au premier niveau : noter les tâches qui ne sont précédées par aucune autre tâche ; au second niveau : noter les tâches qui sont précédées par le niveau 1, et ainsi de suite.

Tâches	A	B	C	D	E	F	G	J
		H	I					

2 L'élaboration du graphe

Chaque flèche du graphe représente une tâche, chaque cercle représente les étapes entre les tâches. Le réseau PERT commence par un cercle de début d'où partent les tâches de niveau 1 et se termine par un cercle de fin où aboutissent les dernières tâches.

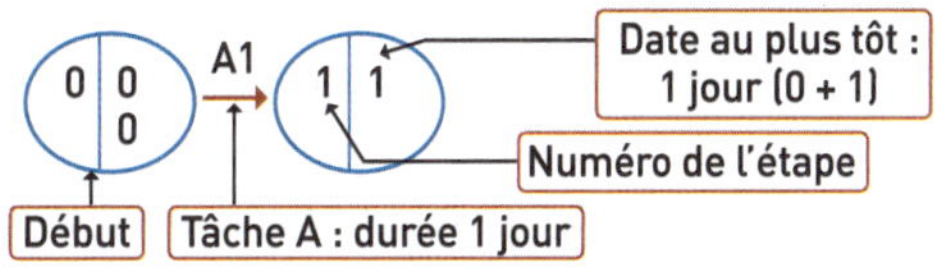

3 Le calcul des échéances

Exemple pour la tâche H :

- date au plus tôt : date au plus tôt de la tâche précédente + durée de la tâche >> 1 + 1 = 2
- date au plus tard : date au plus tard de la tâche suivante – durée de la tâche >> 15 – 2 = 13

La tâche H a une marge de réalisation de 11 jours (13 – 2).

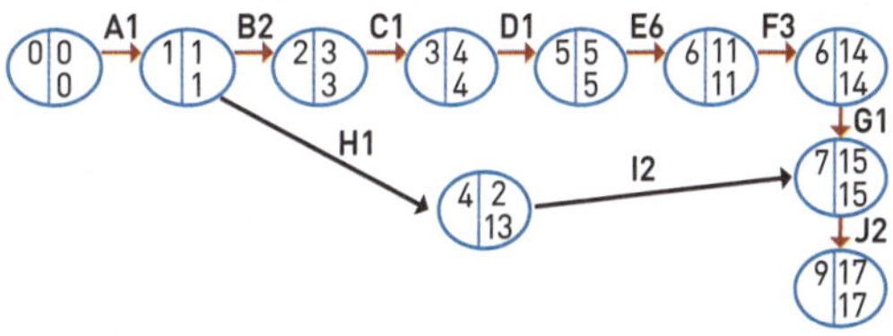

Le chemin critique passe par les tâches critiques qui n'ont pas de marge de réalisation (égalité entre la date de réalisation au plus tôt et la date au plus tard). Lorsque le démarrage d'une tâche nécessite que plusieurs tâches situées sur des chemins différents soient terminées, on peut créer des tâches fictives de durée nulle représentées par des pointillés. Aucun croisement n'est autorisé.

Mots clés

Réseau PERT • Graphe • Date au plus tôt • Date au plus tard • Marge de réalisation • Chemin critique • Tâche critique

S'ENTRAÎNER AU BTS
Exercice 6 : p. 229

Savoir

19 Le graphe MPM

Le graphe issu de la méthode des potentiels métra (MPM) est un outil d'ordonnancement visant à optimiser la planification des tâches d'un projet. Plus souple à construire que le réseau PERT, le graphe MPM intègre la marge de réalisation de chaque tâche du projet.

1 Les étapes de construction du graphe MPM

Le graphe MPM est élaboré par niveau, à partir du tableau d'ordre d'exécution (voir Fiche 18). Le tableau des antériorités représente la structure du graphe.
Les tâches de niveau 1 (sans tâche antérieure) sont reliées au sommet « Début ».
Les tâches de niveau 2 sont reliées à leurs tâches antérieures de niveau 1, et ainsi de suite jusqu'au dernier niveau. Les tâches restantes seront reliées au sommet « Fin ».
Les dates au plus tôt et au plus tard sont déterminées comme dans la méthode de construction du réseau PERT.
Contrairement à ce dernier, le graphe MPM fait apparaître les marges de flottement. La marge de flottement représente le retard possible de réalisation d'une tâche sans que la durée totale prévue du projet ne soit modifiée. Elle correspond à la différence entre la date au plus tard et la date au plus tôt :

> Marge de flottement d'une tâche = date au plus tard – date au plus tôt

Le chemin critique relie toutes les tâches ayant une marge nulle. Ces tâches ne doivent comporter aucun retard de réalisation.

MANAGEMENT DE L'ÉQUIPE COMMERCIALE

2 La construction du graphe MPM

Projet de recrutement des emplois saisonniers

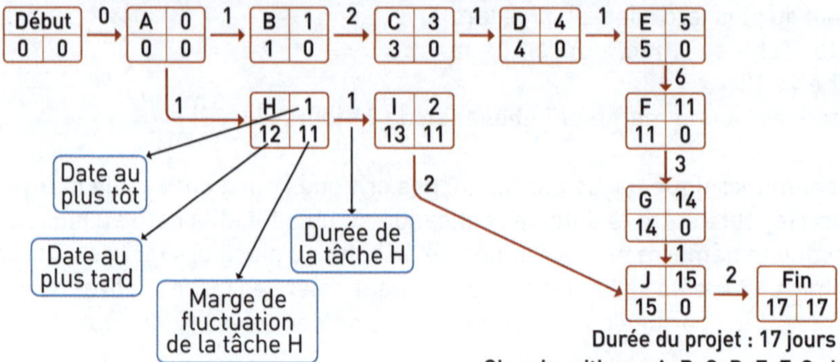

Durée du projet : 17 jours
Chemin critique : A, B, C, D, E, F, G, J

Mots clés Méthode des potentiels métra (MPM) • Ordonnancement • Planification • Antériorités • Marge de flottement • Chemin critique

Savoir
20 L'animation de l'équipe

L'animation est destinée à motiver l'équipe et à créer un climat fédérateur. Le manageur doit veiller à motiver à la fois chaque collaborateur et l'équipe dans son ensemble.

1 Les étapes de construction du graphe MPM

Pour être performante, l'équipe doit être impliquée. Le manageur, selon la situation, devra savoir encourager et valoriser les missions réussies. Il pourra déléguer certaines activités pour responsabiliser ses collaborateurs et les aider à progresser. Il renforce ainsi la motivation et la cohésion de l'équipe.

2 La communication au sein de l'équipe

Pour favoriser un bon climat de travail au sein de l'équipe, le manageur veille à entretenir un bon niveau de communication. Pour cela, il assure la diffusion des informations utiles au fonctionnement de l'unité commerciale (événements, objectifs, résultats...), organise la communication entre les membres du groupe et met en place des temps de rencontre avec chaque collaborateur.
Diverses techniques d'animation pourront être utilisées selon le besoin :
- réunions ;
- entretiens ;
- opérations de stimulation ;
- événements fédérateurs...

3 Le développement des compétences

L'animation consiste aussi à accompagner l'équipe, pour faire progresser les collaborateurs dans le but d'améliorer leurs résultats mais aussi pour les fidéliser. Cet accompagnement valorise l'équipe et permet de disposer d'un personnel compétent dans l'entreprise.
Le manageur peut organiser la montée en compétences en associant différents moyens :

LA FORMATION	Le manageur propose des actions de formation destinées à améliorer les compétences nécessaires à la réalisation de nouvelles missions.
LA DÉLÉGATION	Le manageur propose des missions visant à valoriser certains collaborateurs. Les nouvelles responsabilités améliorent les performances et l'autonomie.
LA PROMOTION	Selon le degré d'autonomie et les opportunités, le manageur peut proposer de nouvelles fonctions à certains membres de l'équipe.

Mots clés Encourager • Valoriser • Cohésion • Climat de travail • Communication • Montée en compétences

Savoir 21

L'entretien professionnel

L'entretien professionnel est un moment privilégié pour communiquer avec les salariés et les aider à évoluer. C'est un acte-clé du management, qui doit respecter le temps et la forme imposés par la législation du travail.

1 Un entretien obligatoire

Toutes les entreprises sont tenues d'organiser tous les deux ans un entretien professionnel individuel entre le salarié et le manageur. Le non-respect de cette obligation constitue une faute de l'employeur (défaut d'exécution de ses obligations légales).
Le principal objectif est d'accompagner le salarié dans son évolution de carrière et de le guider dans ses besoins en formation.

2 La préparation de l'entretien

La préparation de l'entretien suit différentes étapes :
- information des salariés (date, heure et lieu de l'entretien) ;
- sensibilisation des salariés à l'importance de préparer cet entretien ;
- compilation des éléments nécessaires et des documents concernant le salarié (compte rendu du précédent entretien, fiche de poste, liste des formations…) ;
- préparation de la grille d'entretien professionnel.

Lors de cet entretien, il est important de créer un climat de confiance qui favorisera l'échange.

3 Le développement des compétences

L'entretien professionnel comporte diverses rubriques correspondant à ses différentes étapes.

- Accueil
- Rappel des objectifs

→ Bilan des deux années par le salarié et le manageur

→ – Perspectives d'évolution – Projets

→ Actions à mettre en place

→ Bilan général et compte-rendu remis au salarié

Tous les six ans, l'entretien professionnel doit permettre de dresser un état des lieux récapitulatif du parcours professionnel du salarié.

L'ensemble des entretiens professionnels permet à l'entreprise d'élaborer son plan de développement des compétences.
Ces entretiens sont importants dans le cadre de la mise en œuvre du compte personnel de formation (CPF).

Mots clés Entretien professionnel • Évolution de carrière • Besoins en formation • Grille d'entretien • Compte personnel de formation (CPF)

MANAGEMENT DE L'ÉQUIPE COMMERCIALE

Savoir

22 L'entretien annuel d'évaluation

Visant à la fois à faire le point de l'année écoulée et à anticiper celle à venir, l'entretien annuel d'évaluation fait l'objet d'une préparation approfondie de la part de l'employeur comme de la part du salarié.

1 Un entretien facultatif

Tout employeur peut mettre en place des entretiens annuels d'évaluation (EAE). Ils ne sont pas imposés par la loi.
Leur but est de dresser le bilan des réussites et difficultés de l'année écoulée et de définir les objectifs de l'année suivante.
Cet entretien permet de motiver et de valoriser le salarié : à travers l'évaluation, le manageur pourra identifier les points forts du salarié et les axes d'amélioration possibles.

2 La préparation de l'entretien

L'entretien doit être préparé par les deux parties :
– le salarié fera un point sur les réussites et les difficultés de l'année écoulée et sur ses souhaits d'évolution, son projet professionnel ;
– le manageur prépare une grille d'évaluation qui lui servira de trame, et collecte tous les supports d'évaluation : comptes rendus précédents, objectifs de la période, résultats, tableaux de bord. Les critères d'évaluation seront quantitatifs et qualitatifs.
L'entretien d'évaluation doit permettre d'établir un plan de progrès pour la période à venir : fixation d'objectifs, définition d'actions de formation.

3 La trame de la grille d'évaluation

GRILLE D'ÉVALUATION		
Salarié Nom, prénom : Fonction :	Responsable de l'évaluation Nom, prénom : Fonction :	Date de l'entretien :
Bilan de l'année écoulée – Période :		
Points positifs, réussites :	Difficultés, axes d'amélioration :	Remédiation :
Année N+1 – Période :		
Projet d'évolution professionnelle :	Objectifs fixés :	Moyens à mobiliser :
Notes / Observations :	Signature des deux parties :	

Mots clés

Entretien annuel d'évaluation (EAE)
- Points forts
- Axes d'amélioration
- Projet professionnel
- Grille d'évaluation
- Tableau de bord
- Plan de progrès

S'ENTRAÎNER AU BTS
Exercice 7 : p. 229

MANAGEMENT DE L'ÉQUIPE COMMERCIALE

Savoir
23
L'organisation des réunions

La réunion d'équipe est un moment important de la communication managériale. Elle est indispensable pour souder le groupe et motiver chaque collaborateur. Sa réussite dépend de sa préparation et de son animation.

1 Les objectifs de la réunion

La réunion est un moment d'échange d'informations avec l'équipe.
Le type de réunion dépend de l'objectif fixé :

INFORMER	Ex. : Réunion sur les objectifs à atteindre.
COLLECTER DES INFORMATIONS	Ex. : Réunion sur les projets en cours.
ÉCHANGER DES IDÉES	Ex. : Réunion de réflexion, de créativité.
RÉSOUDRE UN PROBLÈME	Ex. : Réunion de régulation pour trouver une solution.

En fonction de l'objectif, le manageur choisira un style d'animation directif (information descendante) ou participatif (semi-directif), ou bien laissera les participants intervenir librement.

2 La préparation de la réunion

Une réunion efficace est une réunion qui aura été bien préparée. Cette phase de préparation est une condition essentielle de sa réussite. La préparation veillera à respecter les différentes étapes :
– fixer l'ordre du jour : il informe sur les objectifs et permet de cadrer les sujets à aborder ;
– définir la liste des participants : il s'agit de choisir les personnes qui sont impliquées par le sujet de la réunion ;
– fixer la date, l'horaire et le lieu : selon la disponibilité des participants et selon les contraintes de l'entreprise ;
– préparer le contenu : organiser le déroulement, fixer un plan de déroulement de réunion, élaborer les supports le travail, aménager la salle, prévoir le matériel.

TRAME D'UN PLAN DE DÉROULEMENT DE RÉUNION			
Objectif de la réunion : Date :		Durée :	
Participants :			
Sujets à aborder	Personnes à solliciter	Supports utilisés	Temps à consacrer

Mots clés
Communication managériale
- Style d'animation
- Ordre du jour
- Plan de déroulement de réunion

S'ENTRAÎNER AU BTS
Exercice 8 : p. 229-230

MANAGEMENT DE L'ÉQUIPE COMMERCIALE

Savoir 24

La conduite d'une réunion

Le manageur a un rôle majeur dans le bon déroulement d'une réunion, de l'accueil des participants à la synthèse des principaux échanges. Il doit choisir le mode d'animation adapté pour atteindre l'objectif fixé.

1 L'animation de la réunion

DÉBUT DE LA RÉUNION	– Accueillir les participants, mettre à l'aise, présenter l'ordre du jour et le déroulement prévu. – Si les participants ne se connaissent pas, proposer éventuellement un tour de table durant lequel chacun se présente.
PENDANT LA RÉUNION	– Réguler les interventions de chacun, recentrer les échanges sur les thèmes prévus, gérer la durée. – Utiliser les supports préparés pour illustrer et approfondir les sujets abordés, créer une dynamique de groupe pour atteindre l'objectif fixé. – Adopter le style d'animation selon l'objectif prévu : directif, participatif, ou plus libre.
FIN DE LA RÉUNION	– Synthétiser les principales idées ou décisions prises, les tâches à réaliser et les délais de réalisation. – Rédiger un compte rendu à diffuser aux participants et à toutes les personnes concernées.

2 La rédaction du compte rendu de réunion

Le compte rendu résume les principaux échanges et les décisions prises. La rédaction est neutre, sans interprétation ni avis personnel.

COMPTE RENDU DE RÉUNION DU ../../....	
Date : Rappel de l'ordre du jour :	Heure de début :
Participants : *(Présents, Absents, Excusés)*	
Résumé des sujets abordés selon le plan de déroulement de la réunion I / II / III /	
Heure de fin de la réunion : Date de la prochaine réunion éventuelle :	

Mots clés Accueillir • Réguler • Recentrer • Dynamique de groupe • Compte rendu

Savoir
25

La motivation de l'équipe

Par sa capacité à animer son équipe, le manageur agit sur la motivation individuelle et collective et, par conséquent, sur les performances de l'unité commerciale.

1 Les enjeux de la motivation

1.1. Le rôle du manageur

De manière générale comme sur le plan professionnel, la motivation est le moteur qui pousse un individu à agir et à concrétiser un projet. Dans le contexte professionnel, le manageur doit accompagner tous les membres de l'équipe pour qu'ils s'impliquent dans le travail. Il sera donc disponible et à l'écoute. Cela ne signifie pas être en permanence à la disposition de l'équipe mais être à ses côtés dans les moments difficiles, encourager et valoriser les efforts.
Le dispositif de motivation est propre à chaque personne. Le manageur doit être capable d'évaluer le degré de motivation et les facteurs sur lesquels il peut agir.

1.2. Les enjeux pour l'entreprise

La motivation au travail est un enjeu important pour les entreprises, pour fidéliser les talents et éviter un *turn-over* trop important. L'analyse des résultats et les entretiens d'évaluation annuels sont des moments privilégiés qui permettent au manageur de faire un état des lieux de la motivation de son équipe.

2 Les facteurs de motivation au travail

Différents facteurs de motivation interagissent :

FACTEURS D'ENVIRONNEMENT DU TRAVAIL	FACTEURS PERSONNELS HUMAINS
– Facteurs organisationnels – Facteurs relationnels – Ambiance de travail – Rémunération – Statut – Stabilité de l'emploi, etc.	– Satisfaction liée au travail – Reconnaissance – Projets professionnels – Projets personnels – Valeurs, etc.

Les principales sources de motivation des commerciaux sont :

LA RÉMUNÉRATION	Levier classique qui doit avoir un impact à long terme.
LES CONDITIONS DE TRAVAIL	Elles permettent d'améliorer le quotidien professionnel : horaires, locaux, avantages...
LE STYLE DE MANAGEMENT	Une bonne communication favorise une bonne ambiance de travail. Cela passe par un management bienveillant et une gestion réelle et efficace des conflits.
LE DÉVELOPPEMENT DES COMPÉTENCES	Formations et outils proposés pour permettre d'évoluer dans l'entreprise, être plus autonome et prendre des responsabilités.

Mots clés Animer • Accompagner • Encourager • Valoriser • Fidéliser • *Turn-over*

Savoir
26 Les techniques de stimulation

Tandis que la motivation est permanente, la stimulation est une action ponctuelle. Elle suppose la satisfaction préalable des autres facteurs de motivation (rémunération, conditions de travail, formation…).

1 Les effets attendus de la stimulation

La stimulation est l'ensemble des actions visant à améliorer la performance d'une équipe.
Pour être efficaces, ces actions présenteront un caractère exceptionnel.

Stimulation →	– Dynamiser et fédérer les équipes – Améliorer les ventes d'un produit ou service – Récompenser les meilleurs vendeurs →	Amélioration des performances

2 Les différentes techniques de stimulation

La stimulation des équipes pourra prendre diverses formes correspondant à des techniques diverses. On optera pour la technique la mieux appropriée à l'objectif visé.

LES TECHNIQUES	CARACTÉRISTIQUES
LE CONCOURS	Opération visant à augmenter les résultats de l'équipe et qui récompensera les meilleurs vendeurs. Il comporte toutefois un risque de démotivation et de sentiment de concurrence.
LE CHALLENGE	Opération ponctuelle destinée à récompenser les vendeurs qui atteignent un objectif fixé.
LES ÉVÉNEMENTS SPÉCIAUX	Ils peuvent être organisés pour gratifier, récompenser l'équipe en dehors du cadre habituel de travail (compétition sportive, opération de *team-building*…).
LES RASSEMBLEMENTS	Séminaire, congrès ou convention visant à fédérer les équipes. Thèmes possibles : échange d'expériences, remise de récompense, exposé des objectifs/stratégie de l'entreprise…

3 L'organisation d'une opération de stimulation

Les principales étapes pour organiser une opération de stimulation sont :
- l'identification des participants ;
- la détermination des objectifs ;
- le choix de la période, de la durée de l'opération ;
- le choix d'un thème attractif et fédérateur ;
- le choix des récompenses ;
- la fixation des règles (règles du jeu, critères d'attribution des points) ;
- la création du plan d'animation (lancement, suivi, annonce des résultats…).

Mots clés Stimulation • Performance • Concours • Challenge

S'ENTRAÎNER AU BTS
Exercice 9 : p. 230

Savoir 27

Les indicateurs de mesure des performances individuelles et collectives

Pour évaluer les performances de son équipe, le manageur devra choisir et utiliser des indicateurs pertinents. L'évaluation des performances commerciales pourra concerner le niveau individuel comme le niveau collectif.

1 Les indicateurs commerciaux

Les indicateurs permettent de mesurer les performances grâce à l'analyse des écarts entre les objectifs et les réalisations.
La difficulté est de retenir les indicateurs les plus pertinents compte tenu de la stratégie suivie par l'unité commerciale.
Les indicateurs quantitatifs les plus courants sont :

LE CHIFFRE D'AFFAIRES	Prix de vente unitaire × Quantités vendues Peut être décliné : CA par rayon / par vendeur / par client
LA MARGE COMMERCIALE	Prix de vente HT – Prix d'achat HT
LE PANIER MOYEN	CA / Nombre de passages en caisse
LA CONTRIBUTION DU RAYON	(CA du rayon / CA total) × 100
LE TAUX DE TRANSFORMATION	(Nombre de tickets / Nombre de clients entrés dans le magasin) × 100
LE TAUX DE MARQUE	(Marge commerciale / Prix de vente HT) × 100
LE TAUX DE MARGE	(Marge commerciale / Prix d'achat HT) × 100
LE TAUX D'ÉVOLUTION DU CA	(CA N – CA N-1) × 100 / CA N-1 Peut aussi se calculer pour la marge et le panier moyen.

Des grilles d'analyse qualitative pourront intégrer des indicateurs qualitatifs tels que la qualité de l'accueil, la qualité du service client, l'évaluation d'un client mystère...

2 Les indicateurs managériaux

Les indicateurs managériaux permettent d'évaluer la gestion de l'équipe :

TURN-OVER	Nombre de départs / Effectif moyen
TAUX D'ABSENTÉISME	(Nombre d'heures d'absence / Nombre d'heures travaillées) × 100

Mots clés Objectifs • Réalisations • Indicateurs quantitatifs • Indicateurs qualitatifs

Savoir 28

La construction du tableau de bord

Pour piloter l'unité commerciale, le manageur utilise le tableau de bord, véritable outil d'évaluation et d'aide à la prise de décision.

1 Définition

Le tableau de bord est un outil synthétique permettant d'évaluer la performance d'une unité commerciale et/ou d'une équipe commerciale.
Il compare les résultats obtenus aux objectifs fixés à partir de différents indicateurs commerciaux.
Le manageur peut ainsi assurer le pilotage de l'UC et ajuster les performances ou les objectifs.

2 Contenu

Le tableau de bord est construit à partir d'indicateurs choisis par la direction. Ils doivent être pertinents et se réduiront à un nombre limité afin de faciliter l'analyse et la prise de décision.
La mesure des écarts entre les résultats et les objectifs se fait grâce au calcul du taux de réalisation (ou écart sur objectif). L'évolution des indicateurs peut aussi être analysée à partir du taux d'évolution.

$$\text{Taux de réalisation du CA} = \frac{\text{CA réalisé}}{\text{Objectif CA}} \times 100$$

$$\text{Taux d'évolution du CA} = \frac{\text{CA N} - \text{CA N}-1}{\text{CA N}-1} \times 100$$

EXEMPLE Tableau de bord de Brico Maison – Analyse des performances du magasin :

RAYONS	OBJECTIFS CA (EN €)	RÉALISATION CA (EN €)	TAUX DE RÉALISATION CA	OBJECTIFS ACHATS (EN €)	ACHATS RÉALISÉS (EN €)	TAUX DE RÉALISATION ACHATS
Luminaire	25 000	19 500	78 %	11 000	10 833	98,5 %
Décoration	38 000	27 000	71 %	11 000	9 000	82 %
Bricolage	45 000	30 000	67 %	11 000	7 500	68 %
Papier / Peinture	27 000	30 000	111 %	125 00	15 000	120 %
Encadrement	6 000	7 500	125 %	2 500	3 000	120 %
Total	**190 000**	**156 000**	**82 %**	**68 200**	**58 833**	**86,5 %**

Il est également possible d'intégrer au CA du magasin la contribution des rayons

EXEMPLE Contribution du rayon Luminaire : (19 500 / 156 000) × 100 : 12,5 %.

Mots clés Tableau de bord • Pilotage • Indicateurs • Taux de réalisation • Taux d'évolution

MANAGEMENT DE L'ÉQUIPE COMMERCIALE

Savoir

29 L'analyse du tableau de bord

Le tableau de bord permet d'évaluer les performances individuelles et collectives. Pour cela, le manageur analyse les différents indicateurs.

1 Analyser avec méthode

L'analyse du tableau de bord commence par une approche globale des performances afin d'avoir une vision d'ensemble de l'unité commerciale et/ou de l'équipe. Ensuite, l'analyse se poursuit par catégorie (ex. : par rayon, par famille de produits, par vendeur) et révèle les bonnes performances et les difficultés. Les écarts les plus importants seront analysés en priorité.
Lorsque le taux de réalisation des objectifs est supérieur à 100, les clignotants sont au vert. À l'inverse, si le taux est inférieur à 100, il faut déterminer si les causes sont internes ou externes (concurrence, marché) et évaluer si les écarts peuvent être réduits par des actions correctrices.

EXEMPLE

Tableau de bord du magasin Brico Maison (extrait) :

RAYONS	OBJECTIFS CA (EN €)	RÉALISATION CA (EN €)	TAUX DE RÉALISATION CA
Luminaire	25 000	19 500	78 %
Décoration	38 000	27 000	71 %
Bricolage	45 000	30 000	67 %
Papier / Peinture	27 000	30 000	111 %
Encadrement	6 000	7 500	125 %
Total	**190 000**	**156 000**	**82 %**

– Analyse globale : le magasin n'atteint pas son objectif global : CA inférieur à 18 %.
– Analyse détaillée : les rayons qui se portent bien et dépassent largement les objectifs sont le rayon Papier/Peinture (+11 %) et le rayon Encadrement (+25 %), qui réalise une très bonne performance. Les trois autres rayons sont en difficulté, surtout le rayon Bricolage qui n'atteint son objectif de vente qu'à 67 %. Il faut rechercher les causes de ces sous-performances : l'approche client, l'argumentation, l'offre, l'attractivité...

2 Réagir et accompagner

Le tableau de bord doit être présenté à toute l'équipe pour optimiser l'analyse et trouver des solutions pour remédier aux écarts.
Diverses actions correctrices peuvent être menées selon le secteur d'activité et les difficultés rencontrées : formation, nouvelle organisation du travail, meilleure adaptation de l'offre à la demande locale, animation, meilleure attractivité du point de vente...

Mots clés Performances • Écarts • Taux de réalisation des objectifs • Actions correctrices

S'ENTRAÎNER AU BTS
Exercice 10 : p. 230

Savoir 30

Le système de rémunération

La rémunération est un élément essentiel de motivation de l'équipe commerciale. Dans le domaine commercial, la rémunération est composée de différents éléments.

1 La partie fixe

La partie fixe est la rémunération directe assurant un revenu minimal stable et sécurisant. Elle ne peut être inférieure au minimum légal ou conventionnel.
Elle prend en compte l'expérience, les diplômes et les compétences du salarié.

2 La partie variable

La partie variable s'ajoute au salaire fixe de base. Elle peut prendre diverses formes, qui pourront se cumuler :
– la commission rémunère le travail proportionnellement aux résultats obtenus. Le taux de commission peut être calculé sur le chiffre d'affaires, sur les quantités vendues, ou encore sur la marge ;
– la prime est ponctuelle et rémunère l'atteinte d'objectifs quantitatifs ou qualitatifs. Elle peut servir à orienter l'activité de vente sur un produit ou une cible particulière. Elle peut être individuelle ou collective.

3 L'épargne salariale

L'épargne salariale est une rémunération indirecte. Il s'agit d'un système d'épargne collectif mis en place par l'entreprise.
C'est un bon outil de fidélisation des salariés, qui comprend deux modalités distinctes :
– la participation : obligatoire pour les entreprises de plus de 50 salariés, elle permet de redistribuer aux salariés une part des bénéfices de l'entreprise. Les salariés peuvent opter pour le versement immédiat des sommes ou choisir leur placement en épargne (dans ce cas, les sommes sont indisponibles pendant 5 ans) ;
– l'intéressement : c'est une prime facultative liée aux performances de l'entreprise. Les sommes sont immédiatement disponibles, mais le salarié peut choisir de les placer sur un plan d'épargne salariale ou sur un compte épargne-temps.

4 Les avantages en nature ou sociaux

Des compléments spécifiques peuvent être octroyés, à titre individuel ou collectif :
– avantages en nature : véhicule de fonction, téléphone professionnel, PC portable, logement de fonction, voyage... ;
– avantages sociaux : titres restaurant, retraite complémentaire, mutuelle...

Mots clés : Partie fixe • Partie variable • Commission • Prime • Épargne salariale • Participation • Intéressement • Avantages en nature • Avantages sociaux

S'ENTRAÎNER AU BTS
Exercice 11 : p. 230

Savoir
31 Le cadre légal de la rémunération

Le système de rémunération, qui favorise la motivation de l'équipe commerciale, doit respecter le cadre légal.

1 Le calcul du salaire

Plusieurs règles s'appliquent à la fixation des salaires :
– le respect du salaire minimum interprofessionnel de croissance (SMIC) (1 539,42 € bruts mensuels au 1er janvier 2020) et du salaire minimum conventionnel ;
– le respect des règles de mensualisation : le Code du travail prévoit le paiement du même montant chaque mois, indépendamment du nombre de jours travaillés, soit une moyenne de 151,67 heures mensuelles pour 35 heures hebdomadaires ;
– la non-discrimination et le principe d'égalité des salaires entre les hommes et les femmes occupant un même poste.
Le salaire brut est assujetti au versement des différentes charges sociales :
– charges sociales salariales (payées par le salarié) : assurance maladie, assurance vieillesse, CSG (contribution sociale généralisée), CRDS (contribution au remboursement de la dette sociale)... ;

Salaire brut – Cotisations salariales = Salaire net

– charges sociales patronales (payées par l'employeur) calculées sur le salaire brut.

MANAGEMENT DE L'ÉQUIPE COMMERCIALE

2 Les heures supplémentaires

Les heures supplémentaires sont les heures travaillées au-delà des 35 heures hebdomadaires (ou au-delà de 1 607 heures annuelles en cas d'annualisation du temps de travail). Ces heures sont majorées à hauteur de 25 % pour les 8 premières, et 50 % au-delà. Elles sont exonérées des charges sociales salariales.

3 Le mode de paiement

Le salaire est obligatoirement payé par virement ou par chèque s'il dépasse 1 500 € nets par mois.
L'employeur est tenu de remettre un bulletin de paie permettant de vérifier les montants des cotisations et l'exactitude des sommes versées. L'impôt sur le revenu apparaît sur le bulletin et est prélevé à la source sur le salaire net. Le paiement se fait une fois par mois à date fixe.
Les commerciaux payés à la commission doivent percevoir les sommes dues au moins une fois tous les trois mois.
Sauf exception, tout salarié peut obtenir un acompte correspondant à la quinzaine, c'est-à-dire à la moitié de son salaire mensuel.

Mots clés : **SMIC** • **Mensualisation** • **Charges sociales** • **Salaire brut** • **Salaire net** • **Heures supplémentaires** • **Bulletin de paie**

Savoir 32

Les conflits au travail

Le travail en équipe peut être propice au conflit. Le manageur doit être capable de repérer les situations conflictuelles pour les résoudre.

1 Les caractéristiques du conflit

Un conflit est un rapport de force, un affrontement entre membres d'un groupe.
Dans une équipe, les tensions entre collaborateurs sont parfois inévitables.
Si les désaccords peuvent être source de remise en question et de créativité, ils peuvent aussi susciter un blocage. Le cas échéant, ils menacent la cohésion de l'équipe, l'ambiance et la qualité du travail.
Les conflits peuvent être :
– exprimés au sein de l'équipe : les acteurs s'expriment ouvertement sur l'objet du conflit, s'adressent des reproches, se disputent, les tensions sont fortes ;
– non exprimés au sein de l'équipe : les acteurs ont une attitude fermée sur le sujet, ils sont méfiants ou frustrés. L'origine peut être un ancien conflit qui n'a pas été résolu correctement ou bien encore la peur du conflit ou des non-dits.

2 Les types de conflits

Les conflits sont classés selon la nature de l'élément déclencheur :

CONFLIT ORGANISATIONNEL	Ce type de conflit est lié à l'organisation du travail, à la répartition des tâches, au fonctionnement de l'équipe.
CONFLIT D'AUTORITÉ	Ces conflits naissent lorsqu'un collaborateur empiète sur les compétences d'un autre, par exemple lors des prises de décision.
CONFLIT DE RIVALITÉ	Il est lié à une compétitivité au sein de l'équipe, à une stimulation trop forte des collaborateurs autour d'objectifs individuels.
CONFLIT D'IDENTITÉ	Ici, ce n'est pas l'obtention d'un avantage qui est recherché mais le rejet de l'autre pour ce qu'il représente en tant que personne.
CONFLIT D'OPINION	Conflit difficile car il révèle des différences de valeurs, de croyances, de points de vue.
CONFLIT LIÉ À UN MALENTENDU	Conflit fréquent, lié à une mauvaise interprétation d'une situation, à une incompréhension.

Les conflits peuvent aussi être classés selon les protagonistes :
– interpersonnel : le conflit oppose deux collaborateurs d'une équipe ;
– intra-groupe : le conflit oppose des individus au sein d'une même équipe ;
– intergroupe : le conflit oppose deux équipes d'une même entreprise.

Mots clés : **Rapport de force • Blocage • Élément déclencheur • Protagoniste**

Savoir
33 Les méthodes de gestion des conflits

Après avoir identifié le type de conflit à gérer, le manageur doit mettre en place les techniques adaptées.

1 La prévention des conflits

Le manageur doit être capable d'éviter le conflit en amont, en repérant les tensions et les malentendus.
Pour cela, il doit évaluer l'ambiance de travail en réunissant régulièrement son équipe, en écoutant et en observant la communication entre les collaborateurs.
Les moments réguliers d'échange et de cohésion, qui permettent à chacun de s'exprimer, favorisent les conditions d'une bonne entente.

2 Les étapes de la résolution des conflits

Tout conflit implique une approche différente. Cependant, un processus de résolution formel des conflits pourra être mis en place.
Ce processus respectera quatre étapes :

IDENTIFICATION DU CONFLIT	– Analyser le conflit (type, source, contexte précis) – Repérer toutes les parties en présence
RENCONTRE INDIVIDUELLE	Comprendre et évaluer la situation en laissant chaque protagoniste s'exprimer séparément sur l'origine du conflit
RECHERCHE COLLECTIVE DE SOLUTIONS	– Animer des rencontres entre les protagonistes pour trouver une solution acceptée par tous – Analyser les tensions – Favoriser les échanges
MISE EN ŒUVRE ET SUIVI DE LA DÉCISION	– Mettre en place la solution retenue et assurer un suivi en rencontrant l'équipe régulièrement – Contrôler son efficacité globale

3 L'empathie et l'assertivité

À chaque étape, le manageur devra faire preuve d'empathie, pour bien comprendre les motivations et les ressentis des acteurs. Il crée des conditions favorables à l'écoute, en particulier lors des rencontres collectives.
Le manageur doit aussi faire preuve d'assertivité : il maîtrise ses émotions et s'affirme positivement, sans agressivité, dans le respect des opinions et des ressentis des autres.
Lorsqu'il se sent dépassé ou s'il est impliqué lui-même dans le conflit, le manageur peut faire appel à un médiateur ou bien à une personne extérieure à l'équipe.

Mots clés Cohésion • Processus de résolution • Empathie • Assertivité

MANAGEMENT DE L'ÉQUIPE COMMERCIALE

Savoir 34

La gestion du stress

Un accord national interprofessionnel (ANI) du 2 juillet 2008 oblige les entreprises à traiter les problèmes de stress au travail quand ils sont identifiés. Pour satisfaire à cette obligation de prévention du stress au travail, le manageur doit adopter une démarche active.

1 La notion de stress

Le stress est la réponse à une situation à laquelle on ne sait pas ou on ne peut pas s'adapter.
Il se décompose en trois phases, lors desquelles on observe des manifestations tant physiques que psychologiques :

RÉACTION D'ALARME	Phase initiale durant laquelle apparaissent les premières réactions à l'agression : sensations physiques (migraine, respiration difficile...), pensées négatives, difficultés de concentration...
STADE DE RÉSISTANCE	Le corps est capable de gérer l'agression, il s'y adapte. La réaction de résistance stimule l'organisme. Le stress peut parfois aider à faire face à la situation (stress positif).
STADE D'ÉPUISEMENT	Il s'agit dans ce cas d'un stress chronique. L'organisme est débordé par cette agression. Il ne réussit plus à mobiliser ses ressources, ce qui provoque fatigue, dépression...

2 La prévention du stress

Le manageur doit privilégier des actions de prévention collective agissant sur les causes du stress plutôt que sur les symptômes.
Certaines règles de conduite peuvent éviter ou atténuer le stress, selon son origine.

SOURCE DU STRESS	EXEMPLES	ACTIONS DE PRÉVENTION
Source de stress externe	Stress lié au volume de travail, à la pression, à l'organisation...	Mieux communiquer et mieux gérer la charge de travail, appliquer les techniques de gestion du temps (identifier les priorités, planifier, mieux organiser son espace de travail, se fixer des objectifs réalisables...).
Source de stress interne	Stress lié à un manque de confiance en soi, à la peur de ne pas être à la hauteur	En situation de face à face, le stress peut être atténué avec une bonne préparation à l'entretien de vente (outils d'aide à la vente...) et une bonne maîtrise des techniques comportementales (décoder le langage verbal et non verbal, pratiquer l'assertivité...).

Mots clés

Réaction d'alarme • Stade de résistance • Stade d'épuisement • Stress chronique • Prévention collective • Source de stress externe • Source de stress interne

Savoir

35 Les risques psychosociaux

De plus en plus de salariés déclarent souffrir de risques psychosociaux (RPS) au travail. Ces risques affectent la santé des individus mais aussi le fonctionnement de l'entreprise.

1 Les caractéristiques des RPS

Les risques psychosociaux sont des éléments de l'environnement professionnel qui portent atteinte à l'intégrité physique et à la santé mentale des salariés.
Tous les collaborateurs, quels que soient leur niveau hiérarchique, leur métier, leur sexe ou leur âge peuvent être exposés à des RPS.
Les RPS les plus fréquents sont les suivants :

LE STRESS	Le stress au travail vient du sentiment de ne pas pouvoir répondre aux exigences de l'employeur dans les délais accordés.
L'ÉPUISEMENT PROFESSIONNEL	Appelé aussi *burn-out*, c'est la conséquence d'un investissement personnel trop important dans l'activité professionnelle et d'une situation de stress prolongée.
LES VIOLENCES INTERNES	Elles sont le fait de salariés de l'entreprise (collègue, supérieur hiérarchique...) et sont à divers degrés : conflit à répétition, mise à l'écart, manque de respect, moqueries, insultes, agression physique... Si les agissements sont répétés, dégradent les conditions de travail et nuisent à une ou plusieurs personnes, on parle de harcèlement. Le harcèlement moral ou sexuel est un acte grave puni par la loi.
LES VIOLENCES EXTERNES	Elles sont exercées par des personnes partenaires de l'entreprise (client, fournisseur...). Elles peuvent être verbales ou physiques. Certains secteurs professionnels sont plus sensibles : la banque, la bijouterie...

2 Les origines des RPS

NATURE DU TRAVAIL	ORGANISATION DU TRAVAIL	RELATIONS DE TRAVAIL	ENVIRONNEMENT DE L'ENTREPRISE
– Exigence forte de qualité – Délais courts – Pas d'autonomie – Compétences non reconnues – Décisions non comprises	– Mauvaise répartition des tâches – Horaires inadaptés – Objectifs irréalistes – Surcharge de travail – Espace et matériel de travail inadaptés	– Management autoritaire – Manque de reconnaissance – Mauvaise ambiance – Manque de dialogue, d'entraide, d'animation	– Incertitude sur l'avenir de l'entreprise, sur l'emploi – Exigence de compétitivité accrue

Mots clés
Risques psychosociaux (RPS) • Intégrité physique • Stress • *Burn-out* • Violences internes • Violences externes

MANAGEMENT DE L'ÉQUIPE COMMERCIALE

Savoir 36

Les obligations légales liées aux RPS

L'employeur a l'obligation légale d'évaluer les risques psychosociaux et de mettre en place les moyens adéquats pour protéger les salariés.

1 L'obligation légale de protection

Les risques psychosociaux (RPS) ont une incidence sur l'individu et son entourage personnel et professionnel, mais aussi sur toute l'entreprise.
Les articles L. 4121-1 à 5 du Code du travail obligent l'employeur à prendre toute mesure nécessaire pour assurer la sécurité et protéger la santé physique et mentale de ses employés, à savoir des actions de prévention des risques, des actions d'information et de formation, et une organisation et des moyens adaptés.
L'employeur a aussi une obligation de prévention des actes de harcèlement moral et sexuel, ainsi que des violences au sein de l'entreprise.
Il s'agit d'une obligation de résultat : l'employeur doit rendre compte de réels changements.

2 Les accords interprofessionnels

Dans le cadre de la prévention des RPS, des accords ont été signés par les organisations patronales et syndicales sur le stress au travail, le harcèlement et la violence au travail, et sur la qualité de vie au travail et l'égalité professionnelle.
Ces accords visent deux grands objectifs :
– fournir aux employeurs des indicateurs et un cadre pour repérer et prévenir le stress, le harcèlement ou la violence au travail ;
– rappeler à l'employeur sa responsabilité et son obligation de résultat en prenant des mesures en lien avec les représentants du personnel.

3 Le Document unique d'évaluation des risques

Différents outils permettent de garantir l'engagement de l'employeur, dont le DUERP (Document unique d'évaluation des risques professionnels). Ce document, obligatoire, doit être élaboré par toutes les entreprises et doit être actualisé chaque année. Il recense, pour tous les risques, dont les RPS, les actions de prévention, de formation, et les moyens mis en place pour les éviter.
Le DUERP n'a pas de forme imposée mais son défaut est sanctionné d'une amende pénale de 1 500 €. Il doit pouvoir être consulté par tous les salariés, les représentants du personnel et l'inspection du travail.

Mots clés Code du travail • Prévention • Information • Formation • Responsabilité • DUERP

Savoir 37 La détection et la prévention des RPS

Les actions de prévention des risques psychosociaux aident le manageur à les détecter. La démarche reste toutefois toujours délicate.

1 La détection des symptômes des RPS

La détection des symptômes est complexe car ils sont multiples et varient d'un individu à l'autre.

SYMPTÔMES PHYSIQUES	Fatigue inexpliquée, malaises, maux de tête, muscles tendus, problèmes de digestion...
SYMPTÔMES PSYCHOLOGIQUES	Insomnie, tensions, découragement, sensibilité accrue, crises de larmes...
SYMPTÔMES COMPORTEMENTAUX	Agressivité, isolement, addiction (tabac, alcool), troubles alimentaires...

Ces symptômes alerteront le manageur, qui pourra aborder avec tact les raisons du mal-être lors d'un entretien.
Pour réduire les RPS, la stratégie de prévention sera organisée conjointement avec toute la direction, les représentants du personnel, le Comité social et économique (CSE) et des experts éventuels.

2 Les niveaux de prévention des risques

PRÉVENTION PRIMAIRE : LOGIQUE DE PRÉVENTION	PRÉVENTION SECONDAIRE : LOGIQUE DE REMÉDIATION	PRÉVENTION TERTIAIRE : LOGIQUE DE RÉPARATION
Action collective d'anticipation et d'élimination du risque à la source (ex. : réorganiser l'activité, améliorer les conditions de travail, enrichir les tâches, améliorer l'animation ou le mode de management).	Action destinée à aider l'individu à gérer plus efficacement les exigences du travail et lui apprendre à faire face aux RPS (ex. : formation en gestion du stress/des conflits, team building ou séminaire pour renforcer le lien entre collaborateurs...).	Action visant à prendre en charge les conséquences graves des RPS sur l'individu (ex. : soutien psychologique, réunion de discussion, retour progressif à l'emploi, aménagement des postes...).

La prévention primaire, qui préconise une approche à long terme, est la moins utilisée. La plus courante est la prévention tertiaire, la moins efficace sur le long terme. Même si des actions relatives à chacun des niveaux peuvent être combinées, il est plus efficace de privilégier la prévention primaire.

Mots clés Symptômes • Prévention primaire • Anticipation • Remédiation • Réparation

Savoir 38

Les situations de crise

L'identification des risques permet de prévenir ou d'endiguer les éventuelles situations de crise susceptibles de venir affecter les équipes ou l'entreprise elle-même.

1 Les catégories de risques

La première étape de la gestion de crise a lieu avant la crise : elle vise à identifier les catégories de risques auxquels l'entreprise est susceptible d'être confrontée.

ORIGINE	TYPES DE RISQUE	EXEMPLES
Naturelle	– Conditions climatiques – Catastrophe	– Canicule, tempête… – Incendie, dégât des eaux
Humaine	– Faute involontaire – Faute intentionnelle	– Mauvaise manipulation – Malveillance, vol, incivilité
Technique ou technologique	– Matériels, locaux – Produits/services vendus	– Matériel défaillant, inadapté – Mauvaise qualité de produit/service

2 Les situations de crise

Lorsque la crise survient, l'entreprise doit réagir rapidement. Il peut s'agir d'une crise interne (liée aux salariés, aux manageurs) ou d'une crise externe (subie par l'entreprise).
Elle peut être de nature technique, économique, humaine, sociale, organisationnelle (typologie des crises de Mitroff et Pauchant) :

CRISES TECHNIQUES / ÉCONOMIQUES

	INTERNE	EXTERNE
CRISES TECHNIQUES / ÉCONOMIQUES	Défaut du produit/service Accident dans les installations Panne informatique Information erronée, cachée Faillite	Destruction majeure de l'environnement / accident Défaillance du système à grande échelle Catastrophe naturelle OPA (Offre publique d'achat) Crise gouvernementale Crise internationale
CRISES HUMAINES / SOCIALES / ORGANISATIONNELLES	Échec pour s'adapter / changer Défaillance organisationnelle Mauvaise communication Sabotage Altération du produit en usine Rumeur, diffamation Activité illégale Harcèlement sexuel Maladie liée au travail	Sabotage Terrorisme Enlèvement de dirigeant(s) Altération du produit hors usine Contrefaçon Rumeur, diffamation Grève Boycott

CRISES HUMAINES / SOCIALES / ORGANISATIONNELLES

Mots clés Risques • Crise interne • Crise externe

Savoir 39 Le management des risques

Le management des risques a pour objectif d'éviter la survenue d'une crise dans l'entreprise. Lorsque la crise apparaît malgré tout, il faut réagir rapidement et mettre en place un plan d'action.

1 La gestion des risques (*risk management*)

Le management des risques contribue à instaurer davantage de confiance. Il constitue aussi une aide à la prise de décision.
Il consiste à identifier les risques de crise et à prévoir des plans d'action pour les maîtriser.
La gestion des risques suit plusieurs étapes :

Élaboration d'un plan de gestion des risques : identification, évaluation (gravité, probabilité), maîtrise des risques (actions de prévention et de protection)	**Mise en place du DUERP** (Document unique d'évaluation des risques professionnels)	**Communication auprès des salariés :** - sur les risques potentiels ; - sur le respect des consignes de sécurité.

2 La gestion d'une situation de crise

La crise est la réalisation d'un risque ou d'un événement imprévu qui va impacter gravement l'entreprise, malgré la prévention.
Le manageur doit alors mettre en place un plan opérationnel de gestion de crise, qu'il accompagnera d'un plan de communication adapté.

PLAN OPÉRATIONNEL DE GESTION DE CRISE	- Mettre en place une cellule de crise - Gérer le processus de crise, prendre des décisions - Tenir un journal pour favoriser le retour d'expérience - Évaluer le plan de gestion après la crise
COMMUNICATION DE CRISE	Organiser la communication : - réagir à la situation d'urgence - communiquer en interne et en externe - accompagner la gestion de crise - communiquer après la crise
	Mettre en place un plan de communication : - identifier la cible - déterminer les objectifs et axes de communication - définir les moyens et le contenu des actions de communication

Mots clés
Management des risques • Confiance • Plan opérationnel de gestion de crise • Plan de communication

MANAGEMENT DE L'ÉQUIPE COMMERCIALE

S'ENTRAÎNER AU BTS

Exercice 1 voir Fiche Savoir 2

La détermination des besoins en personnel

Le rayon « librairie » d'une grande enseigne spécialisée dans les loisirs emploie quatre vendeurs à 35 heures et un contrat étudiant de 15 heures. La croissance d'activité durant les fêtes de fin d'année crée un besoin en personnel supplémentaire, afin de permettre d'assurer efficacement toutes les missions. Le manageur évalue à 190 heures le temps nécessaire à l'ensemble des missions.

- **Calculez le besoin en heures de travail supplémentaires et le nombre de personnes à recruter.**

FAIT ☐ REVU ☐

Exercice 2 Voir Fiche Savoir 2 et 6

L'analyse de la pyramide des âges

Vous êtes stagiaire au sein de la manufacture Baccarat, spécialiste en verrerie et objets d'art depuis le XVIIIe siècle. Le responsable des ressources humaines vous communique la pyramide des âges de l'entreprise et vous demande de l'analyser afin de déterminer les besoins en personnel (annexe).

1. **Quelles données la pyramide des âges permet-elle d'analyser ? Quelle est son utilité ?**
2. **Que signifie cette pyramide des âges en forme de champignon (annexe) ?**
3. **Que peut-on en déduire en matière de besoins en personnel et en compétences pour la manufacture Baccarat ?**

Annexe Pyramide des âges

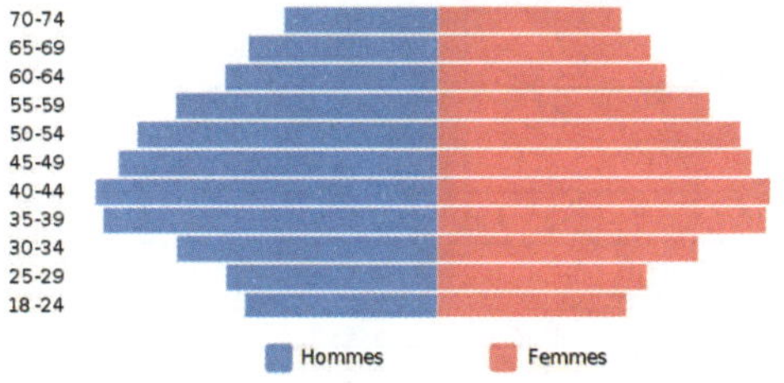

FAIT ☐ REVU ☐

Exercice 3 Voir Fiche Savoir 3

La fiche et le profil de poste

Vous êtes manageur du rayon sports nautiques de Sport 3000, grande surface spécialisée à Marseille. Avec l'arrivée des congés d'été, vous souhaitez pouvoir répondre à la demande de vos clients et décidez de recruter un vendeur en CDD. Suite à un entretien avec la directrice, vous avez établi le profil idéal du nouveau vendeur ainsi que les missions qu'il devra remplir : accueillir et renseigner le client, assurer l'attractivité du rayon et fidéliser la clientèle. Il devra par ailleurs être dynamique et souriant, avoir une bonne aisance relationnelle et un esprit d'équipe, mais aussi posséder des connaissances concernant les sports nautiques.

Afin de faciliter son intégration, il devra posséder une première expérience de vente. Le poste est à pourvoir pour une durée de 3 mois à compter du 1er juin. La rémunération est fixée au SMIC horaire.

1. **Établissez la fiche de poste.**
2. **Dressez le profil de poste.**
3. **Rédigez l'annonce de recrutement.**

FAIT ☐ REVU ☐

Exercice 4 Voir Fiche Savoir 8

Le guide d'entretien

Suite à votre annonce de recrutement chez Sport 3000, vous recevez un(e) candidat(e). Vous disposez d'une trame d'entretien de recrutement (annexe).

- **À partir du cas proposé dans l'exercice 3, rédigez la trame de l'entretien de recrutement.**

Annexe Trame d'entretien de recrutement

Accueil du candidat

Présentation de l'entreprise et du poste

Découverte du candidat :

– Faire parler le candidat, lui poser des questions ouvertes et d'approfondissement

– S'assurer de sa motivation pour le poste

– Vérifier l'adéquation entre vos exigences pour le poste et le profil du candidat

Conclusion

FAIT ☐ REVU ☐

Exercice 5 Voir Fiche Savoir 14

Le tableau de répartition des tâches

Mme Grady est responsable d'une boutique de prêt-à-porter. Plusieurs clients se plaignent de l'attente trop longue aux caisses et sont mécontents. Les journées de forte affluence sont le mercredi et le samedi.

Pour renforcer l'équipe et assurer un service client de qualité, Mme Grady s'interroge sur la pertinence de recruter un vendeur supplémentaire. Avant de faire son choix, la responsable souhaite analyser la répartition actuelle des tâches entre les membres de l'équipe (annexes 1 et 2).

1. Construisez le tableau de répartition des tâches de l'équipe commerciale actuelle.

2. Établissez un diagnostic de répartition actuelle du travail de l'équipe. Vous mènerez pour cela une analyse chiffrée précise : répartition des activités par vendeur et répartition des vendeurs par activité.

Annexe 1 Présentation de l'équipe commerciale

L'équipe commerciale se compose de six personnes :

Florent Vendeur conseil – 35 h	**Axel** Vendeur conseil – 35 h
Lucie Vendeuse spécialisée – 20 h	**Erwann** Employé libre-service – 35 h
Aminata Responsable prêt-à-porter hommes – 35 h	**Divine** Responsable prêt-à-porter femmes – 35 h

Annexe 2 Fiches d'auto-analyse des membres de l'équipe

L'équipe commerciale a complété une fiche d'auto-analyse des tâches réalisées. Les tâches ont été regroupées. Le temps de travail est exprimé en heures.

FICHE D'AUTO-ANALYSE						
	LUNDI	MARDI	MERCREDI	JEUDI	VENDREDI	SAMEDI
Florent						
Contact client	5	2	6	3	6	
Réassort	2	3	1	3	1	REPOS
Divers		1		2		
Axel						
Contact client	5	4	4		6	6
Réassort	2	2	2	REPOS	1	1
Divers			1		1	
Lucie						
Contact client	3			2	1	1
Réassort	1	4	REPOS		3	3
Divers				2		
Erwann						
Contact client	4		4	2	1	2
Réassort	3	REPOS	3	3	4	4
Divers	1		2	2		
Aminata						
Contact client		2	3	1	3	3
Réassort	REPOS					
Gestion		5	4	6	4	4
Divine						
Contact client	4	4		5	4	5
Réassort			REPOS			
Gestion	3	3		2	3	2

FAIT ☐ REVU ☐

MANAGEMENT DE L'ÉQUIPE COMMERCIALE

Exercice 6 voir Fiches Savoir 17 et 18

Le diagramme de Gantt et le réseau PERT

L'association étudiante Stud'up organise le bal de fin d'année des BTS. Les tâches sont réparties entre les membres étudiants du bureau par Théo, le président.

Les différentes tâches ont été recensées dans un tableau (annexe).

1. **Construisez le diagramme de Gantt et/ou le réseau PERT.**

2. **Déterminez la durée du projet.**

3. **Déterminez le chemin critique.**

4. **La conception des affiches prend 5 jours de retard. L'organisation de la sécurité prend 2 jours de retard. Quelles seront les conséquences sur la durée totale de l'organisation ? Expliquez.**

Annexe Organisation bal de promo des BTS

TÂCHES	DESCRIPTION	TÂCHES ANTÉRIEURES	DURÉE DE LA TÂCHE (JOURS)
A	Recherche salle, sono	–	5
B	Recherche thème	–	1
C	Choix date, salle, thème par le bureau	A, B	2
D	Conception des affiches et invitations	C	3
E	Placement des affiches	D	1
F	Communication sur les réseaux sociaux	E	8
G	Invitations, et info dans les classes	D	2
H	Achat des boissons	C	2
I	Organisation sécurité	C	1
J	Décoration salle, installation	I	1

FAIT ☐ REVU ☐

Exercice 7 Voir Fiche Savoir 22

L'entretien d'évaluation

Responsable d'une agence immobilière dans le centre-ville de Strasbourg, vous dirigez une équipe de jeunes conseillers.

Florent, un conseiller en immobilier, a été recruté début septembre N-1. Vous préparez son premier entretien annuel d'évaluation.

1. **Quelles sont les points importants à aborder lors d'un entretien d'évaluation ?**

2. **Concevez une grille d'entretien comportant des critères d'évaluation de résultat, des critères liés à la pratique professionnelle et des critères comportementaux.**

FAIT ☐ REVU ☐

Exercice 8 Voir Fiche Savoir 23

La réunion

Dirigeant(e) d'un commerce bio en région d'Orléans, vous avez sous votre responsabilité une dizaine de vendeurs et un manageur adjoint. À l'occasion de la quinzaine du bio, les magasins du réseau proposent des animations : brunch, jeux, ateliers cuisine..., visant à sensibiliser les clients sur la diversité et la qualité des produits bio. Vous chargez une équipe constituée du manageur et de trois vendeurs de préparer cet événement.

Vos principales préoccupations sont le choix des animations et le choix des fournisseurs locaux. Vous décidez d'organiser une réunion avec l'équipe.

1. **Quelle est la méthodologie à adopter pour préparer la réunion ?**

2. Pourquoi est-il important de préparer cette réunion ?

3. Quel est l'objectif de la réunion ?

4. Quels matériels et supports pouvez-vous préparer pour réussir cette réunion ?

FAIT ☐ REVU ☐

Exercice 9 Voir Fiche Savoir 26

Les techniques de stimulation

Suite à la rénovation de son point de vente, l'unité commerciale « La Squadra », spécialisée dans les sports collectifs, souhaite améliorer ses performances globales. L'équipe de vendeurs est constituée de sportifs aguerris, régulièrement formés pour conseiller la clientèle.

Pour augmenter les objectifs de vente, vous organisez une opération de stimulation au sein de l'équipe de vendeurs.

1. Quels types d'objectifs pouvez-vous fixer à votre équipe ?

2. Quels sont les effets attendus de cette opération ?

3. Quelle technique de stimulation choisissez-vous ? Présentez cette technique.

4. Proposez des récompenses pour les meilleurs vendeurs.

FAIT ☐ REVU ☐

Exercice 10 Voir Fiche Savoir 29

L'analyse du tableau de bord

L'entreprise Publica, installée à Montargis et à Nevers, est spécialisée dans la vente de supports publicitaires auprès de professionnels.

En tant que responsable de l'équipe de vente, vous souhaitez analyser les ventes des deux vendeuses recrutées récemment, Maëlle et Andréa, pour évaluer leur progression.

Vous disposez du tableau de bord des résultats des deux vendeuses pour le premier semestre (annexe), qui répertorie les chiffres d'affaires et les rendez-vous (en agence et chez les clients).

• **À partir du tableau de bord, analysez les performances de Maëlle et Andréa sur cette période.**

Annexe Tableau de bord des résultats de Maëlle et Andréa (1er semestre)

MAËLLE	RENDEZ-VOUS		CHIFFRE D'AFFAIRES	
	PRÉVU	RÉALISÉ	PRÉVU	RÉALISÉ
Janvier	60	70	200 000	220 000
Février	70	68	220 000	250 000
Mars	70	55	240 000	223 000

ANDRÉA	RENDEZ-VOUS		CHIFFRE D'AFFAIRES	
	PRÉVU	RÉALISÉ	PRÉVU	RÉALISÉ
Janvier	60	55	200 000	180 000
Février	70	64	220 000	225 000
Mars	70	78	240 000	242 000

FAIT ☐ REVU ☐

Exercice 11 Voir Fiche Savoir 30

La rémunération

Votre entreprise de vente de meubles de décoration rencontre quelques difficultés liées à l'arrivée de nouveaux concurrents dans sa zone de chalandise. Pour remotiver l'équipe de vendeurs, vous souhaitez analyser l'efficacité de votre système de rémunération. Vous disposez des derniers résultats de Charlène, vendeuse spécialisée (annexe 1).

1. Calculez le montant des commissions mensuelles à verser à Charlène si le taux est fixé à 3 %.

2. Calculez le montant de cette commission si vous mettez en place une commission à taux progressif par tranche de chiffre d'affaires (annexe 2).

3. Quel est l'intérêt de ce mode de calcul ?

4. Qu'est-ce qui différencie une commission et une prime ?

Annexe 1 Chiffre d'affaires de Charlène

JANVIER	9 000 €
FÉVRIER	12 000 €
MARS	14 000 €

Annexe 2 Commissions à taux progressif

TRANCHES DE CA	TAUX DE COMMISSION
0 – 5000 €	2 %
5000 – 10 000 €	3 %
10 000 – 15 000 €	5 %
Au-delà de 15 000 €	6 %

FAIT ☐ REVU ☐

CORRIGÉS

Exercice 1 voir Fiche Savoir 2

La détermination des besoins en personnel

• **Calculez le besoin en heures de travail supplémentaires et le nombre de personnes à recruter.**
Calcul du volume d'heures pouvant être effectuées par l'équipe :
(4 × 35 h) + (1 × 15 h) = 140 + 15 = 155 heures.
Volume d'heures pour assurer les missions confiées : 190 heures >> calcul du besoin en heures de travail : = 190 – 155 = 35 heures.

Exercice 2 Voir Fiche Savoir 2 et 6

L'analyse de la pyramide des âges

1. Quelles données la pyramide des âges permet-elle d'analyser ? Quelle est son utilité ?
La pyramide des âges est un outil de diagnostic qui montre la répartition des âges des salariés. Elle permet de vérifier l'équilibre entre les différentes générations composant l'effectif.

2. Que signifie cette pyramide des âges en forme de champignon (annexe) ?
Cette pyramide en forme de champignon signifie que la moyenne d'âge de l'entreprise Baccarat est assez élevée.

3. Que peut-on en déduire en matière de besoins en personnel et en compétences pour la manufacture Baccarat ?
On peut en déduire que la main-d'œuvre est qualifiée, ce qui permet de bénéficier d'un réel savoir-faire technique acquis avec l'expérience. Cependant, les départs massifs à la retraite sont un risque de perte de savoir-faire et vont créer un besoin en compétences et en personnel.

Exercice 3 Voir Fiche Savoir 3

La fiche et le profil de poste

1. Établissez la fiche de poste.

INTITULÉ DU POSTE	Vendeur
STATUT / CATÉGORIE	Salarié
PLACE DANS L'ORGANIGRAMME	Supérieur : manageur du rayon sports nautiques
MISSIONS PRINCIPALES	Accueilllir et renseigner le client Assurer l'attractivité du rayon Fidéliser la clientèle
ACTIVITÉS ET TÂCHES	Accueillir les clients Fidéliser la clientèle Enregistrer les informations concernant les données clients
INTERLOCUTEURS	Les autres vendeurs Les clients
CONDITIONS DE TRAVAIL	– CDD de 35 h par semaine – 3 mois à partir du 1er juin – SMIC horaire
SAVOIRS	Connaissances dans le domaine des sports nautiques
SAVOIR-FAIRE/ COMPÉTENCES	Première expérience requise dans la vente
SAVOIR-ÊTRE	Dynamique, souriant, bonne aisance relationnelle, esprit d'équipe

2. Dressez le profil de poste.

INTITULÉ DU POSTE	Vendeur
LOCALISATION	Marseille
MISSIONS	Accueilllir et renseigner le client Assurer l'attractivité du rayon Fidéliser la clientèle
RESPONSABILITÉ ET AUTONOMIE	Créer une relation de confiance avec le client, transmettre les informations à la hiérarchie.
FORMATION	Pas de formation spécifique
EXPÉRIENCE PROFESSIONNELLE	Une première expérience dans la vente est souhaitée
COMPÉTENCES REQUISES	Compétences relationnelles et comportementales (sens de l'écoute, bonne présentation, esprit d'équipe) Connaissances dans le domaine des sports nautiques.
QUALITÉS PERSONNELLES	Dynamique, souriant, bonne aisance relationnelle, esprit d'équipe, sérieux, ponctuel, assidui, rigoureux.

3. **Rédigez l'annonce de recrutement.**

Grande surface spécialisée dans les articles de sports recherche, pour son magasin de Marseille (13) :

Un(e) vendeur/vendeuse en magasin
en CDD de 3 mois à compter du 1er juin
(réf. XXXX)

Notre enseigne a su s'imposer au fil des années comme une référence dans les articles de sport. Dans le cadre des congés d'été, l'enseigne souhaite renforcer son équipe, plus particulièrement dans le domaine des sports nautiques.

Nous recherchons pour notre boutique de Marseille (13), un(e) vendeur/vendeuse à temps plein pour un contrat à durée déterminée.

Les missions principales consistent à :
- accueillir la clientèle et lui procurer un service de qualité ;
- contribuer à l'attractivité du rayon ;
- développer les ventes et fidéliser de nos clients.

Le(la) candidat(e) justifiera d'une première expérience dans la vente, sera passionné(e) par les sports nautiques, dynamique et réactif(-tive), avec un réel sens du contact et du service client. La maîtrise de l'anglais serait un plus.

Contact : M. X – Manageur du rayon sports nautiques.
Envoyez votre candidature (CV et lettre de motivation) par mail à l'adresse :
recrutement@sport3000.fr
ou présentez-vous directement en magasin.

Exercice 4 Voir Fiche Savoir 8

Le guide d'entretien

• **À partir du cas proposé dans l'exercice 3, rédigez la trame de l'entretien de recrutement.**

Accueil
- Accueil du candidat par le manageur du rayon sports nautiques, M. X, qui va se présenter.
- M. X. présentera ensuite l'enseigne, ses valeurs : entreprise dynamique et renommée dans le domaine des articles de sport et plus particulièrement dans le domaine des sports nautiques du fait de sa localisation à Marseille.
- Présentation du poste à pourvoir : poste de vendeur à temps plein dans le rayon sports nautiques pour la période estivale. CDD de 3 mois à compter du 1er juin.

Découverte du candidat
Profil du candidat
- Pouvez-vous vous présenter ?
- Quelles sont vos principales qualités ?
- Quels sont vos principaux défauts ?
Motivation et connaissance de l'enseigne
- Qu'est-ce qui vous a poussé à répondre à cette annonce ?
- Que savez-vous de notre entreprise ?
- Pouvez-vous me parler de nos produits? de nos services ?
- Qu'est-ce qui vous motive pour ce poste ?
- Pourquoi vous plutôt qu'un autre ?
Adéquation du profil avec le poste
- Quelles sont vos activités extra-professionnelles ?
- Quels sont les sports nautiques que vous connaissez ou que vous pratiquez ?
- Êtes-vous quelqu'un d'autonome ?
- Êtes-vous capable de travailler en équipe ?
- Comment réagissez-vous face au stress?
- Pourriez-vous me décrire une situation difficile dont vous vous êtes finalement bien sorti ?
- Au cours de votre dernier emploi, de quoi êtes-vous le plus fier ?
- Avez-vous des questions ?

Conclusion
Expliquer au candidat la suite de la procédure, remercier et saluer.

Exercice 5 Voir Fiche Savoir 14

Le tableau de répartition des tâches

1. **Construisez le tableau de répartition des tâches de l'équipe commerciale actuelle.**

TRT	FLORENT	AXEL	LUCIE	ERWANN	AMINATA	DIVINE	TOTAL
CONTACT CLIENT	22	25	7	13	12	22	101
RÉASSORT	10	8	11	17			46
DIVERS	3	2	2	5			12
GESTION					23	13	36
TOTAL	35	35	20	35	35	35	195

2. **Établissez un diagnostic de répartition actuelle du travail de l'équipe. Vous mènerez pour cela une analyse chiffrée précise : répartition des activités par vendeur et répartition des vendeurs par activité.**

RÉPARTITION DES ACTIVITÉS PAR VENDEUR						
ACTIVITÉS	FLORENT	AXEL	LUCIE	ERWANN	AMINATA	DIVINE
	HEURES %	HEURES %	HEURES %	HEURES %	HEURES %	HEURES %
CONTACT CLIENT	22 63 %	25 71 %	7 35 %	13 37 %	12 34 %	22 63 %
RÉASSORT	10 28 %	8 23 %	11 55 %	17 48 %		
DIVERS	3 9 %	2 6 %	2 10 %	5 14 %		
GESTION					23 66 %	13 37 %
TOTAL	35 100 %	35 100 %	20 100 %	20 100 %	35 100 %	35 100 %

RÉPARTITION DES VENDEURS PAR ACTIVITÉ							
ACTIVITÉS	FLORENT	AXEL	LUCIE	ERWANN	AMINATA	DIVINE	TOTAL
	HEURES %	HEURES %	HEURES %	HEURES %	HEURES %	HEURES %	HEURES %
CONTACT CLIENT	22 22 %	25 25 %	7 7 %	13 13 %	12 12 %	22 22 %	101 100 %
RÉASSORT	10 22 %	8 17 %	11 24 %	17 37 %			46 100 %
DIVERS	3 9 %	2 6 %	2 10 %	5 14 %			12 100 %
GESTION					23 64 %	13 36 %	36 100 %

On constate un certain déséquilibre dans la répartition des tâches entre les vendeurs : Florent et Axel consacrent la majeure partie de leur temps au contact client. Lucie (vendeuse spécialisée) et Erwann consacrent plus de 60 % de leur temps de travail à des activités annexes.
Le volume horaire par vendeur devrait être augmenté, sans négliger les activités annexes. Il paraît pertinent de recruter un vendeur conseil supplémentaire.

Exercice 6 voir Fiches Savoir 17 et 18

Le diagramme de Gantt et le réseau PERT

1. Construisez le diagramme de Gantt et/ou le réseau PERT.

Diagramme de Gantt : cf. ci-contre.

En axes, les tâches de A à J et la durée des tâches en jours.

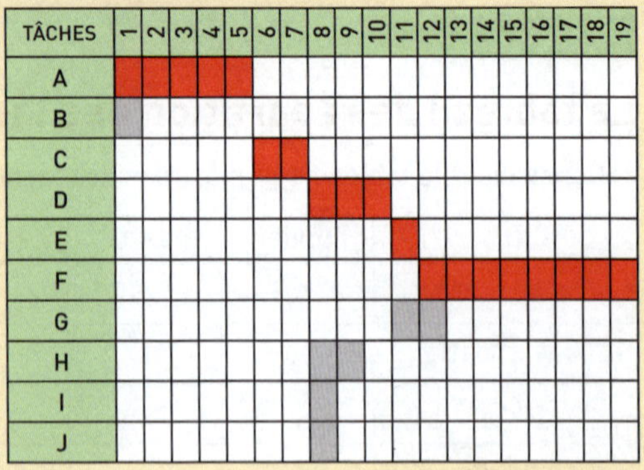

Réseau PERT :

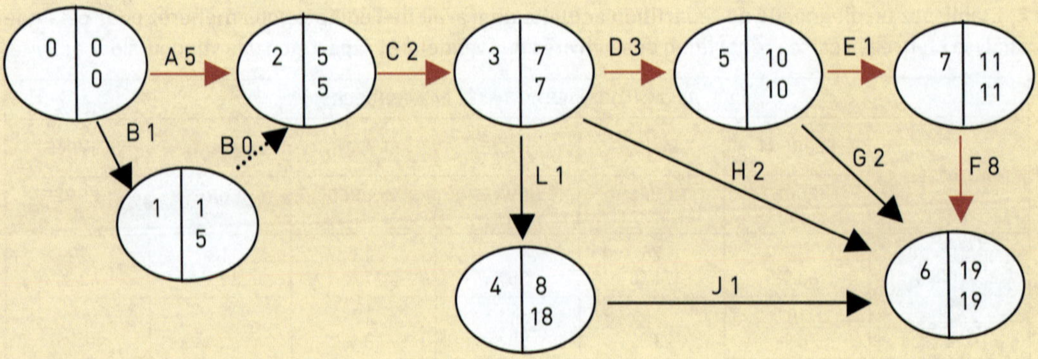

2. Déterminez la durée du projet.
La durée du projet d'organisation du bal de fin d'année est de 19 jours.

3. Déterminez le chemin critique.
Le chemin critique qui regroupe l'ensemble des tâches pour lesquelles il n'y a aucune marge de retard est A, C, D, E, F (en rouge sur les graphes).

4. La conception des affiches prend 5 jours de retard. L'organisation de la sécurité prend 2 jours de retard. Quelles seront les conséquences sur la durée totale de l'organisation ? Expliquez.
La tâche D (conception des affiches) est sur le chemin critique, le retard de 5 jours aura un impact direct sur le durée du projet, soit 24 jours. La tâche I (organisation de la sécurité) n'est pas sur le chemin critique, elle a une marge de manœuvre de 10 jours (date au plus tôt : 8 jours et date au plus tard : 18 jours / marge 18 – 8 : 10 jours) ; la durée totale du projet ne sera pas impactée.

Exercice 7 Voir Fiche Savoir 22

L'entretien d'évaluation

1. Quelles sont les points importants à aborder lors d'un entretien d'évaluation ?
Points à aborder :
– les résultats obtenus par rapport aux objectifs, les écarts, l'analyse des causes de ces écarts, la proposition de solutions ; le bilan de la première année de Florent ;
– les objectifs de la période à venir et les moyens mis en œuvre pour atteindre ces objectifs ;
– les projets de Florent.

2. Concevez une grille d'entretien comportant des critères d'évaluation de résultat, des critères liés à la pratique professionnelle et des critères comportementaux.

<table>
<tr><th colspan="6">GRILLE D'ENTRETIEN PROFESSIONNEL</th></tr>
<tr><td>Salarié
Nom, prénom :
Fonction :</td><td colspan="4">Responsable de l'évaluation
Nom, prénom :
Fonction :</td><td>Date de l'entretien :</td></tr>
<tr><td colspan="6">Bilan de l'année écoulée – Période :</td></tr>
<tr><td>Points positifs, réussites :</td><td colspan="4">Difficultés, axes d'amélioration :</td><td>Remédiation :</td></tr>
<tr><td colspan="6">Évaluation</td></tr>
<tr><td>Critères</td><td>1</td><td>2</td><td>3</td><td>4</td><td>Commentaires</td></tr>
<tr><td>Résultat</td><td></td><td></td><td></td><td></td><td></td></tr>
<tr><td>Pratiques professionnelles
Accueil, prise en charge des dossiers, ventes…</td><td></td><td></td><td></td><td></td><td></td></tr>
<tr><td>Comportement
Empathie, Dynamisme, Enthousiasme…</td><td></td><td></td><td></td><td></td><td></td></tr>
<tr><td colspan="6">Année N+1 – Période :</td></tr>
<tr><td>Projet d'évolution professionnelle :</td><td colspan="4">Objectifs fixés :</td><td>Moyens à mobiliser :</td></tr>
<tr><td>Observations :</td><td colspan="5">Signature des deux parties :</td></tr>
</table>

Exercice 8 Voir Fiche Savoir 23

La réunion

1. Quelle est la méthodologie à adopter pour préparer la réunion ?

Différentes étapes doivent être respectées.

Fixer l'ordre du jour : il est important d'établir un ordre du jour précis en prévoyant le temps qui sera consacré à chaque thème.

Définir la liste des participants : l'équipe choisie pour mener le projet (le manageur et les trois vendeurs). Il faut aussi penser au rôle qui leur sera attribué : qui prendra la parole sur certains points, qui prendra des notes... Un travail en binôme avec le manageur adjoint est possible pour organiser cette réunion. Il faut penser à convoquer les participants.

Fixer la date, l'horaire, le lieu : choisir en fonction de la disponibilité de l'ensemble de l'équipe : pendant les heures d'ouverture ou de fermeture, en fin de semaine ou en milieu de semaine, le soir ou l'après-midi ? Une fois la date, l'horaire et le lieu choisis, quelle disposition de salle envisager ?

Préparer le contenu précis : fixer un plan de déroulement de réunion, élaborer les supports de travail, prévoir le matériel (voir question 4).

2. Pourquoi est-il important de préparer cette réunion ?

La préparation permet une gestion du temps efficace et l'atteinte des objectifs fixés. Un ordre du jour précis et l'élaboration d'un plan de déroulement permettent à l'animateur de gérer et contrôler le temps consacré à chaque thème.

3. Quel est l'objectif de la réunion ?

L'objectif est de présenter la quinzaine du bio, d'organiser les animations et de choisir les fournisseurs locaux. Il faut fédérer l'équipe autour de cet événement important.

4. Quels matériels et supports pouvez-vous préparer pour réussir cette réunion ?

MATÉRIEL	Ordinateur, vidéoprojecteur Paperboard
SUPPORTS	Plan, diaporama, documents sur la quinzaine du bio (dates, animations des années précédentes, visuels...)

Exercice 9 Voir Fiche Savoir 26

Les techniques de stimulation

1. Quels types d'objectifs pouvez-vous fixer à votre équipe ?

Divers objectifs sont possibles :
- augmenter le chiffre d'affaires en pourcentage par rapport à N–1 ;
- augmenter les ventes (en volume) en pourcentage par rapport à N–1 ;
- augmenter la marge en pourcentage par rapport à N–1 ;
- augmenter le panier moyen ;
- augmenter le taux de marge.

2. Quels sont les effets attendus de cette opération ?

Les effets attendus sont :
- améliorer les performances globales de l'UC ;
- récompenser les meilleurs vendeurs ;
- dynamiser et fédérer les équipes.

3. Quelle technique de stimulation choisissez-vous ? Présentez cette technique.

On pourra opter pour :
- le concours : seul un nombre restreint de vendeurs (les meilleurs) sera récompensé ;
- le challenge : opération ponctuelle qui récompense tous les vendeurs atteignant l'objectif.

4. Proposez des récompenses pour les meilleurs vendeurs.

Récompenses possibles : des bons d'achat, des places pour un événement sportif...

Exercice 10 Voir Fiche Savoir 29

L'analyse du tableau de bord

• **À partir du tableau de bord, analysez les performances de Maëlle et Andréa sur cette période.**

MAËLLE	RENDEZ-VOUS			CHIFFRE D'AFFAIRES EN K€		
	PRÉVU	RÉALISÉ	TAUX OBJECTIFS*	PRÉVU	RÉALISÉ	TAUX OBJECTIFS*
JANVIER	60	70	116 %**	200	220	110 %
FÉVRIER	70	68	97 %	220	250	113 %
MARS	70	55	78 %	240	223	93 %

ANDRÉA	RENDEZ-VOUS			CHIFFRE D'AFFAIRES EN K€		
	PRÉVU	RÉALISÉ	TAUX OBJECTIFS*	PRÉVU	RÉALISÉ	TAUX OBJECTIFS*
JANVIER	60	55	92 %	200	180	90 %
FÉVRIER	70	64	91 %	220	225	103 %
MARS	70	78 %	112 %	240	242	101 %

* Taux d'atteinte des objectifs ou taux de réalisation des objectifs : (réalisé/objectif) × 100 ; ** 116 % : (70 / 60) × 100.

Globalement, les performances sont bonnes et proches des prévisions. Maëlle réalise de belles performances sur janvier et février. Elle a eu plus de difficultés en mars. Ses rendez-vous sont en baisse sur le trimestre, ce qui explique les difficultés à réaliser les objectifs du dernier mois. Andréa est en progrès constant (rendez-vous et CA). Les objectifs de CA augmentent chaque mois. Les performances sont donc à relativiser par rapport à ces objectifs en hausse.

Exercice 11 Voir Fiche Savoir 30

La rémunération

1. Calculez le montant des commissions mensuelles à verser à Charlène si le taux est fixé à 3 %.

MOIS	CA	COMMISSIONS 3 %
Janvier	9 000 €	270
Février	12 000 €	360
Mars	14 000 €	420
Total		1 050

2. Calculez le montant de cette commission si vous mettez en place une commission à taux progressif par tranche de chiffre d'affaires (annexe 2).

TRANCHES DE CA	TAUX DE COMMISSION
0 – 5 000 €	2 %
5 000 – 10 000 €	3%
10 000 – 15 000 €	5 %
Au-delà de 15 000 €	6 %

TRANCHES DE CA	COMMISSION DE JANVIER
5 000	100
4 000	120
9 000	**220**

TRANCHES DE CA	COMMISSION DE FÉVRIER
5 000	100
5 000	150
2 000	100
12 000	**350**

TRANCHES DE CA	COMMISSION DE MARS
5 000	100
5 000	150
4 000	200
14 000	**450**

Total commissions : 220 + 350 + 450 = 1 020 €.

3. Quel est l'intérêt de ce mode de calcul ?

Ce calcul est plus stimulant pour les vendeurs. Il les incite à se surpasser pour atteindre le seuil de CA supérieur, plus rémunérateur. Il sera moins coûteux pour l'entreprise si le CA est plus faible.

4. Qu'est-ce qui différencie une commission et une prime ?

La commission est régulière : elle encourage les résultats. La prime est ponctuelle : elle récompense l'atteinte des objectifs.

Savoir 1

Les agents économiques en relation avec l'entreprise

Tous les individus d'une société participent à la vie économique : ce sont des agents économiques. Ils contribuent à des degrés divers aux opérations de production, de répartition et de consommation. Ils sont interdépendants.

1 Les relations entre les entreprises et les ménages

1.1. Définitions

Un ménage désigne l'ensemble des personnes habitant une même résidence principale, même si elles n'ont aucun lien de parenté. La principale fonction économique des ménages est de consommer. Ils participent aussi à la production en travaillant pour les entreprises.

EXEMPLE
4 jeunes salariés, sans lien de parenté, qui partagent la même logement en colocation.

Les entreprises ont comme fonction principale la production des biens et services marchands non financiers. Leurs ressources proviennent de leur chiffre d'affaires. Elles créent de la valeur ajoutée qui contribue à la richesse du pays.

EXEMPLE
Le groupe Accor qui vend des nuitées et des repas dans ses hôtels.

Les entreprises établissent des relations avec les ménages sur le marché des biens et services et sur le marché du travail.

1.2. Le marché des biens et services

Entre les entreprises et les ménages, un flux à double sens s'établit :
- un flux réel des entreprises vers les ménages, à partir des biens et services fournis par les entreprises ;
- un flux monétaire en sens inverse, avec les dépenses des ménages pour acquérir ces biens et services.

1.3. Le marché du travail

La rencontre entre les ménages et les entreprises portent sur l'échange entre une quantité de travail et un salaire avec :
- un flux réel des ménages vers les entreprises, qui porte sur le travail fourni ;
- un flux monétaire, avec le versement d'un salaire en contrepartie du travail fourni.

CEJM

2 Les relations entre les entreprises et les banques

2.1. Le rôle des banques dans le fonctionnement des entreprises

Les banques proposent des services d'intermédiation financière de banque et d'assurance. Leur fonction principale est de fournir des moyens de paiement, de collecter l'épargne disponible, d'octroyer des crédits pour financer l'économie et de garantir l'indemnisation des victimes en cas de réalisation d'un risque.

EXEMPLE
Une agence de la Banque Populaire qui gère des comptes d'entreprises.

2.2. Le rôle des marchés financiers dans le financement des entreprises

Les entreprises recourent au marché financier lorsqu'elles ont besoin de fonds pour développer leur activité. Le marché financier permet la rencontre entre l'offre et la demande de capitaux. Ce financement est direct, à la différence de celui avec les banques, qui est indirect.

3 Les relations entre les entreprises et l'État

3.1. La définition de l'État au sens large

L'État, les collectivités territoriales (commune, département, région), les administrations publiques et les organismes de Sécurité sociale produisent des services non marchands ou effectuent des opérations de redistribution du revenu et des richesses nationales. Les dépenses de l'État sont financées par les impôts, les taxes et les cotisations sociales.

EXEMPLE La Caisse d'allocations familiales (CAF) verse des allocations aux familles.

3.2. La production de biens et services non marchands

La production de services non marchands par l'État a comme objectif de satisfaire les besoins collectifs ou individuels mais dont l'intérêt est général. L'État soutient l'activité des entreprises à travers différentes dispositions :

– des aides financières proposées aux entreprises pour développer leurs projets ;

EXEMPLE Les subventions pour la recherche et l'innovation.

– la BpiFrance, banque publique d'investissement, accompagne les entreprises en offrant des solutions de financement pour soutenir leur activité.

4 Le circuit économique

Le circuit économique associe à chaque agent une fonction principale : les ménages consomment, les entreprises produisent et l'État redistribue.
La circulation des richesses entre agents économiques génère des flux réels (circulation de biens et services) et des flux monétaires.

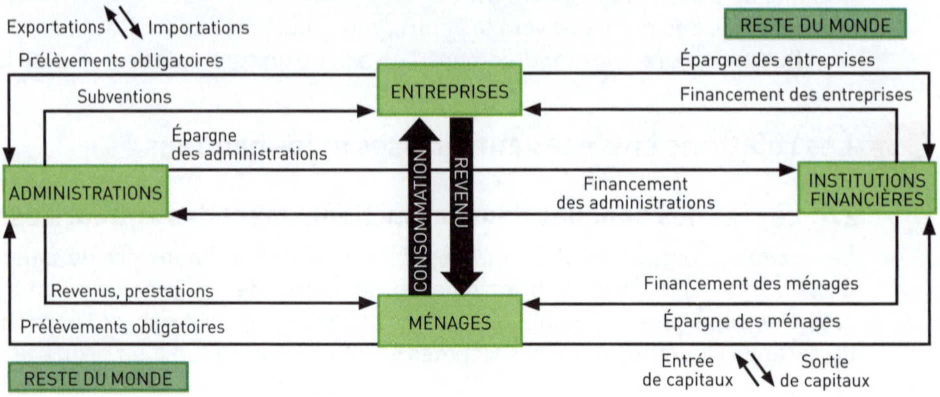

Mots clés Agent économique • Ménage • Flux réel • Flux monétaire • Circuit économique

Savoir 2 Les relations entre l'entreprise et les institutions financières

Les institutions financières (banques, assurances, organismes de crédit) jouent un rôle essentiel dans le financement de l'économie. Elles interviennent pour faciliter l'accès aux marchés financiers des agents ayant un besoin de financement.

1 Le rôle des banques

1.1. L'intermédiation financière

L'intermédiation financière désigne l'ensemble des activités développées par les intermédiaires financiers, dont les banques et les compagnies d'assurance, afin de mettre en relation l'offre et la demande de capitaux.

EXEMPLE
Outre sa fonction d'assureur, Axa participe au financement de l'économie avec Axa Banque.

1.2. Les avantages de l'intermédiation financière

Par le crédit, les banques assurent le financement d'une partie importante des activités économiques des entreprises, en particulier leurs investissements. Avec le développement des marchés financiers, les banques sont devenues des intermédiaires privilégiés pour accompagner leurs clients dans leurs opérations.

EXEMPLE
Pour aider une entreprise à lever des fonds, la banque intervient sur le marché financier en proposant à des investisseurs d'acheter des titres de l'entreprise.

2 Le rôle des marchés financiers

2.1. Les intervenants sur les marchés financiers

Les entreprises se financent essentiellement par émission d'actions ou d'obligations. L'État et les collectivités se financent par l'émission d'obligations.

2.2. Les investisseurs

Les banques sont les plus gros investisseurs, avec des participations dans de nombreuses entreprises. Les autres acteurs sont les investisseurs institutionnels :
- les compagnies d'assurances ;
- les organismes de placement collectif qui gèrent des fonds d'investissement ;
- les fonds de pension et les fonds d'État ou fonds souverain.

EXEMPLE
La Norvège, premier fonds souverain au monde, reçoit les profits liés au pétrole *via* l'impôt.

Mots clés Institution financière • Intermédiation • Actions • Obligations • Fonds souverain

CEJM

Savoir 3

Le fonctionnement des marchés

Lieu de rencontre entre offreurs et demandeurs, le marché est au centre du système économique. Sa fonction est d'organiser les échanges en respectant les règles de la concurrence.

1 La fonction du marché

1.1. L'organisation des échanges

a) La définition du marché

Tout bien ou service ne pouvant pas être obtenu librement dans la nature fait l'objet d'un échange sur le marché. Le marché des produits est le lieu de la rencontre réelle ou fictive de l'offre ou de la demande d'un bien ou d'un service.

EXEMPLE

Une grande surface est un marché réel ; un site marchand est un marché fictif.

b) Les participants au marché

Les offreurs (vendeurs) et les demandeurs (acheteurs) qui souhaitent échanger se manifestent sur le marché. L'objectif des offreurs est de vendre au prix qui dégage le bénéfice le plus élevé possible.

L'objectif des demandeurs est d'acquérir des produits destinés à satisfaire leurs besoins à un prix compatible avec leur revenu.

c) La recherche de l'efficacité

La production par un individu de tous les biens nécessaires à la satisfaction de ses besoins quotidiens est difficile. Le recours à l'échange lui permet de se procurer les biens et services fabriqués par d'autres individus à un prix accessible pour une qualité acceptée.

1.2. Les différents types de marchés

a) Le marché des biens et services

Le marché des biens et services est le marché sur lequel s'échangent les biens et services marchands, qui regroupent tous les biens matériels et immatériels destinés à la vente. Les biens marchands sont des marchandises. Les services marchands sont vendus par les entreprises. Les services non marchands sont fournis par les administrations et les associations.

EXEMPLE

L'inscription dans une bibliothèque municipale est un service non marchand car le coût est en grande partie pris en charge par la municipalité.

b) Le marché du travail

Le marché du travail est le lieu de rencontre entre la demande de travail émanant des employeurs (offres d'emploi) et l'offre de travail des individus (demandes d'emploi). Leur rencontre détermine le salaire, qui représente le prix du travail.

EXEMPLE

Les salaires de la restauration ont subi une augmentation de plus de 16 % en janvier 2022, négociée avec les syndicats, pour motiver le recrutement de nouveaux salariés.

c) Le marché des capitaux

Le marché des capitaux est le lieu de rencontre des agents qui disposent d'une épargne disponible (agents à capacité de financement) avec les agents qui souhaitent emprunter (agents à besoin de financement).

EXEMPLE

Le marché des actions, où se négocient les titres des sociétés cotées dans un lieu de référence comme la Bourse de Paris.

2 Les principes de fonctionnement des marchés

2.1. L'économie de marché

L'économie de marché est le système économique d'échange le plus répandu dans le monde. Il repose sur les lois du marché, principalement celle de l'offre et de la demande, dans un environnement concurrentiel. Il s'accompagne le plus souvent d'une certaine forme de régulation par l'autorité publique.

2.2. La concurrence

La concurrence traduit la rivalité entre les acteurs qui ont pour objectif d'obtenir le plus grand avantage possible. L'existence d'une concurrence constitue le meilleur argument en faveur de l'efficacité de l'économie de marché.

EXEMPLE

Le réseau ferré sera ouvert à la concurrence dès 2023. Les régions qui le souhaitent pourront choisir un opérateur autre que la SNCF pour exploiter des lignes de train sur leur territoire.

2.3. La régulation

La régulation du marché garantit le libre accès des participants au marché et contribue de ce fait à l'efficacité économique de l'économie de marché. Les acteurs du marché qui ne respectent pas ces règles peuvent être sanctionnés par les tribunaux.

3 L'asymétrie d'information

L'asymétrie d'information signifie que les différents participants ont un accès inégal à l'information. Ce manque de transparence porte atteinte à la crédibilité de tous les acteurs et nuit à l'efficacité du marché. Acheteurs et vendeurs doivent disposer en temps utile des bonnes informations pour intervenir de façon bénéfique dans l'échange.

L'inégalité d'accès à l'information concerne de nombreuses situations économiques : entre acheteurs et vendeurs, entre employeurs et candidats à l'emploi, entre banquiers et particuliers...

EXEMPLE

Sur le marché des biens d'occasion, l'asymétrie d'information entre acheteurs et vendeurs rend les transactions difficiles, d'où l'intérêt d'une cotation Argus pour les automobiles.

Mots clés Marché • Service non marchand • Concurrence • Régulation • Asymétrie d'information

Savoir 4

La concurrence et les relations de coopération

Les relations entre entreprises sont de nature concurrentielle ou coopérative. Elles sont influencées par des facteurs environnementaux.

1 La concurrence et la formation des prix

1.1. Le marché théorique de la concurrence pure et parfaite

Cette situation de marché se rencontre lorsque cinq conditions sont réunies :
- atomicité de l'offre et de la demande (multitude d'offreurs et de demandeurs) ;
- fluidité du marché (pas de restrictions à l'entrée du marché) ;
- transparence du marché (information parfaite de tous les acteurs) ;
- homogénéité du produit (la concurrence porte uniquement sur le prix) ;
- mobilité des facteurs de production (chaque entreprise profite des mêmes conditions de production).

1.2. La formation des prix

La loi de l'offre et de la demande illustre le mécanisme de formation des prix en concurrence pure et parfaite. Lorsque la demande est supérieure à l'offre, les entreprises augmentent leurs prix. Lorsque l'offre est supérieure à la demande, les entreprises baissent leurs prix pour vendre tous leurs produits. Le marché s'équilibre lorsque les entreprises n'ont plus intérêt à baisser leurs prix.

1.3. La concurrence imparfaite

La concurrence pure et parfaite est rare dans la réalité. La concurrence imparfaite constitue la règle. Elle conduit à des situations de monopole et d'oligopole. En situation de monopole, l'entreprise fixe elle-même le prix du marché, de manière à maximiser son profit. Sur un marché d'oligopole, une lutte des prix entre entreprises peut conduire à la disparition de certaines d'entre elles. En effet, pour un produit identique, les consommateurs choisissent le moins cher.

2 La coopération avec un concurrent

Les entreprises concurrentes doivent choisir entre s'affronter ou coopérer. Pour accéder aux ressources nécessaires, elles sont tentées de mettre en place des coopérations. Plus les produits et services sont spécifiques, plus il est difficile pour elles de posséder et développer seules les ressources nécessaires à leur création. La coopétition désigne le fait de coopérer avec un ou plusieurs de ses concurrents pour partager certaines ressources comme la R&D, les approvisionnements ou la distribution.

EXEMPLE

Une collaboration a permis de partager un moteur diesel et une transmission fournie par Renault-Nissan avec Daimler pour son utilitaire Mercedes-Benz Vito.

Mots clés Atomicité • Transparence • Monopole • Oligopole • Coopération

Savoir 5

Les barrières à l'entrée

Les barrières à l'entrée sont les obstacles que les entreprises doivent surmonter pour pénétrer un marché ou un secteur.

1 Les différentes barrières à l'entrée d'un marché

1.1. Les barrières dites « naturelles »

Certaines barrières à l'entrée sont naturelles, car indépendantes de la volonté des producteurs. C'est le cas des activités qui nécessitent des investissements élevés. Les barrières à l'entrée peuvent être également la conséquence d'une réglementation plus stricte propre à une activité.

EXEMPLE
Les autorités encadrent l'activité des banques commerciales en leur imposant un capital minimal pour éviter les faillites bancaires.

La législation constitue l'une des barrières à l'entrée les plus répandues. Parmi les réglementations les plus fréquentes figurent les tarifs douaniers, les normes spécifiques à un pays, les monopoles publics, les quotas ou encore les autorisations administratives.

EXEMPLE
L'ARCEP a obligé l'opérateur Free à couvrir 25 % des besoins de la population avec ses antennes (barrière à l'entrée de nature réglementaire).

1.2. Les barrières liées aux stratégies d'entreprises

Les barrières peuvent être instaurées par des entreprises déjà installées.
Cette stratégie délibérée pour éloigner de nouveaux concurrents se traduit par :
- la baisse de prix ou le lancement de promotions agressives ;
- la différenciation des produits pour obtenir une situation de monopole temporaire ;
- la maîtrise des circuits de distribution, empêchant l'implantation de nouveaux concurrents.

2 Le contournement des barrières à l'entrée

Pour pénétrer un marché, plusieurs possibilités se présentent aux nouveaux entrants : soit accepter des coûts plus élevés qui les rendent moins compétitifs, soit contourner les barrières. Parmi les stratégies les plus utilisées figurent le rachat, la collaboration avec une entreprise déjà en place, ou l'innovation.

EXEMPLE
Tesla est entrée sur le marché de l'automobile avec sa gamme de e-véhicules.

Mots clés Barrière à l'entrée • Réglementation • Norme • Quota • Innovation

Savoir 6

Les externalités

Une externalité désigne une situation dans laquelle un agent économique influe indirectement sur la situation d'autres agents.

1 Les différents types d'externalités

1.1. Les externalités positives

En externalité positive, un agent économique (entreprise, ménage, administration) bénéficie gratuitement d'une utilité ou d'un avantage créé par l'action de tiers.

EXEMPLE

Le transfert de données 5G a créé des millions d'emplois aux États-Unis.

1.2. Les externalités négatives

Dans une externalité négative, un agent économique est défavorisé par l'activité de tiers sans aucune compensation.

EXEMPLE

Les centrales au charbon provoquent des pluies acides qui abîment la carrosserie des voitures, ce qui fait perdre de la valeur aux véhicules.

1.3. Les externalités positives et négatives

Dans certains cas, une externalité produit des effets à la fois négatifs et positifs.

EXEMPLE

Les éoliennes sont des externalités positives pour le climat mais le développement de parc éoliens est aussi porteur d'externalités négatives (bruit, impact sur les paysages, baisse des prix des biens immobiliers des riverains...).

2 Les externalités et le fonctionnement du marché

2.1. L'intervention de l'État

Une externalité correspond à une défaillance du marché. De telles situations peuvent justifier l'intervention de l'État, notamment si les externalités négatives prennent trop d'importance, ou si une action génère des externalités positives excessives.

2.2. La réduction des externalités négatives

Dans le cadre de la responsabilité sociale d'entreprise (RSE), les entreprises sont de plus en plus incitées à faire face aux externalités négatives que leur production ou la consommation de leurs produits peuvent générer.

Mots clés : Externalité • Externalité positive • Utilité • Externalité négative • Responsabilité sociale d'entreprise (RSE)

S'ENTRAÎNER AU BTS
Exercice 1 : p. 321

Savoir 7

La formation du contrat

Les contrats permettent de stabiliser et de sécuriser les relations des entreprises avec les tiers.

1 Les processus de négociation contractuelle

1.1. Les situations précontractuelles

La formation d'un contrat entre entreprises résulte souvent d'un processus.

a) Les pourparlers

La signature d'un contrat est couramment précédée de pourparlers dans le cadre d'une phase de négociation précontractuelle, précédant l'accord définitif.
Les contractants sont libres de mener à terme les discussions, voire de rompre les pourparlers sans avoir conclu de contrat, dès lors qu'ils sont de bonne foi.
Cependant, si la rupture des pourparlers cause un préjudice à celui qui veut poursuivre la négociation, elle peut être sanctionnée. La responsabilité encourue est délictuelle et donne lieu à l'attribution de dommages-intérêts au profit de celui qui subit la rupture fautive.

EXEMPLE
La rupture brutale des pourparlers avec une légèreté blâmable.

b) Les avant-contrats

À l'inverse, les avant-contrats sont de vrais contrats créant des obligations, dont celle de conclure le contrat définitif. Ils peuvent prendre deux formes :

LA PROMESSE UNILATÉRALE DE CONTRAT	Une personne, le promettant, s'engage à conclure un contrat avec une autre personne, le bénéficiaire, qui accepte cette offre. Ce contrat prévoit le prix, la date de livraison, etc. Il fait naître des obligations à la charge du promettant. Le bénéficiaire se voit proposer une option et dispose d'un temps convenu pour donner suite ou non et conclure ou non le contrat définitif. Si le promettant ne donne pas suite à la volonté du bénéficiaire de conclure le contrat projeté, il engage sa responsabilité.
LA PROMESSE SYNALLAGMATIQUE DE CONTRAT	Elle engage les deux parties sur le prix, la date d'exécution et les modalités du contrat, de façon ferme et définitive. Elle intervient quand la conclusion du contrat dépend de conditions qui doivent être réalisées.

EXEMPLE
L'accord de la banque pour l'obtention d'un prêt.

c) L'information précontractuelle

L'information communiquée (ex. : les caractéristiques essentielles du bien ou du service, le prix) doit permettre au cocontractant de s'engager en toute connaissance de cause, pour permettre l'expression d'un consentement libre et éclairé.
À défaut d'intention de tromper, le défaut d'information sera sanctionné par l'octroi de dommages et intérêts.

1.2. La représentation

En principe, les conventions sont formées par la rencontre des volontés des parties. Cependant, il arrive que l'un des cocontractants ne participe pas directement à la conclusion de l'accord. La représentation permet à une personne (le représentant) d'agir au nom d'une autre personne (le représenté). Elle permet donc aux personnes

morales de contracter *via* des personnes physiques qui les dirigent, par le mécanisme du mandat. Le mandat est l'acte juridique par lequel le mandant (le représenté) confie au mandataire (son représentant) le soin de négocier en son nom avec un ou plusieurs tiers.
La représentation peut être imposée par la loi (ex. : les dirigeants des sociétés peuvent représenter les personnes morales) ou résulter d'un accord entre le représenté et le représentant. Le représenté détermine l'étendue des pouvoirs du représentant, et les tiers qui concluent un contrat avec le représentant sont informés que ce dernier négocie au nom d'une personne représentée.

2 Les conditions de validité d'un contrat

UN CONSENTEMENT LIBRE ET NON VICIÉ	Le consentement doit être libre et non vicié. La volonté exprimée par les contractants doit donc être sans défaut. Trois vices du consentement peuvent être sanctionnés par la nullité du contrat conclu : – l'erreur est une croyance fausse au sujet d'un élément du contrat ; – le dol est une erreur provoquée par les mensonges du cocontractant ayant joué un rôle déterminant dans la conclusion du contrat ; – la violence consiste à extorquer d'une personne son consentement à un acte par le moyen de la crainte qu'on lui inspire. Elle peut être physique, psychologique ou économique.
LA CAPACITÉ DE CONTRACTER DES PARTIES	Les parties doivent être capables pour conclure un contrat. La capacité comprend la capacité de jouissance, qui consiste en l'aptitude à être titulaire de droits (ex. : le droit de propriété), et la capacité d'exercice, qui est l'aptitude à exercer ces droits (ex. : vendre son bien). Sont considérées comme incapables les personnes dans l'incapacité de conclure des contrats, qui ont moins de 18 ans ou dont les facultés personnelles sont altérées. Ces personnes ont interdiction soit d'exercer temporairement le commerce, soit de diriger une société (ex. : personne condamnée à une sanction pénale pour crime, délit, fraude entraînant la liquidation d'une entreprise).
LE CONTENU LICITE ET CERTAIN	Le contenu du contrat doit être licite et certain. L'élaboration de l'offre contractuelle permet d'expliciter les intentions des parties et les modalités de réalisation de la relation contractuelle. Le contrat doit porter sur une chose dont on peut disposer par contrat sans porter atteinte à la loi (respect de l'ordre public) et que l'on peut déterminer, qui existe ou existera.

Mots clés Pourparlers • Avant-contrat • Promesse unilatérale de contrat • Promesse synallagmatique de contrat • Information précontractuelle • Représentation

S'ENTRAÎNER AU BTS
Exercice 6 : pp. 322-323

Savoir 8

Le contenu du contrat

Le principe de bonne foi est l'instrument de la justice contractuelle et guide le juge dans la recherche de l'équilibre contractuel tout au long de la vie du contrat.

1 Les effets du contrat

L'EFFET OBLIGATOIRE À L'ÉGARD DES PARTIES	Les parties au contrat doivent obligatoirement respecter leur engagement. Le contrat fait « la loi des parties », qu'elles soient créancières ou débitrices. La force obligatoire du contrat suppose l'impossibilité de résiliation de celui-ci par une seule partie. Aucune partie ne peut se désengager des obligations établies par le contrat. Les contractants doivent exécuter leurs engagements de bonne foi et sans tromperie.
L'EFFET RELATIF À L'ÉGARD DES TIERS	On parle d'« effet relatif » du contrat car, sauf exception, le contrat n'a pas d'effet obligatoire vis-à-vis des tiers puisque nul ne peut être engagé par un acte auquel il n'a pas participé.

Lorsqu'il est saisi d'un litige, le juge doit se soumettre à la force obligatoire du contrat. Ne pouvant normalement pas le réviser (sauf cas particulier), il peut cependant l'interpréter en recherchant la volonté des parties, voire y mettre fin. Les entreprises peuvent toutefois rédiger une clause de « hardship » (imprévision), qui énonce les événements exclus du périmètre de révision du juge.

EXEMPLE

La variation du prix d'une matière première sous clause d'imprévision.

2 Les clauses relatives à l'exécution des contrats

2.1. La clause de renégociation

Grâce à cette clause, les parties à un contrat se prémunissent de la survenance d'un événement imprévu qui pourrait avoir un impact sur ce contrat. Elles ont donc l'obligation de se concerter pour tenter de rétablir l'équilibre dans leurs droits et obligations.

Cette clause est essentielle dans les contrats qui s'appliquent sur une longue durée (ex. : la fourniture de matières premières) puisqu'elle oblige les parties à renégocier le contrat si des événements, imprévisibles lors de sa conclusion, viennent rendre son exécution trop onéreuse pour l'une d'entre elles. La partie victime du changement de circonstances peut demander à son cocontractant une renégociation du contrat. Si celui-ci refuse ou si la renégociation échoue, les parties peuvent mettre fin au contrat ou saisir le juge pour qu'il procède à son adaptation.

2.2. La clause de réserve de propriété

Elle permet à une entreprise de décaler la date de transfert de propriété des biens livrés à un de ses clients au moment où il aura payé intégralement le prix. Si l'acheteur est confronté à des difficultés de paiement (ex. : une entreprise en cessation des paiements), le vendeur impayé pourra réclamer la restitution du bien dont il est toujours propriétaire. Elle peut être insérée, par exemple, sur les factures de vente, les devis, les bons de commande et de livraison, dans un contrat de vente.

3 Les clauses relatives au règlement des litiges

LA CLAUSE RÉSOLUTOIRE	Les parties prévoient qu'en cas d'inexécution, le contrat pourra être résolu (annulation rétroactive) ou résilié (annulation pour l'avenir) et donc anéanti de plein droit sans l'intervention du juge. Cette clause a donc un rôle dissuasif en poussant le cocontractant défaillant à exécuter ses obligations. Elle évite au créancier d'avoir à saisir la justice pour demander l'annulation du contrat non respecté.
LA CLAUSE PÉNALE	Stipulée dans l'intérêt du créancier, elle fixe d'avance le montant précis de la réparation due par le débiteur en cas d'inexécution de ses obligations contractuelles. Elle pousse le débiteur à respecter ses obligations. La seule violation du contrat suffit à justifier une indemnisation. La loi impose cependant des limites à la liberté des parties et permet, si elle est excessive, d'en réduire le montant.

4 La clause limitative de responsabilité

4.1. Limiter sa responsabilité pour contrôler les risques pour son entreprise

Prévue dans l'intérêt du débiteur, cette clause prévoit qu'en cas d'inexécution de ses obligations, celui-ci s'expose à payer des dommages-intérêts au créancier. Elle fixe un plafond au montant de l'indemnisation du créancier de l'obligation inexécutée ou mal exécutée.

En effet, en cas de manquement à une obligation contractuelle, le cocontractant défaillant engage sa responsabilité contractuelle et doit verser à la partie lésée une somme destinée à compenser les dommages causés. Il est donc envisageable de limiter sa responsabilité contractuelle dans le but d'encadrer les conséquences d'un manquement.

Cette clause donne la certitude au créancier que le débiteur ne s'opposera pas à la demande d'indemnité. L'avantage pour le débiteur est ainsi de savoir à l'avance à quelle conséquence pécuniaire maximale il s'expose en cas de manquement. Pour les deux cocontractants, cette clause est une garantie de règlement rapide du litige sans avoir à saisir la justice.

4.2. L'encadrement des clauses limitatives de responsabilité

Ces clauses doivent être encadrées car il n'est pas admis de limiter la responsabilité de l'un des cocontractants au point d'en vider le contenu. Il convient d'être attentif à la rédaction des clauses limitatives ou exonératoires de responsabilité au sein des contrats. Une telle clause ne doit pas aboutir à rendre inexistantes les obligations contractuelles de l'une ou l'autre des parties.

Mots clés Clause de renégociation • Clause de réserve de propriété • Clause résolutoire • Clause pénale • Clause limitative de responsabilité

Savoir 9 Les finalités de l'entreprise et les parties prenantes

La finalité est la raison d'être de l'entreprise. Il existe plusieurs finalités (économiques, sociales et sociétales), qui doivent être menées en harmonie avec les parties prenantes, c'est-à-dire avec tous ceux qui peuvent affecter ou être affectés par les décisions de l'entreprise.

1 Les finalités de l'entreprise

1.1. La finalité économique

Selon P. Drucker, la finalité première de l'entreprise est la satisfaction du client. Le profit n'est pas une finalité en soi, il est le résultat du management adopté pour répondre aux attentes des clients. Fabriquer et vendre des biens et des services, qui satisfont le mieux possible leurs besoins, permet ensuite de générer le profit, pouvoir investir, embaucher, faire de la recherche, former les salariés, et distribuer des dividendes aux actionnaires. La finalité économique est donc essentielle car elle assure la pérennité de l'entreprise.

EXEMPLE
Pour une entreprise de téléphonie, fabriquer des smartphones performants adaptés aux besoins de mobilité de ses clients.

1.2. La finalité sociale

L'entreprise a aussi une finalité sociale qui consiste à favoriser l'épanouissement de ses salariés *via* des formations, des promotions, des rémunérations plus stimulantes, ou par des services destinés à faciliter la vie quotidienne. Au-delà de la satisfaction du personnel, la finalité sociale permet de développer la performance de l'entreprise en améliorant l'implication des salariés vis-à-vis de l'entreprise.

EXEMPLE
Proposer des crèches d'entreprise pour faciliter le travail des jeunes parents.

1.3. La finalité sociétale

La finalité sociétale s'inscrit dans une démarche de développement durable qui :
- préserve l'environnement ;

EXEMPLE
Lutter contre la pollution, recycler les déchets, faire des économies d'énergie…

- favorise les relations avec la société.

EXEMPLE
Créer de bonnes relations avec les partenaires sociaux, les salariés, et s'assurer que les fournisseurs et sous-traitants ont des conditions de travail dignes.

Cette finalité permet de respecter les obligations légales, tout en améliorant l'image de l'entreprise auprès de ses parties prenantes (clients, salariés, institutions…).

1.4. Le passage des finalités aux objectifs

Les finalités sont le but général qui justifie l'existence de l'entreprise et dont découlent les objectifs qui doivent être simples, quantifiables, mesurables et avoir une échéance à court, moyen ou long terme.

EXEMPLES
Il peut s'agir pour une finalité :
- économique : d'augmenter le chiffre d'affaires de 5 % en un an ;
- sociale : de réduire les accidents de travail de 10 % dans les 3 ans à venir ;
- sociétale : de diminuer les déchets de 20 % dans les 5 ans à venir.

2 Les différentes parties prenantes de l'entreprise

2.1. L'influence des parties prenantes

L'entreprise doit prendre en compte tous les acteurs impactés par son activité, c'est-à-dire ses parties prenantes (*stakeholder* en anglais), tout individu ou groupe d'individus qui peuvent influencer ses décisions, affecter ou être affectés par la réalisation de ses objectifs.

ACTEURS INTERNES	ACTEURS EXTERNES	
- Les dirigeants - Les salariés - Les représentants des salariés - Les actionnaires	- Les clients - Les fournisseurs - Les concurrents - Les banques - Les syndicats	- Les ONG - La société civile - Les collectivités locales

L'entreprise doit identifier ses parties prenantes et évaluer leurs intérêts car comme le montre E. Freeman, le but de l'entreprise est de répondre aux besoins des acteurs impactés par ses décisions.

2.2. Les enjeux liés aux intérêts des parties prenantes

a) Les coalitions d'individus

R. M. Cyert et J. M. March montrent que l'entreprise est composée de coalitions d'individus, des « groupes de participants aux demandes disparates », ayant des intérêts propres et souvent différents de ceux de l'entreprise. Pour s'assurer de la coopération de l'ensemble de ses membres, le dirigeant doit arbitrer en permanence entre les attentes contradictoires des différentes parties prenantes. Les décisions prises sont donc le fruit de négociations ; elles résultent du meilleur compromis possible pour résoudre les conflits d'intérêts.

b) Les jeux de pouvoir et de contre-pouvoir des parties prenantes

Selon M. Crozier, dans une entreprise, tout ne peut être entièrement réglé et contrôlé car les différents acteurs ont une capacité d'action et peuvent exercer un contre-pouvoir. Le dirigeant doit réguler en permanence ces tensions pour obtenir la coopération des différents acteurs.

Mots clés
Finalité • Finalité économique • Finalité sociale • Finalité sociétale • Parties prenantes • Coalition d'individus • Contre-pouvoir

Auteurs : P. Drucker • E. Freeman • R. M. Cyert et J. G. March • M. Crozier

S'ENTRAÎNER AU BTS
Exercice 13 : pp. 324-325

CEJM

Savoir **10**

Les démarches entrepreneuriales et managériales

La démarche de l'entrepreneur permet de créer et pérenniser l'entreprise. Elle doit être complétée par la démarche du manager qui met en œuvre la stratégie au quotidien.

1 Les étapes de la création d'une entreprise

Pour créer une entreprise, il faut suivre un certain nombre d'étapes avant de se lancer. Il s'agit d'avoir une idée qu'il faut approfondir en faisant une étude de marché, de façon à vérifier la faisabilité commerciale et financière de son projet. Ensuite, il faut construire un business plan, document portant sur une étude économique et financière, pour structurer et valider le projet. Enfin, il faudra rechercher le financement, les aides, choisir le statut juridique, puis accomplir les différentes formalités de création avant l'installation de l'entreprise.
Une fois l'entreprise créée, il faut, pour la développer, poursuivre la démarche entrepreneuriale, mais aussi adopter une logique managériale adaptée.

2 La démarche entrepreneuriale

L'entrepreneur est, selon J. Schumpeter, un innovateur, quelqu'un qui brise la routine. Il doit être capable de percevoir les opportunités, de savoir comment les exploiter et de prendre des risques (financement). Il doit donc détenir des qualités exceptionnelles pour ne pas être un simple producteur, comme avoir le goût du risque, être visionnaire et savoir anticiper. La démarche entrepreneuriale demande une constante capacité d'identifier, d'exploiter et de tirer profit des opportunités qui peuvent naître sur un marché, et de les exploiter pour créer de la valeur.

3 La démarche managériale

La démarche managériale consiste à définir des buts et à coordonner les efforts des membres de l'entreprise pour pouvoir atteindre les objectifs fixés. Le rôle du manager consiste donc à adapter de façon optimale les compétences et les ressources, afin de développer la performance de l'entreprise. Il met en œuvre la stratégie préalablement définie dans le cadre de la politique générale de l'entreprise, et se distingue ainsi de l'entrepreneur qui innove pour définir des stratégies souvent audacieuses et risquées.

Mots clés Démarche entreprenariale ● Démarche managériale

● **Auteur :** J. Schumpeter

S'ENTRAÎNER AU BTS
Exercice 15 : pp. 325-326

Savoir 11

Les composantes de la performance de l'entreprise

Le manager doit s'assurer que l'entreprise est performante en analysant les indicateurs qui peuvent être regroupés dans un tableau de bord.

1 La notion de performance

La performance montre le niveau d'accomplissement des objectifs poursuivis. Une entreprise est efficace si elle atteint les objectifs qu'elle s'est fixés, et efficiente si elle les atteint en optimisant les moyens mis en œuvre.

EXEMPLE

L'efficacité d'un commercial se mesure par la quantité vendue par rapport au nombre de clients contactés, alors que son efficience se juge par la quantité vendue par rapport au nombre d'heures travaillées.

La performance se mesure grâce à des indicateurs de résultat qualitatifs ou quantitatifs.

EXEMPLE

L'augmentation du chiffre d'affaires de 10 % durant les 3 derniers mois est un résultat quantitatif. L'amélioration de la satisfaction client est un résultat qualitatif.

2 L'évaluation de la performance

Le tableau de bord est un document qui récapitule l'ensemble des indicateurs retenus par l'entreprise pour évaluer sa performance. Il permet d'analyser les écarts entre les objectifs fixés et les résultats pour décider des actions correctrices.

Les entreprises devenant de plus en plus complexes, les indicateurs financiers traditionnels ne donnaient plus aux managers toutes les informations dont ils avaient besoin pour prendre des décisions stratégiques pertinentes et performantes. C'est pourquoi, en 1992, R. S. Kaplan et D. Norton ont élaboré le tableau de bord prospectif (TBP), qui permet d'analyser une entreprise selon quatre axes :

- Axe 1 : que faut-il apporter aux actionnaires ?
- Axe 2 : que faut-il apporter aux clients ?
- Axe 3 : quels sont les processus essentiels à la satisfaction des clients et des actionnaires ?
- Axe 4 : comment piloter le changement et l'amélioration ?

Actuellement, un tableau de bord adapté doit contenir des indicateurs financiers et non financiers sur l'ensemble de l'activité de l'entreprise.

EXEMPLE

La valeur des actions et les quantités produites sont des indicateurs financiers, alors que les caractéristiques de la clientèle, la formation des salariés, la qualité des produits et des services, sont des indicateurs non financiers.

Mots clés : **Performance** • **Indicateur** • **Tableau de bord**

- **Auteurs :** R. S. Kaplan et D. Norton

S'ENTRAÎNER AU BTS
Exercice 15 : pp. 325-326

CEJM

Savoir 12

La croissance économique

La croissance de l'économie a pour finalité de distribuer des revenus supplémentaires aux agents économiques. C'est un facteur déterminant de la création d'emplois.

1 La mesure de la croissance

1.1. Le produit intérieur brut (PIB)

Le PIB mesure les richesses créées dans un pays pour une année. Il englobe les productions marchandes et non marchandes de l'ensemble des entreprises du pays. Le PIB par habitant est l'indicateur retenu pour les comparaisons entre pays.

1.2. L'évolution du PIB et la croissance de l'économie

Le PIB est utilisé pour mesurer la croissance d'une économie d'un pays, d'un groupe de pays ou d'une région. On calcule l'évolution du PIB entre deux années.

EXEMPLE

Fin 2021, le PIB annuel de la France s'élevait à 2 483,6 milliards d'euros, contre 2 302,8 en 2020, soit un taux de croissance de : (PIB 2021 – PIB 2020) / PIB 2020 = 7,8 %.

Le PIB tient compte des activités aux effets nuisibles pour l'homme : dégradations de l'environnement, épuisement des ressources, accidents de la route. Il n'intègre pas l'économie souterraine : travail clandestin, activité bénévole, travail domestique.

2 La relation entre croissance et emploi

Dans une économie en croissance, le pouvoir d'achat et la demande augmentent : pour produire plus, des emplois sont créés. L'emploi dépend donc de la croissance, tandis qu'une baisse de croissance induit du chômage. Stimuler la croissance est donc l'une des solutions pour atteindre le plein emploi.

EXEMPLE

Une prévision de croissance à la baisse aura un impact négatif sur les recrutements.

3 Les indicateurs de développement

3.1. L'indice de développement humain (IDH)

L'IDH évalue le niveau de vie moyen d'un pays, à partir de l'espérance de vie à la naissance, du niveau d'instruction et du PIB par habitant.

3.2. Le PIB vert

Le PIB vert correspond aux coûts liés à la pollution et à la réduction des ressources naturelles déduits du PIB.

Mots clés : Produit intérieur brut (PIB) • PIB par habitant • Plein emploi • Indice de développement humain (IDH) • PIB Vert

CEJM

Savoir 13

Les déséquilibres économiques

Le fonctionnement de l'économie nécessite une intervention permanente de l'État. Pour atteindre ses objectifs de plein emploi et de stabilité des prix, l'État doit lutter contre les deux principaux déséquilibres : l'inflation et le chômage.

1 L'inflation

1.1. Les mouvements de prix

L'inflation est définie par une hausse durable du niveau général des prix. Elle révèle un déséquilibre économique sur le marché des biens et services.
En règle générale, la hausse des prix de certains biens et services (pétrole, alimentation, électricité) est plus ou moins compensée par la baisse des prix d'autres produits, mais ce n'est pas toujours le cas. On parle d'inflation lorsqu'il y a une hausse généralisée des prix et pas seulement de quelques produits.

EXEMPLE
Pour 2022, la Banque centrale européenne a prévu une inflation à 5,1 % en zone euro et une croissance revue à la baisse.

Au niveau européen, l'inflation est mesurée par l'indice des prix à la consommation harmonisé (IPCH), qui facilite les comparaisons entre pays de l'UE.

1.2. Les causes de l'inflation

L'inflation est qualifiée différemment selon la cause qui en est à l'origine :
- lorsque la demande des consommateurs dépasse la capacité de production des entreprises, on parle d'inflation par la demande ;
- lorsque les coûts de production des entreprises augmentent, on parle d'inflation par les coûts ;
- lorsque la masse monétaire en circulation (ensemble des moyens de paiement) augmentation de manière excessive, on parle d'inflation monétaire.

1.3. Les conséquences de l'inflation

Si le taux d'inflation dépasse l'augmentation du revenu des ménages, l'inflation fait baisser le pouvoir d'achat des ménages, pénalise le commerce extérieur (produits nationaux plus chers à l'exportation) et entraîne une augmentation des taux d'intérêt, freinant le recours au crédit pour la consommation et l'investissement.

EXEMPLE
Au 1er trimestre 2022, 68 % des produits alimentaires vendus en grande surface sont touchés par l'inflation qui menace le pouvoir d'achat des ménages.

1.4. Les politiques de lutte contre l'inflation

Pour lutter contre l'inflation, l'État peut :
- réduire ses dépenses ;
- augmenter ses recettes au moyen de la fiscalité.

Dans les deux cas, l'objectif est de limiter les dépenses des agents économiques pour limiter la demande de biens et services.

2 Le chômage

2.1. La mesure du chômage

Le taux de chômage exprime la proportion de personnes sans emploi dans la population active. Selon la définition du Bureau international du travail (BIT), les chômeurs sont les personnes sans travail, en recherche d'emploi et disponibles à court terme. Pour Pôle emploi, un chômeur est une personne inscrite sur ses listes.

EXEMPLE

Selon les chiffres publiés par l'Insee pour le 4e trimestre 2021, le taux de chômage en France est de 7,4 % de la population active, soit 0,6 point de moins qu'au 3e trimestre.

2.2. Les causes du chômage

a) L'entrée dans le chômage

La première circonstance d'entrée dans le chômage est l'arrivée du terme d'un emploi précaire.

Il s'agit de contrats de travail temporaire : contrat à durée déterminée (CDD), emploi aidé, intérim.

b) Les causes économiques du chômage

Globalement, on distingue trois causes majeures de chômage :
- la rigidité du marché du travail, qui résulte d'un manque d'adaptation de l'emploi et de sa rémunération aux variations de la demande et de la concurrence ;
- un niveau d'activité insuffisant, dû à un manque de débouchés dans certaines professions ;
- une offre et une demande de travail en inadéquation du fait d'une pénurie de main-d'œuvre qualifiée.

Une autre cause du chômage est le recul de l'âge de départ à la retraite.

2.3. La lutte contre le chômage

Les politiques de l'emploi ont pour objectif de corriger les déséquilibres et les conséquences néfastes du marché du travail :
- les mesures actives incitent à reprendre une activité professionnelle, à se former pour mieux répondre aux besoins du marché (dispositifs de formation professionnelle), à soutenir l'emploi (exonération de charges sur les bas salaires) ;

EXEMPLE

La prime d'activité a pour objectif d'inciter à reprendre un emploi. Elle complète les ressources des travailleurs aux revenus modestes et améliore ainsi leur pouvoir d'achat.

- les mesures passives permettent de faire face financièrement à la période de chômage (politiques d'indemnisation du chômage), ou soutiennent le retrait d'activité (prise en charge des préretraites).

Mots clés

Inflation • Indice des prix à la consommation harmonisé (IPCH) • Taux de chômage • Bureau international du travail (BIT)

S'ENTRAÎNER AU BTS
Exercice 2 : p. 321

Savoir 14

Le rôle de l'État

En plus de ses fonctions régaliennes (police, justice, défense nationale), l'État organise la vie économique et sociale du pays, à travers trois fonctions : l'allocation de ressources, la redistribution des richesses, et la régulation de l'économie.

1 L'allocation des ressources

L'allocation des ressources désigne l'affectation par l'État de ressources financières pour produire et financer des biens publics non marchands, comme l'éclairage ou le transport public. L'État a aussi créé des entreprises de production de biens et services marchands, dans lesquelles il reste encore présent, même s'il se désengage de plus en plus au nom de la libre concurrence voulue par l'UE.

EXEMPLE

L'État français possède des participations dans près de 70 entreprises des secteurs de l'énergie, de l'industrie, du transport, des services et de la finance.

2 La redistribution des richesses

La fonction de redistribution repose sur des critères de justice sociale et consiste à prélever une partie des richesses créées pour réduire les inégalités au sein de la population. Elle se traduit par une modification de la répartition du revenu primaire, réduisant l'écart de revenu entre les plus riches et les plus pauvres.

> Revenu après redistribution = revenu primaire – prélèvements obligatoires + transferts sociaux

EXEMPLE

La France a versé 813 milliards d'euros de prestations sociales en 2020 (35 % du PIB).

3 La régulation de l'économie

La fonction de régulation a pour objectif de contrôler la situation économique afin de maintenir l'économie proche d'un équilibre souhaité.

La fonction de régulation consiste notamment à :

– lutter contre les défaillances du marché : production de biens publics, réduction des externalités négatives (par exemple les nuisances dégradant l'environnement) ;

– lutter contre les dysfonctionnements économiques tels que la concurrence déloyale ou l'asymétrie d'information.

La fonction de régulation repose donc sur la mise en place de règles qui accompagnent les politiques économiques mises en œuvre par l'État.

EXEMPLE

L'État a imposé une charte aux plateformes de e-commerce pour protéger contre leurs pratiques abusives les PME/TPE qui y vendent leurs produits.

Mots clés Allocation • Redistribution • Régulation • Bien public

CEJM

Savoir 15

Les politiques économiques conjoncturelles

La conjoncture économique désigne la situation économique à un moment donné. Les politiques économiques conjoncturelles regroupent les actions mises en œuvre par les pouvoirs publics pour atteindre à court terme des objectifs de croissance et de lutte contre le chômage.

1 La mise en œuvre de la politique conjoncturelle

1.1. L'action sur la demande (politique de la demande)

En stimulant la demande globale, l'État souhaite relancer l'activité économique, ce qui permettra de réduire le chômage et d'avoir une croissance plus forte.

EXEMPLE

Une prime inflation de 100 € a été mise en place pour les personnes ayant un revenu inférieur à 2 000 € net par mois, au titre du mois d'octobre 2021, pour accompagner le budget des ménages.

1.2. L'action sur l'offre (politique de l'offre)

L'État peut également agir sur l'offre de biens et de services pour susciter la demande des consommateurs.

EXEMPLE

Depuis le 1er janvier 2019, l'allègement des cotisations patronales, ciblé sur les bas salaires, vise à renforcer l'efficacité de la mesure sur l'emploi peu qualifié.

2 Les outils de la politique conjoncturelle

2.1. La politique budgétaire

La politique budgétaire, qui correspond à l'ensemble des mesures liées aux dépenses et recettes de l'État, vise à déterminer le budget *via* deux outils :

– la fiscalité : une diminution des recettes de l'État peut améliorer le pouvoir d'achat des ménages, relancer la consommation, l'investissement et donc l'emploi ;

EXEMPLE

Suppression de l'impôt de solidarité sur la fortune (ISF) et de la taxe d'habitation.

– les dépenses publiques : leur hausse crée des débouchés pour les entreprises.

La politique budgétaire doit tenir compte du niveau de déficit budgétaire. Au sein de la zone euro, le déficit budgétaire d'un État ne doit pas dépasser 3 % du PIB.

2.2. La politique monétaire

Trop de monnaie en circulation provoque l'inflation et diminue la valeur monétaire. Conduite par la Banque centrale européenne (BCE), la politique monétaire vise à réguler la quantité de monnaie en circulation pour stabiliser les prix, principalement par la variation des taux d'intérêt pour influer sur les demandes de crédits.

Mots clés : Conjoncture • Budget • Déficit budgétaire • Banque centrale européenne (BCE)

Savoir 16

Les politiques économiques structurelles

Les politiques économiques structurelles visent à agir sur l'économie à moyen-long terme en modifiant les structures économiques et sociales d'un pays. Les entreprises sont directement affectées par ces choix des États.

1 Les principales politiques structurelles

L'appartenance de la France à l'Union européenne fait coexister deux catégories de politiques structurelles : les politiques structurelles nationales et les politiques structurelles de l'UE.
En France, les principales politiques structurelles sont les suivantes :

POLITIQUE ÉNERGÉTIQUE ET ENVIRONNEMENTALE	Elle privilégie les énergies renouvelables et non polluantes, lutte contre la pollution et protège la biodiversité.
AMÉNAGEMENT DU TERRITOIRE ET TRANSPORT	Elle vise à corriger les disparités entre régions et développe les infrastructures de transport et de communication.
POLITIQUE DE RECHERCHE ET DÉVELOPPEMENT	Liée à la politique de formation, elle vise à intégrer les nouvelles technologies dans les entreprises ou les ménages.

EXEMPLE
L'État a investi 700 millions d'euros pour développer une filière européenne de la batterie. Ce plan fait partie d'un projet accompagné par l'Union européenne à hauteur de 3,2 milliards d'euros.

2 Quelques outils des politiques structurelles

2.1. La fiscalité

La taxe carbone s'inscrit dans la mise en œuvre de la politique de l'environnement et vise à réduire les émissions de gaz à effet de serre.
Le crédit d'impôt recherche (CIR) permet de stimuler la recherche et le développement des entreprises en réduisant le poids de la fiscalité.

2.2. La réglementation

Le renforcement du contrôle technique permet de réduire la circulation des véhicules polluants et dangereux.

2.3. Le soutien à un nouveau modèle économique

L'économie circulaire a pour objectif de produire des biens et services de manière durable, en limitant la consommation et le gaspillage des ressources (eau, énergie...) ainsi que la production de déchets. Il s'agit de rompre avec le modèle de l'économie linéaire : extraire, fabriquer, consommer, jeter.

Mots clés
Énergie renouvelable • Biodiversité • Crédit d'impôt recherche (CIR) • Économie circulaire • Économie linéaire

S'ENTRAÎNER AU BTS
Exercice 3 : pp. 321-322

CEJM

Savoir **17**

Les limites à l'intervention de l'État

L'internationalisation des marchés et l'existence de l'Union européenne impliquent une limitation de la capacité d'intervention de la France en matière économique.

1 Les critères de convergence au sein de l'UE

1.1. Le Pacte de stabilité et de croissance (PSC)

Pour garantir la stabilité de l'Union, les pays fondateurs de la zone euro ont défini un Pacte de stabilité et de croissance (PSC) qui constitue un engagement politique des États membres sur le contrôle de leur déficit public par lequel ils s'engagent à coordonner leurs politiques économiques (Union économique et monétaire).

Remarque : La crise liée à la Covid-19 a fait voler en éclats les règles budgétaires encadrant les finances des pays de la zone euro. En effet, la Commission européenne a suspendu le PSC depuis mars 2020.

1.2. Les critères de convergence

La réussite du PSC implique que les pays membres de l'UE respectent les critères de convergence établis lors du traité de Maastricht, et ce, sous peine de sanction. Ces critères imposent la maîtrise de l'inflation, de la dette et du déficit publics (fixés respectivement à 60 % et à 3 % du PIB), et la convergence des taux d'intérêt.

2 Les normes et la réglementation de l'UE

2.1. Les normes

L'UE a mis en place un certain nombre de normes qui, bien que facultatives, visent à assurer un certain niveau de qualité, de sécurité et de fiabilité des produits et services, pour simplifier la vie des consommateurs et des entreprises.

2.2. La réglementation

La réglementation européenne comprend un ensemble de textes (règlements ou directives) que les États membres sont tenus d'appliquer.

EXEMPLE
Le Règlement européen sur la protection des données personnelles, entré en application le 25 mai 2018.

3 Les traités internationaux

Accords de coopération ou d'échange entre deux ou plusieurs pays, les traités contiennent des obligations que les États acceptent d'appliquer dans leur pays.

Mots clés

Pacte de stabilité et de croissance (PSC) • Critères de convergence • Traité de Maastricht

Savoir 18 La régulation supranationale dans le cadre européen

L'UE est fondée sur le principe de supranationalité, par lequel les États concèdent une part de leur souveraineté pour agir ensemble au niveau européen par délégation.

1 La Banque centrale européenne (BCE)

L'Eurosystème, composé de la BCE et des banques centrales des États membres de la zone euro, conduit la politique monétaire de l'euro. L'objectif final qui lui est assigné est la stabilité des prix. Indépendante des États qui la composent, la BCE est la « banque des banques » de la zone euro. Elle contrôle la création monétaire en augmentant ou en diminuant ses taux d'intérêt à court terme.

2 La politique européenne de l'environnement

Les principaux axes de la politique européenne de l'environnement sont la lutte contre la pollution de l'air et de l'eau, la prévention des risques majeurs et la protection de la nature et de la biodiversité. Cette politique repose sur des principes fondamentaux qui déterminent l'action de chaque État.

EXEMPLES

Par principe de précaution, l'absence de certitude ne doit pas retarder les mesures de prévention du risque concernant l'environnement, la santé ou l'alimentation.
Selon le principe du pollueur-payeur, les coûts liés à la prévention, la réduction et la lutte contre la pollution sont supportés par le pollueur.

3 La politique européenne de la concurrence

Elle vise à assurer le bon fonctionnement des marchés, en contrôlant les actions des entreprises et leur respect des règles de concurrence, pour ne pas créer de déséquilibre au détriment d'autres entreprises et/ou des consommateurs.

4 La politique européenne de l'innovation

L'innovation est au cœur de la stratégie européenne pour la croissance et l'emploi. Le programme Horizon Europe pour la recherche et l'innovation dans l'Union européene pour la période 2021-2027, qui regroupe les financements de l'UE dans ce domaine, s'articule autour de quatre grands axes :
– la science d'excellence ;
– les problématiques mondiales et la compétitivité industrielle européenne ;
– l'Europe plus innovante ;
– l'élargissement de la participation et le renforcement de l'espace européen de la recherche.

EXEMPLE

La France et l'Allemagne se sont accordées pour bâtir ensemble un consortium européen de production de batteries pour voitures électriques.

Mots clés Banque centrale européenne (BCE) • Eurosystème • Innovation

CEJM

Savoir

19 Le droit de la concurrence

Le principe de la libre concurrence est au cœur des économies de marché et doit être régulé et protégé dans l'intérêt des consommateurs et des entreprises.

1 Le rôle du droit dans la régulation

La concurrence entre les entreprises a pour but de maintenir une situation économique équilibrée dans l'intérêt du consommateur final. Le droit veille au bon équilibre des relations commerciales entre les agents économiques.

2 Le rôle des autorités administratives indépendantes (AAI)

Les AAI sont des institutions de l'État chargées, en son nom, d'assurer la régulation de secteurs considérés comme essentiels et pour lesquels le gouvernement veut éviter d'intervenir trop directement (ex. : l'audiovisuel). On distingue deux catégories :

LES AAI CHARGÉES DE LA RÉGULATION DES ACTIVITÉS ÉCONOMIQUES	• L'autorité de la concurrence (ADLC) • La Commission nationale d'aménagement commercial (CNAC) • La Haute Autorité pour la diffusion des œuvres et la protection des droits sur Internet (Hadopi)
LES AAI PROTÉGEANT LES DROITS DES CITOYENS	• Le Défenseur des droits • La Commission nationale consultative des droits de l'homme (CNCDH) • La Commission nationale de l'informatique et des libertés (CNIL)

Ces autorités disposent d'un certain nombre de pouvoirs allant de la recommandation et de la décision à la sanction.

3 Le droit de la concurrence

C'est l'ensemble des lois et des règlements visant à garantir le maintien d'une concurrence saine et loyale entre les acteurs économiques et à lutter contre les pratiques anticoncurrentielles (concurrence déloyale, entente illicite, abus de position dominante). Le droit de la concurrence est contenu dans le Code de commerce et comporte un volet européen (traité de Rome).

3.1. La concurrence déloyale

Certaines entreprises ont recours à des pratiques abusives pour récupérer les clients de leurs concurrents, ce qui tend à restreindre ou fausser le jeu normal de la concurrence. On distingue quatre pratiques « abusives » sanctionnables.

a) Les pratiques déloyales

LE DÉNIGREMENT	Il consiste à discréditer publiquement les produits, l'activité ou les représentants d'une entreprise concurrente (ex. : la critique abusive d'un concurrent).
L'IMITATION	Il s'agit d'imiter certains signes distinctifs d'un concurrent (ex. : son logo) ou ses produits (biens et services) en créant un risque de confusion chez le consommateur.
LA DÉSORGANISATION	C'est le fait de désorganiser en interne un concurrent (ex. : le débauchage de salariés avec divulgation des secrets de l'entreprise).
LE PARASITISME	Il consiste à profiter de façon injuste et illicite des efforts investis par un concurrent pour tirer profit, sans rien dépenser, de la notoriété acquise ou des investissements consentis.

CEJM

b) Les sanctions des pratiques déloyales

Une entreprise victime d'une telle pratique peut intenter une action en concurrence déloyale, à condition d'établir une faute, un préjudice et l'existence d'un lien de causalité entre la faute et le préjudice subi. Le juge prononcera une sanction pour réparer le préjudice et exiger la cessation de cette pratique (ex. : cessation de la pratique, dommages et intérêts).

3.2. L'entente illicite

Elle désigne des accords entre entreprises et des pratiques concertées susceptibles de porter atteinte au libre jeu de la concurrence. Elle est interdite au niveau national comme au niveau de l'Union européenne.

EXEMPLE
Les ententes sur la fixation des prix entre deux pays sont interdites.

3.3. L'abus de position dominante

C'est le fait pour une entreprise détenant une part de marché conséquente d'abuser de cette situation et d'en profiter afin de fausser ou de restreindre le jeu de la concurrence, en portant atteinte aux intérêts des consommateurs.

EXEMPLE
Des conditions désavantageuses imposées à un distributeur.

a) Les autorités compétentes

Associée aux tribunaux, l'Autorité de la concurrence prend des décisions visant à rétablir les conditions de concurrence sur un marché, au bénéfice de l'ensemble des acteurs de ce marché (ex. : fournisseurs, clients, concurrents, consommateurs). Elle partage son rôle avec la Commission européenne, compétente pour faire respecter le droit de la concurrence au niveau européen. Pour obtenir réparation de son préjudice, la victime d'un comportement anticoncurrentiel peut se tourner vers le juge civil pour demander des dommages et intérêts.

b) Les sanctions

L'Autorité de la concurrence et la Commission européenne, selon les cas, peuvent prononcer une injonction ou infliger des sanctions à l'entreprise coupable d'abus de position dominante en ordonnant la cessation des actes anticoncurrentiels. Ces sanctions seront proportionnelles à la gravité des faits, aux dommages causés et à la situation de l'entreprise concernée. Elles peuvent atteindre au maximum 10 % du chiffre d'affaires mondial hors taxes de l'entreprise condamnée.

Mots clés Régulation • Autorités administratives indépendantes (AAI) • Concurrence déloyale • Entente illicite • Abus de position dominante

S'ENTRAÎNER AU BTS
Exercice 7 : p. 323

Savoir 20

Le droit de la propriété industrielle

Le droit de la propriété industrielle vise à protéger les entreprises dans leurs innovations (brevets) et leurs signes distinctifs (marques). Il fait l'objet de protections judiciaires.

1 La protection des innovations

1.1. Le brevet

Le brevet protège une innovation, c'est-à-dire un produit ou un procédé qui apporte une nouvelle solution technique à un problème donné.
La réussite et la pérennité des entreprises dépendent en grande partie de leur capacité à imaginer de nouveaux produits qui méritent d'être protégés.

1.2. Les trois critères de brevetabilité

L'innovation doit être nouvelle, susceptible d'application industrielle (pouvoir être fabriquée ou utilisée quel que soit le type d'industrie) et impliquer une activité inventive (qui ne doit pas découler de manière évidente de la technique pratiquée par le professionnel).

1.3. La valorisation des créations nouvelles à caractère industriel

Le brevet d'invention est demandé à l'Institut national de la propriété intellectuelle (INPI) qui confère à l'inventeur l'exclusivité de l'exploitation de son procédé. Ce titre de propriété industrielle permet à son titulaire d'interdire aux tiers d'exploiter son invention pendant 20 ans au maximum. L'inventeur a alors le droit exclusif de disposer d'un monopole pour exploiter son invention.

2 La valorisation des signes distinctifs de l'entreprise

2.1. La marque

La marque est un signe distinctif qui permet au consommateur de différencier le produit d'une entreprise de ceux des entreprises concurrentes.
Elle peut être matérialisée par un nom propre, un mot, une expression ou un symbole visuel (logo, symbole, couleur, taille de caractères) afin d'être un repère pour le consommateur. Elle se compose de caractères physiques distinctifs qui créent l'identité de l'entreprise et bénéficient de la propriété industrielle.

EXEMPLE
La marque Nike est reconnaissable par sa virgule.

2.2. Les conditions de validité

La marque doit être déposée à l'INPI pour fournir au déposant un droit exclusif sur celle-ci. Toute entreprise ou personne physique peut déposer une marque. Le dépôt doit respecter quatre conditions de validité. Ainsi, la marque doit être :
- distinctive, c'est-à-dire qu'elle ne doit pas décrire le produit de façon usuelle ou être liée trop fortement à la nature du produit ;
- non contraire à l'ordre public ;
- non déceptive, c'est-à-dire ne pas tromper le consommateur en évoquant une caractéristique que le produit n'a pas ;
- libre et donc disponible.

2.3. La durée de la protection de la marque

Une marque déposée à l'INPI est protégée pendant une période de 10 ans à compter de la date de dépôt.
Cette protection permet à son titulaire d'agir en contrefaçon contre toute personne qui utiliserait cette marque sans son autorisation, pendant toute cette durée.
Elle lui permet également de disposer des attributs de la propriété intellectuelle : faire usage de sa marque (en l'exploitant), en tirer les fruits (s'il souhaite la concéder à un tiers au titre d'un contrat de licence de marque) ou la céder par un contrat de cession de marque.
Le titulaire de la marque peut renouveler la protection autant de fois qu'il le souhaite. À défaut, il perd la propriété de sa marque.

3 Les protections judiciaires de l'entreprise

Qu'ils soient déposés auprès de l'INPI en France, de l'OEB (Office européen des brevets) en Europe ou de l'OMPI (Organisation mondiale de la propriété intellectuelle) sur le plan international, les brevets sont protégés pour 20 ans, moyennant des redevances annuelles.
La marque, protégée durant 10 ans, peut être renouvelée indéfiniment auprès de l'INPI en France, de l'Office de l'Union européenne pour la propriété intellectuelle (EUIPO) au niveau européen ou de l'OMPI au niveau mondial.

3.1. L'action en contrefaçon

La contrefaçon est un moyen par lequel le contrefacteur crée une confusion entre le produit original et le produit contrefait.
Le titulaire d'un droit de propriété industrielle (brevet, marque) peut engager une action auprès des tribunaux pour que soit reconnue la violation de ses droits par un ou des tiers. La contrefaçon existe du seul fait de l'atteinte au droit privatif, indépendamment de toute faute ou préjudice.

3.2. L'action en concurrence déloyale

Elle a pour objectif de sanctionner un manquement à la déontologie commerciale en permettant au titulaire du brevet ou de la marque de demander réparation au tiers déloyal pour le préjudice qu'il lui cause.
Le demandeur doit rapporter la preuve d'une faute, d'un préjudice et d'un lien de causalité entre ces deux éléments.

MEJ

Mots clés Brevet • Marque • Action en contrefaçon • Action en concurrence déloyale

S'ENTRAÎNER AU BTS
Exercice 8 : p. 323

Savoir 21 Le rôle de l'innovation dans le macro-environnement

L'environnement global, ou macro-environnement, concerne toutes les influences dans les domaines politiques, économiques, sociaux, technologiques, écologiques, légaux, qui peuvent affecter l'entreprise aux niveaux national et international.

1 La prise en compte des évolutions de l'environnement

La méthode PESTEL est un outil de diagnostic du macro-environnement qui répartit les influences en six grandes catégories :
- politique (stabilité politique, fiscale, protection sociale, commerce extérieur…) ;
- économique (croissance économique, évolution des prix, politique économique, évolution du PNB, des taux d'intérêt, du chômage, du revenu disponible…) ;
- socioculturelle (évolution des valeurs, des croyances, du niveau d'éducation, mobilité sociale, attitude face aux loisirs et au travail, démographie…) ;
- technologique (évolution des connaissances, nouveaux produits, diffusion internationale de l'innovation, dépenses publiques en R&D…) ;
- écologique (protection de l'environnement, traitement des déchets…) ;
- légale (règlementation, interdictions, conditions de garantie de vente, lois sur les monopoles, droit du travail, législation sur la santé, normes de sécurité…).

L'analyse PESTEL permet donc d'identifier et de hiérarchiser les éléments de l'environnement susceptibles d'affecter de façon durable l'activité de l'entreprise.

2 Innover pour s'adapter à l'environnement

2.1. Les types d'innovations possibles

L'innovation est la mise en œuvre d'une idée nouvelle, permettant de mettre à disposition un nouveau produit, un nouveau service ou un nouveau procédé sur le marché.

L'INNOVATION DE PRODUIT OU DE SERVICE	L'INNOVATION DE PROCÉDÉ
Permet de proposer un bien ou service nouveau : - présentant une rupture radicale ou majeure ; EXEMPLE L'IBM Simon, le premier smartphone, téléphone mobile à écran tactile, a été lancé en 1992. - ou enrichissant l'existant grâce à de nouvelles caractéristiques. EXEMPLE En 2019, Samsung a enrichi l'offre des smartphones avec le premier smartphone pliant.	Permet d'adopter une nouvelle méthode de production, de distribution ou d'organisation du travail impliquant des changements dans la conception, le conditionnement, la tarification d'un produit ou l'organisation du lieu de travail. EXEMPLE La Southwest Airlines a innové dans le transport aérien aux États-Unis en introduisant le *low-cost*.

J. Schumpeter distingue cinq types d'innovation : un nouveau produit, une nouvelle matière première, une nouvelle organisation, un nouveau marché, une nouvelle méthode de production. Il montre que l'innovation est un vecteur de progrès économique par le biais du phénomène de destruction créatrice. En effet, l'innovation élargit les débouchés, génère des emplois, et permet une augmentation de la productivité. Mais elle est aussi à l'origine de la suppression de produits existants, et peut donc faire disparaître des entreprises et des emplois.

2.2. Les enjeux de l'innovation pour l'entreprise

La démarche d'innovation permet à l'entreprise de se constituer un patrimoine technologique qui se compose de l'ensemble des technologies qu'elle maîtrise et/ou utilise. Elle permet donc à l'entreprise de créer la croissance nécessaire au renforcement de la compétitivité sur son marché. Elle renforce les atouts de l'entreprise et son avantage concurrentiel en :

– se différenciant des concurrents ;

EXEMPLE

Les slogans « Think different » (*Penser différemment*) et « One more thing » (*Encore une chose*) d'Apple jouent sur l'innovation pour se distinguer de la concurrence.

– améliorant la compétitivité (réduction des coûts) ;

EXEMPLE

Samsung cherche à produire en masse pour faire des économies d'échelle.

– améliorant l'image : l'innovation est valorisante.

EXEMPLE

En innovant dans les voitures électriques, Renault a valorisé son image d'entreprise éco-responsable.

2.3. Les modalités d'une politique d'innovation

Pour mener à bien une innovation en accord avec son environnement, l'entreprise doit respecter différentes modalités consistant à :

– mener une veille stratégique pour surveiller l'environnement dans le but d'anticiper les changements ;

– mettre en place une politique de recherche et de développement, en interne au sein d'un service de R&D, en externe dans le cadre d'une externalisation ou d'une collaboration avec d'autres organisations ;

– protéger ses innovations par des brevets, qui permettent de générer des revenus (l'entreprise peut céder le brevet ou le concéder en licence) ;

– mettre en œuvre une démarche qualité qui repose sur un processus d'amélioration continue du fonctionnement de l'entreprise, et qui permet d'améliorer la capacité d'une entreprise à innover.

Mots clés Méthode PESTEL • Macro-environnement • Innovation • Avantage concurrentiel

Auteur : J. Schumpeter

Savoir 22

Les facteurs de production

L'entreprise organise son activité en combinant des facteurs de la façon la plus efficace et la moins coûteuse possible.

1 L'emploi des facteurs de production

1.1. Le facteur travail

Le facteur travail désigne la main-d'œuvre, c'est-à-dire la force, l'énergie et les compétences nécessaires pour produire des biens et services. On le mesure à la quantité de travail disponible, qui dépend de la population active.

1.2. Le facteur capital

Le facteur capital représente les biens nécessaires à la production :
– le capital fixe, composé des biens durables (qui servent plusieurs années avant d'être renouvelés), se subdivise en capital technique (bâtiments, machines, véhicules) et capital immatériel (logiciels, brevets, marques…) ;
– le capital circulant est composé des biens consommés ou transformés au cours d'un seul cycle de production (matières premières et produits semi-finis, énergie).

1.3. Le facteur connaissances

Le facteur connaissances est lié à l'économie du savoir : la principale source de richesse réside dans les savoirs. Il est devenu un facteur de production fondamental du fait des progrès scientifiques et technologiques, et de la diffusion des technologies de l'information et de la communication (TIC).

EXEMPLE
Les dépenses d'éducation et de formation, de recherche et développement.

1.4. Le facteur matières premières

Ce facteur concerne les biens ou services qui vont être détruits ou transformés lors du processus de production, principalement les matières premières et l'énergie. Leur coût varie selon leur contexte de production.

2 La combinaison productive

Le facteur travail combiné au facteur capital assure la production. Le choix de la combinaison productive prend en considération le coût, la qualité et les contraintes techniques, la combinaison optimale étant la moins coûteuse et la plus efficace.

- Les facteurs sont substituables si l'un d'eux peut être remplacé par un autre.

  EXEMPLE La machine à vendanger remplace les vendangeurs.

- Si deux facteurs doivent être utilisés ensemble, ils sont complémentaires.

  EXEMPLE Le cameraman et sa caméra.

- Un facteur qui ne peut être remplacé par un autre est dit « incompressible ».

Mots clés Facteur travail • Facteur capital • Combinaison productive

Savoir 23

Les coûts de production et la productivité

Dans une économie de marché, les entreprises cherchent constamment à améliorer leur mode de production, pour baisser leurs coûts et vendre moins cher que la concurrence. L'efficacité d'un mode de production se mesure à partir de la notion de productivité des facteurs. Le coût lié à l'utilisation des facteurs de production influence les décisions des entreprises, notamment en matière de recrutement.

1 Les coûts de production

Ce sont les coûts nécessaires pour maintenir en production une usine, une ligne de production ou un équipement donné. Dans une entreprise en bonne santé, la différence entre les revenus (produits des ventes ou d'autres sources) et les coûts de production représente la marge brute.
Cela signifie que le devenir économique d'une entreprise est lié aux revenus et aux coûts de production des produits vendus. Tandis que les revenus, en particulier les produits des ventes, sont liés au secteur commercial de l'entreprise, les coûts de production sont associés à la fabrication et à la logistique.

2 La productivité

Les deux facteurs de production que sont le travail et le capital sont constamment évalués par le calcul de la productivité, qui est l'indicateur le plus connu de l'efficacité économique. La productivité d'un facteur de production s'explique par sa combinaison, au sein du processus productif, avec d'autres facteurs de production.

2.1. La mesure de la productivité

a) La définition de la productivité

La productivité correspond au rapport entre la quantité produite d'un bien ou d'un service et la quantité de facteurs nécessaire pour cette production.

EXEMPLES
Énergie consommée, nombre d'heures de travail, machine employée.

Elle constitue une mesure de l'efficacité avec laquelle une économie utilise ses ressources disponibles pour produire. L'Insee détermine la productivité globale des facteurs de production comme le rapport entre la production réalisée par une unité économique et l'ensemble des facteurs de production (capital et travail) utilisés lors du processus de production.

b) La productivité du facteur travail

Elle évalue la quantité de biens ou services que peut produire une entreprise en une heure de travail. C'est donc le rapport entre la production obtenue et la quantité de travail utilisée.

c) La productivité du facteur capital

Elle indique la quantité de biens ou services que peut produire une entreprise pour 1 euro de capital investi. C'est donc le rapport entre la production obtenue et la quantité de capital utilisée.

2.2. Les gains de productivité

Il y a gain de productivité lorsqu'une entreprise produit le même volume de biens et services en utilisant moins de facteurs de production, ou réalise un volume plus important avec la même quantité de facteurs. L'origine peut être le progrès technique (innovations modifiant les méthodes de production), une organisation plus rationnelle du travail ou une meilleure qualification des travailleurs. Un gain de productivité est positif pour l'entreprise puisqu'il lui permet d'économiser des coûts.

EXEMPLES
Amélioration des méthodes de travail, machines plus performantes, nouvelles technologies.

2.3. Les déterminants économiques de la productivité

Les facteurs qui influent sur la productivité d'une entreprise sont nombreux et variés : nombre de machines utilisées, organisation du travail, compétence professionnelle des ouvriers, types d'équipements... Au niveau global, les facteurs économiques qui influencent la croissance de la productivité sont l'investissement et le développement des savoir-faire, l'innovation et la diffusion des technologies et le développement des infrastructures publiques.

3 L'influence des paramètres économiques sur les décisions de l'entreprise

3.1. Le coût des facteurs de production

Parmi les différents coûts liés à la production, celui du travail a une influence déterminante sur les décisions de l'entreprise. Le niveau des salaires est un des facteurs déterminants de la décision de recruter du personnel. En ce qui concerne la décision de recrutement, les entreprises prennent en compte leur besoin en niveau de qualification, la disponibilité des demandeurs d'emploi et leur adaptation à l'emploi proposé. La rémunération n'est pas toujours le paramètre essentiel de la décision de recrutement.

EXEMPLE
Début 2022, pour attirer de nouveaux candidats vers les métiers de l'hôtellerie-restauration, les professionnels du secteur ont négocié avec les syndicats une augmentation du salaire de plus de 16 %.

3.2. Les taux d'intérêt

La baisse des taux d'intérêt impacte certaines décisions des entreprises, en particulier celles qui concernent l'investissement. L'investissement est un coût pour l'entreprise, qui peut le financer par un emprunt bancaire. Dans ce cas, le taux d'intérêt représente le coût de cet emprunt. Sa baisse encourage l'emprunt et, de façon indirecte, l'investissement.

Mots clés Productivité • Progrès technique

S'ENTRAÎNER AU BTS
Exercice 4 : p. 322

Savoir 24

Le choix de l'entreprise entre « faire » ou « faire faire »

La décision de conserver certaines activités ou, au contraire, de les confier à un prestataire extérieur peut découler d'une analyse de la chaîne de valeur.

1 La chaîne de valeur

La chaîne de valeur, concept développé par M. Porter, est un processus permettant d'identifier les différentes activités d'une entreprise, pour distinguer celles qui sont créatrices de valeur, lesquelles se répartissent en deux catégories : les activités principales et les activités de soutien.

EXEMPLES
La logistique interne est une activité principale ; la R&D est une activité de soutien.

2 Le choix de faire

L'analyse de la chaîne de valeur aide l'entreprise à identifier les activités qui doivent être conservées en interne. L'entreprise doit être performante sur ses activités clés, c'est-à-dire celles qui constituent son cœur de métier et qui sont source d'avantage concurrentiel. Ces activités doivent donc être privilégiées par l'entreprise.
Par ailleurs, en conservant la totalité des activités liées au processus de production, l'entreprise peut réduire ses coûts de transport, de gestion des stocks et de logistique, et avoir une plus grande maîtrise sur la qualité des produits.

EXEMPLE
La marque de luxe Hermès a implanté de nouvelles usines de maroquinerie en France.

3 Le choix de faire faire

Le principe de l'impartition consiste à faire faire une partie ou l'intégralité des activités de l'entreprise à des partenaires extérieurs. Traditionnellement, l'impartition comprend les activités de sous-traitance, de concession et de franchise, qui créent des liens de coopération étroits entre les partenaires. En recourant à l'impartition, l'entreprise cherche à bénéficier du savoir-faire spécifique de ses partenaires, et se recentre sur les activités créatrices de valeur.
En allégeant sa structure et en la réduisant aux activités essentielles, l'entreprise peut améliorer son fonctionnement, gagner en flexibilité, et se concentrer sur les activités sources d'avantage concurrentiel comme l'innovation.
Mais l'impartition crée également une dépendance réciproque entre les partenaires et peut entraîner une perte de savoir-faire qui fragilise l'entreprise.

EXEMPLE
Hermès achète les roues de ses valises en Chine, faute de production en France.

Mots clés Chaîne de valeur • Impartition • Sous-traitance

Auteur : M. Porter

Savoir 25

Les différentes structures juridiques

Que l'activité soit commerciale, industrielle, artisanale, libérale ou sociale et solidaire, l'entrepreneur a le choix entre plusieurs formes juridiques.

1 Le choix de l'entreprise individuelle

1.1. L'entreprise individuelle (EI)

a) La simplicité de création

Une entreprise individuelle se constitue sans création d'une structure juridique dotée de la personnalité morale. Elle n'existe pas indépendamment de l'entrepreneur individuel qui la possède. Elle ne peut agir en son nom propre et n'est pas sujet de droit. Elle est donc adaptée aux petites entreprises et devient inadaptée lorsque celles-ci se développent.

Les EI se caractérisent par leur simplicité de constitution, de fonctionnement et de liberté d'action du chef d'entreprise.

b) La protection du patrimoine de l'entrepreneur individuel

L'entreprise individuelle et l'entrepreneur sont théoriquement confondus : profit et responsabilité sont liés à la personne de l'entrepreneur, qui doit accepter de prendre des risques puisqu'il engage son patrimoine afin de garantir ses dettes professionnelles.

Jusqu'à présent, l'entrepreneur individuel (qui exerce son activité professionnelle en nom propre et non pas sous la forme d'une société), disposait d'un seul et unique patrimoine. En cas de difficultés économiques, ses biens personnels étaient exposés aux poursuites des créanciers professionnels.

Le législateur, conscient des problèmes posés à l'entrepreneur individuel, a assoupli à plusieurs reprises le principe de l'engagement sans limite de ce dernier en édictant des lois qui lui permettent de protéger ses biens personnels.

Depuis février 2022, avec la loi en faveur de l'activité professionnelle indépendante, le législateur a encore amélioré le statut unique d'entrepreneur individuel en prévoyant que l'ensemble du patrimoine personnel soit, par défaut, insaisissable par les créanciers professionnels (sauf si l'entrepreneur en décide autrement). Seuls les éléments nécessaires à l'activité professionnelle de l'entrepreneur pourront être saisis en cas de difficultés financières. Le patrimoine personnel et le patrimoine professionnel sont désormais séparés.

c) La transmission de l'entreprise individuelle

Si l'entrepreneur individuel souhaite faire évoluer son activité ou s'il envisage de vendre son entreprise, il peut passer du statut d'entreprise individuelle à celui de société avec simplicité. La transmission totale de son patrimoine professionnel peut se faire en une seule opération.

1.2. L'autoentreprise

Le statut d'autoentrepreneur (ou micro-entrepreneur) est un régime simplifié de l'EI permettant de créer facilement une activité à but lucratif dès lors qu'un plafond de chiffre d'affaires n'est pas dépassé.

2 Le choix d'une structure sociétaire

L'entreprise sociétaire, ou société, est une personne morale créée par un contrat (les statuts) entre plusieurs personnes (les associés).
Les principales sociétés commerciales sont la société anonyme (SA), la société par actions simplifiée (SAS), la société par actions simplifiée unipersonnelle (SASU), la société à responsabilité limitée (SARL) et l'entreprise unipersonnelle à responsabilité limitée (EURL).
Ces sociétés ont un nom (dénomination sociale), un domicile (siège social) et disposent d'apports constituant leur patrimoine.
En principe, les sociétés commerciales de capitaux (SA, SAS) et les sociétés de personnes (SARL, EURL) permettent aux associés de n'engager leur patrimoine qu'à hauteur de leurs apports.

3 Le choix d'une forme juridique de l'économie sociale et solidaire (ESS)

Les entreprises de l'ESS se caractérisent par des modes de gestion et de décision démocratiques et participatifs. Elles organisent un encadrement strict de l'utilisation des résultats financiers, sans profit personnel, et réinvestissent leurs bénéfices. Leurs domaines d'activité (ex. : santé, éducation, logement) et les structures (coopératives, mutuelles, sociétés commerciales labellisées) sont variés.

3.1. Les coopératives

Ces entreprises démocratiques se différencient des entreprises « classiques » par leur gouvernance fondée sur le principe « une personne = une voix ». Leurs membres sont à la fois associés, clients, producteurs et salariés.

EXEMPLE Le Crédit Mutuel.

3.2. Les mutuelles

Ces sociétés de personnes à but non lucratif organisent la solidarité entre leurs membres et leurs fonds proviennent principalement des cotisations des membres. Elles ne recherchent pas le bénéfice et ont un rôle avant tout social. Elles fonctionnent selon un principe démocratique d'égalité entre les adhérents et sont dirigées par des bénévoles élus au sein de leurs rangs.

EXEMPLE La MAIF.

3.3. Les sociétés commerciales labellisées ESS

Des sociétés commerciales peuvent être labellisées ESS et bénéficier d'une fiscalité avantageuse et de dispositifs de financement spécifiques. Elles doivent respecter les valeurs de l'ESS (gouvernance démocratique, finalité d'intérêt général, bénéfices équitablement répartis ou réinvestis dans le projet).

Mots clés Entreprise individuelle (EI) • Société • Personne morale • Économie sociale et solidaire (ESS)

Savoir 26 Les critères de choix des structures juridiques

Le choix d'une structure juridique dépend des motivations de son ou ses créateurs et de l'évolution prévue de l'entreprise.

1 Les motivations patrimoniales et humaines

1.1. La protection du patrimoine

Sur le plan patrimonial, le choix de la structure juridique se fait en fonction de la responsabilité de l'entrepreneur et des associés éventuels sur le patrimoine, qui sera plus ou moins étendue selon les cas.

L'entrepreneur individuel, qui était auparavant responsable des dettes sociales sur l'ensemble de son patrimoine, bénéficie depuis 2022 d'une protection totale de son patrimoine personnel (voir Fiche Savoir 25).

Quant aux associés, leur responsabilité est, en principe, limitée à leurs apports. Leurs biens personnels sont à l'abri des créanciers. C'est le cas dans les sociétés commerciales comme les SA, SAS, SASU, SARL et EURL.

1.2. Les moyens humains

Il s'agit de choisir si l'on veut créer une société seul ou à plusieurs et comment on entend exercer le pouvoir dans l'entreprise.

L'entrepreneur exerce seul le pouvoir dans l'entreprise individuelle et dans les structures sociétaires telles que les sociétés unipersonnelles (EURL, SASU) alors que, dans les autres types de sociétés, le pouvoir est partagé entre les associés.

Le pouvoir du créateur d'une SA ou d'une SARL est à la hauteur de son engagement financier et des risques qu'il doit assumer.

2 Les motivations matrimoniales

LE RÉGIME DE LA COMMUNAUTÉ RÉDUITE AUX ACQUÊTS	Les personnes se marient sans signer de contrat devant notaire. Les biens acquis à titre onéreux pendant le mariage, les « acquêts », sont communs aux époux et donc engagés dans le cadre de l'activité professionnelle. Ce régime matrimonial est déconseillé à ceux qui veulent entreprendre seuls ou dans le cadre d'une société de personnes entraînant la responsabilité illimitée des associés.
LE RÉGIME DE LA SÉPARATION DE BIENS	Il est le plus adapté à la vie des affaires car il aboutit à dissocier les biens de chaque époux : tout ce qui a été acquis par l'un des membres du couple, avant et pendant le mariage, lui appartient personnellement et ne peut être saisi du fait d'une difficulté d'exploitation de l'autre. Le PACS (pacte civil de solidarité) aboutit aux mêmes dispositions.

3 Les motivations sociales et fiscales

L'OBJECTIF SOCIAL	L'exploitant d'une entreprise individuelle est un travailleur indépendant, comme le gérant associé d'une EURL ou le gérant associé majoritaire d'une SARL. Il n'est pas bénéficiaire des prestations du régime général de la Sécurité sociale et dépend d'un régime social spécifique. Cependant, le dirigeant de société est assimilé à un salarié s'il est à la tête d'une SA ou s'il est gérant non majoritaire d'une SARL, bénéficiant alors d'assurances sociales complètes, au titre de la maladie, de la maternité, des accidents du travail, de la vieillesse.
L'OBJECTIF FISCAL	Le droit fiscal prévoit deux régimes d'imposition des profits de l'entreprise : – soit l'impôt sur le revenu (IR), qui prend en compte les revenus personnels du créateur (entrepreneur individuel et dirigeant de l'EURL) et le bénéfice de l'entreprise en taxant les bénéfices réalisés, selon un barème progressif ; – soit l'impôt sur les sociétés (IS), pour les SARL, SA, SAS et SASU, qui consiste en un prélèvement proportionnel à hauteur de 33,33 % des bénéfices. Chaque dirigeant doit prendre en compte les différents paramètres liés à sa situation personnelle et familiale et les profits attendus de l'entreprise.

4 Les moyens financiers

Tandis que l'entrepreneur individuel apporte ses économies et/ou ses biens personnels, les associés d'une société doivent réaliser des apports en société (apports en numéraire, en nature, en industrie). En échange, ils disposent de parts sociales (ou actions dans une SA) proportionnelles à leurs apports.
Le capital social, composé des apports en espèces ou en nature :
– définit le pourcentage de détention des parts de chaque associé ;
– témoigne de la solidité financière de la société afin de rassurer les créanciers ;
– permet de financer les premiers investissements.
Son montant peut évoluer tout au long de la vie de la société.

5 Le choix en fonction de l'évolution de l'entreprise

Le choix entre une structure individuelle et une des structures sociétaires peut s'opérer aussi au cours de l'évolution de l'entreprise. Ainsi, la transformation d'une entreprise individuelle en entreprise sociétaire peut être motivée par des objectifs patrimoniaux, fiscaux, sociaux et financiers.

EXEMPLES
Avoir besoin de fonds, s'associer à plusieurs après avoir exercé seul pour assurer la croissance de la structure, anticiper la succession, assurer la pérennité de l'entreprise.

6 Les finalités de l'économie sociale et solidaire (ESS)

Les finalités des formes juridiques de l'ESS sont liées à la solidarité, à l'équité et à l'utilité sociale, à la base de leur statut et de leur organisation.

Mots clés Patrimoine • Régime matrimonial • Apports en société • Économie sociale et solidaire (ESS)

Savoir 27 La responsabilité de l'entreprise

L'entreprise, de par les risques engendrés par son activité, peut être tenue responsable civilement ou pénalement de ses actes.

1 Les types de risques

Un risque est la possibilité ou probabilité d'un fait, d'un événement considéré comme un dommage. Le risque a évolué dans la société : à l'origine, il était constitué par la faute de l'auteur du dommage ; aujourd'hui, on considère que certaines situations générant un risque permettent de mettre en cause la personne qui, objectivement, est à l'origine de ce risque, même si aucune faute ne peut lui être reprochée. Cette évolution s'est faite dans l'intérêt des victimes.

EXEMPLE
Un employeur est responsable si une de ses machines blesse des salariés.

La collectivisation du risque consiste à mettre à la charge du plus grand nombre d'individus l'obligation de réparer le préjudice subi par certaines victimes. Que l'auteur du dommage soit solvable ou non, connu ou non, les victimes seront indemnisées.

2 Les responsabilités civile et pénale

- La responsabilité civile a pour objectif de réparer les dommages.
- La responsabilité pénale vise la sanction des personnes ayant commis des actes interdits par la loi. Le droit pénal a en effet pour objectif de protéger la société.

EXEMPLE
Le harcèlement moral au travail est sanctionné par le droit pénal.

3 Les principes des responsabilités civiles contractuelle et extracontractuelle

Trois éléments sont indispensables à la mise en œuvre de la responsabilité civile : un fait générateur, un dommage et un lien de causalité entre les deux.

3.1. La responsabilité civile contractuelle

Elle est invoquée dans le cas d'un contrat mal ou non exécuté par le débiteur.

EXEMPLE
Un transporteur ne livre qu'une partie de la marchandise ou des colis abîmés.

a) La faute contractuelle

La responsabilité contractuelle résulte d'une faute dans l'exécution du contrat, qui peut être l'inexécution totale des obligations nées du contrat, l'exécution défectueuse ou seulement partielle, le retard dans l'exécution. La preuve de la faute contractuelle varie en fonction de ce à quoi le débiteur s'est engagé. Le contrat fait naître des obligations soit de résultat, soit de moyens. L'obligation de résultat est l'obligation par laquelle le cocontractant s'engage à atteindre un résultat déterminé.

EXEMPLE
Dans le cadre d'un contrat de vente, le vendeur doit livrer la chose promise.

Le créancier de l'obligation inexécutée doit prouver cette inexécution et le dommage qu'il subit. La faute du débiteur est présumée et le responsable n'est pas autorisé à s'exonérer de sa responsabilité en établissant l'absence de faute. Il n'est libéré que s'il établit l'existence d'une cause étrangère à l'origine de l'inexécution du contrat.
L'obligation de moyen est l'obligation par laquelle le cocontractant s'engage à mettre en œuvre tous les moyens pour atteindre le résultat défini par les parties, le cocontractant ayant un rôle actif dans l'exécution du contrat.

EXEMPLE
Un club de gymnastique est tenu par une obligation de moyen vis-à-vis de chacun de ses clients pour que tout se passe bien dans la pratique de son sport.

Le créancier de l'obligation doit prouver, en plus du dommage subi, l'inexécution du contrat et la faute du débiteur qui en est à l'origine. Le cocontractant peut se libérer de toute responsabilité en prouvant l'absence de faute de sa part.

b) Le cas de l'inexécution du contrat

En cas d'inexécution des obligations, les conséquences sont variables :

L'EXÉCUTION FORCÉE EN NATURE	Elle consiste à demander au juge de mettre en demeure le débiteur défaillant d'exécuter ses obligations. Lorsque l'obligation inexécutée est celle de payer une somme d'argent, l'exécution forcée est facile à mettre en œuvre (ex. : l'intervention d'un huissier).
LA RÉDUCTION DU PRIX	Le créancier peut accepter, en contrepartie d'une réduction du prix à payer, que l'exécution imparfaite de l'obligation de son cocontractant ne soit pas remise en cause, par souci d'efficacité et de rapidité.
LA RÉSOLUTION OU LA RÉSILIATION DU CONTRAT	Le créancier de l'obligation peut faire constater l'inexécution du contrat soit par son cocontractant, soit par la justice, et demander l'annulation rétroactive des engagements réciproques : il y a résolution du contrat (ex. : une vente dont le prix a été payé mais dont l'objet n'a pas été livré). En revanche, si la demande d'annulation concerne un contrat à exécution successive (ex. : un contrat de travail), mis en œuvre depuis un certain temps, l'exécution réalisée ne peut pas être restituée à l'autre partie. La seule solution juridique envisageable est l'anéantissement des effets futurs du contrat : on parle de « résiliation du contrat ».

3.2. La responsabilité civile extracontractuelle

Elle est invoquée dans le cas d'un comportement fautif créant des dommages à autrui, sans lien contractuel entre la personne fautive et la victime. On peut relever trois cas :
– la faute personnelle de l'auteur du dommage, qu'elle soit volontaire (ex. : un acte de malveillance) ou d'imprudence ;
– le fait d'une chose dont on a la garde (ex. : une entreprise responsable du déversement par mégarde de produits chimiques dans une rivière) ; il existe aussi la responsabilité du fait des produits défectueux en cas de défaut du produit commercialisé ;
– le fait d'autrui, c'est-à-dire d'une personne dont on doit répondre (ex. : l'employeur est responsable des dommages causés par le salarié).

Mots clés Responsabilité civile • Responsabilité pénale • Responsabilité civile contractuelle • Responsabilité civile extracontractuelle

S'ENTRAÎNER AU BTS
Exercice 9 : p. 323

Savoir 28

L'organisation de l'activité de l'entreprise

L'organisation d'une entreprise demande de choisir un style de management, une structure, des mécanismes de coordination et de contrôle adaptés.

1 Les styles de management dans l'entreprise

R. Likert a identifié quatre styles de management (la façon dont le dirigeant partage le pouvoir et la prise de décision au sein de l'entreprise). Ce classement est théorique car, sur le terrain, il n'y a pas de « style pur ».

STYLES	AUTORITAIRE	PATERNALISTE	CONSULTATIF	PARTICIPATIF
CONFIANCE DANS LES SALARIÉS	Aucune, rapports distants et autoritaires	Proximité avec les subordonnés, mais autorité incontestée du dirigeant	Rapports de confiance avec les subordonnés	Confiance totale et participation réelle des salariés à la gestion
PRISE DE DÉCISION DE LA PART DES SALARIÉS	Aucune : décision autoritaire prise par le dirigeant	Possibilité de suggestions, mais décisions prises par le dirigeant	Consultation avant la décision finale, prise par le dirigeant	Participation des salariés à la décision qui est décentralisée dans des groupes de travail
MÉTHODE DE MOTIVATION	Crainte des menaces et des sanctions	Récompenses et sanctions	Récompenses et sanctions	Implication des salariés

EXEMPLE
En fonction de la situation, un manager autoritaire peut se montrer paternaliste ou consultatif.

2 Le type de structure de l'entreprise

La structure est la combinaison d'éléments et de mécanismes qui permettent de répartir, coordonner et contrôler les activités de l'entreprise, afin d'atteindre avec efficacité et efficience les objectifs stratégiques. L'action sur la structure est de la compétence du manager. L'organigramme est une représentation schématique de la structure : il met en évidence les liens hiérarchiques et fonctionnels qui relient ses membres, ainsi que leurs fonctions. Cependant, cette représentation n'est exacte qu'au moment de son élaboration et privilégie les relations hiérarchiques. Elle ne donne pas une vision des rapports informels qui lient les salariés.

3 Les mécanismes de coordination au sein de l'entreprise

Les six principaux mécanismes de coordination décrits par H. Mintzberg permettent aux différentes composantes de l'entreprise d'agir en cohérence.

AJUSTEMENT MUTUEL	Coordination faite « d'arrangements » (échanges informels) EXEMPLE Adapté quand la complexité de la coordination et le nombre d'acteurs sont faibles, comme dans les PME ou les start-up.
SUPERVISION DIRECTE	Fait intervenir un acteur dont le rôle est de prendre en charge la coordination entre opérateurs. EXEMPLE Adaptée aux PME lorsque la complexité augmente.
STANDARDISATION DES PROCÉDÉS	Des règles formalisent les façons de faire. Le suivi des protocoles et procédures garantit la coordination entre tous. EXEMPLE Adoptée par les entreprises industrielles comme Peugeot.
STANDARDISATION DES RÉSULTATS	Résultats précisés à l'avance et standardisation des objectifs. EXEMPLE Adaptée pour des entreprises de grande taille multidivisionnelle comme Danone.
STANDARDISATION DES QUALIFICATIONS	Qualifications et compétences formalisées pour que les opérateurs connaissent précisément les façons de travailler ensemble. EXEMPLE Adaptée aux entreprises constituées d'experts, tous formés dans les mêmes parcours de formation comme les hôpitaux.
STANDARDISATION DES NORMES	Les valeurs et la culture jouent le rôle de mécanisme de coordination. EXEMPLE Adoptée dans beaucoup de start-up comme Blablacar.

4 Les mécanismes de contrôle au sein de l'entreprise

Les mécanismes de contrôle permettent de s'assurer que la structure est efficace en comparant les objectifs fixés et les résultats obtenus. L'analyse des écarts permet d'adopter des actions correctrices si nécessaire. Le contrôle concerne :
– tous les objectifs, aussi bien financiers que sociétaux ;
– tous les niveaux hiérarchiques, les décisions stratégiques prises à long terme par la direction de l'entreprise tout comme les décisions opérationnelles à court terme.
Les modes de contrôle dépendent du style de management et du mode de coordination :
– si le style de management est autoritaire ou même paternaliste, les contrôles omniprésents seront basés sur des procédures précises, privilégiant l'autorité et la supervision directe au sommet ;
– si le style de management est consultatif ou participatif, les contrôles consisteront davantage à comparer les objectifs aux résultats obtenus.

Mots clés Styles de management • Structure • Mécanismes de coordination • Mécanismes de contrôle

Auteurs : R. Likert • H. Mintzberg

Savoir
29

L'organisation des ressources et des compétences

L'organisation des ressources et des compétences consiste à agencer les moyens à disposition de l'entreprise pour les engager dans ses processus productifs et organisationnels afin de pouvoir offrir des biens adaptés aux attentes des clients.

1 Identifier les ressources et les compétences

1.1. Repérer les ressources de l'entreprise

Les ressources sont les actifs détenus par l'entreprise qui lui permettent de mener à bien son activité. E. Penrose a montré que l'entreprise est un ensemble de ressources qu'elle classe en ressources tangibles et intangibles :

LES RESSOURCES TANGIBLES (MATÉRIELLES)	LES RESSOURCES INTANGIBLES (IMMATÉRIELLES)
- physiques (équipements, usines…) ; - ressources humaines (effectif) ; - ressources financières (sources de financement possibles…).	- technologiques (brevets, licences…) ; - organisationnelles (structure, flexibilité…) ; - mercatiques (image de marque…).

1.2. Les compétences professionnelles individuelles et collectives

Une compétence est une aptitude nécessaire à l'exercice d'une activité dans un poste déterminé. La compétence professionnelle englobe la connaissance (le savoir), la pratique (le savoir-faire) et les attitudes dans le contexte de l'entreprise (le savoir-être).

EXEMPLE
Un comptable a acquis des savoirs pendant ses études en BTS, qu'il a mis en pratique lors de son activité professionnelle, ce qui lui a donné un savoir-faire. Il a acquis un savoir-être en étant capable de s'adapter à des situations variées, d'écouter, etc.

Les synergies entre les compétences individuelles permettent de créer des compétences collectives indispensables au développement de l'entreprise. Celles-ci regroupent l'ensemble des savoirs émergents d'un groupe de travail, qui utilise les ressources à sa disposition de manière à créer de nouvelles synergies, générant ainsi des combinaisons inédites de compétences.

1.3. Favoriser l'émergence de compétences collectives distinctives

G. Hamel et C. K. Prahalad montrent qu'une compétence distinctive permet à l'entreprise de déployer des ressources afin d'obtenir un avantage concurrentiel difficilement imitable. Une compétence est distinctive si elle :
- permet à l'entreprise de saisir une opportunité ou d'échapper à une menace ;
- permet de réduire les coûts ou de générer un supplément de valeur pour le client ;
- n'est pas détenue par un grand nombre de concurrents ;
- est difficilement imitable par les concurrents actuels ou potentiels.

EXEMPLE
Apple a su se distinguer des concurrents grâce à ses compétences en design industriel lui permettant de proposer des produits originaux.

2 Organiser les ressources dans des processus

Un processus est un enchaînement ordonné d'activités interactives, qui permettent de transformer des éléments d'entrée en éléments de sortie. Selon la norme AFNOR FD X 50-176 d'août 2017, il existe dans l'entreprise trois types de processus :
- les processus productifs, assurant la réalisation du bien ou du service ;
- les processus de support (processus organisationnels), permettant la gestion des ressources ;
- les processus de pilotage (processus décisionnels), assurant la prise de décision.

Ces processus sont essentiels pour améliorer la productivité car ils permettent une bonne gestion des ressources de l'entreprise.

EXEMPLE
Un processus organisationnel peut prendre la forme d'un planning, pour gérer l'accès à un outil de façon à éviter qu'il soit sous-utilisé pendant certaines tranches horaires et qu'il y ait de l'attente à d'autres moments.

3 Les facteurs influençant l'organisation des ressources

Les parties prenantes peuvent agir en tant que contre-pouvoir, c'est-à-dire comme un groupement organisé agissant pour limiter le pouvoir d'un décideur, quand elles estiment que les décisions prises par les dirigeants de l'entreprise portent atteinte à leurs intérêts. Leur pouvoir est lié à la maîtrise de ce que, dans les années 1970, M. Crozier et E. Friedberg appellent une zone d'incertitude (théorie de l'acteur stratégique).
En développant ses compétences, un salarié devient de moins en moins substituable. Il peut être le seul à pouvoir résoudre certains problèmes, à maîtriser un nouveau logiciel, etc. Il maîtrise une zone d'incertitude qui le rend indispensable et accroît sa capacité de négociation.
Les parties prenantes exercent une influence plus ou moins forte sur le processus décisionnel grâce aux moyens d'action dont elles disposent.

EXEMPLE
Les salariés peuvent faire grève, les consommateurs boycotter les produits, les actionnaires vendre des actions, les associations et les ONG, alerter l'opinion internationale, l'État peut modifier la réglementation...

Adopter une logique RSE permet à l'entreprise d'anticiper les risques auxquels elle pourrait être confrontée (approvisionnement, demande de transparence...). Les attentes des parties prenantes, étant fortes sur ces sujets, l'entreprise risque de voir son image de marque ternie si elle ne prend pas en compte les valeurs de la RSE.

Mots clés Ressources • Ressources tangibles • Ressources intangibles • Compétences • Compétence distinctive • Processus • Partie prenante • Contre-pouvoir • Pouvoir • Responsabilité sociétale des entreprises (RSE)

Auteurs : E. Penrose • G. Hamel et C. K. Prahalad • M. Crozier et E. Friedberg

S'ENTRAÎNER AU BTS
Exercices 14, 15 : pp. 325-326

CEJM

Savoir 30

Les besoins de financement de l'entreprise

L'entreprise doit trouver les financements à court et à long terme adaptés à son activité.

1 Les différents besoins et ressources de financement

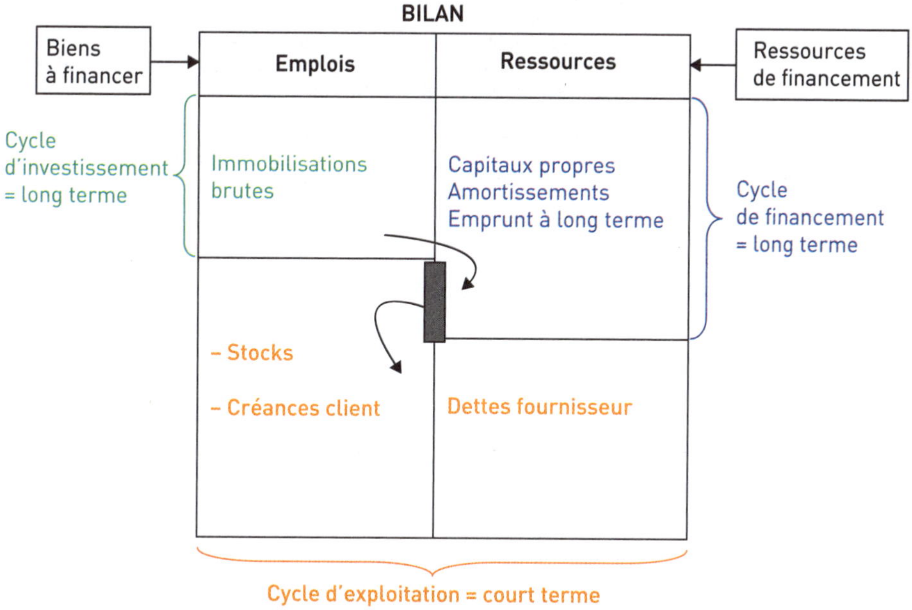

Selon la règle de l'équilibre financier, les biens à long terme (immobilisations) doivent être financés par des ressources à long terme.
Généralement, les ressources à long terme sont supérieures aux immobilisations brutes. Ces ressources supplémentaires non utilisées à long terme serviront à compléter le financement du cycle d'exploitation, on les appelle le « fonds de roulement » (FR).
En général, les dettes fournisseur ne suffisent pas à financer les stocks et créances, il manque des ressources qui seront puisées dans ces surplus à long terme ; on les appelle alors le « besoin en fonds de roulement » (BFR).

EXEMPLE

Dans une entreprise où les ressources stables sont de 100 et les emplois à long terme de 75, on voit que les investissements à long terme sont bien financés par des ressources à long terme. Un FR de 25 permettra de financer l'exploitation.
Si les besoins en exploitation ne sont que de 20, les 5 restants constitueront la trésorerie.

CEJM

2 Les solutions de financement adaptées à l'entreprise

2.1. Le financement à court terme du cycle d'exploitation

Les besoins de financement liés au cycle d'exploitation sont récurrents et doivent donc être financés par des ressources internes issues du fonds de roulement (FR). Si le FR est insuffisant, il faut recourir à des financements externes :

LES CONCOURS BANCAIRES À COURT TERME	LE CRÉDIT INTER-ENTREPRISES
Les crédits à court terme accordés par les banques (facilités de caisse, crédits relais pour faire face aux besoins exceptionnels, lignes de crédit pour faire face aux variations du BFR et autres crédits à moins d'un an).	Les clients obtiennent souvent de leurs fournisseurs des délais de règlement. Ce crédit fournisseur permet de financer partiellement le BFR.

Actuellement, les banques durcissent leurs conditions financières et font moins facilement confiance aux entreprises, surtout aux PME, rendant l'accès au crédit bancaire plus difficile.

2.2. Le financement à long terme du cycle d'investissement

Les besoins de financement liés au cycle d'investissement peuvent être financés par des ressources internes :

L'AUTOFINANCEMENT	L'AUGMENTATION DE CAPITAL
Lorsque les produits encaissés excèdent les charges décaissées, il reste à l'entreprise un surplus monétaire : la capacité d'autofinancement utilisable pour financer les investissements.	Lorsqu'il est fait appel aux actionnaires ou associés d'origine pour accroître les ressources stables.

Cependant, les fonds internes sont souvent limités et ne permettent pas de financer tous les investissements nécessaires au développement d'une entreprise. Il est souvent nécessaire de trouver des sources externes de financement comme :

L'EMPRUNT	LE *CROWDFUNDING*	LE CRÉDIT-BAIL
Le(s) prêteur(s) (banque, établissement de crédit…) mettent à la disposition de l'emprunteur (entreprise, entrepreneur individuel) une somme d'argent. Cependant, il faut prendre en compte le coût des intérêts payés en contrepartie, ainsi que la possible dépendance financière de l'entreprise vis-à-vis de ses banquiers.	Ce financement participatif consiste à faire appel à un grand nombre de particuliers pour financer un projet. Il est favorisé par les réseaux sociaux, qui ont permis l'apparition de plateformes de financement participatif mettant en relation les porteurs de projets et les financeurs.	Ce financement est proposé par des sociétés spécialisées (crédits-bailleurs) : l'entreprise renonce à acheter le bien elle-même mais le loue au crédit-bailleur pour une durée déterminée, avec une promesse de vente à l'échéance. Cependant, le coût des loyers ou redevances est élevé.

Mots clés Équilibre financier • Cycle d'exploitation • Cycle d'investissement

CEJM

Savoir 31 L'impact du numérique sur les relations d'échange

Les nouvelles technologies sont au cœur des relations de partenariat entre entreprises. Le digital a facilité l'apparition de nouveaux acteurs dans tous les secteurs d'activité.

1 De nouvelles opportunités et de nouveaux partenaires

Le numérique a donné naissance à de nombreuses innovations. Les acteurs en place (Amazon, Google) se sont diversifiés pour adapter leur offre aux entreprises. D'autres se sont spécialisés en accompagnement de la transformation numérique. De nouvelles formes de commerce se sont aussi développées tel que le quick commerce.

EXEMPLE
La start-up Cajoo s'est alliée à Carrefour pour un service de livraison express à domicile.

2 Les nouvelles modalités d'échange avec les partenaires

2.1. Un phénomène de désintermédiation

La désintermédiation, favorisée par le développement d'Internet, est un phénomène économique et commercial qui se traduit par la réduction ou la suppression des intermédiaires dans le circuit de distribution.

EXEMPLE
La vente en ligne de billets d'avion par les compagnies aériennes se fait au détriment des agences de voyages traditionnelles.

2.2. Un phénomène de réintermédiation

L'organisation des échanges *via* les places de marché (plateformes virtuelles) permet la relation entre vendeurs et acheteurs avec mise à disposition d'outils et de services qui facilitent les échanges. Amazon est ainsi devenu le leader mondial du e-commerce.

EXEMPLE
Le site Amazon réserve des emplacements pour que ses partenaires puissent vendre leurs produits. En échange, la place de marché prélève une commission sur chaque vente.

CEJM

3 L'émergence d'une nouvelle concurrence

Le digital a favorisé l'apparition d'acteurs qui sont venus perturber les marchés traditionnels. Cette nouvelle concurrence, qui s'est accélérée avec la multiplication des outils nomades, a vu se développer les *pure players*, qui vendent uniquement sur Internet, et les *marketplaces*, concurrents des enseignes traditionnelles.

4 Les externalités de réseau

Le bouleversement des flux d'information est à la fois une menace et une opportunité pour l'entreprise : les plateformes se développent par les effets de réseau, l'offre est comparée, la réputation de l'entreprise peut être remise en cause.

Mots clés Désintermédiation • Réintermédiation • *Pure player* • *Marketplace*

Savoir 32

L'impact du numérique sur les modes de consommation et de production

Le numérique contribue à la mise en place de nouveaux modèles économiques, tant du point de vue de la consommation que de la production.

1 L'impact du numérique sur les modes de consommation

Le numérique change le rapport au produit et à la possession et facilite le développement de l'économie d'usage : le consommateur privilégie l'usage à la propriété par l'abonnement, la location ou le partage (économie collaborative). Ces pratiques de consommation alternatives, apparues en temps de crise, persistent malgré la reprise économique.

EXEMPLE

La location de vélo permet de ne payer que lorsqu'on utilise le service, mais il faut changer de vélo à chaque utilisation contrairement à l'achat d'un vélo personnel.

2 L'impact du numérique sur les modes de production

Le numérique transforme la façon de produire. L'enjeu est la transformation profonde de l'emploi, sa structure, sa localisation et son contenu, par :
- l'automatisation des tâches et l'optimisation des procédés de production ;

EXEMPLE

Intégration de l'intelligence artificielle dans la production industrielle.

- l'amélioration de la flexibilité et de la réactivité, permettant une meilleure adaptation de l'offre aux attentes des clients ;
- la remise en cause du fonctionnement et de l'organisation des filières ;
- l'évolution des qualifications, compétences, métiers et statut des salariés.

3 L'impact du numérique sur les modèles économiques

Un modèle économique a pour fonction de décrire la manière dont une entreprise fait des affaires, crée de la valeur et assure ainsi sa pérennité.

EXEMPLES

Airbnb, BlaBlaCar ou Waze ont construit leur modèle économique sur le *crowd* (la foule) et la mise en relation directe de tous les acteurs.

Le numérique a contribué à modifier la structure des coûts et à développer de nouvelles méthodes de tarification, comme le *freemium* (qui combine la gratuité pour les services de base et la souscription payante pour les services complémentaires) et le *yield management* (qui consiste à faire varier les prix en fonction du comportement des consommateurs).

EXEMPLE

Le modèle économique de Candy Crush est le *freemium* : le jeu est gratuit mais l'accès à des vies supplémentaires, par exemple, est payant.

Mots clés Automatisation • Flexibilité

Savoir 33

La protection des actifs immatériels

À l'ère du numérique, les actifs immatériels (logiciels, applications, bases de données, sites Internet, noms de domaine) sont une source de valeur pour les entreprises auxquelles ils appartiennent. Des protections légales existent face aux menaces dont ils font l'objet en raison de la facilité de leur transmission.

1 La protection des actifs immatériels par le droit d'auteur

1.1. Le droit d'auteur

On distingue :

– le droit moral : c'est le droit de regard permanent de l'auteur sur la façon d'exploiter son œuvre pour protéger ses intérêts non économiques. Il est perpétuel, imprescriptible et inaliénable ;

– les droits patrimoniaux : ils permettent à l'auteur de percevoir une rémunération pour l'exploitation de son œuvre par des tiers. La durée de la protection est de 70 ans à compter du décès de l'auteur.

1.2. La protection des logiciels

Les programmes relatifs au fonctionnement d'un ensemble de traitements de données ne peuvent être modifiés qu'avec l'accord du titulaire des droits, qui en contrôle la commercialisation et les usages qui en sont faits par les acquéreurs. Pour être protégé par le droit d'auteur, un logiciel doit être une « œuvre de l'esprit » originale grâce à un travail personnalisé de son auteur.

Si un logiciel a été créé par un salarié dans le cadre de son travail, les droits sur les logiciels créés sont dévolus automatiquement à l'entreprise. Si le salarié l'a créé en dehors du cadre de ses fonctions, il bénéficie du droit d'auteur.

Les logiciels d'une application mobile, à télécharger pour effectuer une mission précise sur un smartphone ou une tablette, peuvent être protégés par le droit d'auteur en étant originaux, si l'œuvre reflète la personnalité de son auteur.

1.3. La protection des sites Internet

Un site Internet regroupe des éléments tels que des créations graphiques (images, photographies) et multimédias (vidéos, sons), une interface graphique (arborescence, design), des textes, un logo et des composants logiciels (moteur de recherche, *widget*...). Le propriétaire d'un site Internet peut bénéficier de la protection du droit d'auteur à deux conditions :

– que son site soit original (ex. : travail créatif caractérisant l'originalité du site) ;

– qu'il soit matérialisé et suffisamment élaboré par un choix de couleurs, de formes, etc.

Pour se défendre contre une « copie servile » (reproduction à l'identique de la création originale), le créateur doit apporter la preuve que le concurrent contrefacteur, en cherchant à usurper sa notoriété, lui a causé un préjudice économique. Le concurrent doit avoir profité indûment des investissements réalisés et créé un risque de confusion dans l'esprit du consommateur potentiel.

1.4. La protection du nom de domaine

Le nom de domaine est un moyen technique de localisation et d'accès à des pages Web. Il est possible de le réserver, par des démarches simples et rapides, auprès d'organismes spécialisés (ex. : l'Afnic – Association française pour le nommage Internet en coopération – est le registre Internet des noms de domaine en « .fr »).
Le nom de domaine profite à celui qui, le premier arrivé, en demande la réservation, selon la règle du « premier arrivé, premier servi ».
Des menaces pèsent sur les noms de domaine, comme le *cybersquatting* (dépôt d'un nom de domaine en rapport avec une marque dans le but de lui nuire et/ou d'utiliser sa notoriété) ou le *typosquatting* (fautes d'orthographe détournant un nom de domaine).

2 La protection des bases de données

Une base de données est un recueil d'œuvres, de données ou d'autres éléments indépendants, disposés de manière méthodique et individuellement accessibles par des moyens électroniques ou par tout autre moyen.
Dès lors que le critère d'originalité est satisfait, une base de données bénéficie d'un système de protection juridique spécifique à double titre :

LA PROTECTION PAR LE DROIT D'AUTEUR	Elle protège le « contenant », c'est-à-dire la structure de la base de données, la manière dont les données sont agencées.
LA PROTECTION PAR LE DROIT DES PRODUCTEURS, OU DROIT *SUI GENERIS*	Elle protège le « contenu », c'est-à-dire l'investissement substantiel du producteur de la base de données.

3 Les actions en justice

Le créateur d'un actif immatériel peut agir en justice sur le fondement de l'action en contrefaçon, qui a pour but de réparer le préjudice causé par l'atteinte à son monopole d'exploitation.
Il peut aussi entreprendre une action en concurrence déloyale et parasitaire (fait de profiter indûment des investissements qu'une autre société a réalisés, tout en créant un risque de confusion dans l'esprit du consommateur potentiel).
Ce type de fait de concurrence déloyale crée un trouble commercial entraînant un préjudice.

EXEMPLE
La perte de visibilité sur Internet.

Il faut dès lors prouver le préjudice causé par la faute du concurrent malveillant.
Pour faire valoir leurs droits, les créateurs d'actifs numériques doivent apporter la preuve de la paternité et de la date de la création, ce qui est parfois difficile. C'est pourquoi, le procédé de la *blockchain* (ou chaîne de blocs) a été créé pour mettre en place un horodatage (inscription de la date et de l'heure) précis des opérations réalisées pour la création d'une œuvre numérique. Cet horodatage constitue une preuve d'antériorité et de traçabilité infalsifiable.

Mots clés : **Actifs immatériels** • **Droit d'auteur** • **Droit moral** • **Droits patrimoniaux** • **Droit *sui generis*** • **Action en contrefaçon** • **Action en concurrence déloyale et parasitaire**

CEJM

Savoir 34

La protection des données à caractère personnel

La multiplication des données numériques et des technologies développées pour les traiter présente des risques pour la vie privée des internautes, des consommateurs, des salariés. Les données les concernant doivent être protégées.

1 Les données à caractère personnel

1.1. La définition des données à caractère personnel

Les données à caractère personnel sont légalement définies comme toute information relative à une personne physique identifiée, directement ou indirectement, par référence à un ou plusieurs éléments qui lui sont propres.

EXEMPLES

Nom, prénom, sexe, photographies, date et lieu de naissance, adresse IP.

1.2. Le cadre de l'utilisation des données personnelles à des fins commerciales

Modifiant la loi « Informatique et libertés » de 1978, le règlement général sur la protection des données (RGPD) constitue le texte de référence européen en matière de protection des données à caractère personnel. Depuis mai 2018, il renforce la protection des données des individus face à l'utilisation qui en est faite par les entreprises qui les gèrent à des fins commerciales (clients, fournisseurs, salariés, etc.). Les données personnelles permettent d'identifier les personnes et de cibler les messages publicitaires. Elles ont donc une grande valeur commerciale.
Prescrivant que les données ne doivent être conservées que pendant une durée limitée et doivent être cohérentes avec la finalité du traitement, le RGDP impose de nombreuses obligations aux entreprises :

LA TRANSPARENCE	Information des personnes le demandant concernant le stockage et l'utilisation de leurs données.
LE DROIT D'ACCÈS	Droit d'interroger les services chargés de mettre en œuvre les traitements.
LE CONSENTEMENT	Acte positif clair par lequel la personne concernée manifeste, de façon libre, spécifique et éclairée, son accord au traitement des données. Le consentement peut être retiré à tout moment.
LE DROIT À LA PORTABILITÉ	Possibilité de récupérer, sous une forme réutilisable, les données fournies à une organisation pour ensuite les transférer à un tiers.
LE DROIT À LA RECTIFICATION ET À L'OUBLI	Possibilité pour les individus de faire rectifier leurs données et de s'opposer à leur utilisation, voire de les faire supprimer.
LE DROIT D'OPPOSITION	Droit de s'opposer, pour des raisons légitimes, à ce que des informations nominatives fassent l'objet d'un traitement.

1.3. La sanction de l'utilisation de l'identité numérique à des fins malveillantes

L'identité numérique, qui est l'ensemble des données formelles et informelles laissées par les individus sur Internet, peut faire l'objet d'usurpation par des tiers malveillants. Ces derniers peuvent commettre des actes répréhensibles sous une fausse identité, bénéficier d'avantages à la place d'un autre, nuire en portant atteinte à l'honneur ou à la réputation de la personne dont l'identité est usurpée. Le délit d'usurpation d'identité numérique est généralement commis par la technique du *phishing* (ou hameçonnage), ou par la création d'un faux site Web ou d'un faux profil sur un réseau social.

2 L'usage du numérique dans l'activité de travail

L'usage du numérique dans l'activité de travail renforce le contrôle des salariés par l'employeur, qui peut facilement surveiller leur activité.

2.1. Les libertés fondamentales des salariés

Le Code du travail précise que « nul ne peut apporter aux droits des personnes et aux libertés individuelles et collectives de restrictions qui ne seraient pas justifiées par la nature de la tâche à accomplir ni proportionnées au but recherché » (art. L1121-1). Tout salarié a droit, durant le temps et sur son lieu de travail, au respect de sa vie privée.

2.2. La protection des intérêts de l'entreprise

Les entreprises sont en droit d'attendre que leurs salariés consacrent leur activité professionnelle à leur service. Elles sont donc en mesure d'encadrer les conditions d'utilisation du matériel professionnel, d'accès à Internet et de la messagerie à des fins personnelles.
Des outils de cybersurveillance peuvent être mis en place (ex. : vidéosurveillance, géolocalisation) à condition d'être justifiés par l'intérêt de l'entreprise et d'en avoir informé les salariés. Cependant, l'employeur doit respecter les dispositions du droit interne et communautaire en matière de protection de la vie privée du salarié et de ses données à caractère personnel. Souvent, une charte informatique précise les droits et obligations de chacun afin que l'équilibre entre la protection du salarié et le pouvoir de direction de l'employeur soit assuré.

3 Le rôle de la CNIL

La Commission nationale de l'informatique et des libertés (CNIL) vérifie la mise en conformité des entreprises avec le RGPD et aide les particuliers (consommateurs ou salariés) à exercer leurs droits sur leurs données personnelles. Elle peut prononcer des avertissements et des sanctions à l'égard des responsables de traitement des données. Le montant des sanctions pécuniaires peut atteindre 20 millions d'euros ou 4 % du chiffre d'affaires annuel mondial.

CEJM

Mots clés

Données personnelles • Règlement général sur la protection des données (RGPD) • Identité numérique • Cybersurveillance • Commission nationale de l'informatique et des libertés (CNIL)

S'ENTRAÎNER AU BTS
Exercice 10 : pp. 323-324

Savoir 35

La preuve et les contrats numériques

Le développement du numérique a entraîné la dématérialisation des échanges, avec des conséquences sur le droit de la preuve, des contrats de vente par voie électronique avec les consommateurs et des contrats de prestations de services numériques avec les entreprises.

1 La preuve électronique

1.1. La valeur juridique d'un document numérique

Le droit de la preuve a évolué pour s'adapter à la dématérialisation des échanges. Un document numérique peut être une preuve recevable en cas de litige car la loi précise que « lorsqu'un écrit est exigé pour la validité d'un acte juridique, il peut être établi et conservé sous forme électronique ».

L'écrit électronique a la même force probante que l'écrit sur support papier, à condition que puisse être identifiée avec certitude la personne dont il émane et qu'il soit établi et conservé dans des conditions de nature à garantir l'intégrité de l'acte. En cas de litige, un expert en informatique devra donc prouver l'origine et l'intégrité du document numérique.

1.2. La valeur juridique de la signature électronique

La signature numérique permet de garantir l'intégrité d'un document électronique et d'en authentifier l'auteur, comme pour la signature manuscrite d'un document papier. Dans les deux cas, il y a réunion de trois éléments : le document, le signataire et l'outil de signature, grâce à un certificat numérique porté sur différents supports.

EXEMPLE

La saisie d'un code reçu par SMS valide le paiement, en activant un certificat numérique unique qui vaut signature électronique.

2 Les contrats de vente électronique

Spécifiques de par l'échange de consentement réalisé à distance, ces contrats comportent des risques pour les cyberconsommateurs, qui doivent donc être protégés.

L'INFORMATION PRÉCONTRACTUELLE RENFORCÉE	Exigence de nombreuses informations en langue française de manière claire et compréhensible, par tout moyen adapté permettant un accès facile, direct et permanent, pour permettre au client de s'engager en toute connaissance de cause.
LA VALIDATION DE LA COMMANDE	Procédure du « double clic » : un premier « clic » pour vérifier la commande et un second pour l'accepter.
LE DÉLAI DE RÉTRACTATION	Possibilité pour le consommateur d'annuler le contrat conclu à distance dans un délai de 14 jours à compter de la réception du bien, ou de la date de la conclusion du contrat de service.
LA COLLECTE ET LE TRAITEMENT DES DONNÉES À CARACTÈRE PERSONNEL	Information du cyberconsommateur sur le but de la collecte et l'utilisation de ses données. Le consentement du client doit être donné par un acte positif clair, selon la pratique de l'*opt-in* (case à cocher pour exprimer son consentement), sauf si la personne est déjà cliente de l'entreprise pour des produits analogues.

3 Les contrats de prestations de services numériques

Les entreprises ont de plus en plus recours aux services de prestataires informatiques pour les besoins de leur activité.

EXEMPLES
- Hébergement de données.
- Développement de logiciels ou de sites Internet.

Un contrat de prestation informatique comporte plusieurs clauses importantes, impliquant les deux parties :

LES OBLIGATIONS DU PRESTATAIRE	• Devoir de renseignement pour obtenir un maximum d'informations de la part du client afin de comprendre ses besoins. • Obligation de conseil envers le client. • Devoir de mise en garde sur des contraintes particulières et des risques. • Devoir de confidentialité interdisant au prestataire de divulguer toute information relevant du système informatique du client. • Obligation de délivrance de la prestation dans les délais convenus. • Devoir de réversibilité des données offrant au client la possibilité de récupérer en fin de contrat l'ensemble de ses données ou de transférer le contrat à un nouveau prestataire. • Une clause de cession de droits de propriété stipulant que la propriété des créations du prestataire revient à l'entreprise cliente.
LES OBLIGATIONS DU CLIENT	• Devoir de collaboration avec le prestataire en lui fournissant les informations et la documentation nécessaires, en lui donnant accès au système informatique dans la mesure du besoin. • Obligation de paiement du prix convenu. • Obligation de réception (devoir de « recette ») consistant à accuser réception et à donner son approbation au prestataire informatique après avoir vérifié que la « livraison » est conforme à ce qui a été convenu, pour un logiciel, du matériel ou une prestation informatique.

Mots clés : **Preuve électronique • Document numérique • Signature électronique • Information précontractuelle • Double clic • Délai de rétractation**

Savoir 36

Le rôle du système d'information

Le système d'information de l'entreprise est « un ensemble organisé des ressources techniques, organisationnelles et humaines indispensables au traitement des informations nécessaires à la mise en place de la stratégie et aux métiers de l'entreprise »[1]. Il offre de grandes opportunités à condition de maîtriser les risques qu'il comporte.

1 Les dimensions du système d'information (SI)

Le SI a des dimensions techniques, humaines, et organisationnelles.

• **Au niveau technique :** il fait appel à un système informatique composé de ressources matérielles et immatérielles. Il comporte notamment les infrastructures réseau, les dispositifs de sécurité, les bases de données, les outils de gestion de la relation client (CRM, *Customer Relationship Management*), de gestion de la chaîne logistique (SCM, *Supply Chain Management*) et les applications métiers.

• **Au niveau des ressources humaines :** le SI s'appuie sur les collaborateurs qui traitent et analysent l'information.

• **Au niveau organisationnel :** il intègre les processus, les règles et les procédures qui permettent le traitement des informations.

2 Les rôles du SI dans le fonctionnement de l'entreprise

Le SI permet de mettre à disposition en interne et en externe l'information nécessaire à la prise de décision des différents acteurs (approvisionnement, production, marketing, distribution, logistique, RH...). Son rôle est donc de :

– collecter l'information concernant l'environnement ;
– la stocker pour pouvoir la restituer ;
– la traiter en analysant et en structurant les données ;
– la diffuser aux différents acteurs en interne et en externe de l'entreprise.

3 Les opportunités liées au système d'information

3.1. Fournir l'information et faciliter sa circulation

Un SI performant permet de piloter l'entreprise de façon efficiente en fournissant l'information nécessaire à la prise des différentes décisions. Il permet aussi de fluidifier la circulation de l'information en :

– améliorant l'échange informationnel : il évite le cloisonnement des données dans les différents services alors qu'elles peuvent être utiles à différents salariés ;

EXEMPLE

Beaucoup d'entreprises adoptent un PGI (progiciel de gestion intégré) pour rassembler les données des différents services dans une base de données unifiée, facilement accessible par l'ensemble du personnel. Cela permet notamment aux commerciaux de visualiser les données de la production, des stocks lors des échanges avec les clients.

1. R. Reix, *SI et management des organisations*, Vuibert.

CEJM

– maîtrisant les flux d'informations (Big Data) qui représentent un réel défi pour les entreprises actuelles : la multiplication des sources d'information, la nécessité de gérer une immense masse de données, complexifie la prise de décision et peut paralyser les managers. Il est donc de plus en plus important d'avoir des outils informatiques permettant de gérer ces flux de données.

3.2 Faciliter la démarche stratégique et flexibiliser l'entreprise

Le SI apporte un avantage concurrentiel quand l'information qu'il fournit permet de mettre en œuvre une stratégie qui assure l'adéquation entre les compétences de l'entreprise et les attentes de l'environnement. Cette capacité à intégrer les données de l'environnement pour améliorer ses performances rend l'entreprise plus réactive et lui permet de proposer une offre adaptée aux attentes des clients.

EXEMPLE
La veille mise en place par le système d'information commercial peut permettre d'avoir de nouvelles idées, d'innover pour se différencier des concurrents.

4 Les risques liés au système d'information

Bien que le SI soit un véritable facteur de performance, il peut faire peser des risques sur l'entreprise, notamment dans les domaines :
– de la sécurité ;

EXEMPLE
Le vol ou la perte de données peut altérer les fichiers clients et ruiner le travail des commerciaux.

– opérationnels ;

EXEMPLE
L'obsolescence, les défauts de maintenance du matériel et des logiciels, peuvent provoquer des pannes et paralyser la production.

– juridiques ;

EXEMPLE
Les nouvelles obligations dans le cadre du RGPD (règlement général sur la protection des données) peuvent conduire à d'importantes sanctions pour les entreprises qui n'ont pas adopté une protection des données efficiente.

– sociaux ;

EXEMPLE
L'introduction d'outils numériques provoque souvent une résistance au changement des salariés craignant d'être remplacés par les machines.

– financiers.

EXEMPLE
L'augmentation du piratage ou des cyber-attaques augmente les coûts pour acquérir le matériel et les RH nécessaires pour se protéger.

CEJM

Mot clé Système d'information (SI)

Savoir 37 Les conséquences du déploiement du numérique

La mise en œuvre du numérique dans les entreprises a eu des effets sur le management et les processus décisionnels. On a vu évoluer les structures, les formes de coordination, l'organisation du travail et les frontières de l'entreprise.

1 De nouvelles structures

1.1. L'évolution vers des structures plus flexibles

Pour faire face aux mutations technologiques, les entreprises doivent renforcer leur digitalisation et adopter des structures plus réactives, capables de s'adapter aux aléas de cet environnement incertain. Ainsi, en fonction des contraintes de leurs activités, les entreprises évoluent vers :
– une plus grande spécialisation des entités afin de mieux répondre aux demandes de plus en plus spécifiques de l'environnement ;
– l'intégration des entités pour favoriser des synergies.

Ces nouvelles structures qui émergent dans le cadre de la digitalisation sont souvent caractérisées par :
– une réduction des niveaux hiérarchiques (adopter une organisation du travail en mode projet au sein d'équipes autonomes) ;
– une gestion plus transversale des activités de l'entreprise, de façon à ce que le numérique imprègne l'ensemble de l'organisation de façon cohérente.

EXEMPLE
Orange a créé la « Digital Academy », une structure digitale de formation pour l'ensemble de ses collaborateurs, de façon à développer une culture digitale commune au sein du Groupe en apportant un socle de connaissances sur ce domaine.

1.2. Une évolution structurelle à mener avec précaution

Ces évolutions des structures peuvent être génératrices de crises (L. E. Greiner) et de résistance aux changements (M. Crozier).

a) Une évolution génératrice de crises (L. E. Greiner)
Greiner montre qu'une entreprise a un cycle de vie caractérisé par des phases de croissance, de stagnation ou de déclin. Ainsi, il faut faire évoluer les ressources, les hommes et les structures au fur et à mesure de son développement. Ces changements provoquent, après les périodes de stabilité, des périodes de crises qui lui permettent de passer d'un stade d'organisation à un autre. Comme la révolution digitale est un facteur qui génère de profondes mutations structurelles dans l'entreprise, elle peut provoquer une crise qui doit être anticipée et résolue pour permettre à l'entreprise de s'affirmer dans ce nouvel environnement.

b) Une évolution avec des résistances au changement (M. Crozier)
Pour Crozier, le changement peut être plus difficile à mettre en œuvre dans une entreprise où l'histoire, les valeurs de solidarité et les liens sont forts. Il a analysé les jeux d'acteurs dans l'entreprise et montré que certains collaborateurs, pour maintenir leur zone de pouvoir, résistaient ou refusaient le changement. Ainsi, dans une entreprise qui fait évoluer sa structure pour se digitaliser davantage, certains peuvent avoir peur et vouloir sauvegarder leur situation ou leurs intérêts, ce qui peut conduire à des résistances face à ce changement.

2 De nouvelles formes de coordination

Pour réussir leur mutation digitale, beaucoup d'entreprises ont adopté une plus grande standardisation des procédés et des résultats.

EXEMPLE
Utiliser un robot pour standardiser les phases de sélection des CV lors d'une procédure de recrutement.

Il est nécessaire de garder des formes d'ajustement mutuel, ou de supervision directe par un collaborateur « humain » pour les activités complexes.

3 De nouvelles modalités de travail

Le déploiement du numérique favorise une évolution des modalités de travail dans l'entreprise, en permettant aux collaborateurs de communiquer, de collaborer et d'interagir. De nouvelles modalités de travail se généralisent, intégrant :
– le travail collaboratif à distance grâce à des outils numériques sécurisés ;
– des espaces pour faciliter l'action collective (espaces de *coworking*).

4 De nouvelles frontières pour l'entreprise

Le numérique favorise la redéfinition des frontières de l'entreprise avec le recours croissant à des stratégies d'externalisation vers des entreprises spécialistes.

EXEMPLE
Confier la gestion de la paye à des spécialistes dotés d'outils numériques.

Il permet aussi de développer les partenariats entre des entreprises qui travaillent en réseau et avec le client.

EXEMPLE
Décathlon a créé sa plateforme digitale internationale de co-création des produits sportifs du futur, qui regroupe une communauté de sportifs passionnés du monde entier. Chacun d'entre eux peut déposer des idées, commenter et voter pour les propositions les plus attrayantes des autres « contributeurs », et tester les produits en cours de développement.

Mots clés Structure • Travail collaboratif • Externalisation • Partenariat

Auteurs : L. E. Greiner • M. Crozier

Savoir 38 Les principales tendances du marché du travail

Le marché du travail est un marché particulier, qui fait apparaître, en France, un déséquilibre économique persistant : le chômage.

1 L'offre et la demande de travail

1.1. La distinction entre offre de travail et demande de travail

On distingue sur le marché du travail :
– l'offre de travail correspondant aux demandes d'emploi des individus ;
– la demande de travail correspondant aux offres d'emploi des entreprises.
L'offre et la demande de travail peuvent être appréhendées de manière quantitative (nombre de personnes en recherche d'emploi, nombre d'offres d'emploi) ou qualitative (compétences, mobilité des demandeurs d'emploi).

1.2. La diversité des contrats de travail

Sur le plan juridique, il existe une diversité de contrats de travail pour répondre à la demande de travail des entreprises. En théorie, la rencontre de l'offre et de la demande de travail permet de déterminer un salaire d'équilibre. En réalité, le Smic (salaire minimum interprofessionnel de croissance) constitue un seuil plancher en dessous duquel les employeurs ne peuvent pas descendre pour payer les salariés.

2 La segmentation du marché du travail

2.1. La distinction entre secteur protégé et secteur exposé

Sur le marché du travail, on observe :
– un secteur protégé : salaires relativement élevés, emplois qualifiés et stables, promotion des salariés ;
– un secteur exposé : salaires plus bas, emplois peu qualifiés, fragilité de la relation de travail (CDD, temps partiel subi).

EXEMPLE
Dans le secteur exposé, on trouve des emplois divers : ouvriers du secteur automobile, employés des centres d'appels, viticulteurs, ingénieurs en logiciels...

2.2. La théorie *insiders/outsiders*

La théorie *insiders/outsiders* essaie d'expliquer les raisons de cette segmentation du marché du travail et du chômage persistant, conséquence d'un rapport de force entre les deux catégories de salariés : *insiders*, travailleurs titulaires d'un emploi, et *outsiders*, travailleurs inemployés. Les *insiders*, bien implantés dans l'entreprise, influencent les décisions liées aux salaires et à l'emploi, dissuadant l'employeur d'embaucher des *outsiders*.
L'embauche de salariés génère un coût en recrutement et en formation et implique la capacité et la volonté des *insiders* de coopérer et d'intégrer de nouveaux collègues. Au final, il est plus onéreux pour l'entreprise d'embaucher des chômeurs que de promouvoir les *insiders*.

2.3. Les secteurs réglementés

Il existe par ailleurs sur le marché du travail des secteurs réglementés, qui participent également à la rigidité et à la segmentation du marché : par exemple, métiers de la santé ou certaines professions libérales, quota limité d'accès à une profession (*numerus clausus*), métiers accessibles avec certains diplômes...

EXEMPLE

Les auto-écoles ne peuvent exercer leur activité qu'après avoir reçu une habilitation de l'État.

3 Les déséquilibres du marché du travail français

3.1. Le chômage

Le chômage, situation dans laquelle l'offre de travail est supérieure à la demande de travail, est le principal déséquilibre persistant sur le marché du travail. La population active comprend les personnes occupant un emploi et les personnes au chômage (en recherche d'emploi).

$$\text{Taux de chômage} = \frac{\text{Nombre de chômeurs (exprimé en \%)}}{\text{Population active}}$$

Selon la définition du Bureau international du travail (BIT), les chômeurs sont les personnes sans travail, en recherche d'emploi et disponibles à court terme. Pour Pôle emploi, un chômeur est une personne inscrite sur ses listes.

3.2. Les écarts de rémunération

L'analyse du marché du travail permet d'identifier des écarts de rémunération discriminants selon l'âge, le sexe, le niveau de diplôme et le type de contrat.

EXEMPLE

Le temps partiel subi s'est développé dans des secteurs où l'emploi féminin est prédominant.

3.3. Les métiers en tension

Alors que la France est confrontée à un chômage persistant, il existe des métiers en tension, pour lesquels l'offre de travail reste inférieure à la demande de travail. Ces métiers manquent d'attractivité et les employeurs peinent donc à recruter.

EXEMPLES

Secteurs de l'hôtellerie-restauration, du bâtiment, de l'industrie, de l'informatique...

Le marché du travail est donc un marché complexe, toujours caractérisé en France par un chômage important. Suivre l'évolution des tendances du marché du travail et identifier ses dysfonctionnements permettent aux pouvoirs publics d'adapter leur politique de l'emploi dans un objectif de plein emploi et afin de répondre aux besoins des entreprises.

Mots clés Offre de travail • Demande de travail • *Insider* • *Outsider* • Taux de chômage

Savoir 39

L'action des pouvoirs publics sur le marché du travail

Pour remédier aux déséquilibres du marché du travail et accompagner ses transformations, l'État met en place des mesures visant à agir sur l'emploi, en particulier les politiques de lutte contre le chômage : les politiques actives et les politiques passives.

1 Les politiques actives

1.1. L'objectif des politiques actives

Les politiques actives visent à accroître le volume d'emploi dans l'économie et à favoriser le retour à l'emploi des chômeurs.
Elles reposent sur plusieurs dispositifs en constante évolution. Elles permettent de s'adapter aux nouvelles tendances du marché du travail.

EXEMPLE
La flexibilité du travail est l'un des moyens permettant à l'entreprise de s'adapter aux évolutions de la demande sur son secteur et aux évolutions de son environnement.

1.2. Pôle emploi, acteur essentiel des politiques actives

Pôle emploi est le service public qui met en relation les demandeurs d'emploi et les recruteurs et qui accompagne les chômeurs dans leur réinsertion professionnelle, à travers des actions de formation, d'acquisition de nouvelles compétences et d'accompagnement dans la création ou la reprise d'entreprise.

1.3. Les mesures de politique active

Les récentes mesures mises en place par les pouvoirs publics sont principalement axées sur la formation, l'apprentissage et le développement des compétences et visent le plus souvent un public précis ; par exemple :
– le contrat unique d'insertion (CUI) favorise l'embauche des personnes sans emploi rencontrant des difficultés d'insertion sociale et professionnelle (personne souffrant d'un handicap par exemple). Il associe formation et accompagnement personnalisé pour son bénéficiaire, et aide financière pour l'employeur. Le parcours emploi compétences (PEC) s'adresse au secteur non marchand (association, service public...) et le contrat initiative emploi (CUI-CIE) au secteur marchand.
– le contrat de sécurisation professionnelle (CSP) permet aux salariés visés par une procédure de licenciement économique de bénéficier de mesures favorisant un retour accéléré à l'emploi durable ;
– les emplois francs : une aide financière est versée aux entreprises qui embauchent un demandeur d'emploi résidant en quartier prioritaire.

CEJM

2 Les politiques passives

2.1. L'objectif des politiques passives

Les politiques passives ont pour objectif principal de rendre le chômage plus supportable financièrement. Elles permettent au bénéficiaire de faire face financièrement à la période de chômage (indemnisation). Elles peuvent également faciliter le retrait d'activité des plus âgés (dispositifs de préretraite).

2.2. L'indemnisation des chômeurs

Les politiques passives reposent sur une indemnisation versée aux personnes sans emploi, variable selon l'ancienneté et l'âge de la personne.
Pour bénéficier de l'allocation chômage de Pôle emploi, les demandeurs d'emploi doivent avoir travaillé au moins 6 mois au cours de 24 derniers mois (36 derniers mois pour les personnes âgées d'au moins 53 ans à la date de fin de leur contrat de travail). Ils doivent avoir involontairement perdu leur emploi et rechercher activement un emploi ou une formation. La durée d'indemnisation ne peut pas dépasser 2 ans pour les moins de 53 ans.

Dans certains cas, l'indemnisation chômage peut être renforcée par des allocations ou aides supplémentaires :
– allocation de sécurisation professionnelle, dans le cadre du contrat de sécurisation professionnelle ;
– aide à la reprise ou à la création d'entreprise (ACRE) et aide au retour à l'emploi (ARE) en cas de création ou reprise d'une entreprise par un allocataire.

2.3. La réforme de l'assurance chômage

La réforme de l'assurance chômage mise en œuvre en 2021 a pour objectifs :
– de lutter contre le recours abusif aux contrats courts (instauration d'un bonus-malus sur les cotisations chômage pour inciter les entreprises à embaucher sur des emplois de longue durée) ;
– de faire en sorte que le travail paye plus que l'inactivité (nouvelles règles d'indemnisation qui incitent à la reprise de l'emploi) ;
– de renforcer l'accompagnement des demandeurs d'emploi (recrutement de 1 000 nouveaux conseillers par Pôle emploi).

EXEMPLE

Un travailleur qui cumule plusieurs contrats de quelques jours dans le même mois percevra une indemnité plus élevée que le salarié qui effectue le même volume d'heures dans le cadre d'un seul CDD à mi-temps.

Mots clés

Politiques actives • Politiques passives • Pôle emploi • Contrat unique d'insertion (CUI) • Parcours emploi compétences (PEC) • Contrat de sécurisation professionnelle (CSP)

CEJM

S'ENTRAÎNER AU BTS
Exercice 5 : p. 322

Savoir 40

Les régimes juridiques du salarié et du travailleur indépendant

Le régime juridique du salarié doit être distingué de celui du travailleur indépendant.

1 Le statut de salarié

Le droit du travail accorde une place importante aux normes internationales, nationales, constitutionnelles et européennes. On relève aussi la forte présence de sources non étatiques.

1.1. Les différentes sources du droit du travail

LE DROIT INTERNATIONAL	• Conventions de l'Organisation internationale du travail (OIT). • Traités internationaux.
LE DROIT EUROPÉEN COMMUNAUTAIRE	• Traités et jurisprudence de la Cour de justice des communautés européennes (CJCE). • Règles sociales des États membres.
LE DROIT NATIONAL	• **Sources étatiques :** droit constitutionnel (dont le préambule de la Constitution de 1958), lois et règlements. • **Sources non étatiques :** droit négocié entre les partenaires sociaux (ex. : convention collective, accord d'entreprise) et le droit émanant de l'employeur (ex. : règlement intérieur).

1.2. Le contrat de travail

Comme tout contrat, le contrat de travail répond aux conditions générales de validité des contrats, c'est-à-dire un consentement libre, éclairé et non vicié, la capacité des parties, un objet et une cause licites.
Le contrat de travail est celui par lequel une personne réalise un travail au profit d'autrui contre rémunération et en se plaçant sous sa subordination juridique. Trois critères doivent être réunis :

- Un travail effectif pour le compte et au profit d'un employeur
- Une rémunération
- Un lien de subordination juridique

Ce dernier élément est l'élément essentiel et qui découle du contrôle de la réalisation de la prestation de travail, réalisé par l'employeur.

EXEMPLES
La soumission à un horaire, le respect des consignes.

L'employeur a l'obligation, en contrepartie, de fournir les moyens et le matériel nécessaires au travail.

1.3. Les différents contrats de travail

LE CDI	Le contrat de travail à durée indéterminée est la forme habituelle de la relation de travail. Sous réserve de la période d'essai, il est conclu sans limitation de durée. L'une ou l'autre des parties peut y mettre fin à tout moment, en respectant un préavis réciproque.
LE CDD	Le contrat à durée déterminée est conclu entre un employeur et un salarié pour une durée définie à l'avance. Une date précise, la survenance d'un événement ou l'achèvement d'un travail peut fixer cette limite. La tâche précise et temporaire pour laquelle le contrat est conclu ne peut être liée à l'activité normale de l'entreprise. Ainsi, les cas de recours sont limités : remplacement d'un salarié absent pour maladie, accroissement temporaire d'activité, accomplissement d'une tâche occasionnelle, emploi saisonnier ou pour lequel il n'est pas d'usage de recourir à un CDI. Le CDD peut être renouvelé une fois pour une durée éventuellement supérieure à celle de la période initiale, sans excéder 18 mois, sauf cas particuliers.
LE CTT	Le contrat de travail temporaire est conclu entre une entreprise de travail temporaire (l'agence d'intérim) et un salarié (l'intérimaire). L'agence d'intérim embauche et rémunère l'intérimaire en le mettant à la disposition provisoire et sous le contrôle de l'entreprise utilisatrice. Une entreprise ne peut faire appel à un intérimaire que pour l'accomplissement d'une tâche précise et temporaire, la « mission », et seulement pour certains motifs inscrits au contrat (ex. : l'accroissement temporaire de son activité).

2 Le statut du travailleur indépendant

Un travailleur indépendant (ex. : artisan, commerçant, membre d'une profession libérale) est une personne physique qui exerce une activité intellectuelle, commerciale ou libérale dans le cadre d'un contrat d'entreprise et non dans le cadre d'un contrat de travail. Il gère son activité librement, en accord avec ses clients, sans aucun lien de subordination avec un employeur. Propriétaire de ses instruments de travail, il exerce à son profit une activité professionnelle dont il supporte les risques. Sa rémunération se fait sous forme d'honoraires, qu'il fixe librement.
Dans notre société de plus en plus numérique, les frontières du salariat deviennent floues et il convient de distinguer un « faux » indépendant et un « vrai » salarié.

EXEMPLE

La jurisprudence concernant la société Uber et ses chauffeurs travaillant en tant qu'indépendants vise à obtenir la requalification du contrat de ces derniers en contrat de travail car plusieurs indices tendent à établir le lien de subordination imposé par Uber (possibilité de désactiver ou restreindre l'accès à l'application Chauffeur).

CEJM

Mots clés Travailleur indépendant • Lien de subordination • CDI • CDD • CTT

S'ENTRAÎNER AU BTS
Exercice 11 : p. 324

Savoir 41 La relation d'emploi, la protection et la formation des salariés

L'employeur peut, dans l'intérêt de l'entreprise, inscrire des clauses dans les contrats de travail de ses salariés. Il doit, en outre, assurer leur protection et leur formation.

1 Les clauses du contrat de travail

De nombreuses clauses sont introduites dans les contrats de travail pour répondre aux besoins de l'entreprise et des salariés.

EXEMPLES
La période d'essai, les clauses de confidentialité et de loyauté, de mobilité, de non-concurrence.

Permettant à l'entreprise de s'adapter à l'évolution de son contexte économique, ces clauses sont valables si elles sont justifiées par l'intérêt légitime de l'entreprise.

LA PÉRIODE D'ESSAI	Les parties peuvent mettre fin au contrat pendant la période d'essai sans avoir à justifier d'un motif.
LES CLAUSES DE CONFIDENTIALITÉ ET DE LOYAUTÉ	• La clause de confidentialité interdit au salarié, pendant et après le contrat de travail, de divulguer à autrui toute information sensible et stratégique de la vie de l'entreprise. • Le salarié est tenu envers l'employeur d'une obligation de loyauté, en s'interdisant notamment de se livrer à des actes de concurrence.
LA CLAUSE DE MOBILITÉ	Elle autorise l'employeur à modifier le lieu de travail du salarié durant l'exécution du contrat de travail, à condition qu'il ne s'agisse pas d'un abus de droit. Inscrite dans le contrat de travail du salarié, elle doit : – être indispensable à la protection des intérêts de l'entreprise et proportionnée au but recherché, compte tenu de l'emploi occupé par le salarié ; – ne pas aboutir à modifier la rémunération du salarié ; – préciser un délai raisonnable entre l'annonce de la mutation et sa prise d'effet ; – comporter une zone géographique précise ne pouvant être modifiée unilatéralement par l'employeur.
LA CLAUSE DE NON-CONCURRENCE	Le salarié s'interdit, lorsqu'il quitte l'entreprise, d'exercer certaines activités pouvant nuire à son ancien employeur. Cette clause doit : – être inscrite dans le contrat de travail signé par le salarié, en tenant compte des spécificités de son emploi ; – être indispensable à la protection des intérêts légitimes de l'entreprise ; – être limitée dans le temps et dans l'espace ; – fixer l'obligation pour l'employeur de verser au salarié, après la rupture du contrat, une contrepartie financière « non dérisoire » pour indemniser le salarié dont les possibilités d'exercer un autre emploi sont limitées.

2 Les obligations de l'employeur pour protéger les salariés

Le Code du travail limite le pouvoir de direction de l'employeur et lui impose un certain nombre d'obligations. L'employeur doit notamment assurer :
- l'absence de discrimination ;
- une obligation de sécurité pour préserver la sécurité et la santé des salariés ;
- le respect des libertés fondamentales et de leur vie privée.

Il doit, en outre, être de bonne foi en agissant dans l'intérêt de l'entreprise.

3 Les dispositifs de formation

3.1. Les dispositifs de formation des salariés

La formation est le moyen pour un salarié d'acquérir ou d'actualiser ses connaissances, de développer ses compétences et son employabilité. C'est une nécessité pour l'entreprise qui contribue à son financement, et pour les salariés afin de développer leur employabilité.

3.2. Les dispositifs permettant au salarié de choisir librement sa formation

• Le dispositif du compte personnel de formation (CPF) permet à toute personne active d'acquérir des droits à la formation mobilisables au cours de sa vie professionnelle. Depuis 2019, il est crédité chaque année de 500 €, pour toute activité à mi-temps ou plus, dans la limite de 5 000 €. Le CPF est utilisable par tout salarié, tout au long de sa vie active, pour suivre une formation qualifiante.

• Avec la validation des acquis de l'expérience (VAE), un salarié peut, s'il le souhaite, faire reconnaître ses compétences acquises au travail pour obtenir un diplôme.

3.3. Les dispositifs à l'initiative de l'employeur

Le plan de développement des compétences permet aux salariés de suivre des actions de formation à l'initiative de leur employeur. C'est un document écrit qui regroupe toutes les actions de formation retenues par l'employeur et mises en place dans le cadre de sa politique de gestion du personnel de l'entreprise. Tout salarié peut être visé par une action de formation prévue par le plan de développement des compétences de son entreprise. Son départ en formation est alors assimilé à l'exécution normale de son contrat de travail. Le salarié ne peut pas s'y opposer (sauf cas particuliers).

Ces dispositifs montrent que la formation est de plus en plus attachée à la personne du salarié et non à l'entreprise.

Mots clés

Clause de confidentialité et de loyauté • Clause de mobilité • Clause de non-concurrence • Compte personnel de formation (CPF) • Validation des acquis de l'expérience (VAE) • Plan de développement des compétences

Savoir 42 Les modifications, changements et ruptures du rapport d'emploi

La relation de travail évolue dans le temps car elle peut être remise en cause en fonction d'un certain nombre d'événements (ex. : une restructuration). Le droit intervient pour assurer la protection du salarié face à ces évolutions.

1 Les transformations de la relation d'emploi

L'employeur peut proposer au salarié une modification de son contrat de travail. Selon qu'il s'agit de la modification d'un des éléments essentiels du contrat ou d'un simple changement des conditions de travail, le refus du salarié aura des conséquences différentes.

1.1. La modification du contrat de travail

Elle porte sur un élément essentiel comme la rémunération, la qualification, sur un élément du contrat qui pouvait être déterminant pour le salarié lors de la conclusion du contrat dans une clause précise. Elle est donc considérée comme importante car portant sur un élément substantiel du contrat. L'employeur ne peut la décider unilatéralement et doit obtenir l'accord du salarié. Soit celui-ci l'accepte et le contrat se poursuit après signature d'un avenant. Soit il la refuse, ce qui ne constitue pas une faute ; si l'employeur maintient sa décision, le salarié est licencié pour motif économique.

EXEMPLE
Le passage d'un horaire de jour à un horaire de nuit.

1.2. Le changement des conditions de travail

Le chef d'entreprise peut décider de changer unilatéralement les conditions de travail qui n'ont pas fait l'objet d'un accord contractuel. Le refus du salarié d'accepter ce simple aménagement constitue une faute. Le salarié s'expose alors à un licenciement, en principe pour faute grave.

EXEMPLES
Un changement de planning, une affectation à un poste équivalent.

1.3. Le cas du changement d'employeur

En cas de modification dans la situation juridique de l'employeur (ex. : succession, cession de l'entreprise), les contrats de travail doivent être maintenus dans les mêmes conditions (même salaire, même ancienneté) avec le nouvel employeur. Celui-ci est garant des sommes dues aux salariés par l'ancien employeur. Il peut donc conserver les salariés, les licencier ou proposer une modification de leurs contrats s'il justifie d'un motif économique.

2 Les modes de rupture du contrat de travail

2.1. La rupture à l'initiative du salarié

Le salarié qui démissionne ou prend sa retraite doit manifester une volonté libre, sérieuse et sans équivoque de quitter définitivement son emploi.

2.2. La rupture à l'initiative de l'employeur

a) Le licenciement pour motif personnel

• Il peut intervenir pour faute s'il est fondé sur un motif réel, c'est-à-dire objectif (les faits étant vérifiables et sérieux), qui repose donc sur des griefs rendant impossible la poursuite du contrat. Il existe plusieurs degrés de gravité de la faute.
• L'employeur peut reprocher au salarié une insuffisance professionnelle ou de ses résultats, reposant sur des faits concrets.

EXEMPLE
Le manque d'efficacité dans l'atteinte des objectifs fixés.

b) Le licenciement pour motif économique

Il est effectué par l'employeur :
– pour un ou plusieurs motifs non inhérents à la personne du salarié ;
– s'il résulte d'une suppression ou d'une transformation d'emploi, d'une modification refusée par le salarié d'un élément essentiel du contrat de travail, suite à des difficultés économiques ou à des mutations technologiques, à la cessation d'activité de l'entreprise ou à une réorganisation nécessaire à la sauvegarde de sa compétitivité.

c) La nécessité d'une cause réelle et sérieuse et du respect de formalités

Pour qu'un licenciement pour motif économique ou personnel soit valable, il doit être motivé par une cause réelle et sérieuse. De même, l'employeur doit respecter des formalités (convocation à un entretien, débat contradictoire avec le salarié, envoi de la lettre de licenciement en recommandé avec accusé de réception) et, sauf exceptions, accorder un délai de préavis et payer diverses indemnités.

EXEMPLES
Des indemnités d'ancienneté, de congés payés.

2.3. La rupture par négociation entre salarié et employeur

La rupture conventionnelle, qu'elle soit individuelle ou collective, permet à un salarié en CDI et à un employeur de rompre d'un commun accord le contrat de travail.

2.4. Les dispositifs pour préserver les emplois

Pour préserver les emplois, l'entreprise peut, selon les cas, élaborer un plan de sauvegarde de l'emploi (PSE) afin d'éviter ou de limiter les licenciements pour motif économique. Elle peut également négocier en matière de gestion des compétences pour prévoir les actions nécessaires à l'évolution professionnelle des salariés, et bâtir des accords de préservation de l'emploi pour lui permettre de s'adapter plus rapidement aux variations d'activité et aux changements de conjoncture.

EXEMPLE
Un accord emploi/compétitivité peut imposer au salarié une baisse de sa rémunération pour un même nombre d'heures de travail, notamment dans un contexte de difficultés économiques de l'entreprise.

Mots clés Modification du contrat de travail • Changement des conditions de travail • Licenciement pour motif personnel • Licenciement pour motif économique

S'ENTRAÎNER AU BTS
Exercice 12 : p. 324

Savoir 43

Le rôle du droit négocié et des partenaires sociaux

Le droit du travail évolue vers un droit négocié par les partenaires sociaux, qui dialoguent dans le cadre de l'adaptation de l'entreprise et des salariés aux mutations de l'activité professionnelle.

1 Les partenaires sociaux

1.1. Les représentants des employeurs

Les employeurs peuvent participer aux négociations de façon isolée ou par l'intermédiaire de groupements d'employeurs.

EXEMPLES

Le MEDEF (Mouvement des entreprises de France), la CGPME (Confédération générale des petites et moyennes entreprises).

1.2. Les représentants des salariés

Pour être représentatifs dans l'entreprise, les syndicats doivent satisfaire sept critères de représentativité :

- le respect des valeurs républicaines (ex. : la garantie de la liberté d'opinion) ;
- l'indépendance vis-à-vis de l'employeur ;
- la transparence financière ;
- une ancienneté d'au moins 2 ans ;
- une audience suffisante (au moins 10 % des suffrages exprimés au premier tour des élections professionnelles permettant d'élire les représentants du personnel au comité social économique – CSE – dans les entreprises d'au moins 11 salariés) ;
- une influence caractérisée par l'activité et l'expérience ;
- des effectifs suffisants d'adhérents et de cotisations.

En remplissant ces conditions, les syndicats représentatifs peuvent désigner un délégué syndical pour négocier dans l'entreprise, conclure des conventions collectives, des accords d'intéressement et de participation, exercer des actions individuelles en justice, etc.

2 L'objet des négociations

Les textes négociés peuvent contenir des dispositions plus favorables aux salariés que les lois et règlements. On distingue :

- la convention collective conclue entre les partenaires sociaux, traitant de l'ensemble des conditions d'emploi, de travail et des garanties sociales ;

EXEMPLE

La convention collective de la métallurgie.

- l'accord collectif, qui ne traite que d'un ou de plusieurs sujets déterminés dans cet ensemble.

EXEMPLE

La signature d'un accord salarial.

CEJM

3 Les niveaux de négociation

Chaque convention ou accord précise son champ d'application, qui peut être conclu au niveau national, de la branche ou de l'entreprise.

LE NIVEAU NATIONAL	Les accords nationaux interprofessionnels (ANI) sont signés pour couvrir tous les secteurs d'activité et tous les emplois au niveau national, en traitant des problèmes sociaux communs à tous les secteurs d'activité (ex. : ANI sur la formation des salariés).
LE NIVEAU DE LA BRANCHE	Les accords de branche régissent les conditions de travail de tout un secteur d'activité (ex. : la chimie, le bâtiment, la banque).
LE NIVEAU DE L'ENTREPRISE	Les accords d'entreprise tendent à adapter les règles du Code du travail aux particularités de l'entreprise concernée.

4 Les procédures d'adoption

4.1. L'accord majoritaire

Tout accord collectif au niveau de l'entreprise doit, pour être valide, avoir été signé par un ou plusieurs des syndicats représentatifs ayant recueilli au moins 50 % des suffrages obtenus au premier tour des élections professionnelles.

4.2. La validation par référendum

Si le ou les syndicats ont obtenu moins de 50 % mais plus de 30 % des suffrages, ils peuvent déclencher une consultation des salariés par référendum sur l'accord d'entreprise. Si plus de 50 % des salariés acceptent l'accord, celui-ci est valide.
L'objectif est de contourner une absence de majorité syndicale pour donner l'occasion aux salariés de s'exprimer sur leurs conditions de vie au travail et les choix qui les concernent directement, afin d'être mieux défendus.

5 La préférence pour les négociations de proximité

L'accord d'entreprise majoritaire prime désormais sur la convention de branche, même s'il est moins favorable aux salariés. Les règles sont donc de plus en plus négociées entreprise par entreprise. Certains syndicats craignent que ces accords d'entreprise « dérogatoires » ainsi conclus soient défavorables aux salariés puisque leurs représentants pèsent bien moins lors des négociations que les syndicats ne pouvaient le faire au niveau de la branche professionnelle.

6 L'équilibre entre efficacité économique et justice sociale

Le dialogue social vise à concilier efficacité économique et protection des salariés. La négociation collective permet des adaptations rapides et pallie les lenteurs et les rigidités de la loi, en créant un droit négocié par les parties et non imposé par la loi. La négociation collective est censée contribuer ainsi aux avancées sociales.

Mots clés : Représentativité • Syndicats représentatifs • Convention collective • Accord collectif • Accord majoritaire • Référendum

Savoir 44

L'adoption d'une GPEC

Dans un environnement incertain et très concurrentiel, les compétences et la capacité d'adaptation des ressources humaines sont devenus sources d'avantages concurrentiels. Les entreprises peuvent faire face aux bouleversements actuels en mettant en place une gestion prévisionnelle des emplois et des compétences (GPEC).

1 L'adoption d'une GPEC

1.1. Le principe de la GPEC

La gestion prévisionnelle des emplois et des compétences (GPEC) est une méthode pour accompagner le changement en anticipant les adaptations nécessaires en termes d'emplois, d'effectifs et de compétences, en fonction des évolutions de la stratégie des entreprises et de leur environnement. Elle vise donc à réduire de manière anticipée les écarts entre les besoins et les ressources de l'entreprise pour les adapter aux mutations de l'environnement et de la stratégie.

Mise en place dans les entreprises depuis les années 1990, la GPEC se met en œuvre à partir d'accords entre la direction et les syndicats représentatifs. Elle comprend :
- un volet quantitatif, lié à l'évaluation du volume d'emploi dont l'entreprise aura besoin pour mettre en œuvre sa stratégie avec les contraintes de l'environnement (recrutement de ressources humaines compétentes pour affronter les défis numériques) ;
- un volet qualitatif, qui concerne les compétences détenues par les salariés (développement du savoir-faire ou réorientation du salarié vers d'autres métiers).

1.2. L'importance de la gestion des compétences selon Zarifian

La définition classique décompose les compétences en savoirs, savoir-faire et savoir-être. Mais pour le sociologue P. Zarifian, la compétence concerne surtout « la capacité à la prise d'initiative et de responsabilité de l'individu sur des situations professionnelles auxquelles il est confronté ». Elle inclut ainsi :
- l'initiative (avoir de l'inventivité, donner une réponse adaptée à un événement) ;
- la responsabilité (aller au bout de ses initiatives en répondant des conséquences).

Le second volet de la GPEC visant à anticiper et développer les compétences est donc essentiel. L'entreprise doit encourager l'initiative et l'autonomie par :
- un management des compétences impliquant tous les acteurs ;
- une analyse des situations de travail pour identifier les compétences nécessaires.

1.3. Les dispositifs de GPEC

La GPEC a favorisé la mise en œuvre de différents dispositifs d'adaptation des ressources humaines, notamment au niveau collectif :
- des politiques d'ajustement de l'effectif (recrutement, prévention et accompagnement des réductions d'effectifs) ;
- dispositifs d'ajustement de la durée du travail (réduction du temps de travail, flexibilisation du temps de travail) ;
- des dispositifs de développement des compétences (formation professionnelle, de promotion ou encore de mobilité interne).

Au niveau individuel, la GPEC a généralisé l'utilisation d'outils, comme l'entretien individuel annuel d'évaluation, de façon à identifier les compétences professionnelles du salarié, ses points forts et ceux à améliorer, et fixer des objectifs pour l'année à venir.

1.4. Les limites de la GPEC

Les outils mis en œuvre dans le cadre de la GPEC doivent être adaptés pour suivre les évolutions du travail qui s'effectue de plus en plus en mode projet et collaboratif. Ainsi, l'entretien annuel d'évaluation, qui conduit à l'attribution ponctuelle de notes en fonction du niveau de performance individuel sur l'année, ne prend pas en compte le travail en équipe. Ces pratiques d'évaluation sont actuellement remises en cause au profit d'un processus d'évaluation flexible et continu par projet.

2 La gestion des talents

2.1. La notion de talent

Le talent est « la combinaison de compétences rares ». La transformation numérique modifie la façon dont les entreprises travaillent et donne naissance à des métiers nouveaux dont l'exercice demande des compétences rares. Les entreprises évoluent donc dans un environnement de plus en plus exigeant en talents.
Alors que la GPEC a une vision collective des compétences de l'entreprise, la notion de talent valorise l'unicité de la personne.

	UNITÉ D'ANALYSE	MÉTHODOLOGIES	APPORTS	CONTEXTE
COMPÉTENCES	Savoirs, savoir-faire, savoir-être développés dans une logique d'adaptation et d'employabilité.	Définition d'un référentiel collectif, puis ajustement des ressources et des besoins en compétences.	Comparaison des collaborateurs grâce aux référentiels et aux compétences.	Environnement incertain nécessitant une forte adaptabilité du personnel.
TALENT	Combinaison de compétences rares.	• Repérage de profils atypiques. • Valorisation de la différence.	• Hyper-individualisation. • Attirer et retenir les meilleurs.	Environnement très concurrentiel, recherche d'innovation.

2.2. Les dispositifs de gestion des talents

C. Dejoux et M. Thévenet montrent que les entreprises peuvent compléter la GPEC par une gestion des talents en différentes étapes :
– attraction : développer la notoriété de l'employeur (par des *serious games*...) ;
– détection : évaluer les compétences *via* leurs interactions avec l'entreprise (appels, commentaires sur le site...) ;
– développement : (coacher, mentorer et challenger les talents) ;
– reconnaissance : écouter, motiver financièrement ou non (distinctions, carrière...).

Mots clés Gestion prévisionnelle des emplois et compétences (GPEC) • Compétences • Talent

Auteurs : P. Zarifian • C. Dejoux et M. Thévenet

S'ENTRAÎNER AU BTS
Exercice 15 : pp. 325-326

Savoir

45 Les leviers de motivation

Pour que la motivation des salariés soit un facteur de performance, il faut, à côté des dispositifs de motivation traditionnels, s'intéresser à la motivation des « digital natives » et proposer de nouvelles formes d'organisation.

1 Les facteurs de la motivation et de la satisfaction au travail

1.1. La satisfaction des besoins selon Maslow et Herzberg

D'après A. Maslow, la motivation des salariés dépend de cinq besoins que l'entreprise doit satisfaire.

Il faut d'abord permettre au salarié de satisfaire ses besoins physiologiques, lui permettre de survivre (manger, boire, se vêtir, dormir...), avant de chercher à satisfaire son besoin d'accomplissement (valoriser son potentiel, ses compétences, lui donner plus de responsabilités...).

En complément de la pyramide de Maslow, F. Herzberg distingue deux types de facteurs.

- **Les facteurs internes**, particuliers à chaque individu, qui sont sources de motivation : il faut les favoriser car l'individu va chercher à les atteindre, mais aussi à les dépasser.

EXEMPLE

Pour motiver ses salariés, il faut développer l'intérêt du travail, la réussite, la promotion, l'initiative, l'autonomie...

- **Les facteurs externes**, propres à tous les individus, sont source de satisfaction mais pas de motivation : non satisfaits, ils provoquent la démotivation. Mais une fois satisfaits, ils ne sont plus motivants.

EXEMPLE

Quand on améliore les conditions d'hygiène au travail, les salariés sont satisfaits, mais cela n'est pas suffisant pour les motiver à s'impliquer davantage.

Maslow et Herzberg

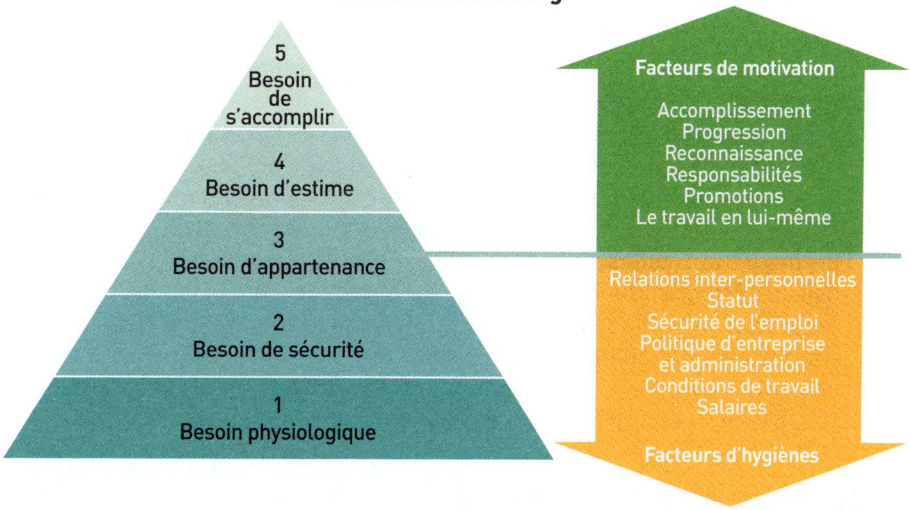

CEJM

1.2. Le besoin d'équité identifié par le psychologue J. S. Adams

La recherche de la « justice » est un moteur essentiel de motivation individuelle. Chaque salarié compare sa situation à celle des autres, au sein et en dehors de l'entreprise. Il calcule un ratio d'équité en comparant la rétribution de son travail (salaire, avantages, conditions de travail...) avec l'effort engagé (contribution en temps de travail, expérience, formation...). Si son ratio est :
– identique à celui des autres : sentiment d'équité et de satisfaction ;
– supérieur : sentiment de sur-équité qui pousse à augmenter l'investissement ;
– inférieur : sentiment de sous-équité, source de tensions pour rétablir la justice.

EXEMPLE
Un sentiment de sous-équité peut amener un salarié à demander une meilleure rétribution, se démotiver (absentéisme, limitation des efforts), et à adopter une stratégie de non-coopération vis-à-vis des ratios supérieurs.

2 La motivation des « digital natives »

Les jeunes générations ont de fortes attentes en termes :
– de responsabilité sociétale : elles favorisent le travail au sein d'entreprises qui se soucient des conséquences environnementales et sociales de leur activité et sont plus fidèles à une entreprise qui favorise l'autonomie, la créativité, la capacité d'innovation, tout en étant investie dans une démarche de RSE ;
– de gestion de la diversité : elles apprécient les mesures par les employeurs pour recruter, conserver et former des salariés issus de catégories sociales, d'âge, de nationalité, de sexe, d'origine ethnique, d'orientation sexuelle différents.
Selon J.-M. Peretti, les jeunes salariés souhaitent que le travail soit un facteur d'enrichissement personnel. Quand le salarié ne se retrouve pas, en termes de valeurs personnelles, dans son travail, il hésite de moins en moins à le quitter. Il est donc primordial de faire converger les valeurs de l'entreprise et celles des salariés pour améliorer leur fidélisation, leur motivation et diminuer le *turn-over*.

3 De nouvelles formes d'organisation

Les jeunes salariés réclament :
– un management plus participatif, favorisant l'autonomie, la responsabilisation et l'individualisation. La reconnaissance et l'écoute deviennent essentielles (mettre en place un management qui permette de traiter les collaborateurs de manière individualisée et de leur donner de nouvelles responsabilités) ;
– de nouveaux modes d'organisation du travail contribuant à la mobilité et à un usage plus large des technologies de communication mobiles. L'entreprise doit permettre aux collaborateurs d'être connectés où et quand ils le souhaitent. Elle doit aussi favoriser une organisation qui améliore la qualité de vie du salarié, (adopter le télétravail répondant aux attentes de qualité de vie des salariés) ;
– de favoriser la collaboration, la transparence, le partage de connaissances, (développer le « flex office » qui remplace les bureaux attitrés par des espaces communs accueillants, conviviaux, connectés, favorisant le travail en mode projet).

Mots clés Motivation • Satisfaction • Équité

Auteurs : A. Maslow • F. Herzberg • J. S. Adams • J.-M. Peretti

CEJM

Savoir 46

Le diagnostic stratégique

Identifier ses forces et ses faiblesses, puis analyser les opportunités et les menaces de son environnement, permet à l'entreprise de définir sa stratégie.

1 Le diagnostic externe

1.1. Le diagnostic du macro-environnement

L'analyse de l'environnement global de l'entreprise (le macro-environnement) peut être menée grâce à l'outil PESTEL, qui met en lumière les variables (au niveau politique, économique, social, technologique, écologique et légal) pouvant avoir une influence positive (opportunité à saisir) ou négative (menace à éviter) sur l'entreprise.

EXEMPLE

L'évolution des valeurs environnementales incite de plus en plus les dirigeants d'entreprise à intégrer le développement durable dans leurs choix stratégiques. Ces choix seront renforcés par les nouvelles législations concernant les normes antipollution et inciteront les entreprises à adapter leur stratégie pour innover et faire évoluer leur offre.

1.2. Le diagnostic du micro-environnement

L'analyse du micro-environnement (les acteurs immédiatement en contact avec l'entreprise) permet de comprendre les rapports entre l'entreprise et ses concurrents et de déterminer les facteurs clés de succès (FCS).

a) Le modèle des 5 forces + 1 de M. Porter

M. Porter montre la pression des forces qui s'exercent sur l'entreprise qui doit analyser les rapports qu'elle entretient avec ses concurrents et ses marchés, pour mettre en lumière l'attrait ou non d'un domaine d'activités stratégiques (DAS). Certains analystes y ajoutent une 6e force : l'influence de l'État.

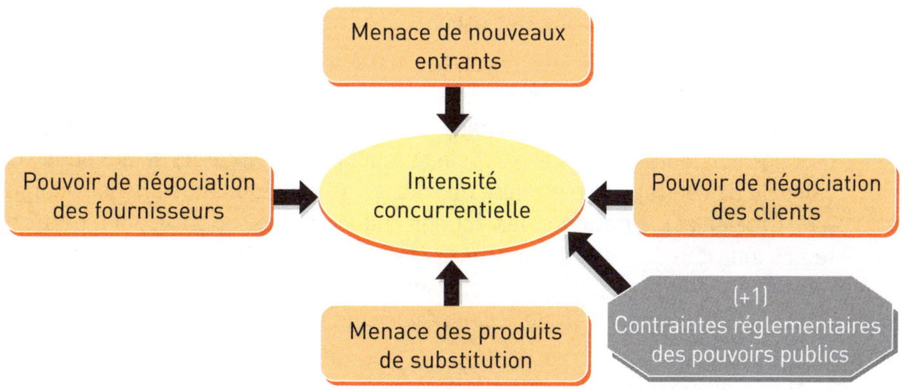

b) L'analyse des facteurs clés de succès (FCS)

Diagnostiquer l'environnement permet à l'entreprise de cerner ses facteurs clés de succès (FCS), c'est-à-dire les éléments commerciaux ou technologiques qu'elle doit maîtriser pour réussir sur son domaine d'activités stratégiques (DAS). Quand l'entreprise maîtrise ses FCS mieux que ses concurrents, elle dispose d'un avantage concurrentiel, c'est-à-dire un élément qui la différencie et lui procure un avantage.

CEJM

EXEMPLE

Sur le marché des lessives, la communication est un FCS car on ne peut vendre sans investir en publicité. Mais si une entreprise trouve un autre moyen de communiquer, elle aura un avantage concurrentiel.

2 Le diagnostic interne

2.1. L'analyse des ressources et des compétences

E. Penrose montre que l'entreprise est un ensemble de ressources (ou d'actifs) :
– tangibles ou matérielles (ressources physiques (magasins, usines, outils de production...), financières (de l'argent...) et humaines (salariés)) ;
– intangibles ou immatérielles (ressources immatérielles technologiques (brevets, licences, dépenses en recherche et développement), organisationnelles (savoir-faire, structure de l'entreprise) et mercatiques (notoriété et image de marque)) ;
Parmi ces ressources, le diagnostic permet d'identifier les actifs matériels et immatériels stratégiques, c'est-à-dire ceux qui permettent d'obtenir et conserver un avantage concurrentiel. On peut les identifier en fonction de leur :
– valeur pour le client par rapport aux ressources des concurrents ;
– exclusivité pour l'entreprise.

2.2. Le diagnostic des compétences distinctives

Une compétence est la capacité à utiliser des ressources pour atteindre un objectif donné. D'après G. Hamel et C. K. Prahalad, ce sont les compétences fondamentales ou distinctives qui permettent à l'entreprise d'être compétitive. Le diagnostic doit donc les identifier, sachant qu'elles ont quatre caractéristiques :
– elles permettent de saisir une opportunité ou d'échapper à une menace ;
– elles baissent les coûts ou augmentent valeur pour le client ;
– elles sont détenues par un nombre restreint de concurrents réels ou potentiels ;
– elles sont difficilement imitables par les concurrents actuels ou potentiels.

2.3. Le diagnostic des mécanismes de gouvernance et de décision

Le diagnostic doit également analyser les mécanismes de gouvernance et de prise de décision de l'entreprise en sachant que, comme le montrent :
– R. M. Cyert et J. G. March, il y a dans l'entreprise des conflits entre des acteurs ou des groupes d'acteurs cherchant à satisfaire leurs propres intérêts. Il faut donc analyser la capacité de l'entreprise à prendre des décisions qui résultent de négociations.
– M. Crozier et E. Friedberg, les actions collectives se construisent à partir des stratégies individuelles, des comportements et des intérêts (parfois contradictoires) des différents acteurs. Il faut donc analyser la capacité de l'entreprise à faire des choix stratégiques en tenant compte de la marge de liberté des collaborateurs.

CEJM

Mots clés Macro-environnement • Micro-environnement • Facteurs clés de succès (FCS) • Avantage concurrentiel

Auteurs : M. Porter • E. Penrose • G. Hamel et C. K. Prahalad • R. M. Cyert et J. G. March • M. Crozier et E. Friedberg

S'ENTRAÎNER AU BTS
Exercice 14 : p. 325

Savoir 47

La démarche stratégique

Le schéma classique de la démarche stratégique propose d'élaborer la stratégie dans un ordre logique, en commençant par les diagnostics stratégiques interne et externe, pour ensuite faire le choix des options stratégiques et enfin mettre en œuvre ces options.

1 La démarche stratégique selon le modèle LCAG

1.1. Le modèle LCAG

La démarche d'analyse stratégique s'appuie souvent sur celle de quatre professeurs de la Harvard Business School, Learned, Christensen, Andrews et Guth (LCAG), qui proposent un modèle qui retrace les étapes permettant de déterminer les choix stratégiques selon une démarche rigoureuse.

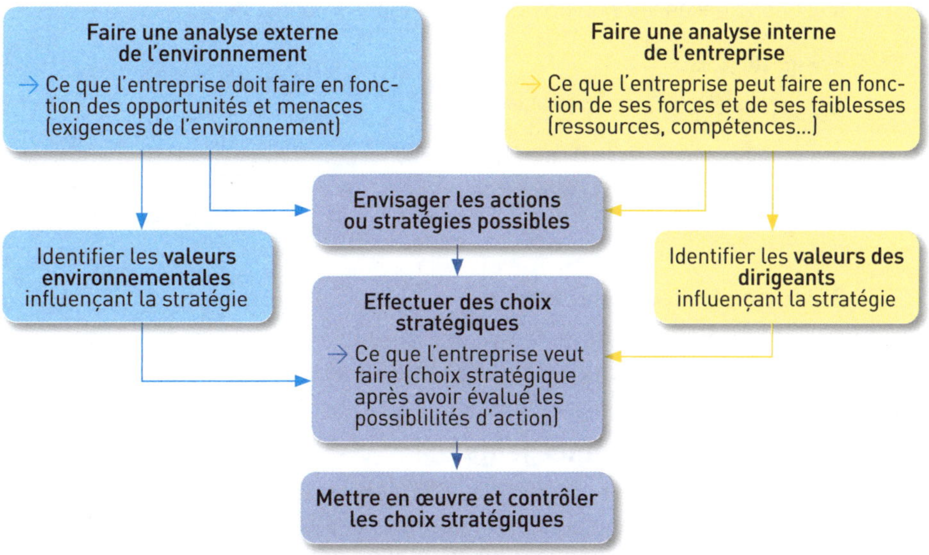

1.2. Les étapes de la démarche stratégique

a) Mener un diagnostic interne et externe

Ce double diagnostic peut se mener à l'aide d'un outil appelé SWOT (*Strength/Weaknesses*, *Opportunities/Threats*) ou FFOM (forces/faiblesses, menaces/opportunités).

Diagnostic interne	Forces	Faiblesses
Diagnostic externe	Menaces	Opportunités

Cette matrice, qui analyse en parallèle les deux dimensions (forces/faiblesses en interne et opportunités/menaces en externe), permet d'évaluer l'environnement et les ressources de l'entreprise.

b) Proposer des choix stratégiques

L'analyse du SWOT permet d'identifier les différentes orientations stratégiques possibles pour l'entreprise.

c) Mettre en œuvre des choix stratégiques
Les choix stratégiques sont souvent mis en œuvre à partir d'une planification qui définit, dans le temps, les objectifs et les moyens pour concrétiser les projections.

d) Contrôler
À partir de tableaux de bord, les managers vont contrôler la mise en œuvre de la stratégie et si nécessaire prévoir des actions correctives.

2 Les modes d'élaboration de stratégie

2.1. La décision stratégique

La stratégie permet d'anticiper et de préparer l'avenir. Elle consiste à fixer les buts et objectifs à long terme ainsi que les moyens de les atteindre, compte tenu des ressources actuelles et des possibilités d'en acquérir de nouvelles. H. A. Simon montre que ces décisions stratégiques sont prises en situation d'information imparfaite et que la rationalité du décideur est limitée.
Il est donc nécessaire de procéder par étapes (modèle IMC) :

Intelligence pour identifier dans son environnement des situations où il doit prendre des décisions. → **Modélisation** pour recenser les solutions envisageables. → **Choix** à partir de l'évaluation de la meilleure des solutions. → **Contrôle** pour confirmer le choix ou le réorienter.

2.2. Une stratégie délibérée

Quand l'entreprise met en œuvre une stratégie planifiée sur le long terme par les dirigeants, on parle de stratégie délibérée. Les objectifs stratégiques sont traduits dans un plan annuel ou pluriannuel.

2.3. Une stratégie émergente

H. Mintzberg montre que souvent la stratégie est émergente, c'est-à-dire influencée par les activités quotidiennes et les événements non prévus auxquels l'entreprise doit réagir et qui demandent une adaptation permanente. Elle n'est donc pas programmée à long terme par les dirigeants, mais doit s'adapter en continu aux changements internes et de l'environnement.

2.4. La stratégie effective

La stratégie effective résulte souvent d'une interaction entre une stratégie délibérée et une stratégie émergente. En effet, une stratégie totalement délibérée serait difficile à appliquer dans un environnement en mutation constante. D'un autre côté, une stratégie totalement émergente empêche la construction d'un projet à long terme. C'est pourquoi, le plus souvent, les deux stratégies coexistent. La stratégie délibérée doit être complétée par une stratégie émergente pour que les dirigeants réagissent au jour le jour et que l'entreprise s'adapte en permanence à l'environnement.

Mots clés Démarche stratégique • Stratégie • Décision stratégique • Stratégie délibérée • Stratégie émergente • Stratégie effective

Auteurs : H. A. Simon • H. Mintzberg

Savoir 48

Les stratégies globales

Après avoir réalisé un diagnostic stratégique pour atteindre les objectifs fixés, les dirigeants effectuent des choix stratégiques qui concernent l'entreprise dans son ensemble. Il s'agit de la stratégie globale qui permet de choisir entre spécialisation/diversification, et entre intégration/externalisation.

1 Le choix entre spécialisation et diversification

1.1. Le choix de la stratégie de spécialisation

La stratégie de spécialisation consiste à rester sur un seul domaine d'activité stratégique (DAS) où l'entreprise a des compétences distinctives lui conférant un avantage concurrentiel. I. Ansoff montre que l'entreprise peut se spécialiser en :
– pénétrant le marché : on augmente la part de marché auprès des clients existants ;
– développant son marché : on vise une nouvelle cible pour les produits actuels ;
– développant ses produits ou services sur un marché existant.

AVANTAGES	INCONVÉNIENTS
• Crée une image d'expert, développe l'expérience, le savoir-faire. • Possibilité d'avoir une position de leader en concentrant ses ressources et compétences dans un seul DAS.	• Dépendance au seul DAS. • Les perspectives de croissance du DAS peuvent attirer des concurrents et intensifier la concurrence.

1.2. Le choix de la stratégie de diversification

I. Ansoff montre que la stratégie de diversification consiste à élargir son champ d'activité. Il peut s'agir de proposer de nouveaux produits et/ou de s'adresser à de nouveaux marchés par :
– la diversification liée (concentrique), où on l'on reste sur un marché familier, (un fabricant de pâtes se diversifie dans la production de pizzas) ;
– la diversification non liée (conglomérale) vers un marché nouveau, (un fabricant de pâtes s'oriente vers la construction automobile) ;

AVANTAGES	INCONVÉNIENTS
• Permet de répartir les risques sur plusieurs DAS. • Encourage l'acquisition de nouvelles compétences.	• Sur le plan financier : besoin d'investissements qui peuvent lourdement endetter l'entreprise. • Sur le plan technologique : nécessité d'acquérir de nouvelles compétences technologiques. • Sur le plan organisationnel : manque de cohérence et de synergies entre les activités.

Quand l'entreprise se sépare des DAS les moins rentables pour se recentrer sur ceux qu'elle maîtrise le mieux et qui sont les plus porteurs, on parle de recentrage.

2 Le choix entre l'intégration et l'externalisation

2.1. Le choix de la stratégie d'externalisation

La stratégie d'externalisation consiste à confier une activité à un prestataire extérieur. Il faut éviter d'externaliser les activités qui sont au cœur de métier de l'entreprise et qui sont déterminantes pour maintenir un avantage concurrentiel.

AVANTAGES	INCONVÉNIENTS
• Réduction des coûts supportés par le prestataire externe. • Accès aux compétences d'experts, de spécialistes. • Flexibilité en ajustant les besoins aux variations de la demande. • Concentration sur le cœur de métier en externalisant les activités non essentielles pour se consacrer à des activités créatrices de valeur.	• Perte du savoir-faire externalisé. • Dépendance envers le prestataire. • Risque social : externaliser peut entraîner des transferts de personnel ou des licenciements et donc détériorer le climat social.

2.2. Le choix de la stratégie d'intégration

Cette stratégie, qui consiste à développer ses activités en interne, peut se faire :
– vers des activités en amont de l'activité principale (fournisseurs) ;

EXEMPLE

Moody's, spécialisée dans la gestion des risques en entreprise, a acquis PassFort Limited et 360kompany AG, deux fournisseurs européens de solutions KYC (*Know Your Customer*, ou « Sachez qui est votre client »). Ces derniers permettent à Moody's d'avoir de meilleures capacités technologiques d'analyse pour mieux conseiller ses clients et évaluer leurs risques.

– vers des activités situées en aval de son activité principale effectuées par les distributeurs (commercialisation, SAV) ou par les clients (livraison, réparation...).

EXEMPLE

Le géant franco-italien des lunettes EssilorLuxottica a racheté le néerlandais Grand-Vision, ce qui lui donne accès à ses 7 000 boutiques et lui permet de maîtriser ses activités, de la conception des verres aux montures et jusqu'à la vente au client final.

L'intégration est complète (stratégie de filière) lorsque toutes les activités, de l'approvisionnement à la distribution, sont maîtrisées par la même entreprise.

AVANTAGES	INCONVÉNIENTS
• Accroît la rentabilité en supprimant les marges des intermédiaires (fournisseurs ou distributeurs). • Accroît la taille de l'entreprise et le pouvoir de négociation. • Sécurise les approvisionnements (si activité en amont) et les débouchés ainsi que l'image auprès des clients (si activité en aval).	• Nécessite des investissements élevés afin d'intégrer une activité. • Peut entraîner des rigidités dans le fonctionnement de l'entreprise ainsi qu'une perte de flexibilité. • Réaliser plusieurs activités ne permet souvent pas de développer des compétences particulières sur une activité spécifique.

Mots clés Spécialisation • Domaine d'activité startégique (DAS) • Diversification • Externalisation • Intégration

Auteur : I. Ansoff

S'ENTRAÎNER AU BTS
Exercice 14 : p. 325

Savoir 49

Les stratégies de domaine

Au niveau d'un domaine d'activité stratégique (DAS), la stratégie de domaine (appelée aussi stratégie concurrentielle) permet à l'entreprise de pouvoir se démarquer durablement de la concurrence en choisissant de dominer par les coûts, de se différencier ou de se concentrer (focaliser).

1 La segmentation stratégique en différents DAS

Quand une entreprise a plusieurs activités différentes, il est important de la segmenter en domaines d'activité stratégiques (DAS) cohérents. Cela permet de définir une stratégie adaptée à chaque DAS, c'est-à-dire à chaque domaine qui :
– se confronte aux mêmes concurrents ;
– réclame les mêmes compétences ;
– concerne des marchés possédant des facteurs clés de succès (FCS) identiques et sur lequel l'entreprise peut avoir un avantage concurrentiel quand elle maîtrise mieux que ses concurrents un FCS.

2 Les différentes stratégies de domaine d'activité

M. Porter montre que, sur chaque DAS, l'entreprise a le choix entre trois stratégies pour sauvegarder un avantage concurrentiel et surpasser ses concurrents.

2.1. La stratégie de domination par les coûts

Cette stratégie consiste à réduire les coûts pour proposer une offre avantageuse, permettant d'attirer davantage de clients et d'obtenir une position dominante sur le marché. La baisse des coûts peut être obtenue en améliorant l'organisation de l'entreprise, de façon à favoriser :
– les synergies (associer deux entreprises ou deux services pour créer une valeur supérieure à celles de chacun des deux pris isolément) ;
– l'effet d'expérience (baisse du coût unitaire marginal au fur et à mesure que la production augmente) ;
– les économies d'échelle (baisse du coût unitaire grâce à la répartition des coûts fixes – machines, bâtiments, structure administrative… – sur un plus grand nombre d'unités produites).

AVANTAGES	INCONVÉNIENTS
• Attire la clientèle grâce aux prix bas. • Élimine la concurrence et permet de dominer le marché grâce à des prix bas. • Maîtrise les charges, ce qui contribue à améliorer la rentabilité. • Limite l'entrée de nouveaux concurrents sur le marché grâce aux prix bas (barrière à l'entrée).	• L'image de l'entreprise peut se dégrader si les clients associent prix bas et baisse de la qualité. • Difficile à mener pour les biens où la qualité, le conseil sont essentiels (luxe, par exemple). • Peut déclencher une guerre des prix entre les entreprises. • La maîtrise des coûts peut se faire au détriment de l'innovation.

2.2. La stratégie de différenciation

Cette statégie consiste à se démarquer de la concurrence en proposant une offre ayant des caractéristiques différentes de celles de la concurrence et appréciée par

CEJM

les clients. Les façons de se différencier sont multiples et peuvent porter sur la qualité, le conditionnement, les services associés, la technologie, la distribution, l'image de la marque...

Pour être unique, l'entreprise peut opter pour une différenciation vers :

– le haut (stratégies « d'amélioration ») ;

EXEMPLE

En proposant une offre plus élaborée que celle des concurrents à un prix plus élevé, comme le font Apple ou BMW.

– le bas (stratégies dites « d'épuration »).

EXEMPLE

En proposant une offre moins élaborée, mais à un prix moins élevé, comme le font Ikea ou Ryanair.

AVANTAGES	INCONVÉNIENTS
• Protège de la concurrence grâce au facteur de différenciation (barrière à l'entrée) et peut concéder un monopole temporaire. • Attire et fidélise la clientèle. • Permet d'échapper à une guerre des prix entre les concurrents.	• Est souvent onéreuse car nécessite des moyens financiers et matériels importants (innovation, communication, formation...). • Risque de se banaliser avec le temps, les mutations technologiques et les évolutions de l'environnement. • Risque d'imitation, de contrefaçon.

2.3. La stratégie de focalisation (ou de concentration)

Cette stratégie consiste à se concentrer sur un segment de marché spécifique (produits, clientèle ou zone géographique), pour se protéger des assauts de la concurrence en proposant une offre différente qui ne peut intéresser qu'une niche, c'est-à-dire une clientèle réduite. Elle peut reposer sur un avantage concurrentiel détenu par l'entreprise et est fondée soit sur les coûts soit sur la différenciation du produit.

EXEMPLE

Pour profiter de l'avantage concurrentiel apporté par son expérience, une entreprise spécialisée dans des produits régionaux se concentre sur son marché.

AVANTAGES	INCONVÉNIENTS
• Convient aux petites structures ou à de nouveaux entrants sur un marché. • L'entreprise qui exploite un segment limité connaît mieux les besoins de sa clientèle et peut répondre parfaitement à ses attentes.	• Peut attirer la convoitise d'autres entreprises. • L'entreprise est dépendante de son marché de niche. • Le segment de marché peut devenir trop étroit pour assurer la croissance de l'entreprise. • La demande des clients peut changer et ne plus correspondre à l'offre proposée par l'entreprise.

Mots clés
Domaine d'activité stratégique (DAS) • Domination par les coûts • Différenciation • Focalisation

Savoir 50

La croissance de l'entreprise

Une fois la stratégie choisie, l'entreprise doit analyser la façon la plus pertinente de se développer, en choisissant une croissance interne ou une croissance externe, ou encore en faisant appel à des partenaires (croissance conjointe). Cette croissance peut se faire dans le pays d'origine ou en s'internationalisant.

1 La croissance interne

La croissance interne est l'augmentation de la taille de l'entreprise, par la création de capacités nouvelles (industrielle, commerciale, recherche) en utilisant des ressources propres. Il s'agit donc de mobiliser les ressources internes (savoir-faire, compétences, ressources financières...) pour développer l'entreprise.

AVANTAGES	INCONVÉNIENTS
• Permet au dirigeant de garder le contrôle. • Permet à l'entreprise de se développer progressivement. • Le climat social s'améliore car les salariés ont des perspectives d'évolution, et voient leurs compétences valorisées.	• Mise en œuvre parfois longue car elle dépend des seules ressources dégagées par l'entreprise. • Les moyens financiers limités peuvent freiner la croissance et augmenter l'endettement.

EXEMPLE

JCDecaux a pu devenir le groupe leader de la communication extérieure et poursuit sa croissance en France grâce aux capacités d'innovations créatives de ses salariés qui ont su digitaliser ses dispositifs publicitaires.

2 La croissance externe

La croissance externe consiste à acquérir ou prendre le contrôle d'entreprises concurrentes ou complémentaires pour élargir le périmètre d'activité de l'entreprise. Ce type de croissance peut être mis en œuvre grâce à plusieurs modalités juridiques, comme la fusion (A + B = C), la fusion absorption (A + B = A) ou la prise de participation, qui consiste à acquérir une partie du capital d'une autre entreprise.

AVANTAGES	INCONVÉNIENTS
• Permet d'entrer sur un nouveau marché, en profitant de l'expérience acquise par les entreprises. • Permet d'acquérir une technologie, un brevet que possède l'entreprise rachetée. • Favorise le passage des seuils dimensionnels présents sur certains marchés (taille critique). • Facilite les opérations de diversification en profitant du savoir-faire des entreprises rachetées.	• Des ressources financières importantes sont nécessaires pour racheter l'entreprise convoitée. • Possibilités d'alourdir l'endettement. • Licenciements souvent nécessaires pour éviter les doublons de poste après rachat. • Respect des lois pour lutter contre les abus de position dominante indispensable. • Problèmes d'intégration des entreprises acquises pouvant avoir des cultures et des modes de fonctionnement très différents.

EXEMPLE

Le groupe français de construction et de BTP Spie Batignolles a racheté la société Curot Construction, bien implantée en Bourgogne et en Franche-Comté et spécialisée sur les travaux de maintenance et d'entretien du patrimoine industriel et des collectivités. Cette opération de croissance externe permet à Spie Batignolles de développer ses activités en travaux de maintenance de proximité.

3 La croissance conjointe

La croissance conjointe consiste pour deux ou plusieurs entreprises à mener à bien un projet ou une action en coordonnant leurs moyens et compétences plutôt que d'être en concurrence ou de procéder à un rapprochement de type croissance externe. Son objectif principal est donc la recherche de complémentarités.
Elle peut prendre la forme de partenariats (contrat de sous-traitance, de franchise, de concession), de groupements d'intérêt économique (GIE), ou de création de filiales communes.

AVANTAGES	INCONVÉNIENTS
• Permet de mettre en commun des ressources et des compétences pour créer des synergies optimales en évitant la concurrence. • Favorise une relation collaborative tout en préservant l'indépendance des partenaires.	• Difficulté pour trouver et convaincre le partenaire de conclure l'alliance dans une relation de confiance. • Difficultés de coordination afin d'avoir des objectifs et des modes de fonctionnement communs aux différentes entreprises.

EXEMPLE

Le géant automobile allemand Volkswagen a créé une coentreprise avec Umicore, une entreprise belge développant des technologies et des matériaux mis en œuvre notamment dans les batteries rechargeables. Cette coentreprise permettra à Volkswagen de développer ses compétences et ses capacités de production en batteries pour ses véhicules électriques.

4 L'internationalisation

L'internationalisation consiste pour l'entreprise à croître en dehors de ses frontières. Le développement des échanges internationaux dans une économie mondialisée, globalisée, favorise l'internationalisation. L'entreprise peut se développer à l'international en optant pour des exportations à partir du pays d'origine, en faisant des investissements directs à l'étranger ou en créant des partenariats locaux.

AVANTAGES	INCONVÉNIENTS
• Chercher de nouveaux débouchés à l'étranger. • Trouver des relais de croissance dans les pays émergents, comme les BRIC (Brésil, Russie, Inde, Chine). • Répartir les risques entre zones géographiques. • Réduire les coûts en spécialisant ses activités suivant les avantages du pays (faible coût des matières premières, des salaires...).	• Trouver les moyens humains et financiers pour réussir l'internationalisation, qui peut être un processus lent et progressif. • Difficultés à prendre en compte les différences du pays étranger (culturelles, logistiques, fiscales...).

EXEMPLE

Bouygues a racheté Equans, la filiale d'Engie spécialisée dans les services techniques de l'énergie, de façon à s'imposer sur de nouveaux marchés internationaux. En effet, Equans est bien implantée en Europe et aux États-Unis, des marchés où Bouygues souhaite se développer.

Mots clés Croissance interne • Croissance externe • Croissance conjointe • Internationalisation

CEJM

S'ENTRAÎNER AU BTS
Exercice 13 : pp. 324-325

Exercice 1 voir Fiche Savoir 6

Les externalités

Annexe

En finir avec les pesticides ?

Pour protéger la santé et la biodiversité, on parle de plus en plus de sortir des pesticides pour aller vers une agriculture zéro pesticide. Mais, pour comprendre ce débat, il est important de savoir à quoi ils servent et pourquoi ils sont utilisés en agriculture. Les pesticides et engrais agricoles (chimiques ou naturelles) sont utilisés pour faciliter la production agricole car ils protègent les végétaux contre les parasites et les maladies. Ils évitent ainsi les pertes de production.

Le problème de ces produits est qu'ils sont suspectés de contribuer à certains problèmes sanitaires ou environnementaux. Le débat sur la sortie des pesticides porte donc sur l'opposition de ses deux caractéristiques : utiles pour l'agriculture, ils pourraient aussi être dangereux pour la santé ou pour les écosystèmes.

1. Rappelez ce qu'est une externalité négative.

2. Quelles sont les conséquences positives et négatives de l'emploi des pesticides ?

FAIT ☐ REVU ☐

Exercice 2 voir Fiche Savoir 13

Les déséquilibres économiques

Annexe 1

Sueurs froides pour les épargnants

Pour éviter que le capital placé ne s'effrite et donc préserver son pouvoir d'achat, il faut que le taux d'intérêt soit supérieur ou égal à l'inflation. Or, très peu de placements aujourd'hui offrent une rémunération suffisante.

Annexe 2

L'évolution des prix à la consommation

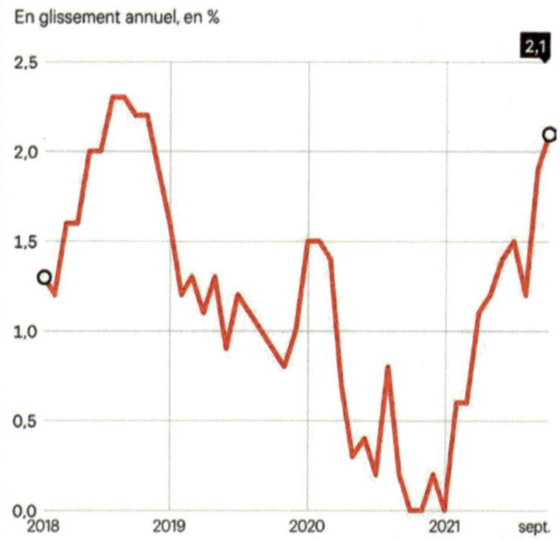

Source : Insee

1. Rappelez la définition de l'inflation.

2. Sachant que le rendement annuel du livret A est à 1 %, quelles périodes ce placement était-il intéressant pour les épargnants ?

3. Précisez la conséquence de l'inflation sur les épargnants en prenant appui sur le graphique.

FAIT ☐ REVU ☐

Exercice 3 voir Fiche Savoir 16

Les politiques économiques structurelles

Annexe

L'alliance franco-allemande de la batterie

Les constructeurs automobiles ont annoncé plusieurs investissements majeurs pour le développement de la mobilité électrique. Du côté des États, le projet « Airbus des batteries » se construit avec la volonté de ne pas laisser la production de batteries exclusivement en Asie. Le gouvernement français s'est engagé à investir 700 millions d'euros durant les 5 prochaines années pour le développement d'une filière européenne de la batterie aux côtés de l'Allemagne. Le gouvernement allemand s'est engagé de son côté à investir 1,12 milliard d'euros. L'objectif clairement affiché est de rivaliser avec l'industrie asiatique, actuellement leader du marché.

La localisation d'usines de production de batteries pourrait couvrir 30 % des besoins européens. Pour créer de la valeur sur le territoire de l'Union européenne, le consortium dédié à la recherche et à la production de batteries de stockage a choisi d'ouvrir 2 usines, l'une en France et l'autre en Allemagne.

1. **Quelles informations montrent que cette décision relève de la politique structurelle ?**

2. **Quel est l'objectif poursuivi par ce projet ?**

3. **Pourquoi ce projet est-il conduit au niveau de l'Union européenne et pas seulement par le gouvernement français ?**

FAIT ☐ REVU ☐

Exercice 4 voir Fiche Savoir 23

Les coûts de production et la productivité

Annexe

Décomposition du prix d'un tee-shirt produit au Bangladesh

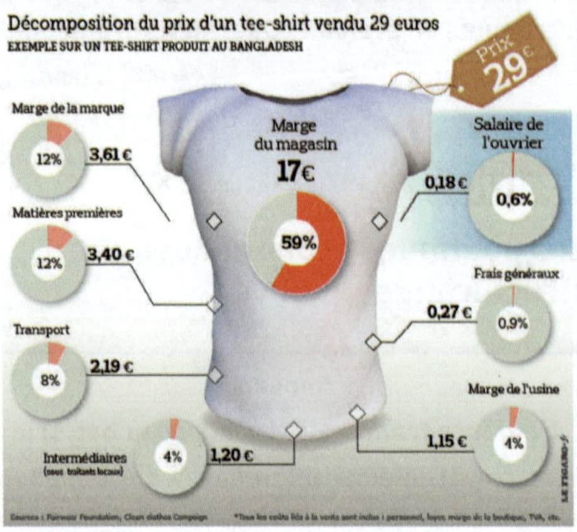

Source : Isabelle de Foucaud et Service Infographie, lefigaro.fr

1. **Rappelez ce que représente un coût de production.**

2. **Calculez le coût de production d'un tee-shirt fabriqué au Bangladesh.**

3. **Justifiez l'écart entre le coût de revient et le prix de vente d'un tee-shirt.**

FAIT ☐ REVU ☐

Exercice 5 voir Fiche Savoir 39

L'action des pouvoirs publics sur le marché du travail

Annexe

Pôle emploi : l'approche par les compétences

Pôle emploi estime qu'une approche par les compétences, par rapport à une approche par métier, constitue une réponse aux problématiques d'appariement entre offre et demande d'emploi. Aussi, pour répondre aux évolutions du marché du travail et des pratiques de recrutement, Pôle emploi entend s'appuyer sur cette nouvelle approche [...] permettant d'identifier les savoir-faire, savoirs et qualités professionnelles [...]. L'objectif :

- améliorer la fluidité du marché du travail : en développant un rapprochement plus pertinent sur la base de compétences mieux explicitées ;
- favoriser les transitions professionnelles : en maximisant les opportunités de rencontre entre recruteurs et candidats sur la base de compétences mobilisables ; l'idée est d'élargir le *sourcing* et d'ouvrir la recherche à des candidats « inattendus » ;
- consolider la stratégie d'achat de formations : visant à combler les écarts entre compétences détenues et compétences attendues par l'entreprise, notamment dans le cadre du conseil en évolution professionnelle (CEP).

Source : www.cap-metiers.pro.

1. **Montrez que l'action de Pôle emploi relève d'une politique active en faveur de l'emploi.**

2. **En quoi l'approche par compétences améliore-t-elle le fonctionnement du marché du travail ?**

FAIT ☐ REVU ☐

Exercice 6 voir Fiche Savoir 7

La formation du contrat

Le propriétaire d'un appartement se plaint de nuisances sonores provenant du restaurant-karaoké situé en dessous de chez lui. Il affirme avoir été victime de manœuvres dolosives de la part du vendeur de son bien, qui demandait de façon systématique par SMS au gérant du restaurant de réduire le volume sonore de la musique lors des visites. L'acheteur assigne le vendeur en annulation de la vente et en paiement de dommages-intérêts.

La cour d'appel de Paris exclut l'annulation de la vente au motif qu'il ne résulte pas des faits et des témoignages des parties intervenantes à la vente que les manœuvres du vendeur ont eu un rôle déterminant dans le consentement de l'acheteur. Ce dernier n'a pas, selon elle, recherché un appartement particulièrement calme en s'intéressant à un bien situé dans un quartier animé du centre de Paris, juste au-dessus d'un bar-restaurant de type pub, générateur, de toute évidence, de nuisances sonores. Le procès-verbal de l'assemblée générale remis à l'acheteur mentionnait de manière explicite que les nuisances sonores avaient déjà entraîné des plaintes.

1. Rappelez la définition du dol.

2. Qualifiez les faits.

3. Expliquez la décision de la cour d'appel.

FAIT ☐ REVU ☐

Exercice 7 voir Fiche Savoir 19

Le droit de la concurrence

Le fleuriste Aquarelle.com reproche à son concurrent Réseau Fleuri d'avoir repris sur son site Internet des photographies représentant ses compositions les plus emblématiques afin de vendre quatre types de bouquets identiques aux siens. Aquarelle.com attaque Réseau Fleuri en concurrence déloyale.

1. Rappelez la définition et les conditions de la concurrence déloyale.

2. La pratique de Réseau Fleuri peut-elle être qualifiée de « concurrence déloyale » ? Justifiez.

FAIT ☐ REVU ☐

Exercice 8 voir Fiche Savoir 20

Le droit de la propriété industrielle

L'entreprise Tesla, réputée pour ses voitures électriques, renonce à son portefeuille de brevets au nom de la lutte contre le réchauffement climatique. Grâce à cette décision, son directeur général, Elon Musk, veut accélérer l'avènement du transport durable. C'est l'occasion de revenir sur les fondamentaux du droit des brevets et de ses excès. Des années de recherche et développement sont offertes à tous les concurrents en vue de contribuer au développement d'une mobilité durable.

1. Expliquez le principe du brevet en précisant l'intérêt et la durée de sa protection.

2. Comment expliquer le renoncement de Tesla à l'exploitation de ses brevets ?

FAIT ☐ REVU ☐

Exercice 9 voir Fiche Savoir 27

La responsabilité de l'entreprise

L'entreprise Chapon, spécialisée dans la réparation de véhicules, permet à ses clients d'effectuer eux-mêmes les travaux de réparation de leur véhicule en mettant à leur disposition un espace spécialisé équipé de ponts élévateurs, de l'outillage adapté et de matériel électronique. Les clients peuvent donc intervenir seuls sur leur véhicule, comme un garagiste professionnel. Toutefois, seuls les salariés de l'entreprise peuvent manipuler le gros matériel (ex. : pont élévateur). En effet, une connaissance parfaite du matériel est nécessaire afin d'éviter toute erreur susceptible de provoquer une mise en danger des personnes et des biens. Or, un technicien-mécanicien, M. Carlet, n'a pas respecté la procédure de manipulation d'un pont élévateur et a sérieusement endommagé l'automobile d'un client. Ce dernier demande la réparation de son dommage à la SARL Chapon. Le gérant, M. Vaillant, refuse de prendre en charge le dommage causé par le salarié.

1. Rappelez les types de responsabilité pouvant incomber à une entreprise.

2. Appréciez la décision de M. Vaillant de refuser la réparation du dommage au regard du droit de la responsabilité.

FAIT ☐ REVU ☐

Exercice 10 voir Fiche Savoir 34

La protection des données à caractère personnel

Fin 2021, la Commission nationale de l'informatique et des libertés (CNIL) a condamné la RATP (Régie autonome des transports parisiens) à une amende de 400 000 euros. Elle a en effet constaté que des centres d'autobus avaient décompté le nombre de jours de grève des agents dans un fichier utilisé pour préparer les choix de promotion des agents. La CNIL relève que « *La RATP [a] manqué à ses obligations car seules des données strictement nécessaires à l'évaluation des agents auraient dû figurer dans ces fichiers. L'indication du nombre de jours d'absence suffisait, sans qu'il soit nécessaire de préciser le motif d'absence lié à l'exercice du droit de grève.* » En outre, la CNIL a relevé d'autres manquements concernant la conservation (durée excessive) et la sécurisation des données personnelles.

1. Rappelez la définition des données personnelles.

2. Résumez les faits et expliquer en quoi consiste le RGPD.

FAIT ☐ REVU ☐

Exercice 11 voir Fiche Savoir 40

Les régimes juridiques du salarié et du travailleur indépendant

La cour d'appel de Paris requalifie en contrat de travail la collaboration indépendante d'un chauffeur Uber. Déjà, quelques mois plus tôt, la Cour de cassation avait rendu un arrêt requalifiant en contrat de travail le contrat de collaboration d'un livreur de Take Eat Easy. La justice retient que, pour pouvoir devenir « partenaire » de la société Uber, ledit partenaire est loin de décider librement de l'organisation de son activité, de rechercher une clientèle ou de choisir ses fournisseurs. Il a ainsi intégré un service de prestation de transport créé et entièrement organisé par la société Uber qui n'existe que grâce à cette plateforme, service de transport à travers lequel il ne constitue aucune clientèle propre, ne fixe pas librement ses tarifs ni les conditions d'exercice de sa prestation de transport, qui sont entièrement régis par la société Uber.

Cette dernière affirme que seuls les utilisateurs sont les donneurs d'ordre des chauffeurs, lesquels n'ont aucun contact direct avec la clientèle de la plateforme lors de la conclusion du contrat de transport.

La justice retient que le contrôle des chauffeurs utilisant la plateforme Uber s'effectue *via* un système de géolocalisation et qu'il est interdit aux chauffeurs, pendant l'exécution d'une course réservée *via* l'application Uber, de prendre en charge d'autres passagers en dehors du système Uber.

1. Rappelez en quoi consiste le lien de subordination caractérisant le contrat de travail.

2. Justifiez la décision judiciaire dans cette affaire.

FAIT ☐ REVU ☐

Exercice 12 voir Fiche Savoir 42

Les modifications et ruptures du rapport d'emploi

Un chef de chantier conteste la rupture de son contrat de travail à la suite de son refus d'une nouvelle affectation sur un chantier de construction de tramway, à plus de 300 km de son précédent chantier. Il estime que cela constitue une modification de son contrat de travail. Il rappelle aussi l'absence de clause de mobilité dans son contrat de travail et reproche à l'employeur ces postes dans deux lieux de travail successifs n'appartenant pas à un même secteur géographique.

1. Rappelez les différences entre le changement des conditions de travail et la modification du contrat de travail.

2. Quelle peut être l'issue de ce conflit ? Justifiez la réponse.

FAIT ☐ REVU ☐

Exercice 13 voir Fiches Savoir 9, 50

Fusion PSA-FCA : la création de Stellantis

Le groupe automobile Stellantis a été créé le 16 janvier 2021 suite à la fusion du groupe PSA et de Fiat Chrysler Automobiles (FCA) avec la recherche de rentabilité comme finalité première. Dès la première année, cette fusion a eu d'excellents résultats car les synergies créées permettent aux marques de partager les plateformes, les compétences, les budgets R&D et de réduire les coûts de production. L'exécution progressive des synergies (5 milliards d'euros de synergies annuelles à réaliser) et l'intégration de l'ingénierie, de la fabrication et des achats doivent continuer avoir des répercussions. En effet, Stellantis bénéficie de synergies qui proviennent d'une plus grande taille augmentant le pouvoir de négociation vis-à-vis des fournisseurs. Cela permet ainsi de faire baisser les coûts d'achat des composants, de faire des économies d'échelle dans la production et dans les fonctions transversales (fin des doublons entre les deux entreprises, dans des activités de marketing, de ressources humaines et même de direction générale).

Il y a aussi eu des synergies provenant d'économies de gamme : les deux constructeurs peuvent fabriquer des véhicules avec différents modèles, mais en prenant appui sur les mêmes dépenses de R&D, le même design ou une plateforme commune (900 millions d'euros sur les 1,3 milliard d'euros de synergies provenant des investissements et de la R&D). Stellantis s'appuie sur les points forts de chaque constructeur et valorise leurs avantages technologiques et géographiques. Ainsi le groupe se situe entre la 4e et la 6e place en réalisant plus des trois quarts de son chiffre d'affaires en Europe, mais avec la possibilité d'accéder au marché américain grâce à l'apport de marques comme Jeep, Chrysler ou Dodge.

Cependant, malgré ces chiffres prometteurs, Stellantis est un groupe qui commercialise 14 marques automobiles différentes (5 issues du Groupe PSA et 9 issues de FCA), ce qui peut conduire à abandonner les plus faibles d'entre elles au fur et à mesure de la restructuration. Le groupe veille à réduire le risque de réduction de postes pour les salariés, d'autant plus que PSA a déjà réalisé un plan de restructuration en supprimant 13 000 postes chez Peugeot (sans compter ceux de la marque Opel).

Mais le succès de Stellantis dépend avant tout de sa capacité à saisir les enjeux d'un monde en mutation. Carlos Tavares, PDG de Stellantis, dit lui-même que « *l'électrification, c'est le défi numéro un de toute l'industrie automobile dans le monde* ». Les envies des consommateurs en recherche de véhicules plus verts et plus économiques s'imposent. En réponse à cette évolution, et sous l'impulsion des exigences européennes et d'associations de défense de l'environnement, les gouvernements soutiennent financièrement l'achat de véhicules électriques pour favoriser la réduction des émissions de CO_2. Stellantis a pour objectif d'atteindre le 100 % électrique d'ici 2030.

1. **Rappelez la définition de la croissance interne et de la fusion.**

2. **De quelle façon le groupe PSA a-t-il choisi de se développer ?**

3. **Quels avantages le groupe PSA espère-t-il tirer de son opération de croissance ?**

4. **Quels éléments pourraient rendre le succès de cette opération difficile ?**

5. **Identifiez deux finalités de Stellantis.**

6. **Comment Stellantis prend-il en compte l'intérêt de ses parties prenantes ?**

FAIT ☐ REVU ☐

Exercice 14

voir Fiches Savoir 29, 46, 48

weOva gère les fournisseurs

weOva a lancé un service qui gère de A à Z le processus d'achats fournisseurs, et qui promet de « transformer radicalement la relation client-fournisseur en allégeant sa gestion auprès des directions achats, des DAF, DRH, comptabilité ».

Pour 14,90 € HT, par mois et par fournisseur (...), weOva propose « une externalisation, à la demande, d'un processus complexe, pour plus de flexibilité et d'économie ». Les équipes weOva « accompagnent à chaque étape tous les intervenants, internes et externes ; gestion du référentiel fournisseur (processus KYC), contractualisation, workflow, rapprochement commande/facture, engagement de dépense, monitoring, comptabilité analytique... ».

« La société facilite l'accès aux ressources innovantes qui peuvent faire défaut aux grandes entreprises souhaitant en particulier fluidifier leurs collaborations avec les petites structures (freelances, créatifs, experts, start-ups, TPE...), aujourd'hui compromises par des complexités de gestion. Les processus actuels de gestion fournisseurs montrent en effet leurs limites, car ils ont été conçus pour répondre à de nombreuses contraintes, évidemment légitimes, telles que contrôle budgétaire, réduction des coûts, lutte contre la fraude, conformité... ».

1. **Identifiez le type de stratégie globale adoptée par les clients de weOva. Montrez quel est son intérêt.**

2. **Quel type d'activité concerne cette stratégie ?**

3. **Caractérisez, d'après Edith Penrose, les différentes ressources apportées par cette stratégie.**

4. **Quels avantages propose weOva aux entreprises ayant recours à ses services ?**

FAIT ☐ REVU ☐

Exercice 15

voir Fiches Savoir 10, 11, 29, 44

Yves Guillemot, Ubisoft

La réussite d'Ubisoft est avant tout celle d'une famille de Carentoir (56). À l'origine de la saga Ubisoft, les cinq frères Guillemot : Christian, Claude, Gérard, Michel et Yves, Président-Directeur général.

Tout débute dans les années 1980, les frères aînés Claude et Michel rejoignent l'entreprise familiale de négoce agricole et commencent à diversifier son activité en proposant aux agriculteurs de se doter d'ordinateurs et de logiciels de gestion. Ayant décelé le potentiel du marché informatique, la fratrie se lance ensuite avec succès dans l'import de logiciels de loisirs. Fraîchement diplômé d'une école de commerce, Yves Guillemot les rejoint dans cette aventure. En 1986, les cinq frères fondent Ubisoft, leur société de jeux vidéo ; Yves en prend la présidence en 1988. Ubisoft figure parmi les leaders mondiaux de la création, de l'édition et de la distribution de jeux vidéo et de services interactifs destinés aux consoles de salon, PC, smartphones et tablettes. Unique acteur européen de taille mondiale sur ce secteur, le groupe est reconnu pour la qualité de ses expériences.

Les valeurs impulsées par Yves Guillemot, président d'Ubisoft

On connaît tous, au moins de nom, les « Lapins Crétins », mais aussi « Assassin's Creed « ou encore la saga « Tom Clancy's ». Derrière ces blockbusters du jeu vidéo se cache un leader mondial de l'édition des jeux vidéo et unique acteur européen de taille mondiale du secteur : Ubisoft. Aujourd'hui, le groupe Ubisoft est porté par des valeurs et une culture d'entreprise favorisant l'anticipation, l'innovation et la créativité sans limite.

Le secret d'Ubisoft : la force créative de 19 000 collaborateurs

En quête des meilleurs talents, Ubisoft recherche des candidats passionnés, recrutés pour leur potentiel, leur curiosité et leur créativité. Savoir collaborer, analyser, identifier des solutions innovantes et prendre des initiatives sont des compétences clés pour intégrer le groupe.

Performance financière

Fondé il y a plus de 30 ans en France, le groupe Ubisoft est aujourd'hui l'un des leaders de l'industrie du jeu vidéo, le segment le plus dynamique de l'industrie du divertissement.

Depuis son introduction en bourse, le rendement total pour les actionnaires a dépassé 2 500 %, dont 825 % au cours des cinq dernières années.

1. Rappelez la définition de l'entrepreneur. Quelles sont ses principales qualités ?

2. Montrez pourquoi Yves Guillemot peut être qualifié d'entrepreneur.

3. Sur quels types de compétences se fonde le succès d'Ubisoft ?

4. Qu'est-ce qu'un talent ? Pourquoi les talents sont-ils indispensables à Ubisoft ?

5. Pourquoi peut-on dire qu'Ubisoft est une entreprise performante ?

FAIT ☐ REVU ☐

Exercice 1 voir Fiche Savoir 6

Les externalités

1. Une externalité désigne une activité de production ou de consommation réalisé par un agent économique qui affecte le bien-être d'un autre sans qu'aucun des deux ne reçoive ou ne paye une compensation pour cet effet.
Une externalité peut être positive ou négative selon que sa conséquence sur le bien-être est favorable ou défavorable. La pollution est l'exemple le plus caractéristique d'une externalité négative.

2. Les pesticides ont des aspects positifs pour les agriculteurs. Ils permettent de lutter contre les maladies et les insectes qui s'attaquent aux cultures. Ils sont économiquement importants pour éviter de perdre une partie, ou la totalité, de leurs récoltes. L'usage de pesticides a fait beaucoup progresser les rendements à l'hectare. Mais de nombreux pesticides sont des produits toxiques, dangereux pour la santé humaine (malformations, cancers...).

Exercice 2 voir Fiche Savoir 13

Les déséquilibres économiques

1. L'inflation est la perte du pouvoir d'achat de la monnaie qui se traduit par une augmentation générale et durable des prix. Pour évaluer le taux d'inflation, on utilise l'indice des prix à la consommation (IPC).

2. Compte tenu du taux d'intérêt de 1 %, les périodes intéressantes sont celles où le taux d'inflation se situe en dessous du taux de rémunération, donc une grande partie de 2020 et début 2021.

3. L'inflation réduit le taux de rendement de l'épargne. Le taux d'intérêt réel se calcule en effet de la façon suivante :
Taux d'intérêt nominatif – Taux d'inflation.
Si l'on observe fin 2019-début 2020, l'inflation était de 1,5 %, donc supérieure au taux d'intérêt de l'épargne : les épargnants perdent de l'argent. Raisonnons à partir d'un exemple : un épargnant dispose de 1 000 € qu'il place à un taux de 1 % ; à la fin de l'année, il disposera de 1 010 €. Mais, avec une inflation de 1,5 %, son pouvoir d'achat baissera de 0,5 €.

Exercice 3 voir Fiche Savoir 16

Les politiques économiques structurelles

1. Le développement d'une filière européenne pour produire des batteries est à l'horizon de 5 ans, cela signifie qu'il s'agit d'une politique structurelle dont les effets se feront sentir sur le long terme.

2. L'objectif de ce projet est essentiellement d'assurer aux européens la maîtrise d'une production vitale pour réussir la transition écologique. Actuellement l'Asie, et en particulier la Chine, domine le marché mondial. L'Europe doit éviter une dépendance technologique pour son avenir énergétique.

3. Le développement d'une filière européenne pour produire des batteries électriques en partenariat avec l'Allemagne est un projet européen comparable à Airbus pour la production d'avions. Ce projet nécessite une participation financière, humaine, technologique qui n'a de sens qu'au niveau européen. Le retard pris sur la Chine ne permet pas à un pays donné de mener à bien ce projet seul.

Exercice 4 voir Fiche Savoir 23

Les coûts de production et la productivité

1. Le coût de production se compose de l'ensemble des dépenses qui ont été réalisées pour produire un bien ou un service :
– les charges directes correspondent à l'ensemble des dépenses qui peuvent être affectées à la production de manière précise (achat et consommation de matière, main-d'œuvre directement liée à la production, entretien de l'équipement de production...) ;
– les charges indirectes ne sont pas directement liées à la production du bien ou service concerné (consommation d'énergie, travail des services administratifs...).

2. Le coût de production d'un tee-shirt fabriqué au Bangladesh comprend les salaires, les matières utilisées, les coûts de sous-traitance et les frais généraux, soit :
– salaire de l'ouvrier = 0,18 € ;
– matières premières = 3,40 € ;
– intermédiaires locaux = 1,20 € ;
– frais généraux liés à la production = 0,27 €.
Le coût de production est donc de 5,05 €.

Pour avoir le coût de revient, on ajoute la marge de l'usine : 5,05 € + 1,15 € = 6,20 €.

3. L'écart entre le coût de revient et le prix de vente d'un tee-shirt proposé au consommateur final est de 22,80 € (29 € – 6,20 €). À elle seule, la marge du magasin représente les 3/4 du prix final. Cette décomposition du prix fait apparaître un perdant, l'ouvrière de l'usine, et un gagnant, l'enseigne qui vend cet article.

Exercice 5

voir Fiche Savoir 39

L'action des pouvoirs publics sur le marché du travail

1. L'action de Pôle Emploi, qui s'appuie sur le rapprochement des compétences entre les demandeurs d'emploi et les postes proposés par les entreprises, doit favoriser le retour rapide des chômeurs sur le marché du travail. En cela, cette action s'inscrit dans le cadre des politiques actives en faveur de l'emploi.

2. L'approche par compétences permet de mieux répondre aux attentes des entreprises autant qu'à celles des demandeurs d'emploi. Il s'agit de réduire l'écart entre les compétences acquises des demandeurs d'emploi et celles attendues par les responsables du recrutement.
Si l'on prend l'exemple d'une personne en reconversion professionnelle, le dispositif l'aide à valoriser ses compétences dans le cadre de sa recherche d'emploi et à identifier celles qu'il lui faudra renforcer ou acquérir pour que son projet de reconversion aboutisse.

Exercice 6

voir Fiche Savoir 7

La formation du contrat

1. Le dol (ou manœuvres dolosives) est un vice du consentement qui entache celui-ci s'il est prouvé. La volonté exprimée par les contractants doit être sans vice, c'est-à-dire sans défaut pouvant l'entacher. Trois vices du consentement sont prévus par la loi et peuvent être sanctionnés par la nullité du contrat conclu : l'erreur sur la substance, le dol (erreur provoquée par les manœuvres du cocontractant, ayant joué un rôle déterminant dans la conclusion du contrat) et la violence.

2. L'acheteur d'un appartement demande l'annulation de la vente qui lui a été consentie au motif que son consentement a été vicié par un dol de la part du vendeur qui lui aurait caché des nuisances sonores provenant du restaurant-karaoké situé en dessous de chez lui.

3. Dans ce cas, la cour d'appel n'a pas retenu le dol car l'acheteur n'a pas recherché un appartement particulièrement calme en s'intéressant à l'achat d'un bien situé dans un quartier animé du centre de Paris juste au-dessus d'un bar-restaurant de type pub. Les nuisances sonores étaient connues de l'acheteur qui n'a donc pas vu son consentement vicié par un dol de la part du vendeur.

Exercice 7

voir Fiche Savoir 19

Le droit de la concurrence

1. La concurrence déloyale regroupe les pratiques interdites ou réglementées pour capter les clients des concurrents. Ces pratiques commerciales abusives visent à restreindre ou fausser le jeu normal de la concurrence. La concurrence déloyale prend principalement la forme de quatre pratiques commerciales dites « abusives » : le dénigrement, l'imitation, la désorganisation et le parasitisme. Les entreprises victimes d'un préjudice suite à un comportement déloyal de la part d'un concurrent peuvent intenter une action en concurrence déloyale, à condition d'établir une faute, un préjudice et l'existence d'un lien de causalité entre la faute et le préjudice subi.

2. Il semble que le site de ventes de fleurs en ligne qui a reproduit des photographies de bouquets d'Aquarelle.com n'a pas commis d'actes de concurrence déloyale. En effet, les clichés sont similaires à ceux utilisés par la majorité des fleuristes pour présenter leurs produits. Il apparaît qu'il n'y a, dans ce cas, aucune faute contraire à la libre concurrence. Cette présentation florale pour commercialiser des produits similaires ne présente aucun caractère déloyal, car seule une récupération des investissements, faite dans des circonstances déloyales, serait de nature à caractériser la faute de parasitisme. Or, les photographies de fleurs sont banales.

Exercice 8 voir Fiche Savoir 20

Le droit de la propriété industrielle

1. Un brevet est un droit exclusif conféré sur une invention. Les conditions sont les suivantes : l'invention doit être nouvelle, impliquer une « activité inventive », être susceptible d'application industrielle (à savoir qu'elle doit pouvoir être utilisée dans un but industriel ou commercial).

Le brevet d'invention est déposé à l'Institut national de la propriété intellectuelle (INPI) et confère à l'inventeur l'exclusivité de l'exploitation de son procédé. C'est donc un titre de propriété industrielle qui permet à son titulaire d'interdire aux tiers d'exploiter son invention pendant 20 ans au maximum.

Ce dépôt donne le droit exclusif à l'inventeur de disposer d'un monopole pour exploiter son invention, c'est-à-dire l'utiliser, la fabriquer, l'importer. Le brevet lui permet d'agir en justice en contrefaçon si un tiers exploite son invention sans autorisation préalable ou, à l'inverse, d'accorder une autorisation (une licence) à un exploitant.

2. Le renoncement de Tesla à l'exploitation de ses brevets est une décision tout à fait surprenante (est-elle sincère ou est-ce un effet de communication ?) puisque l'entreprise renonce à ses brevets et donc à ses investissements en recherche et développement, pour faire bénéficier toute entreprise qui serait intéressée pour développer des automobiles moins polluantes, au nom de la lutte contre le réchauffement climatique.

Exercice 9 voir Fiche Savoir 27

La responsabilité de l'entreprise

1. Toute entreprise peut être tenue responsable civilement (pour réparer les dommages qu'elle a causés) ou pénalement (pour sanctionner des actes interdits par la loi). On doit aussi distinguer, en ce qui concerne la responsabilité civile, celle qui relève d'un contrat mal ou non exécuté par le débiteur (responsabilité contractuelle) et celle qui est invoquée dans le cas d'un comportement fautif créant des dommages à autrui, sans lien contractuel entre la personne fautive et la victime.

2. Dans le cas présent, il s'agit de la responsabilité contractuelle puisqu'un contrat a bien été conclu entre la SARL Chapon et le client.

L'obligation du contrat de mise à disposition de matériel est une obligation de résultat et incombe à la société Chapon. La voiture a été endommagée lors de la manœuvre du pont élévateur : il y a donc inexécution contractuelle. En outre, les employeurs sont civilement responsables des dommages causés par leurs préposés dans les fonctions auxquelles ils les ont employés dès lors qu'il y a existence d'un lien de subordination entre le salarié et l'employeur, et que le salarié a commis une faute à l'origine du dommage. M. Carlet et l'entreprise Chapon sont liés par un contrat de travail ; il existe donc un lien de subordination. Le salarié a, dans le cadre de son travail, effectué une mauvaise manipulation du pont élévateur, qui peut être considérée comme une faute et qui a causé un dommage au véhicule d'un client.

L'entreprise Chapon est donc responsable des dommages causés au véhicule et devra réparer le dommage causé au client.

Exercice 10 voir Fiche Savoir 34

La protection des données à caractère personnel

1. Les données à caractère personnel sont légalement définies comme « toute information relative à une personne physique identifiée, directement ou indirectement, par référence à un ou plusieurs éléments qui lui sont propres » (ex. : nom, prénom, sexe, photographies, date et lieu de naissance, adresse IP).

2. La RATP a été condamnée à une amende de 400 000 euros pour avoir tenu un fichier sur les promotions des agents en lien avec leurs jours de grève. Ledit fichier, conservé durant une durée excessive, contenait des données personnelles non sécurisées. Le règlement général sur la protection des données personnelles (RGPD) encadre la manière dont les entreprises gèrent les informations dont elles disposent sur leurs utilisateurs.

Exercice 11 voir Fiche Savoir 40

Les régimes juridiques du salarié et du travailleur indépendant

1. Le lien de subordination est caractérisé par l'exécution d'un travail sous l'autorité d'un employeur qui a le pouvoir de donner des ordres et des directives, d'en contrôler l'exécution et de sanctionner les manquements de son subordonné.

2. Le problème est de distinguer un salarié d'un indépendant. C'est l'existence du lien de subordination lié au pouvoir de sanction de l'employeur qui les distingue puisque, par définition, un travailleur indépendant est libre de son activité en dehors de tout lien de subordination. Dans les affaires Take Eat Easy et Uber, la justice relève un « faisceau d'indices » pour conclure que les « indépendants » sont en réalité des salariés déguisés et qu'il faut requalifier leur statut en conséquence. Les faisceaux d'indices sont que les chauffeurs ne décident pas librement de leurs courses, n'ont pas de clientèle propre, sont géolocalisés, peuvent être « désactivés » unilatéralement par Uber, etc. Il y a donc bien tous les éléments pour conclure au fait qu'il y a de « faux indépendants » et de « vrais salariés » nécessitant la requalification de leur contrat.

Exercice 12 voir Fiche Savoir 42

Les modifications et ruptures du rapport d'emploi

1. Le chef d'entreprise peut décider de changer unilatéralement les conditions de travail qui n'ont pas fait l'objet d'un accord contractuel. Lorsque la modification porte sur un élément essentiel prévu dans le contrat, l'employeur doit solliciter l'accord du salarié.

2. Le salarié conteste la rupture de son contrat de travail, estimant qu'elle intervient à la suite d'une modification de son contrat et non d'un simple changement des conditions de travail, entrant dans les prérogatives d'un employeur.
Celui-ci peut décider d'un déplacement occasionnel imposable au salarié, sous réserve que sa mission soit motivée par l'intérêt de l'entreprise, justifiée par des circonstances exceptionnelles ou que ses fonctions impliquent une certaine mobilité géographique et que le salarié ait été préalablement informé, dans un délai raisonnable, du caractère temporaire de l'affectation ainsi que de sa durée prévisible.
Dans le cas présent, l'employeur peut décider du déplacement du chef de chantier car cette fonction implique par nature une disponibilité géographique. Il n'y a donc pas de modification du contrat de travail soumise à l'accord préalable du salarié.

Exercice 13 voir Fiches Savoir 9, 50

Fusion PSA-FCA : la création de Stellantis

1. La croissance interne consiste à racheter et prendre le contrôle d'autres entreprises pour élargir son activité.
C'est une fusion quand ce type de croissance conduit à la disparition des deux entreprises dans une nouvelle entité (A + B = C), ou une fusion absorption quand l'une des deux entreprises disparaît et est absorbée par l'autre (A + B = A).

2. Le groupe PSA a choisi de se développer par croissance externe, en procédant à une opération de fusion avec Fiat Chrysler Automobiles (FCA).

3. Grâce à cette opération de fusion, le groupe PSA espère en tirer un avantage économique (rentabilité accrue grâce aux économies d'échelle), améliorer sa position sur le marché et acquérir de nouvelles technologies qui lui permettront de mieux répondre à la demande et aux mutations de son environnement.

4. Cette opération de fusion pourrait être rendue difficile si le groupe n'arrive pas à coordonner les 14 marques automobiles différentes. S'il abandonne trop facilement les plus faibles, il peut devoir faire face à des conflits sociaux et une perte d'identité.

5. Les finalités de Stellantis sont au nombre de deux :
– économique, car le groupe réduit les coûts pour augmenter sa rentabilité et développer les synergies ;
– sociétale, car Stellantis a pour objectif de produire des véhicules 100 % électriques et donc moins polluants.

6. Stellantis prend en compte l'intérêt de ses parties prenantes, notamment :
– les employés, en veillant à réduire le risque de réduction de postes ;
– les clients, qui vont pouvoir acquérir des produits innovants qui répondent à leurs attentes (impact environnemental moindre) ;
– les citoyens et les associations de défense de l'environnement, qui vont bénéficier des efforts du groupe pour la protection de l'environnement (véhicules moins polluants).

Exercice 14 voir Fiches Savoir 29, 46, 48

weOva gère les fournisseurs

1. Les clients de weOva adoptent une stratégie d'externalisation. L'intérêt de weOva est :
- de diminuer les coûts supportés par le prestataire externe ;
- d'avoir accès aux compétences d'experts, de spécialistes ;
- de permettre à l'entreprise cliente de se concentrer sur son cœur de métier en externalisant les activités non essentielles, pour se consacrer à des activités créatrices de valeur.

2. L'externalisation peut concerner toutes les activités à condition que ces dernières n'appartiennent pas au cœur de métier de l'entreprise et qu'elles ne soient pas déterminantes pour maintenir un avantage concurrentiel.

3. Edith Penrose a montré que l'entreprise est un ensemble de ressources humaines, matérielles et immatérielles. Au niveau des ressources tangibles (matérielles), on trouve notamment les RH (les équipes de weOva). Au niveau des ressources intangibles immatérielles, on trouve la technologie (brevets, licences...) et les ressources organisationnelles (structure, flexibilité de ce sous-traitant...).

4. weOva propose à ses entreprises clientes un service qui gère de A à Z le processus d'achats fournisseurs, et qui en allège la gestion.
Le prix de ce service s'élève à 14,90 € HT, par mois et par fournisseur. Les bénéfices de cet abonnement sont multiples :
- avoir accès à des spécialistes car les équipes weOva accompagnent les clients à chaque étape : gestion du référentiel fournisseur (processus KYC), contractualisation, workflow, rapprochement commande/facture, engagement de dépense, monitoring, comptabilité analytique...
- avoir accès aux ressources innovantes dont peuvent manquer les clients confrontés à une complexité croissante de la gestion de leurs fournisseurs (logiciels spécialisés de geston des fournisseurs...).

Exercice 15 voir Fiches Savoir 10, 11, 29, 44

Yves Guillemot, Ubisoft

1. L'entrepreneur est, d'après J. Schumpeter, un innovateur qui rompt la routine. Il perçoit les opportunités, parvient à les exploiter et prend des risques (financement). Il a des qualités comme le goût du risque, la capacité à être visionnaire, dynamique, ambitieux, travailleur, passionné, à anticiper, et est capable de sang-froid.

2. Y. Guillemot peut être qualifié d'entrepreneur, car il est capable d'anticiper, d'innover et fait preuve d'une créativité sans limite ; il a même su en faire des valeurs fondamentales de sa culture d'entreprise. Dès le début de l'activité, il a su déceler le potentiel du marché informatique, et innover pour hisser Ubisoft parmi les leaders mondiaux de la création, de l'édition et de la distribution de jeux vidéo et de services interactifs destinés aux consoles de salon, PC, smartphones et tablettes.

3. Ubisoft recherche des collaborateurs curieux et créatifs. Ses RH doivent aussi être capables de collaborer, d'analyser, d'identifier des solutions innovantes et de prendre des initiatives.

4. Le talent est « la combinaison de compétences rares ». Ces dernières sont indispensables à Ubisoft, car cette entreprise évolue dans un environnement exigeant en talents pour faire face aux défis numériques permettant à l'entreprise d'être parmi les leaders mondiaux de la création, de l'édition et de la distribution de jeux vidéo et de services interactifs.

5. La performance indique le niveau d'accomplissement des objectifs poursuivis. Ubisoft les a atteints car elle est parvenue à être l'un des leaders de l'industrie du jeu vidéo, le segment le plus dynamique de l'industrie du divertissement. En termes financiers, l'entreprise a, depuis son introduction en Bourse, augmenté le rendement total pour les actionnaires de plus 2 500 %, dont 825 % au cours des 5 dernières années.

Méthode 1

Analyser un graphique économique

Le sujet de Culture économique, juridique et managériale (CEJM) se présente sous la forme d'un dossier documentaire qui peut comporter un ou plusieurs graphiques économiques.
Les graphiques présentent des données chiffrées sous une forme plus visuelle. Le plus souvent, ils viennent compléter ou sont complétés par un document rédigé, afin de favoriser une meilleure compréhension d'un phénomène. Ils doivent faire l'objet d'une analyse approfondie.
Les deux objectifs de l'analyse d'un graphique sont les suivants :
– exploiter le graphique afin d'identifier des informations ;
– utiliser ces informations pour traiter les questions posées.

1 Étape 1 : identifier le contexte du graphique

Le contexte d'un graphique comprend quatre éléments à identifier :
– le titre et la légende renseignent sur la ou les variables étudiées dans le graphique ;
– la date et la source situent l'origine des données ;
– les axes, c'est-à-dire les droites, servent de référence principale pour le traçage des données dans un graphique. Ils sont accompagnés des intitulés de l'axe des abscisses (échelle horizontale) et de l'axe des ordonnées (échelle verticale), qui déterminent les unités de mesure retenues mais aussi les valeurs en relation les unes avec les autres ;
– les unités de mesure (%, milliers, milliards, €, K€...) et les échelles (valeur d'une unité) doivent être correctement prises en compte, sous peine de fausser l'analyse ultérieure. S'il s'agit de chiffres, on est en valeur absolue ; s'il s'agit de pourcentages, on est en valeur relative.

2 Étape 2 : reconnaître le principe de construction du graphique

La reconnaissance du principe de construction du graphique est déterminante pour l'analyse.
Les questions à se poser dépendent du type de graphique :
– les graphiques de répartition (camembert, à barres, en bâtons...) témoignent d'une situation à un moment donné. La question principale porte sur la part de chaque composante dans la répartition ;
– les graphiques chronologiques (courbes, lignes brisées...) étudient l'évolution d'une ou de plusieurs séries statistiques dans le temps. La question principale porte sur l'existence de tendances ;
– les graphiques d'évolution structurelle (histogramme accolé...) montrent la répartition d'un phénomène sur plusieurs années. La question principale porte sur l'existence d'une évolution de la répartition entre la date de début et la date de fin du graphique.

3 Étape 3 : exploiter le graphique

L'exploitation du graphique comporte plusieurs étapes de travail :
– le repérage du phénomène ou de la variable étudié(e) en ordonnées et en abscisses ;

- l'identification des différentes périodes ou des différents secteurs du graphique (en utilisant la légende) ;
- le relevé de la tendance générale du graphique, des points de rupture et des valeurs extrêmes ;
- la sélection d'une quantité limitée de données à exploiter (en choisissant les données les plus pertinentes) ;
- la hiérarchisation des informations sélectionnées ;
- la compréhension des données retenues qui serviront de base à l'étape 4 (voir ci-dessous).

4 Étape 4 : utiliser les informations du graphique

L'analyse des informations retenues à l'issue de l'étape 3 doit suivre une démarche structurée.
L'élève doit être capable de présenter l'évolution ou la répartition des données, de mettre en évidence les valeurs extrêmes, d'expliquer l'évolution ou la répartition de ces données.
Cette démarche constitue la véritable valeur ajoutée du travail, en apportant des informations complémentaires et une meilleure compréhension des informations initiales.
La mise en forme des informations permettant de répondre aux questions doit suivre la logique suivante :
- présenter les données en commençant par le général et en approfondissant au besoin par le particulier ;
- faire suivre la présentation des données observées par les explications issues de l'analyse ou/et des connaissances.

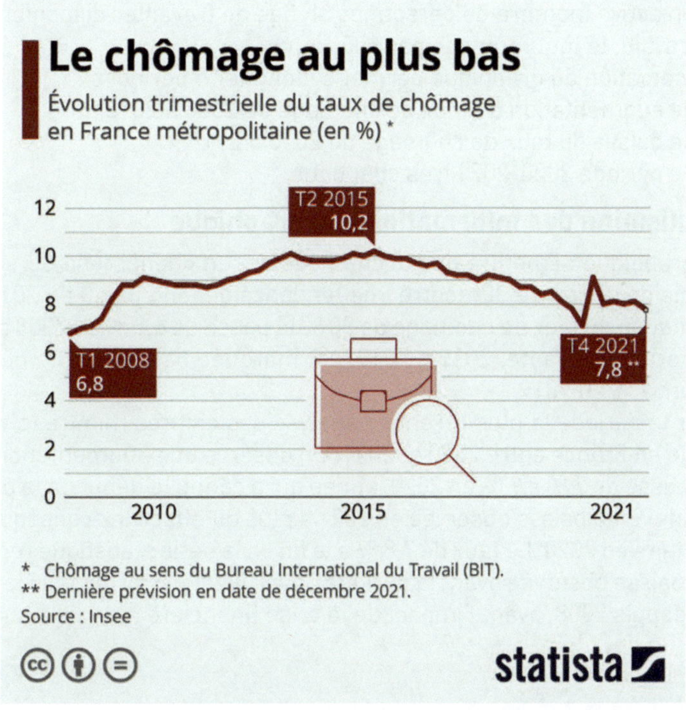

Le contexte du graphique

Le titre du graphique, « Le chômage au plus bas », donne une orientation en vue de l'analyse du graphique. Ce dernier ne comporte pas de légende mais deux notes qui explicitent la définition du chômage au sens du BIT et précisent la date de la dernière observation statistique (décembre 2021).
Le graphique a été publié dans Statista, site Internet allemand offrant des statistiques issues de données d'instituts, d'études de marché et d'opinion provenant du secteur économique, et a été réalisé à partir de données de l'Insee (Institut national de la statistique et des études économiques).
L'Insee est une direction générale du ministère de l'Économie et des Finances qui a pour mission de collecter, analyser et diffuser des informations sur l'économie et la société française sur l'ensemble de son territoire.

Le principe de construction du graphique

Il s'agit d'un graphique chronologique, de type ligne brisée en continue, qui permet de suivre l'évolution du taux de chômage par trimestre.
L'axe des abcisses représente les années et l'axe des ordonnées les valeurs du taux de chômage, comprises entre 0 et 12 %.
Les trois valeurs trimestrielles illustrées (au début de la période, au milieu et à la fin) serviront de base pour l'analyse du graphique qui devra identifier une (ou des) tendance(s) dans cette évolution.

L'exploitation du graphique

Le graphique présente l'évolution du taux de chômage en France entre 2008 et 2021, il met en évidence les fluctuations trimestrielles.
Le taux de chômage est l'unique variable étudiée. Pour rappel, il se calcule en divisant le nombre de chômeurs (personnes en recherche active d'emploi) par la population active (nombre de personnes en âge de travailler disponibles sur le marché du travail), le tout multiplié par 100.
L'observation du graphique permet d'identifier 3 périodes :
- une augmentation du taux de chômage de 2008 à 2015 ;
- une baisse du taux de chômage de 2015 à 2019 ;
- une période 2020-2021 très chaotique.

L'utilisation des informations du graphique

Le graphique démontre que le chômage est un phénomène persistant pour l'économie de la France. Il montre une tendance de fond jusqu'en 2015, avec une augmentation du taux de chômage de 50 % (il passe de 6,8 % en 2008 à 10,2 % en 2015). La période suivante, 2015 à 2019, est marquée par une lente décrue du taux qui atteint 7 % en 2019.
Pour la période la plus récente, l'analyse des chiffres montre le fort recul du chômage en France entre 2020 et 2021. On observe une augmentation brutale du taux, qui passe de 7 % à 9 % en 2020, année qui a connu le début de la pandémie liée à la Covid-19. La baisse observée en 2021 a plus qu'effacé les conséquences de la crise sanitaire en 2020. Le taux de 7,8 % à la fin de la série statistique reprend la tendance à la baisse observée avant la période Covid. Il est parmi les taux les plus bas mesurés depuis 2008, avant l'impact de la crise financière mondiale sur l'emploi.

Méthode 2 Traiter une situation juridique

Le droit porte sur l'étude de réglementations qui s'imposent à l'entreprise tant au niveau interne (droit du travail, droit des sociétés) que dans ses actions vis-à-vis des tiers (droit des contrats) ou dans le fonctionnement des marchés (droit de la concurrence, droit de la propriété industrielle). Il attribue également à l'entreprise une responsabilité relative à ses actes.
Afin de traiter au mieux une situation juridique, il convient de maîtriser différentes méthodes :
– répondre à une situation pratique par le biais du syllogisme juridique ;
– proposer une argumentation juridique pour résoudre des situations juridiques auxquelles l'entreprise est confrontée ;
– analyser un contrat, une réglementation (ses enjeux et objectifs), des décisions d'autorités compétentes (ex. : autorités judiciaires, Autorité de la concurrence), d'une jurisprudence, etc.

1 Le raisonnement grâce au syllogisme

Le syllogisme est un raisonnement en 3 étapes :
– 1re étape (la majeure) : énoncé de la règle de droit ;
– 2e étape (la mineure) : énoncé des faits ;
– 3e étape (la solution) : application de la règle de droit aux faits et conclusion.
C'est l'application juridique du syllogisme de Platon : « Tous les hommes sont mortels [majeure], Socrate est un homme [mineure], donc Socrate est mortel [conclusion]. »

2 L'argumentation juridique au sein d'un cas pratique (ou d'une situation juridique)

L'objectif du cas pratique est d'apprécier votre aptitude au raisonnement juridique grâce au syllogisme et à la mobilisation de connaissances.
La résolution de toute situation juridique suppose de répondre aux questions suivantes : quels sont les faits ? Quel est le problème juridique posé ? Quelle est la règle de droit applicable ? Quelle argumentation peut-on développer ? Quelle solution peut-on proposer ?
Plutôt que répondre directement à une question, il convient de se livrer à l'exercice de qualification juridique qui consiste à rattacher la problématique concrète (les faits concernés) à une catégorie juridique abstraite afin d'en tirer des conclusions quant aux règles de droit applicables.
La qualification juridique permet d'appliquer au cas particulier la règle de droit afin de proposer une solution. Il convient de suivre les étapes suivantes :

LA QUALIFICATION JURIDIQUE DES FAITS (MINEURE DU SYLLOGISME)	Après avoir rappelé qui sont les acteurs, la qualification juridique des faits consiste à traduire la situation soumise dans le contexte en termes juridiques.
LA DÉTERMINATION DU PROBLÈME DE DROIT	Il s'agit d'identifier la problématique générale soulevée par la situation proposée.

L'IDENTIFICATION DES RÈGLES DE DROIT APPLICABLES (MAJEURE DU SYLLOGISME)	Il s'agit d'exposer les règles de droit applicables au cas, pour permettre d'apporter une ou des réponses au cas. Pour cela, il faut maîtriser le cours.
LA SOLUTION JURIDIQUE PROPOSÉE OU L'APPLICATION AU CAS (CONCLUSION DU SYLLOGISME)	Il s'agit de rapprocher les faits, juridiquement qualifiés, des règles de droit qui y sont applicables, grâce au « syllogisme juridique » exposé ci-dessus. La logique apparaît avec la proposition mineure des faits, à laquelle il faut confronter une proposition majeure, la règle de droit, afin d'en tirer la conclusion qui sera la solution.

3 L'analyse d'une documentation juridique

Les documents à analyser peuvent être de diverses natures (contrats, articles juridiques, textes réglementaires, décisions de justice, etc.). Dans tous les cas, il convient de repérer le titre, la source, la date et le type de document étudié.

3.1. Cas d'un contrat ou d'une clause d'un contrat

Si vous devez l'analyser, et/ou pour vous aider à en comprendre le sens, vous devez repérer la nature du document (ex. : contrat de vente ? de location ?) et ses caractéristiques (ex. : synallagmatique ? à exécution successive ?), le contenu du contrat, les parties (vendeur ? acheteur ? salarié ? employeur ?), l'objet du contrat (contenu de la prestation à fournir ?), les obligations réciproques des parties, le domaine de droit concerné, les clauses particulières du contrat, les réponses aux questions posées.

3.2. Cas d'articles de code(s) ou de presse spécialisée

Il convient d'en repérer le sens et d'utiliser les idées importantes pour réaliser le travail demandé.

3.3. S'il s'agit d'une décision de justice

Un extrait de décision de justice peut être soumis à l'analyse afin d'en retirer des éléments de réponse pour le travail à réaliser. Afin de vous aider à en comprendre le sens, vous pouvez utiliser la méthodologie d'analyse d'une décision de justice :
- Titre : Analyse de la décision de... en date du...
- Les faits (quelle est l'affaire qui donne lieu au litige ?)
- Qui sont les intervenants ?
- La procédure (qui en est à l'origine ? Qui la subit ? Devant quelle juridiction ?)
- Le problème de droit (quelle est la nature du problème juridique qui oppose les parties ?)
- L'argumentation des parties (quelles sont leurs prétentions ?)
- La décision (en quoi consiste le jugement ou l'arrêt ? Qui est condamné ? À quoi ?)

Méthode 3 La méthodologie propre au management

1 Le contexte

Le management fait partie intégrante de l'épreuve E3 – Culture économique juridique et managériale (CEJM). Cette épreuve écrite de 4 heures, qui a un coefficient 4, se présente sous la forme d'un dossier d'une dizaine de pages, qui contient des documents variés (en économie, droit et management) présentant des situations professionnelles.
En management, il est nécessaire d'exploiter cette base documentaire pour faire une analyse organisationnelle et stratégique des situations auxquelles est confrontée l'entreprise présentée dans le sujet.
Il s'agit de :
- procéder à un diagnostic (ou une partie de diagnostic) préparant une prise de décision stratégique ;
- d'exposer des analyses et des propositions de manière cohérente et argumentée sur la situation de l'entreprise ;
- en faisant le lien avec les aspects économiques et juridiques qui éclairent le problème de management ;
- sans oublier de faire appel aux outils de diagnostic et aux fondements théoriques pertinents pour mener l'analyse de la situation.

2 La démarche à suivre en management

2.1. S'approprier le cas dans son ensemble

Il est important de commencer par lire avec soin toute la base documentaire afin de cerner précisément la situation à laquelle l'entreprise est confrontée.
Cette étude d'ensemble vous permettra d'identifier le problème de management, mais aussi les liens avec l'économie et le droit qu'il faudra toujours garder en mémoire.

2.2. Présenter la solution retenue ou à retenir à partir d'une analyse de la situation

Vos réponses ne doivent pas être de simples rappels du cours, mais doivent mobiliser vos capacités d'analyse. Ainsi, par exemple, en fonction de l'identification du problème qui aura été faite suite au diagnostic, il faudra proposer des solutions de manière argumentée et présenter les décisions opérationnelles possibles.

2.3. Faire appel aux outils et méthodes propres au management

Avant de répondre aux questions, il ne faut pas oublier qu'en management, il est indispensable selon ce qui vous est demandé de faire appel à certains outils, même si cela ne vous a pas été explicitement demandé. Le tableau ci-dessous récapitule les outils à utiliser pour un diagnostic et une analyse :

UN DIAGNOSTIC	UNE ANALYSE
– en externe : le modèle PESTEL ; – en interne : le modèle des 5 forces + 1 de Porter.	– de la démarche d'analyse stratégique : le modèle LCAG (Learned, Christensen, Andrews, Guth) ; – de la stratégie : la matrice d'Ansoff ; – de l'activité de l'entreprise : la chaîne de valeur de Porter.

2.4. Mobiliser les connaissances théoriques qui éclairent la situation managériale

En management, des auteurs, dont les apports théoriques ont éclairé les problèmes managériaux, ont été abordés dans le cadre du programme de 1re et 2e années de BTS. Quand l'une des questions du cas fait appel à une situation qu'ils ont abordée, il est bon de les citer en prenant appui sur ce qu'ils ont apporté à l'analyse d'une situation. Il s'agit, par exemple :

AUTEURS	APPORT THÉORIQUE À MOBILISER
P. Drucker	La distinction entre finalités et objectifs de l'entreprise
J. Schumpeter	• La définition et le rôle de l'entrepreneur • Le rôle joué par l'innovation
E. Freeman	La définition et l'analyse des parties prenantes
I. Kirzner	L'état d'esprit entrepreneurial
W. Gartner	La dimension processuelle de l'entrepreneuriat
H. Mintzberg	• Les différents rôles du manager • Les mécanismes de coordination
R. S. Kaplan et D. Norton	La structure et la fonction stratégique des tableaux de bord
M. Porter	• L'analyse de la chaîne de valeur • Le modèle des 5 forces + 1 • Les trois stratégies concurrentielles sur les DAS (domination par les coûts, différenciation, focalisation)
M. Crozier et E. Friedberg	Les sources des pouvoirs des parties prenantes
R. Likert	Les styles de management
L. E. Greiner	L'évolution des structures qui peuvent peut être génératrices de crises
M. Crozier	Les résistances au changement
A. Maslow	La théorie des besoins
F. Hertzberg	La théorie bifactorielle de motivation
J. S. Adams	La notion de ratio d'équité
J.-M. Peretti	La gestion de la diversité et de la reconnaissance au travail
P. Zarifian	La notion de compétences
C. Dejoux et M. Thévenet	La gestion des talents et le rôle du manager
H. A. Simon	La rationalité limitée du décideur
R. M. Cyert et J. G. March	Les décisions qui sont le fruit de négociations entre individus ayant des objectifs différents
E. Penrose	L'analyse des ressources et des compétences
G. Hamel et C. K. Prahalad	Les compétences distinctives
J. G. March et H. A. Simon	Les trois étapes dans la décision
H. Mintzberg	La stratégie « effective » qui combine une stratégie « délibérée » et une stratégie « émergente »
M. Ansoff	La stratégie globale en termes de spécialisation/diversification intégration/externalisation

Lexique

Abus de position dominante : fait pour une entreprise détenant une part de marché conséquente d'abuser de cette situation pour fausser ou restreindre le jeu de la concurrence, en portant atteinte aux intérêts des consommateurs.

Accord collectif : accord conclu entre employeur(s) et organisation(s) syndicale(s) pour fixer des règles relatives aux conditions de travail, à l'emploi ou aux garanties sociales des salariés.

Accord majoritaire : accord collectif signé par un ou plusieurs syndicats représentant au moins 50 % (des voix exprimées en faveur des syndicats représentatifs lors du 1er tour des dernières élections professionnelles).

Actifs immatériels : éléments sans substance physique, constitués par les informations et connaissances détenues par une entreprise.

Action : titre de propriété négociable, représentant une partie du capital social d'une société de capitaux.

Action en concurrence déloyale et parasitaire : action visant à faire sanctionner des procédés déloyaux, contraires aux usages professionnels, visant à détourner la clientèle d'un concurrent.

Action en contrefaçon : action en justice menée contre le contrefacteur qui a créé une confusion entre le produit original et le produit contrefait.

Agent économique : acteur de l'économie en relation avec d'autres agents et qui est à l'origine de décisions économiques.

Allocation : production par l'État de biens et services non marchands mis à la disposition de la population.

Apports en société : biens qui sont mis en commun par les associés lors de la création d'une société.

Asymétrie d'information : situation dans laquelle tous les participants à un marché ne disposent pas de la même information.

Atomicité : caractéristique du marché indiquant la présence d'un grand nombre de vendeurs et d'acheteurs, empêchant ainsi toute position dominante.

Automatisation : machines et équipements ayant pour but de réduire ou de rendre inutile l'intervention d'opérateurs humains dans la production.

Autorités administratives indépendantes : institutions de l'État chargées, au nom de celui-ci, d'assurer la régulation de secteurs essentiels.

Avantage concurrentiel : permet à l'entreprise de créer davantage de valeur que ses concurrents.

Avant-contrat : contrat précédant le contrat définitif.

Banque centrale européenne (BCE) : banque centrale des 19 pays de l'Union européenne ayant adopté l'euro (sur les 27 pays membres).

Barrière à l'entrée : désigne un obstacle qui rend difficile ou impossible l'implantation d'une entreprise sur un marché.

Bien public : bien répondant aux deux conditions de non-rivalité (sa consommation par un individu ne prive pas un autre individu de le consommer de la même manière) et de non-exclusion (une personne ne peut en aucun cas être privée de consommer ce bien).

Biodiversité : diversité des milieux de vie, des caractères et des espèces d'êtres vivants sur la planète.

Brevet : document juridique officiel permettant de protéger les résultats d'une recherche scientifique et technique, dès lors qu'elle est nouvelle, susceptible d'application industrielle.

Budget : prévision des recettes et dépenses de l'État pour une année.

Bureau international du travail (BIT) : organisme rattaché à l'ONU chargé des questions générales liées au travail dans le monde.

CDD : contrat à durée déterminée par lequel un employeur recrute un salarié pour une durée limitée, dans des cas précisés par la loi.

CDI : contrat à durée indéterminée conclu entre un employeur et un salarié, sans limite de durée.

Chaîne de valeur : étude réalisée par une entreprise afin de déterminer quelles sont ses activités qui participent le plus à apporter de la valeur ajoutée à son activité.

Circuit économique : représentation schématique d'une économie, en particulier des flux financiers ou flux réels entre les agents.

Clause de confidentialité et loyauté : clause imposant au salarié de travailler de bonne foi dans son entreprise.

Clause de mobilité : clause par laquelle le salarié accepte, par avance, une modification de son lieu de travail.

Clause de non-concurrence : clause visant à limiter la liberté d'un salarié d'exercer, après la rupture de son contrat, des fonctions équivalentes chez un concurrent ou à son propre compte.

Clause de renégociation : clause obligeant les parties à renégocier le contrat si des événements, imprévisibles lors de sa conclusion, rendent son exécution trop onéreuse pour l'une d'entre elles.

Clause de réserve de propriété : clause permettant de décaler la date de transfert de propriété des biens livrés à un client au moment où il aura payé intégralement le prix.

Clause limitative de responsabilité : clause prévoyant qu'en cas d'inexécution de ses obligations, le débiteur s'expose à payer des dommages-intérêts, dont le montant est plafonné, au créancier.

Clause pénale : clause fixant à l'avance le montant précis de la réparation due par le débiteur en cas d'inexécution de ses obligations contractuelles.

Clause résolutoire : clause prévoyant que le contrat pourra être résolu (annulation rétroactive) ou résilié (annulation pour l'avenir) sans avoir à saisir la justice.

CNIL : Commission Nationale de l'Informatique et des Libertés – autorité administrative indépendante veillant à ce que l'informatique ne porte pas atteinte aux libertés, aux droits, à l'identité humaine ou à la vie privée de chacun.

Coalition d'individus : regroupement de personnes ayant des aspirations disparates, des attentes différentes et contradictoires.

Combinaison productive : proportion de capital et de travail utilisée pour une production donnée.

Compétences : ressources (connaissances, capacités, comportements) mobilisées par une personne afin d'atteindre des résultats dans une situation professionnelle. Il y a trois catégories de compétences – savoirs, savoir-faire, savoir-être – développées dans une logique d'adaptation et d'employabilité.

Compétences distinctives : compétences difficilement imitables permettant à l'entreprise de se différencier de ses concurrents.

Compte personnel de formation : dispositif permettant aux salariés de bénéficier de formations.

Concurrence : système économique qui laisse à chacun toute liberté de production et de vente, l'État n'intervenant que pour garantir le libre jeu de la concurrence.

Conjoncture : référence aux évolutions économiques de court terme d'un pays.

Contrat de sécurisation professionnelle (CSP) : dispositif d'accompagnement des salariés ayant subi un licenciement économique.

Contre-pouvoir : individu ou groupe d'individus pouvant influencer la réalisation des objectifs de l'entreprise (inclut les concurrents et les parties prenantes d'une entreprise).

Convention collective : accord conclu entre des employeurs ou une organisation patronale et un ou plusieurs syndicats de salariés pour régler les conditions d'emploi des travailleurs et les garanties sociales.

Coopération : alliance entre entreprises dans laquelle chacune conserve son indépendance.

Crédit d'impôt recherche (CIR) : aide publique qui permet de soutenir l'effort des entreprises en matière de recherche et d'innovation.

Critères de convergence : critères fondés sur des indicateurs économiques que doivent respecter les pays membres de l'Union européenne candidats à l'entrée dans la zone euro.

Croissance conjointe : augmentation de la taille d'une entreprise par l'association avec d'autres organisations.

Croissance externe : augmentation de la taille d'une entreprise par l'acquisition d'une autre entreprise pour accélérer son propre développement.

Croissance interne : augmentation de la taille d'une entreprise par ses propres moyens.

CTT : contrat de travail temporaire liant un salarié à une entreprise de travail temporaire, mettant provisoirement des salariés à disposition d'entreprises qui utilisent ces salariés.

Cybersurveillance : mécanisme de surveillance de personnes, reposant sur les nouvelles technologies *via* des réseaux d'information, tel Internet.

Cycle d'exploitation : période relativement courte entre l'achat des matières premières et le paiement de la facture par le client.

Cycle d'investissement : période longue qui permet l'investissement, c'est-à-dire l'acquisition de biens durables.

Décision stratégique : décision prise par l'entreprise en vue de réaliser ses objectifs afin d'assurer sa rentabilité, son développement, sa pérennité.

Déficit budgétaire : solde négatif du budget de l'État : il y a déficit lorsque les dépenses sont supérieures aux recettes.

Délai de rétractation : délai de 14 jours à compter de la réception des biens achetés sur Internet pour se rétracter ou rendre le produit.

Demande de travail : quantité de travail dont les entreprises ont besoin pour pouvoir produire des biens et services.

Démarche entrepreneuriale : volonté d'une ou plusieurs personnes de créer ou de reprendre une entreprise.

Démarche managériale : capacité du manager à gérer de manière optimale les compétences et ressources de l'entreprise pour assurer sa pérennité.

Démarche stratégique : façon de mettre en œuvre la stratégie, qui est différente selon qu'il s'agit d'une PME ou d'une grande entreprise, d'une entreprise mono- ou multi-activités.

Désintermédiation : réduction ou suppression des intermédiaires dans un circuit de distribution.

Différenciation : consiste, pour une entreprise, à proposer une offre dont la valeur est différente de celle des offres des concurrents pour se démarquer d'eux (soit une offre haut de gamme, soit une offre *low cost*).

Diversification : consiste, pour une entreprise, à offrir de nouveaux produits ou services en s'engageant dans de nouveaux domaines d'activité stratégique.

Domaine d'activité stratégique (DAS) : sous-partie d'une entreprise qui se confronte à un marché spécifique, des conditions concurrentielles spécifiques, et qui doit mener une stratégie concurrentielle particulière.

Domination par les coûts : consiste, pour une entreprise, à réduire les coûts pour proposer des prix plus bas que ceux de la concurrence pour une offre de même valeur.

Donnée personnelle : toute information relative à une personne physique identifiée ou qui peut être identifiée, directement ou indirectement, par référence à un numéro d'identification ou à un ou plusieurs éléments qui lui sont propres.

Droit moral : protection des intérêts non économiques d'un auteur.

Droit *sui generis* : situation juridique nécessitant de créer des textes spécifiques.

Droits patrimoniaux : protection des intérêts économiques d'un auteur.

Économie circulaire : concept économique qui s'inscrit dans le cadre du développement durable et dont l'objectif est de produire des biens et services tout en limitant la consommation et le gaspillage des matières premières, de l'eau et des sources d'énergie.

Économie linéaire : organisation de l'économie caractérisée par un gaspillage de ressources, avec des conséquences négatives sur l'environnement.

Économie sociale et solidaire : activité économique réalisée par des entreprises aux modes de gestion et de décision démocratiques et participatifs.

Énergie renouvelable : énergie qui provient de sources que la nature renouvelle en permanence, par opposition à une énergie non renouvelable.

Entente illicite : pratiques concertées d'entreprises, susceptibles de porter atteinte au libre jeu de la concurrence.

Entreprise individuelle : propriété exclusive d'une personne physique qui exerce son activité sans avoir le statut de personne juridique distincte.

Équilibre financier : stabilité du rapport entre les ressources financières et les emplois d'une entreprise. La règle de l'équilibre financier minimum exige que les capitaux permanents soient suffisants pour financer les actifs à long terme. Cela implique que le fonds de roulement soit positif.

Équité : sentiment de justice par rapport à une situation donnée, qui fait référence à une approche identique pour tous.

Eurosystème : organe composé de la Banque centrale européenne (BCE) et des banques centrales nationales de l'Union européenne, chargé de définir et mettre en œuvre la politique monétaire unique des pays ayant adopté l'euro.

Externalisation : stratégie aussi appelée *outsourcing*, qui correspond au transfert d'activités d'une entreprise vers un prestataire externe spécialisé (par exemple, un sous-traitant).

Externalité : action d'un agent économique ayant un impact sur le bien-être et le comportement d'autres agents.

Externalité négative : situation dans laquelle un agent économique est défavorisé par l'action de tiers sans compensation.

Externalité positive : situation dans laquelle l'interaction entre agents économiques aboutit à améliorer leur bien-être.

Facteur capital : ensemble des biens permettant à une entreprise de produire d'autres biens et/ou services destinés à être commercialisés.

Facteur travail : ensemble des heures de travail effectuées par les personnes qui travaillent dans l'entreprise, salariées ou non.

Facteurs clés de succès (FCS) : éléments à caractère commercial ou technologique que l'entreprise doit maîtriser pour réussir dans une activité donnée.

Finalité : raison d'exister de l'entreprise.

Finalité économique : permet de garantir la pérennité de l'entreprise, et dépend de sa capacité à dégager des profits.

Finalité sociale : concerne l'impact sur la société (formation, emplois...).

Finalité sociétale : concerne la prise en compte des préoccupations sociales et environnementales dans ses activités, et dans ses interactions avec les parties prenantes.

Flexibilité : capacité d'une entreprise à s'adapter aux évolutions de la demande et de son environnement en réorganisant son activité.

Flux monétaire : circulation d'argent entre des agents économiques.

Flux réel : flux concret entre des agents économiques, généralement constitué de biens et services.

Focalisation : consiste, pour une entreprise, à proposer une offre qui ne s'adresse qu'à une partie de la clientèle pour éviter la confrontation directe avec la concurrence. Elle se limite à un segment de marché très spécifique.

Fonds souverain : fonds d'investissement détenu ou contrôlé par un État.

Gestion prévisionnelle des emplois et des compétences (GPEC) : démarche qui vise à adapter les ressources humaines aux besoins des entreprises.

Identité numérique : ensemble des contenus publiés sur Internet qui permettent de définir un individu.

Impartition : fait pour une entreprise de confier une partie de ses activités à une autre entreprise spécialisée.

Indicateur : critère d'évaluation permettant de suivre l'état d'avancement des résultats par rapport aux objectifs fixés.

Indice de développement humain (IDH) : mesure le niveau de développement construit par le Programme des Nations unies pour le développement (PNUD).

Indice des prix à la consommation harmonisé (IPCH) : indice calculé pour chaque pays de l'UE destiné à faciliter les comparaisons entre eux.

Inflation : perte de pouvoir d'achat de la monnaie qui se traduit par une augmentation générale et durable des prix.

Information précontractuelle : Information communiquée avant le contrat permettant au cocontractant de s'engager en toute connaissance de cause.

Innovation : ensemble de processus permettant de créer ou d'améliorer des produits, techniques ou services.

***Insider* :** personne titulaire d'un emploi dans une entreprise.

Institution financière : organisme qui participe au financement de l'économie par l'octroi de prêts (banques et sociétés financières).

Intégration : consiste à regrouper des activités au sein d'une même entreprise pour maîtriser le savoir-faire technique, commercial ou financier, et accroître la productivité.

Intermédiation : ensemble des activités développées par les intermédiaires financiers pour mettre en relation l'offre et la demande de capitaux.

Internationalisation : consiste, pour une entreprise, à se développer au-delà de son marché national d'origine. Elle peut aller de l'exportation à l'investissement direct dans une unité de fabrication ou commercialisation à l'étranger.

Licenciement : mesure décidée par un employeur pour rompre un contrat de travail soit pour des raisons liées à la personne du salarié (comportement fautif, insuffisance professionnelle, etc.), soit pour des raisons économiques (suppression, transformation de l'emploi du salarié concerné, modification d'un élément essentiel du contrat de travail refusée par le salarié).

Macro-environnement : environnement global de l'entreprise constitué des facteurs qui influencent l'entreprise aux niveaux politique, économique, social, technologique, légal, écologique.

Marché : lieu de rencontre de l'offre et de la demande où se fixent les prix et les quantités échangées.

***Marketplace* :** espace que réservent certains grands acteurs de l'e-commerce aux offres d'e-commerçants partenaires. Le site hébergeur gère le paiement et prélève une commission.

Marque : signe distinctif permettant au consommateur de différencier le produit d'une entreprise de ceux des entreprises concurrentes.

Mécanismes de contrôle : permettent d'évaluer les résultats réalisés en les comparant aux objectifs et aux standards prédéterminés. L'analyse des écarts par rapport aux prévisions indique si des mesures correctrices doivent être mises en œuvre.

Mécanismes de coordination : permettent l'articulation des tâches qui ont été divisées et réparties. Il en existe cinq : supervision directe, standardisation des tâches, standardisation des compétences, standardisation des résultats, ajustement mutuel.

Ménage : ensemble des occupants d'un même logement (même sans lien de parenté).

Méthode PESTEL : outil d'analyse de l'environnement, qui permet de répartir les influences en six grandes catégories (politique, économique, sociologique, technologique, écologique, légal).

Micro-environnement : environnement immédiat de l'entreprise constitué des différents partenaires de l'entreprise sur son marché (concurrents, clients, fournisseurs, produits de substitution...).

Modification du contrat de travail : modification d'un élément contractuel, déterminant, pour laquelle l'employeur doit obtenir l'accord du salarié.

Monopole : situation économique qui se caractérise par l'absence de toute concurrence.

Motivation : ce qui pousse un salarié à agir.

Norme : cadre de référence visant à fournir des lignes directrices, des prescriptions techniques ou qualitatives pour des produits, services ou pratiques au service de l'intérêt général.

Obligation : titre de dette émis par une entreprise ou par l'État et donnant droit au versement d'intérêts pour l'investisseur.

Offre de travail : quantité de travail que fournissent les travailleurs en échange d'une rémunération.

Oligopole : marché comptant un petit nombre de vendeurs pour une multitude d'acheteurs.

***Outsider* :** travailleur inemployé.

Pacte de stabilité et de croissance (PSC) : ensemble de critères économiques, dits « de convergence », que les États de la zone euro se sont engagés à respecter.

Parcours emploi compétences (PEC) : dispositif d'insertion professionnelle et forme d'emploi aidé reposant sur l'emploi, la formation et l'accompagnement.

Partenariat : association entre deux ou plusieurs entreprises qui décident de coopérer pour réaliser un objectif commun.

Partie prenante : individu ou groupe d'individus pouvant affecter ou être affecté par l'activité de l'entreprise.

Patrimoine : ensemble des biens, des droits et des obligations d'une personne.

Performance : capacité d'une organisation à atteindre les objectifs qu'elle s'était fixés.

Personne morale : groupement doté de la personnalité juridique.

PIB par habitant : indicateur économique de la richesse d'un pays divisée par le nombre d'habitants.

PIB vert : PIB ajusté tenant compte des effets de la croissance économique sur l'environnement.

Plan de développement des compétences : dispositif permettant au salarié de suivre des actions de formation à l'initiative de son employeur.

Plein emploi : situation dans laquelle toute personne souhaitant travailler occupe effectivement un emploi.

Pôle emploi : service public de l'emploi en France chargé d'indemniser les demandeurs d'emploi et de les accompagner vers le retour à l'emploi.

Politique passive : politique visant à rendre le chômage supportable et à réduire la population active inoccupée.

Politiques actives : politiques dont le but est d'obtenir une croissance plus riche en emplois.

Pourparlers : phase de négociation précédant un accord définitif.

Pouvoir : capacité d'une personne à obtenir d'une autre personne qu'elle fasse quelque chose qu'elle n'aurait pas fait sans son intervention.

Preuve électronique : preuve, à valeur probante, de l'écrit *via* la signature électronique.

Processus : enchaînement ordonné d'activités interactives, qui permettent de transformer des éléments d'entrée en éléments de sortie.

Productivité : efficacité de la combinaison des moyens de production mesurée par le rapport entre la quantité produite et les facteurs de production utilisés pour l'obtenir.

Produit intérieur brut (PIB) : indicateur économique de la richesse produite par un pays sur une période donnée. La variation d'une année sur l'autre permet de connaître sa croissance.

Progrès technique : ensemble des innovations entraînant une transformation des moyens et méthodes de production, de l'organisation du travail, des produits.

Promesse synallagmatique de contrat : les deux parties s'engagent sur des points qui seront écrits dans le contrat définitif.

Promesse unilatérale de contrat : le promettant s'engage à conclure un contrat avec une autre personne, le bénéficiaire, qui accepte cette offre.

***Pure player* :** entreprise née et exerçant son activité exclusivement sur Internet.

Quota : autorisation d'entrée ou de sortie d'un pays, d'une quantité limitée d'un bien, en valeur ou en volume.

Redistribution : prélèvement d'une partie des revenus de certains agents économiques pour les transférer vers d'autres.

Référendum d'entreprise : accord voté par les salariés pour prendre directement part à la négociation au sein de l'entreprise.

Régime matrimonial : dispositions légales ou conventionnelles qui règlent les rapports patrimoniaux entre époux.

Réglementation : texte dont l'application est imposée et qui relève des pouvoirs publics.

Régulation : ensemble des interventions de l'État visant à assurer le bon fonctionnement des marchés.

Réintermédiation : apparition de nouveaux intermédiaires sur un nouveau canal.

Représentation : mécanisme permettant à une personne (le représentant) d'agir au nom d'une autre personne (le représenté).

Représentativité : exigence de légitimité pour les syndicats qui pourront signer des accords engageant les salariés.

Responsabilité civile : obligation légale imposant à toute personne de réparer les dommages causés à une victime de son fait, de celui des personnes dont elle doit répondre ou des choses dont elle a la charge. On parle de responsabilité civile contractuelle pour l'obligation de réparer le dommage causé à autrui dans le cadre d'un contrat et de responsabilité civile extra-contractuelle pour les dommages causés hors contrat.

Responsabilité pénale : obligation faite à une personne reconnue coupable, par un tribunal, d'une infraction et de subir la sanction pénale prévue par la loi.

Responsabilité sociale des entreprises (RSE) : ensemble des pratiques des entreprises pour intégrer les principes du développement durable dans leurs activités.

Ressources : actifs, tangibles ou intangibles, détenus par l'entreprise qui lui permettent de mener à bien son activité.

Ressources intangibles : ressources matérielles (physiques, humaines, financières).

Ressources tangibles : ressources immatérielles (technologiques, organisationnelles, mercatiques).

RGPD : règlement général sur la protection des données fixant un cadre juridique de l'Union européenne pour gouverner la collecte et le traitement des données à caractère personnel.

Satisfaction : niveau de conformité de l'individu suite à la correspondance entre le travail et ses attentes (sa rémunération, le type de travail, les relations humaines...).

Service non marchand : service fourni gratuitement ou à prix faible par les administrations publiques.

Signature électronique : mécanisme permettant de garantir l'intégrité d'un document électronique et d'en authentifier l'auteur, par analogie avec la signature manuscrite d'un document papier.

Société : contrat entre plusieurs personnes (les associés) pour exercer leur activité.

Sous-traitance : contrat par lequel un donneur d'ordre demande à un sous-traitant d'exécuter ponctuellement une mission précise.

Spécialisation : consiste, pour une entreprise, à se concentrer sur un domaine d'activité stratégique.

Stratégie : consiste à déterminer les finalités et les objectifs de l'entreprise à long terme, de mettre en place les actions et d'affecter les ressources nécessaires pour les atteindre.

Stratégie délibérée : stratégie planifiée et formalisée, qui implique que les cadres doivent veiller à appliquer les décisions retenues.

Stratégie effective : combinaison de la stratégie délibérée et de la stratégie émergente.

Stratégie émergente : stratégie qui se décide au jour le jour, sans formalisme, en fonction des contraintes et des opportunités de l'environnement, dans un contexte où l'information est limitée et où la nécessité d'adaptation est permanente.

Structure : combinaison d'éléments et de mécanismes qui permettent de répartir, coordonner et contrôler les activités de l'entreprise, afin d'atteindre avec efficacité et efficience les objectifs stratégiques.

Styles de management : différentes manières dont un dirigeant peut manager ses collaborateurs. Il en existe quatre : autoritaire, paternaliste, consultatif, participatif.

Syndicats représentatifs : syndicats répondant aux exigences des critères de la loi (indépendance vis-à-vis de l'employeur, etc.).

Système d'information : ensemble organisé de ressources qui permet de collecter, stocker, traiter et distribuer de l'information.

Tableau de bord : outil d'évaluation de l'entreprise, comportant plusieurs indicateurs, qui permet d'avoir une vision synthétique de la situation de l'entreprise.

Talent : combinaison rare de compétences rares.

Taux de chômage : nombre de chômeurs en pourcentage de la population active.

Traité de Maastricht : traité de 1992 instituant l'Union européenne et la monnaie unique.

Transparence : situation dans laquelle les informations liées au marché sont disponibles et circulent rapidement et sans coût.

Travail collaboratif : organisation du travail fondée sur la collaboration de nombreuses personnes, notamment grâce aux technologies de l'information et de la communication.

Travailleur indépendant : personne exerçant à son compte une activité économique, en supportant les risques de cette activité et en s'appropriant les profits générés, sans lien de subordination.

Utilité : satisfaction qu'un individu retire de la consommation de biens et services.

Validation des acquis de l'expérience (VAE) : mécanisme permettant d'obtenir un diplôme correspondant à l'expérience professionnelle acquise au fil des années de travail.

Savoir **1**

Lire les documents et en reformuler les idées principales

Le corpus est composé de documents : extraits d'essais, articles de presse, textes littéraires, documents iconographiques. Il s'agit de lire les documents pour en relever les idées principales et les reformuler.

1 Méthode

1.1. Lire efficacement

a) Identifier les documents

Pour analyser rapidement les documents, appuyez-vous sur le paratexte (titre, auteur, date de publication) et assurez-vous :

– du type et du genre de texte :

TEXTE NARRATIF	TEXTE INFORMATIF	TEXTE EXPLICATIF	TEXTE ARGUMENTATIF
Il raconte une histoire (roman, nouvelle, conte).	Il donne des renseignements (article de dictionnaire).	Il explique un fait ou une démarche (article de presse, d'encyclopédie).	Il développe un point de vue argumenté (essai).

– du contexte : cette étape permet d'envisager la démarche et l'intention de l'auteur.

b) Gagner du temps

Commencez par le document avec lequel vous êtes le plus à l'aise (un article de dictionnaire, par exemple), il offrira des pistes d'interprétation pour les autres documents. Lisez chaque document en tenant compte des autres.

1.2. Relever les idées principales

Il s'agit de comprendre le sens global du texte et l'intention de son auteur. Pour cela, surlignez d'une couleur les idées principales et soulignez, au crayon à papier, les idées secondaires qui ne seront pas nécessairement utilisées dans la synthèse. Attention à ne pas trop surligner. Si vous surchargez le texte, vous aurez des difficultés à dégager les idées principales.

EXEMPLE ***Le Monde Culture et Idées***

Quand on demande au philosophe André Comte-Sponville, qui a beaucoup écrit sur l'amitié, s'il possède un cercle d'amis en ligne, il répond vivement : « Mes enfants avaient créé, sans me consulter, une page Facebook à mon intention. Dans les heures qui ont suivi, j'ai reçu trois messages de gens que je ne connaissais pas me demandant si je voulais être leur ami. Cela m'a paru une invasion insupportable et un contresens sur l'amitié. J'ai supprimé ma page aussitôt ! » Selon lui, les relations qui se tissent sur le réseau social sont « superficielles ».

Idée principale / Idée secondaire

1.3. Reformuler les idées

La reformulation des idées permet de synthétiser les idées relevées dans le texte et d'interpréter ces relevés, et évite de reprendre des mots des textes.

Au brouillon, reformulez les idées surlignées dans chaque texte en formulant précisément l'intention de son auteur. L'auteur veut-il : informer, expliquer, expliciter, s'opposer à, rendre compte de, défendre, dénoncer, accuser, ironiser... ?

1.4. Aborder un document iconographique

a) Méthode

Comme pour le texte, dans un document iconographique, il faut :
- identifier le type de document : tableau, dessin, photographie ;
- en étudier l'organisation (composition, couleurs, légende, slogan) ;
- comprendre sa fonction.

b) Les fonctions d'un document iconographique

- Un dessin de presse peut critiquer, dénoncer.
- Un tableau peut avoir une visée esthétique, provoquer des émotions, être engagé.
- Une affiche publicitaire cherche à convaincre.

2 Exemple développé : relever l'idée principale d'un extrait et la reformuler

EXEMPLE

a) Le document

Des colonies françaises. Abolition immédiate de l'esclavage, Schoelcher, 1848.
Celui qui prétend avoir le droit de garder des hommes en servitude, parce qu'on ne trouverait pas de bras libres pour planter des cannes, et celui qui soutiendrait qu'on a le droit de voler parce qu'on n'a pas d'argent, sont à nos yeux deux fous ou deux scélérats absolument pareils. [...] Que l'esclavage soit ou ne soit pas utile, il faut le détruire ; une chose criminelle ne doit pas être nécessaire.

b) Les activités

1. Surligner l'idée principale.
2. Reformuler l'idée principale.

c) Les réponses

1. L'idée principale est surlignée en bleu.
2. Reformulation : Schoelcher dénonce l'esclavage et prône son abolition.

3 Point langue : synonymes/antonymes

	DÉFINITION	RÔLE DANS LA PRÉPARATION DE LA SYNTHÈSE
SYNONYMES	Mots appartenant à la même classe grammaticale (nom, verbe, ...) et qui ont le même ou presque le même sens. On peut avoir recours à un mot générique (dont le sens est plus large). *J'ai vu des moineaux.* → *J'ai vu des oiseaux.*	Le recours aux synonymes évite de répéter les mots du texte.
ANTONYMES	Mots appartenant à la même classe grammaticale et qui ont des sens contraires : *avare / généreux, lâche / courageux, sombre / lumineux*	L'emploi d'antonymes évite d'avoir recours à la forme négative jugée lourde. *Son caractère n'est pas souple.* → *Son caractère est rigide.*

Mots clés Idées principales • Reformulation

S'ENTRAÎNER AU BTS
Exercice 1 : p. 367

Savoir 2 Confronter les documents du corpus

Après avoir lu les documents, il s'agit de les confronter. On attend que soient opérés des rapprochements entre les documents, en s'appuyant sur les idées qui les traversent, de manière à formuler la problématique puis à construire le plan de la synthèse (voir Fiche Savoir 3).

1 Méthode

1.1. Confronter des documents

Trouvez entre les documents des points de convergence et/ou des oppositions.
Lisez les textes en notant les idées reformulées au brouillon et en les numérotant.

EXEMPLE **Thème : la ville**

TEXTE 1 *La pollution touche huit citadins sur dix dans le monde*, lemonde.fr, 13 mai 2016	**TEXTE 2** Alain Cambier, *Qu'est-ce qu'une ville ?*, 2005, Librairie philosophique, Chemins philosophiques
La pollution atmosphérique touche plus de huit citadins sur dix dans le monde. Et la situation continue de se dégrader, notamment dans les pays émergents. [...] À l'autre bout du prisme, le Canada se classe parmi les meilleurs élèves avec la Finlande, l'Estonie, l'Islande, l'Australie, l'Irlande et la Nouvelle-Zélande. Dans chacun de ces pays, la quasi-totalité, quand ce ne sont pas toutes les villes, ne dépasse pas le seuil maximum de 20 µg/m³.	Si la ville a pu être le berceau de la démocratie, elle est devenue aujourd'hui le symbole de la massification qui n'en est que la caricature. La ville a grandi en se développant [...], ne fonctionnant qu'à partir de différences de potentiel thermique : celles-ci prennent la forme de la discrimination et de l'exclusion sociales.
Idée 1 : la ville, lieu pollué, « la pollution touche plus de huit citadins sur dix ». **Idée 2 :** des villes luttent contre la pollution.	**Idée 1 :** la ville, lieu de ségrégation sociale, « discrimination », « exclusion ». **Idée 2 :** la ville est le « berceau de la démocratie ».

Les deux idées sont communes : les aspects négatifs de la ville.

1.2. Réaliser un tableau de confrontation

Sur la 1re ligne du tableau : titre des documents.
Dans la 1re colonne, on insère les idées relevées dans le premier document, dans la 2e colonne, les idées du second document.
On ajoute de nouvelles cases pour les nouvelles idées ou on laisse une case vide quand l'idée ne figure pas dans un document.
Dans la dernière colonne, « Pistes », on formule une synthèse de l'ensemble de chaque idée.

EXEMPLE

DOCUMENT 1 *La pollution touche huit citadins sur dix dans le monde*, lemonde.fr, 13 mai 2016	**DOCUMENT 2** *Qu'est-ce qu'une ville ?* Alain Combier	**PISTES**
Les villes sont polluées.	La ville, lieu de ségrégation sociale.	Les désagréments de la ville.
Certaines villes combattent avec succès la pollution.	La démocratie est née dans les villes.	Les aspects positifs de la ville.

2 Exemple développé : lire un corpus de documents et en confronter les idées

EXEMPLE

Thème : La fraude aux examens

a) Les documents

Texte 1

« L'interdiction du smartphone en salle d'examen pour lutter contre la fraude aux examens ? » lemonde.fr

Examens : vers une interdiction des smartphones ?

Le gouvernement français envisage d'interdire les smartphones dans les salles d'examen pour éviter la triche, a indiqué dimanche 26 juin sur Radio J la ministre de l'Enseignement supérieur.

Texte 2

« Les moyens pour lutter contre la triche au Danemark. » L'Étudiant.fr, Virginie Bertereau.

Comment prendre à contre-pied les tricheurs qui utilisent leur téléphone portable ou leurs livres pendant les épreuves ? En autorisant l'accès à Internet pendant les examens [...]. C'est une solution expérimentée par le Danemark, où l'on considère que le Net est indissociable de la vie des jeunes d'aujourd'hui. Ainsi, le pays nordique a choisi une autre façon d'évaluer, basée davantage sur la réflexion, la recherche et l'utilisation d'informations replacées dans un contexte que sur le par-cœur.

b) Le tableau de confrontation

TEXTE 1 (ARTICLE DU *MONDE*)	TEXTE 2 (ARTICLE DE *L'ÉTUDIANT*)	PISTES
Interdiction éventuelle du téléphone portable pendant les examens en France.	Autorisation d'utiliser le smart-phone pendant les examens.	Mesures prises par les pouvoirs publics concernant le téléphone portable pendant les examens.
	On évalue ainsi les capacités à réfléchir et pas seulement les connaissances.	Les conséquences de ces mesures.

3 Point langue : l'étymologie

L'étymologie est l'étude de l'origine des mots. Le français provient de langues disparues : le latin, le grec, le celtique. Connaître les racines latines ou grecques permet de deviner la signification de certains mots.

Quelques racines fréquentes :

RACINE	SIGNIFICATION	EXEMPLES
anthropo	du grec *anthropos* : « homme »	anthropophagie
homo	Ø en grec : « le même » Ø en latin : « homme »	homosexuel, homologue homo sapiens
logie	du grec *logos* : « discours »	ethnologie, biologie
poly	du grec *polus* : « nombreux »	polygone

Mots clés Point de convergence • Oppositions • Idées

S'ENTRAÎNER AU BTS
Exercice 2 : p. 367

Savoir 3 Problématiser et bâtir le plan de la synthèse

La problématique de la synthèse repose sur les pistes de réflexion formulées dans le tableau de confrontation. Elle s'appuie sur tous les documents, mais seulement sur eux.

1 Méthode

1.1. Formuler la problématique

Pour trouver une problématique, on se demande pour quelles raisons les documents du corpus sont rassemblés. On la formule sous forme de question.

1. 2. Les différents types de plans

a) Le plan thématique
Il étudie les différents aspects du champ étudié.

b) Le plan dialectique
Il présente un point de vue (I) puis une concession à ce point de vue (II) (les avantages et inconvénients d'un phénomène) et, éventuellement, une synthèse (III).

c) Le plan analytique
Il étudie les causes et les conséquences d'un phénomène.

1. 3. Construire un plan de synthèse

Le plan répond à la problématique. Il s'appuie sur le tableau de confrontation. L'étape de confrontation permet de trouver deux ou trois idées directrices sur lesquelles s'appuyer pour formuler les grandes parties de la synthèse.
Il s'agit ensuite de trouver les sous-parties qui seront présentées sous forme de paragraphes (voir Fiche Savoir 4).

EXEMPLE **Thème : Les jeux en ligne**

TEXTE 1	TEXTE 2	PISTES
Les adolescents passent beaucoup trop de temps sur les jeux vidéo.	Il existe un risque d'addiction.	Les inconvénients des jeux vidéo
Les jeux vidéo peuvent aider des jeunes à sortir de leur solitude.	L'identification à des héros positifs peut aider les adolescents à se construire.	Les avantages de ces jeux

Problématique : L'utilisation des jeux en ligne est-elle nocive ?
Plan :
I. Les risques présentés par l'utilisation des jeux vidéo
II. Les avantages et bienfaits de ces jeux

1.4. Élaborer un plan

Cette phase de travail se fait au brouillon.

Structure du plan :

I. Thèse 1 A. Argument 1 + Exemples B. Argument 2 + Exemples *Phrase de transition*	**II. Thèse 2** A. Argument 1 + Exemples B. Argument 2 + Exemples

Chaque groupe « argument + exemple » correspond à un paragraphe.

2 Exemple développé : formuler une problématique et bâtir un plan de synthèse

EXEMPLE

a) Les documents

Thème : Twitter

Document 1 : ***Iran, la révolution Twitter*** (Sylvain Mouillard, *Libération*)
Le site *The Inquisitr* souligne que l'information fournie par Twitter n'est que « *primaire, brute et non-filtrée* ».[...]. Comme le rappelle le site *Mediatrend*, les mouvements contestaires nés [...] dans ce pays d'Europe orientale [la Moldavie], par le biais des plateformes de microblogging, se sont vite éteints.

Document 2 : ***Toi aussi deviens un twitto*** (*Télérama*)
S'inscrire sur Twitter, c'est affronter le vide. D'ailleurs, un grand nombre d'inscrits ne vont pas au-delà de l'inscription. Sur Facebook , on devient vite « ami » avec ses copains d'enfance. Sur Twitter, personne ne vous attend. [...] En revanche, il demeure un outil idéal de mobilisation : on l'a vu à propos des réfugiés tunisiens du 36, rue Botzaris à Paris, dont le sort a été ignoré par les médias jusqu'à ce que des activistes inondent Twitter de messages d'alerte.

Document 3 : ***Qu'est-ce que Twitter ?*** (R. Lamaze-Beyssac, suite 101.fr)
Twitter est avant tout un outil de communication. Il vous permet de tenir vos amis au courant de ce que vous faites à un moment donné («What are you doing?») et de discuter entre vous. Grâce à la fonction de recherche, c'est aussi devenu un outil d'information puisqu'il est possible de voir ce qui se dit sur un sujet précis en temps réel.

b) Le tableau de confrontation

DOCUMENT 1	DOCUMENT 2	DOCUMENT 3	PISTES
Avec Twitter, information non triée			Information sur Twitter non vérifiée, risque de messages faux
	Sur Twitter, on est seuls		Sentiment de solitude
	Permet de lancer des appels	Sert à communiquer et informer	Fonctions de Twitter

c) La problématique et le plan

Quels sont les enjeux de Twitter ?

I. Les fonctions de Twitter

II. Les dangers potentiels de Twitter

3 Point langue : l'interrogative directe ou indirecte

La problématique est une question. Elle peut être formulée de manière directe ou indirecte.

Mots clés Problématique • Plan • Tableau de confrontation

S'ENTRAÎNER AU BTS
Exercices 3 et 4 : p. 367

Savoir 4 Rédiger un paragraphe de synthèse

La synthèse de documents est composée de deux ou trois grandes parties, elles-mêmes organisées en deux ou trois paragraphes (chacun étant composé d'un argument et d'exemples). Le premier paragraphe de chaque partie présentera la thèse défendue.

1 Méthode

1. 1. Organiser une partie de synthèse

Chaque partie :
- est un des éléments de réponse à la problématique ;
- s'ouvre sur un titre qui doit être formulé sous forme de phrase ;
- est organisée en deux ou trois paragraphes, chacun correspondant à un argument.

1.2. Construire un paragraphe de synthèse

Le paragraphe est organisé.
On laisse un alinéa au début du paragraphe et on ne va pas à la ligne avant la fin.
Il commence par une phrase qui annonce l'idée développée (argument + exemples).
Il se termine avec une phrase de conclusion partielle.

1.3. Rédiger un paragraphe de synthèse

Le paragraphe est cohérent et comporte des articulations logiques (car, mais, or...).
Les références aux documents doivent être claires :
- chaque paragraphe confronte au moins deux documents ;
- on précise le titre, le nom de l'auteur ainsi que le genre d'un document, la première fois qu'on y fait référence ; ensuite on peut donner le numéro du document ;
- la confrontation des documents est explicite.

Soyez objectif. N'ajoutez pas commentaire sur les idées reformulées (on n'emploie pas le pronom « je »).
Ne faites pas de référence à d'autres sources que les documents du corpus.

EXEMPLE Comme le document 1, le document 2 souligne l'importance du devoir de mémoire. Si le document 1 dénonce l'usage abusif des réseaux sociaux, le document 2 insiste sur leur importance dans les relations sociales.

2 Exemple développé : rédiger un paragraphe de synthèse

EXEMPLE

Thème : Les nouveaux moyens de communication

a) Les documents

Document 1 (Sylvain Mouillard, *Libération*)

Face à la répression exercée par les autorités, Internet apparaît comme un espace de liberté pour les manifestants iraniens et une source d'information privilégiée des médias occidentaux.

Internet, caisse de résonance des Iraniens en colère. [...] Avant même que les bureaux de vote ne ferment, échanger des SMS était devenu impossible dans le pays. Dimanche, c'était au tour des téléphones portables, de Facebook, Twitter et d'autres réseaux sociaux d'être inaccessibles.

Document 2 (Frédérique Roussel, *Le Monde*)
Ex-directeur du « Monde diplomatique », Ignacio Ramonet publie un livre sur l'explosion de l'information à l'heure du numérique.
Les médias dominants ont explosé au profit d'une masse des médias, dans un passage des médias-soleil aux médias-poussière. Il y en a partout. Les amateurs ont accédé à l'expression avec une expertise au moins aussi grande que certains journalistes. Les spécialistes n'ont plus besoin d'intermédiaires. [...] Il suffisait de voir le JT de France 2 l'autre soir sur le Japon : une majorité de vidéos prises par des citoyens français était diffusée.

b) La problématique
Comment les nouveaux moyens de communication modifient-ils le statut de l'information ?

c) Le paragraphe rédigé
Les moyens de communication ont développé des modes de circulation de l'information nouveaux. C'est ce que souligne le document 2 avec l'article du *Monde*, « Le journalisme est pris dans un affolement » à travers l'expression « médias-poussière ». Cette référence évoque la multiplicité des réseaux auxquels chacun a accès. Auparavant, les sources de l'information n'étaient pas à ce point fragmentées car il existait très peu de moyens pour la transmettre hormis la radio, la presse papier et la télévision. L'article de *Libération* « Iran, la révolution Twitter », énumère, quant à lui, les nouveaux canaux de l'information. Il s'agit, notamment, de Facebook et d'autres réseaux sociaux tels que Twitter. L'accès à ces réseaux s'est développé grâce au téléphone portable.

3 Point langue : la ponctuation

Maîtriser les signes de ponctuation permet de se faire comprendre.

3.1. À la fin d'une phrase

- **Le point :** à la fin d'une phrase déclarative.
- **Le point d'interrogation :** à la fin d'une phrase interrogative.
- **Le point d'exclamation :** à la fin d'une phrase exclamative : *Ce conflit n'en finira jamais !*

Ces signes de ponctuation forte sont toujours suivis d'un mot qui commence par une majuscule.

3.2. À l'intérieur de la phrase

- **La virgule** marque une pause légère :
  – dans une énumération : *Elle a pris son ordinateur, ses dossiers et le vidéoprojecteur.*
  – pour mettre en valeur un mot ou un groupe de mots : *Surpris, il l'a longuement écouté.*
- **Le point-virgule** marque une pause plus longue dans la phrase : *Je me suis mise au travail à 20 h ; j'ai terminé vers 22 h 30.*
- **Les deux points** annoncent une information, une explication, un point de vue.
Le développement des réseaux sociaux est fulgurant : on y a accès dans presque tous les pays.

Mot clé : Cohérence

S'ENTRAÎNER AU BTS
Exercice 5 : p. 368

Savoir 5 Rédiger intégralement la synthèse

L'introduction et la conclusion sont rédigées en dernier. On y apportera tout le soin nécessaire car il s'agit, pour l'introduction, des premières lignes qui sont lues par le correcteur, et pour la conclusion des dernières lues par celui-ci.

1 Méthode

1.1. Rédiger l'introduction

Elle peut être brève. Les étapes de l'introduction :

a) La phrase d'accroche

Elle a un lien avec le thème du corpus et doit mener à la problématique.

EXEMPLE Le corpus de documents concerne le thème « Ces objets qui nous envahissent : objets cultes, culte des objets ». Les objets occupent dans notre société une place centrale, tant par leur valeur économique qu'affective.

b) La problématique

Elle peut être rédigée sous forme de question directe ou indirecte (*cf.* Savoir 3).

EXEMPLE On pourra s'interroger sur l'utilité des objets.

c) L'annonce du plan

Il s'agit d'annoncer clairement la démarche.

EXEMPLE Une première partie sera consacrée aux fonctionnalités de l'objet et une seconde partie à sa place dans notre société contemporaine.

1. 2. Rédiger la conclusion

Elle propose un bilan de la synthèse de documents et une réponse à la problématique.

EXEMPLE On l'a vu, l'objet a des fonctions très diverses et occupe, dans nos sociétés contemporaines, une place essentielle.

1. 3. Rédiger une transition

Entre les deux grandes parties, on peut rédiger une phrase de transition. Elle est l'occasion de dresser un bilan de la première partie et d'annoncer la seconde.

EXEMPLE Si les objets ont longtemps tenu un rôle purement fonctionnel, ils occupent aujourd'hui une place symbolique forte.

2 Exemple développé : rédiger l'introduction et la conclusion de la synthèse de documents

EXEMPLE

a) Les activités

À partir du groupement de textes proposé au savoir 3, vous rédigerez :

1. Une introduction de synthèse de documents.
2. Une conclusion de synthèse de documents.

b) Le thème

Twitter

c) La problématique

Quels sont les enjeux de Twitter ?

d) Le plan

I. Les fonctions de Twitter

II. Les dangers potentiels de Twitter

e) L'introduction rédigée

Le thème du corpus de documents étudié est Twitter. Celui-ci est un réseau social qui s'est développé ces dernières années et permet, en 280 caractères, de communiquer et d'être lu par de nombreux utilisateurs, pour peu que l'on s'exprime de façon percutante. Quels sont les enjeux de ce réseau social ? Pour tenter de répondre à cette question, nous étudierons dans une première partie les fonctions de Twitter, et ses dangers potentiels feront l'objet d'une seconde partie.

f) La conclusion rédigée

Twitter est un outil de communication pratique, ludique mais les échanges qu'il permet sont souvent superficiels et peuvent entraîner un sentiment de solitude chez les utilisateurs.

3 Point langue : l'expression de l'opposition et de la concession

3.1. L'opposition

Elle met côte à côte deux faits qui sont opposés mais qui ne se contredisent pas nécessairement.

EXEMPLE

Les villes européennes s'étendent de moins en moins vite alors qu'en Afrique, elles s'étendent très rapidement.

3.2. La concession

a) Définition

Elle fait coexister deux faits dont l'un devrait entraîner l'autre mais ne l'entraîne pas ; ils sont incompatibles. La concession s'exprime de plusieurs manières :

– elle peut être introduite par une préposition : *malgré, en dépit de*...

EXEMPLE

Malgré la diversité des activités offertes par la ville, elle reste souvent un lieu d'exclusion.

– elle peut s'exprimer par une conjonction de subordination : *bien que* (+ subjonctif), *quoique* (+ subjonctif), *même si* (+ indicatif)...

EXEMPLE

Bien que la ville soit le lieu de toutes les pollutions, l'état sanitaire y est souvent très bon.

b) Quand utiliser l'expression de la concession ?

La concession évite de présenter un second point de vue qui s'oppose radicalement au premier, ce qui donnerait l'impression d'une contradiction dans votre pensée.

Mots clés Problématique • Démarche • Transition • Concession

S'ENTRAÎNER AU BTS
Exercice 6 : pp. 368-369

Savoir
6 Lire le sujet d'écriture personnelle

Le sujet d'écriture personnelle est composé d'une question et d'une consigne.
La question : elle porte sur un des deux thèmes au programme.
La consigne : elle est toujours la même et formulée de la manière suivante.
« Vous répondrez à cette question d'une façon argumentée en vous appuyant sur les documents du corpus, vos lectures de l'année et vos connaissances personnelles. »

1 Méthode

1.1. Relever les mots clés

Il s'agit de relever, dans la question, les mots ou groupes de mots clés et de les mettre en relation.

EXEMPLE
Sujet : En quoi le sentiment amoureux est-il extraordinaire ?
Vous répondrez d'une façon argumentée à cette question en vous appuyant sur les documents du corpus, vos lectures de l'année et vos connaissances personnelles.
Relever les mots clés : « sentiment amoureux », « extraordinaire ».

1.2. Étudier les mots clés et lancer les idées

Étudier ces mots, en notant, au brouillon, les idées qu'ils suggèrent.
Cette étape du travail est essentielle car :
– elle permet de faire le lien entre le sujet d'écriture et un des thèmes étudiés au cours de l'année ;
– et elle évite de faire un hors-sujet.

1.3. Faire le lien avec une problématique étudiée au cours de l'année

La consigne demande de s'appuyer sur « *les documents du corpus, vos lectures de l'année et vos connaissances personnelles* ». Il s'agit de faire le lien entre le sujet d'écriture personnelle qui vous est soumis et un des deux thèmes étudiés en cours pendant la deuxième année, même si la formulation est différente.

2 Exemple développé : relever et travailler sur les mots clés et faire le lien avec une problématique

EXEMPLE

a) Le sujet
Peut-on se lasser de ce qui est présenté comme extraordinaire dans les médias ?
Vous répondrez à cette question d'une façon argumentée en vous appuyant sur les documents du corpus, vos lectures de l'année et vos connaissances personnelles.

b) Les activités
1. Relever les mots clés : « se lasser », « extraordinaire » et « médias ».
2. Associer des idées aux mots relevés.
3. Faire le lien avec des problématiques étudiées pendant l'année.

c) La réponse

MOTS CLÉS	IDÉES ASSOCIÉES	LIEN AVEC LES PROBLÉMATIQUES ÉTUDIÉES
se lasser	s'ennuyer, trouver les choses fades	– Les informations, même les plus banales, ne sont-elles pas souvent traitées comme des événements extraordinaires ? – À force de traiter le fait divers comme un événement, les médias ne prennent-ils pas le risque de nous rendre indifférents à l'information ?
extraordinaire	ce qui est intense, étonne, bouleverse	
médias	information, diffusion de l'information.	

3 Point langue : dénotation/connotation

La plupart des mots, quelle que soit leur classe grammaticale, ont un sens dénoté et connoté.

3.1. Le sens dénoté

Le sens dénoté est le sens premier du terme, celui trouvé dans le dictionnaire.

EXEMPLE

La mémoire : faculté de conserver et de rappeler des états de conscience passés et ce qui s'y trouve associé (*Petit Robert*).

3.2. Le sens connoté

Le sens connoté est le sens implicite du mot suivant le contexte dans lequel il est employé. Un mot peut recevoir plusieurs connotations.

EXEMPLE

La mémoire peut renvoyer à la mémoire individuelle, la mémoire collective, le traumatisme.

3.3. Pourquoi s'attacher aux connotations d'un mot ?

Lire un sujet d'écriture personnelle, c'est révéler les différents sens des mots clés de ce sujet. Or, si l'on saisit facilement le sens premier d'un terme, il est essentiel d'en comprendre les sous-entendus et de s'assurer que l'écriture personnelle couvrira tout le champ du sujet.

EXEMPLE

Sujet : « Le raz-de-marée médiatique provoqué, entre autres, par les chaînes d'information en continu, met sur le même plan des informations essentielles à notre compréhension du monde et une actualité très secondaire. » Partagez-vous cette affirmation ?

Un des mots clés du sujet est « raz-de-marée ». Dans cette citation, il faut travailler, non pas à partir du sens dénoté de ce mot (vague très haute qui submerge une côte), mais de ses connotations : le terme, associé à « médiatique », renvoie à la fois aux supports très variés de l'information et à leur omniprésence.

Mot clés Associations d'idées

S'ENTRAÎNER AU BTS
Exercice 7 : p. 369

Savoir 7

Formuler deux thèses et les arguments pour les défendre

Le sujet d'écriture personnelle demande une réflexion personnelle qui s'appuie sur des connaissances et une argumentation organisée. L'objectif de ce travail est de convaincre.

1 Méthode

1.1. Formuler des thèses

On distingue deux types de sujets.

a) Les sujets qui comportent une ou deux thèses (implicite ou explicite)
La thèse ou les deux thèses peuvent être suggérées dans l'énoncé du sujet. Il s'agit alors de les expliciter. Pour cela, on peut s'appuyer sur les documents du corpus.

EXEMPLE
Sujet : Pensez-vous qu'il doive exister un droit à l'oubli ?
Vous répondrez d'une façon argumentée à cette question en vous appuyant sur les documents du corpus, vos lectures de l'année et vos connaissances personnelles.
Thèses :
1. Certes, il doit être possible de revendiquer un droit à l'oubli.
2. Il n'en reste pas moins que le souvenir est essentiel à la reconstruction individuelle et collective.

b) Les sujets qui posent une question ouverte
Dans ce cas, on attend du candidat qu'il propose une réponse explicative ou informative articulée autour de deux ou trois idées. Il n'est pas question ici d'opposer deux points de vue mais de présenter le sujet de la manière la plus complète possible.

EXEMPLE
Sujet : Qu'est-ce qui donne à un objet sa valeur ?
Vous répondrez d'une façon argumentée à cette question en vous appuyant sur les documents du corpus, vos lectures de l'année et vos connaissances personnelles.
Thèses :
1. La valeur économique de l'objet
2. La valeur affective de l'objet

1. 2. Trouver les arguments

a) Qu'est-ce qu'un argument ?
Quand la thèse est formulée, il s'agit de trouver des arguments pour la soutenir. L'argument est subordonné à la thèse et sert à la justifier ; il peut être introduit par « parce que ».

b) la subjectivité de l'argument
L'argument manifeste le point de vue du locuteur. Il est souvent accompagné de termes modalisateurs (ce sont des mots qui soulignent l'engagement du locuteur).

c) Où trouver les arguments ?
• Dans les documents du corpus.
• Dans les connaissances personnelles et celles acquises au cours des deux années de STS.

EXEMPLE
Sujet : Pensez-vous qu'il doive exister un droit à l'oubli ?
Vous répondrez d'une façon argumentée à cette question en vous appuyant sur les documents du corpus, vos lectures de l'année et vos connaissances personnelles.

Thèses et arguments :
1. Certes, il doit être possible de revendiquer un droit à l'oubli.
- L'oubli peut, dans certains cas, aider à la reconstruction de l'individu.
- L'oubli est un droit quand il est revendiqué par l'individu (sur internet, par exemple).

2. Il n'en reste pas moins que le souvenir peut être essentiel à la reconstruction collective
- Le souvenir évite de commettre à nouveau les mêmes erreurs.
- Le souvenir, la mémoire sont des facteurs de reconnaissance d'injustices.

2 Exemple développé : formuler deux thèses et les arguments pour les défendre

EXEMPLE

Sujet

Quelles sont les conséquences de l'expansion des villes ? Vous répondrez à cette question d'une façon argumentée, en vous appuyant sur les documents du corpus, vos lectures de l'année et vos connaissances personnelles.

Thèse 1

Si l'expansion des villes peut avoir des conséquences néfastes pour les individus...

Argument 1 : Elle entraîne souvent une paupérisation de la population.

Argument 2 : Elle a pour conséquence une importante promiscuité.

Thèse 2

... des avantages peuvent en découler

Argument 1 : Un meilleur accès aux services qu'à la campagne.

Argument 2 : Un marché de l'emploi plus important.

3 Point langue : les reprises nominales et pronominales

Dans un texte, lorsque l'on veut reprendre un terme déjà utilisé, on peut avoir recours à deux procédés.

3.1. La reprise nominale

Il s'agit de reprendre un mot :
– soit par un mot équivalent (un synonyme, entre autres) ou un mot générique ;
– soit par un GN plus précis : un nom + un adjectif qualificatif ou une proposition subordonnée relative qui peut expliquer ou comporter une opinion ;

EXEMPLE

J'ai rencontré une amie. Cette personne, qui m'avait aidé à rédiger mon CV, m'a donné des précisions sur le poste à pourvoir.
Le voisin a un chien. L'animal féroce m'a déjà attaqué.

3.2. La reprise pronominale

Dans ce cas, on reprend le terme déjà employé par un pronom (personnel, démonstratif ou possessif).

EXEMPLE

Sadia est la seule femme guide de montagne au Maroc. Mais son métier l'a aussi conduite à découvrir son propre pays.

Ces deux procédés permettent d'enchaîner les idées et évitent les répétitions.

CULTURE GÉNÉRALE ET EXPRESSION

Mot clés : Point de vue

S'ENTRAÎNER AU BTS
Exercices 8 et 9 : pp. 369-370

Savoir 8 Trouver des exemples pour illustrer les arguments

L'écriture personnelle développe une ou deux thèses, chacune étant défendue par des arguments. Chacun de ces arguments doit être illustré par au moins deux exemples. Une des difficultés est de formuler des exemples précis, référencés et de ne pas s'en tenir à des anecdotes vagues. Les références précises c'est ce qui permet au correcteur d'évaluer la maîtrise et la connaissance du thème étudié par le candidat.

1 Méthode

1.1. Comprendre ce qu'est un exemple

a) Ne pas confondre l'exemple et l'argument

L'argument a une portée générale et est souvent abstrait alors que l'exemple a une portée plus restreinte et est concret. L'exemple renforce l'argument et le rend plus convaincant car il peut toucher le lecteur par sa pertinence.

EXEMPLE

Thèse : Le succès des super-héros illustre le désir de sortir de la banalité du quotidien.
Argument : En effet, les super-héros font rêver.
Exemple : C'est le cas de Superman dont les pouvoirs extraordinaires lui permettent d'accomplir des prouesses.

b) L'exemple

L'exemple doit être précis et développé.

Illustrer un argument avec un ou deux exemples permet de rédiger un paragraphe et de ne pas se contenter d'écrire une seule phrase. Il ne doit pas être réduit à une allusion ou à une simple citation.

EXEMPLE

Thèse : Le succès des super-héros illustre le désir de sortir de la banalité du quotidien.
Argument : En effet, les super-héros font rêver.
Exemple développé : C'est le cas, par exemple, de Superman, personnage créé par Jerry Siegel en 1933. Grâce à ses pouvoirs, il vit des aventures extraordinaires. Ainsi peut-il voler et se battre avec les adversaires les plus puissants. Ses facultés visuelles, auditives et intellectuelles sont surhumaines et font rêver les lecteurs, leur permettant de s'évader, par le rêve, d'un quotidien parfois ennuyeux.

c) Argument, exemple : dans quel ordre ?

Il arrive qu'à la lecture d'un sujet d'écriture personnelle, des exemples – du fait de leur dimension concrète – viennent plus rapidement à l'esprit que les arguments. Il s'agit alors de regrouper les exemples et de formuler ensuite des arguments.

1.2. Trouver les exemples

Dans les Instructions officielles, chaque année, les deux thèmes au programme sont présentés. Ils sont accompagnés d'éléments bibliographiques précieux. Il s'agit de textes, de films et de documents iconographiques.

Les candidats ne sont pas tenus de lire intégralement les œuvres et de voir tous les films proposés. Le candidat pourra opérer sa propre sélection. Ceci permet de construire un corpus de références, d'exemples précis et pertinents.

La seconde source d'exemples, ce sont les documents étudiés pendant l'année ainsi que ceux proposés le jour de l'examen.

1.3. Relier l'exemple à l'argument

L'exemple illustre, éclaire l'argument en lui donnant une dimension concrète. Il est donc souvent relié à l'argument par un connecteur logique : *ainsi*, *c'est le cas de*… Il peut être tout simplement introduit par la locution *par exemple*.

2 Exemple développé : illustrer les arguments avec des exemples

EXEMPLE

Sujet

Existe-t-il, d'après vous, des critères qui permettent de définir le beau de manière universelle ? Vous répondrez à cette question d'une façon argumentée en vous appuyant sur les documents du corpus, vos lectures de l'année et vos connaissances personnelles.

Thèse 1

On relève des critères qui permettent de définir le beau de manière universelle.

Thèse 2

Pourtant, il existe des critères propres à chaque génération, chaque culture et chaque époque.

Argument

La notion de beau peut dépendre de la culture d'un groupe.

EXEMPLES

Ainsi, la musique est-elle souvent un marqueur générationnel. Aujourd'hui, la culture musicale des adolescents est souvent très différente de celle de leurs parents et grands-parents. Ces derniers ont des références qui remontent aux années 1970-1980, tandis que leurs petits-enfants peuvent écouter du rap, du hip-hop…

3 Point langue : les compétences circonstancielles

Ce point de langue permet de voir comment développer les exemples et de ne pas s'en tenir à une remarque d'ordre général.

Les compléments circonstanciels indiquent les circonstances dans lesquelles un fait se déroule.

Les compléments circonstanciels peuvent exprimer le temps, le lieu, l'opposition, la condition, la cause…

Dans certains cas, ils peuvent être déplacés (voire supprimés). Néanmoins, ils sont importants car ils permettent de préciser votre pensée.

EXEMPLE

C'est en 1831, un an après la Révolution de juillet 1830, que le peintre Delacroix a réalisé son tableau *La Liberté guidant le peuple*.

Mots clés Exemples précis • Références

S'ENTRAÎNER AU BTS
Exercice 10 : p. 370

Savoir
9

Construire le plan et rédiger l'écriture personnelle

Construire le plan de l'écriture personnelle, c'est organiser l'argumentation et lui donner une cohérence.

1 Méthode

1.1. Construire le plan de l'écriture personnelle

Il s'agit d'organiser une réflexion et d'élaborer la progression du raisonnement.

Structure du plan :
I. Thèse 1
A. Argument 1
Exemples
B. Argument 2
Exemples
Phrase de transition
II. Thèse 2
A. Argument 1
Exemples
B. Argument 2

Chaque ensemble [argument + exemples] fait l'objet d'un paragraphe. Le premier paragraphe de chaque partie présentera la thèse défendue. Il est recommandé de formuler la thèse et l'argument en début de paragraphe.

1.2. Rédiger l'introduction et la conclusion

a) L'introduction

Les étapes :
- une phrase d'appel qui propose une idée générale, en lien avec le sujet ;
- la problématique, qui reprend le sujet, sous forme interrogative ;
- l'annonce du plan de l'écriture personnelle.

L'introduction commence par un alinéa.

b) La conclusion

La conclusion de l'écriture personnelle répond à la question posée par la problématique.
On peut expliciter le lien entre la conclusion et le reste de l'écriture personnelle en utilisant une formule telle que : *pour conclure, en conclusion, ces éléments montrent donc, en conséquence...*
La conclusion commence par un alinéa.

1.3. Rédiger intégralement l'écriture personnelle

À la rédaction du travail, on veille à :
- soigner la syntaxe et l'orthographe ;
- sauter une ligne entre l'introduction et le développement, entre les deux thèses et le développement et la conclusion.

2 Exemple développé

2.1. Le plan

EXEMPLE

Sujet : La ville est-elle un lieu qui détruit l'être humain ?
Vous répondrez d'une façon argumentée à cette question en vous appuyant sur les documents du corpus, vos lectures de l'année et vos connaissances personnelles.

Plan proposé :
I. Certes, la ville peut nuire à l'être humain.
A. Elle peut le réduire à l'état de machine. Exemple : La fatigue engendrée par les transports entraîne des automatismes dans les comportements.
B. La promiscuité peut entraîner des comportements violents.
Exemple : les favelas, bidonvilles au Brésil
II. Mais la ville peut aussi être un lieu d'épanouissement.
A. Elle permet des rencontres avec des gens très variés.
Exemple : diversité des groupes culturels, tissu associatif dense
B. Elle offre une variété très nombreuse de lieux culturels.
Exemple : théâtre, cinéma, musées

2.2. L'introduction

EXEMPLE

Sujet : L'évolution technologique va entraîner une recrudescence des fraudes aux examens. Partagez-vous cet avis ? Vous répondrez à cette question en vous appuyant sur les textes du corpus et vos connaissances personnelles.

Chaque année, des fraudes aux examens sont constatées. Elles sont largement relayées par les médias qui mettent en avant l'inventivité des tricheurs et leur recours aux outils technologiques les plus récents : téléphones portables, i Phone... Peut-on pour autant dire que l'évolution technologique entraîne une augmentation des risques de fraudes ? On tentera de répondre à cette question en montrant, dans une première partie, que les nouvelles technologies peuvent certes faciliter la fraude mais, dans une seconde partie, nous verrons qu'elles ne risquent pas, malgré cela, d'entraîner une recrudescence du nombre de fraudeurs.

2.3. La conclusion

EXEMPLE On a donc montré que certains appareils sophistiqués, grâce notamment à leur format, peuvent faciliter l'accès à l'information, facilitant ainsi la fraude. C'est le cas, entre autres, de ceux qui permettent un accès à internet. Cependant, la peur de se faire prendre, les sanctions ont un effet dissuasif et empêchent l'accroissement du nombre de fraudeurs et de la triche aux examens.

3 Point langue : expression

La subjectivité : si dans la synthèse de documents l'expression reste objective, dans l'écriture personnelle on développe une argumentation personnelle, subjective. Les marques de cette subjectivité sont nombreuses :
– des adverbes : *évidemment*, *heureusement*...
– des verbes : *j'aime/je n'aime pas, je suis attaché à*...
– des adjectifs qui manifestent l'implication du locuteur : *bouleversant*, *superbe*, *bizarre*...

Mots clés : Organisation • Présentation

S'ENTRAÎNER AU BTS
Exercices 11, 14 et 15 : pp. 370-371

Savoir 10 Rédiger un paragraphe d'écriture personnelle

Le paragraphe argumentatif est à la base de l'écriture personnelle. On attend au moins deux paragraphes par thèse.

1 Méthode

1.1. Présenter un paragraphe organisé

Le paragraphe commence avec un alinéa.
Il présente les étapes suivantes :
– la thèse (le point de vue, ce que l'on veut montrer),
– un argument qui soutient la thèse,
– deux exemples précis qui illustrent l'argument,
– une conclusion partielle qui clôt le premier paragraphe en reprenant (sans les répéter textuellement) les termes de l'argument.

1.2. Rédiger un paragraphe argumentatif

a) On, je, nous ?

Écriture personnelle : l'intitulé de l'exercice invite à développer un point de vue personnel. Le candidat est libre de choisir le pronom personnel utilisé.

- « Nous » induit une distance importante entre le locuteur et ce qui est dit.
- « On » marque une distance moindre entre le locuteur et son propos.
- « Je » montre une adhésion totale à l'avis défendu.

b) Cohérence du paragraphe

Le paragraphe argumentatif présente un raisonnement et une progression dans ce raisonnement. L'articulation des étapes est donc essentielle.

- **La thèse :** elle est formulée au début du premier paragraphe mais les autres paragraphes s'ouvriront sur un argument nouveau. Elle doit faire référence (par un terme, une proposition) au thème (ce dont il est question).

EXEMPLE
Sujet : Pensez-vous qu'être souvent connecté sur internet rende asocial ?
Le thème du sujet est la connexion à internet, la formulation de la thèse devra inclure le terme « internet ».
Thèse : Passer du temps sur internet ne rend pas/peut rendre asocial.

- **L'argument :** il doit être développé en deux ou trois phrases. Il est subordonné à la thèse et le lien logique entre les deux doit être clairement énoncé. Ce lien peut être un mot de liaison : *en effet*.
- **Les exemples :** on en attend au moins deux par argument. L'exemple est concret et, il doit être précis et référencé. Enfin, il est relié à l'argument par un mot de liaison : *ainsi, par exemple*... et les exemples sont reliés entre eux par un mot de liaison : *et, de plus, par ailleurs*...
- **La conclusion partielle :** elle clôt le paragraphe en une ou deux phrases. Elle résume le contenu du paragraphe.

La cohérence d'un paragraphe se fait également à travers les termes et le lexique choisis.
Veillez à utiliser des reprises nominales et pronominales pour éviter les répétitions.

2 Exemple développé : rédiger un paragraphe d'écriture personnelle

EXEMPLE

Sujet

Rêver est-il une perte de temps ? Vous répondrez à cette question d'une façon argumentée en vous appuyant sur les documents du corpus, vos lectures de l'année et vos connaissances personnelles.

Les rêves peuvent aider au progrès commun. En effet, il arrive qu'ils soient un puissant levier pour changer le monde ou au moins les mentalités. N'est-ce pas ce qu'ont réalisé des personnes comme Gandhi et Martin Luther King ? Ce dernier, dans son célèbre discours *I have a dream*, a rêvé une société sans ségrégation raciale où les Noirs et les Blancs vivraient côte à côte. Ce discours a été l'aboutissement d'un combat mené par Martin Luther King et d'autres. Suite à ce combat, la ségrégation raciale a été interdite par la loi. Gandhi a choisi de se battre de manière pacifique contre la colonisation britannique en Inde. Ce pays a fini par obtenir son indépendance. Ce qui pouvait paraître, au départ, comme une utopie, un rêve, a finalement transformé des sociétés.

3 Point langue : l'expression de la cause

Défendre un point de vue, une thèse, c'est développer une démonstration qui s'appuie nécessairement sur l'expression de la cause.
La cause peut s'exprimer de diverses manières :

a) La coordination

La conjonction de coordination *car* ou l'adverbe *en effet* introduisent un lien de cause entre deux propositions.

EXEMPLE

En Europe, les jeux vidéo ont supplanté la télévision. En effet, les ordinateurs créent des liens entre les gens.

b) La juxtaposition

Deux points (:) ou une virgule peuvent annoncer l'expression d'une cause.

EXEMPLE

L'ouverture d'internet aux jeux de hasard risque d'augmenter le risque d'addiction : elle va augmenter le nombre de personnes concernées.

c) La subordination

La cause peut être introduite par *parce que*, *comme* ou *puisque*.

EXEMPLE

Les parents se battent contre une utilisation excessive des jeux vidéo parce qu'ils empiètent sur la vie de famille.

Mot clés : Cohérence

S'ENTRAÎNER AU BTS
Exercices 12 et 13 : p. 371

Exercice 1 Voir Fiche Savoir 1

Lire les documents et en reformuler les idées principales

1. Dans le poème suivant, vous surlignerez les deux idées principales de deux couleurs différentes.
2. Vous reformulerez les deux idées principales.

Melancholia

Où vont tous ces enfants dont pas un seul
ne rit ?
Ces doux êtres pensifs que la fièvre maigrit ?
Ces filles de huit ans qu'on voit cheminer
seules ?
Ils s'en vont travailler quinze heures sous des
meules
Ils vont, de l'aube au soir, faire éternellement
Dans la même prison le même mouvement.
Accroupis sous les dents d'une machine
sombre,
Monstre hideux qui mâche on ne sait quoi
dans l'ombre,
Innocents dans un bagne, anges dans un enfer,
Ils travaillent.

Victor Hugo, *Les Contemplations*, 1856.

FAIT ☐ REVU ☐

Exercice 2 Voir Fiche Savoir 2

Confronter les documents du corpus

1. Reformulez les idées principales de ces deux documents.
2. Remplissez le tableau de confrontation.

Thème

Les discriminations dans le sport

Document 1

Une semaine après la clôture des enquêtes sur l'affaire dite des quotas dans le football, la ministre des Sports Chantal Jouanno a baptisé hier le Comité de lutte contre les discriminations chargé de combattre le racisme mais également le sexisme ou l'homophobie dans le sport.

« Racisme, sexisme et homophobie sont hors-jeu », *La Dépêche du Midi*, 17 mai 2011.

Document 2

Dimanche 24 juillet, l'association Femmes solidaires était présente à la station de métro Tuileries pour l'arrivée du Tour de France. Muni-e-s de banderoles *« à la TV, pas de filles hors-jeu »*, les militant-e-s souhaitaient alerter l'opinion publique sur l'absence de couverture médiatique des courses de cyclisme féminin, et des sports pratiqués par des femmes en général.

« L'association Femmes solidaires priée de ranger ses banderoles de promotion du cyclisme féminin », *50-50 Magazine*, 26 juillet 2011.

Tableau à remplir

DOCUMENT 1	DOCUMENT 2

FAIT ☐ REVU ☐

Exercice 3 Voir Fiche Savoir 3

Problématiser

Parmi les questions suivantes, quelles sont celles qui pourraient être des problématiques de synthèse ?

a. Les enfants ont-ils toujours raison ?
b. Quelle est la place des adolescents dans la société aujourd'hui ?
c. Quels sont les souvenirs des auteurs des documents ?
d. Que recouvre le devoir de mémoire ?
e. Qu'est-ce qui rend un objet sacré ?

FAIT ☐ REVU ☐

Exercice 4 Voir Fiche Savoir 3

Bâtir un plan de synthèse

Quel plan en deux parties peut-on proposer à partir des pistes suivantes ?

a. Les objets sont multifonctionnels.
b. L'objet peut devenir addictif.
c. L'objet peut s'avérer inutile.
d. À l'origine, chaque objet avait une fonction précise.

FAIT ☐ REVU ☐

Exercice 5 Voir Fiche Savoir 4

Rédiger un paragraphe de synthèse

À partir du corpus de textes suivants, vous rédigerez un paragraphe de synthèse.

Sujet

L'amour, par l'émerveillement qu'il provoque, nous transforme.

Document 1

Ce fut comme une apparition :
Elle était assise, au milieu du banc, toute seule ; ou du moins il ne distingua personne, dans l'éblouissement que lui envoyèrent ses yeux. En même temps qu'il passait, elle leva la tête ; il fléchit involontairement les épaules ; et, quand il se fut mis plus loin, du même côté, il la regarda.

Gustave Flaubert, *L'éducation sentimentale*, 1869.

Document 2

Vive le coup de foudre

Selon un sondage présenté hier, 73 % des Français pensent qu'on peut tomber amoureux fou en un instant. Et 52 % d'entre eux l'ont même déjà vécu.

La pupille qui se dilate, les jambes qui flageolent, le décor qui s'évanouit pour ne plus laisser qu'un être dans son champ de vision. Lui. Ou elle. L'autre, dont on ne sait pas vraiment pourquoi, au fond, il nous submerge ainsi. Le coup de foudre, cliché de littérature ou de cinéma ? Dans la vie, ça prend parfois plus d'une seconde, mais ça existe bel et bien.

Le Parisien, 16 mai 2012.

FAIT ☐ REVU ☐

Exercice 6 Voir Fiche Savoir 5

Rédiger une introduction et une conclusion de synthèse

À partir du corpus de textes suivants et de la problématique, vous rédigerez l'introduction et la conclusion de ce dossier de synthèse.

Thème

Je me souviens.

Problématique

En quoi le devoir de mémoire permet-il d'articuler le passé et le présent ?

Document 1

La loi du 21 mai 2001 dite « loi Taubira » sur l'esclavage, dispose :

Article 1er

La République française reconnaît que la traite négrière transatlantique ainsi que la traite dans l'océan Indien d'une part, et l'esclavage d'autre part, perpétrés à partir du XVe siècle, aux Amériques et aux Caraïbes, dans l'océan Indien et en Europe contre les populations africaines, amérindiennes, malgaches et indiennes constituent un crime contre l'humanité.

Document 2

Louis Aragon a écrit «Strophes pour se souvenir» en mémoire du groupe Manouchian, résistants étrangers fusillés par la Gestapo en 1944. L'annonce de leur condamnation avait été faite par une affiche reproduisant leurs photographies, et qui est restée sous le nom de l'Affiche rouge.

Strophes pour se souvenir

Vous n'avez réclamé la gloire ni les larmes
Ni l'orgue ni la prière aux agonisants
Onze ans déjà que cela passe vite onze ans
Vous vous étiez servi simplement de vos armes
La mort n'éblouit pas les yeux des Partisans

Vous aviez vos portraits sur les murs de nos villes
Noirs de barbe et de nuit hirsutes menaçants
L'affiche qui semblait une tache de sang
Parce qu'à prononcer vos noms sont difficiles
Y cherchait un effet de peur sur les passants
(...)

Ils étaient vingt et trois quand les fusils fleurirent
Vingt et trois qui donnaient leur cœur avant le temps
Vingt et trois étrangers et nos frères pourtant
Vingt et trois amoureux de vivre à en mourir
Vingt et trois qui criaient la France en s'abattant.

Louis Aragon, Extrait de « Strophes pour se souvenir », *Le Roman inachevé*, Éditions Gallimard, 1956.

Document 3

Discours prononcé à Chartres le 10 mai 1975 pour les femmes rescapées de la déportation, réunies pour célébrer le trentième anniversaire de la libération des camps.

Il y eut le grand froid qui mord les prisonnières comme les chiens policiers, la Baltique plombée au loin, et peut-être le fond de la misère humaine. Sur l'immensité de la neige. Il y eut toutes ces taches rayées qui attendaient. Et maintenant il ne reste que vous, poignée de la poussière battue par les vents de la mort. Je voudrais que ceux qui sont ici, ceux qui seront avec nous ce soir ; imaginent autour de vous les résistantes pendues, exécutées à la hache, tuées simplement par la vie des camps d'extermination. [...] Ce que furent les camps d'extermination, on le sut à partir de 1943. Et toutes les résistantes, et la foule d'ombres qui, simplement, nous ont donné asile, ont su au moins qu'elles risquaient plus que le bagne. [...] Les résistantes furent les joueuses d'un terrible jeu. Combattantes, non parce qu'elles maniaient des armes (elles l'ont fait parfois) : mais parce qu'elles étaient des volontaires d'une atroce agonie. Ce n'est pas le bruit qui fait la guerre, c'est la mort.

André Malraux, *La politique, la culture*, 1996.

FAIT ☐ REVU ☐

Exercice 7 Voir Fiche Savoir 6

Lire le sujet d'écriture personnelle

1. Vous associerez les mots clés à d'autres termes dans le tableau.

Sujet

Les souvenirs sont-ils nécessairement heureux ?

Vous répondrez à cette question d'une façon argumentée en vous appuyant sur les documents du corpus, vos lectures de l'année et vos connaissances personnelles.

Mots clés : « les souvenirs », « heureux ».

2. Vous ferez le lien entre les mots clés.

Sujet

« Twitter est avant tout un outil de communication, il vous permet de tenir vos amis au courant de ce que vous faites à un moment donné et de discuter entre vous. Grâce à la fonction de recherche, c'est aussi devenu un outil d'information. »

Pensez-vous que les réseaux sociaux comme Twitter sont à la fois un outil de d'information et un moyen de communication entre amis ?

a. Quel est le thème du sujet ?

b. Quels sont les mots ou expressions clés du sujet ?

c. Par quelle locution sont-ils reliés dans la question ?

d. Quels sont les deux aspects du thème que vous pouvez étudier ?

FAIT ☐ REVU ☐

Tableau à remplir

LES SOUVENIRS	HEUREUX

Exercice 8 Voir Fiche Savoir 7

Trouver les arguments

Voici une série de thèses et une série d'arguments. Vous relierez chaque thèse à un argument puis trouverez, pour chacune des thèses, un second argument.

Thèses

1. Les voyages ouvrent l'esprit...
2. Nous devons exiger une égalité de traitement entre hommes et femmes...
3. L'environnement est devenu une préoccupation majeure...
4. Le progrès peut être nuisible...

Arguments

a. ... en effet, les personnes doivent être rémunérées en fonction de leurs compétences seulement.

b. ... en effet, ils permettent d'aller à la rencontre de cultures différentes.

c. ... en effet, nous n'avons pas toujours le recul nécessaire pour évaluer ses effets.

d. ... en effet, nos vies sont fragilisées par la pollution.

FAIT ☐ REVU ☐

Exercice 9 Voir Fiche Savoir 7

Faire le lien entre thèses et arguments

Voici une liste de thèses et une liste d'arguments. Vous relierez les arguments à la thèse qu'ils défendent.

Thèses

1. « L'humanité s'installe dans la monoculture ; elle s'apprête à produire la civilisation en masse, comme la betterave » (C. Levi-Strauss, *Tristes Tropiques*, 1955) ...
2. Le sport de haut niveau est souvent réservé aux hommes...
3. L'expansion des villes a pour conséquence une paupérisation de la population...
4. La fraude aux examens est un fléau...
5. La mondialisation est bénéfique...

Arguments

a. ... parce que cela provoque des injustices et une rupture de l'égalité.
b. ... parce que la société est discriminante à l'égard des femmes.
c. ... parce qu'elle permet une meilleure circulation de l'information.
d. ... parce que ce phénomène entraîne, entre autres, la création de bidonvilles.
e. ... parce que la mondialisation homogénéise les sociétés.

FAIT ☐ REVU ☐

Exercice 10 Voir Fiche Savoir 8

Trouver des exemples pour illustrer les arguments

1. Dans le paragraphe suivant, vous relèverez l'argument et les exemples.

Chez le peintre Édouard Manet, la modernité, qui remet en questions les règles des siècles précédents, s'exprime par le choix de ses sujets. C'est le cas, notamment, dans trois de ses tableaux : *Le chemin de fer* (1873), *Le bar des Folies Bergères* (1882) et *Olympia* (1863) qui représente une courtisane du Second Empire.

D'après un article du monde.fr écrit par Nicolas Baudouin.

2. Parmi les phrases suivantes, vous distinguerez celles qui sont des arguments et celles qui sont des exemples.

a. L'adaptation filmée du *Seigneur des anneaux* montre des personnages et des scènes qui appartiennent au merveilleux.
b. Certains romans racontent des histoires puisées dans la réalité.
c. Dans le tableau de Georges de La Tour, *Le Tricheur à l'as de carreau*, les personnages féminins ont l'air complices.

3. Les étapes du raisonnement qui suit sont dans le désordre. Remettez-les dans l'ordre de manière à rédiger un paragraphe cohérent.

- On peut citer un autre exemple : celui des sites de téléchargement qui évitent d'aller chez le disquaire.
- Internet a changé notre vie d'une manière plus profonde que la télévision.
- On voit donc bien qu'internet n'est pas un simple loisir au même titre que les autres : il bouscule nos habitudes et incite à modifier nos comportements.
- Ainsi, avec internet, on n'a plus besoin de se déplacer – si on a les moyens ! –, en quelques clics on reçoit chez soi livres, nourriture...
- En effet, la télévision a changé seulement nos loisirs, alors qu'internet a bouleversé toute notre vie quotidienne.

FAIT ☐ REVU ☐

Exercice 11 Voir Fiche Savoir 9

Rédiger un paragraphe argumentatif

Pour le sujet ci-dessous, rédigez un paragraphe argumentatif. Vous aurez recours aux connecteurs logiques suivants : *ainsi, en effet, par ailleurs*.

Sujet

Les enfants qui passent plusieurs heures par jour sur des jeux vidéo risquent de ne plus faire la différence entre l'univers du jeu et celui de la réalité. Êtes-vous d'accord avec cette affirmation ? Vous répondrez dans un paragraphe argumenté.

FAIT ☐ REVU ☐

Exercice 12 Voir Fiche Savoir 10

Construire le plan et rédiger l'écriture personnelle

1. À partir du sujet suivant, vous rédigerez une introduction d'écriture personnelle.
Elle devra inclure trois étapes :
– une phrase d'appel ;
– la problématique ;
– l'annonce du plan de l'écriture personnelle.

Sujet
L'infraction aux lois (aux examens, dans la vie quotidienne...) entraîne une rupture de l'égalité entre les individus. Partagez-vous ce point de vue ?

Vous répondrez à cette question en vous appuyant sur les textes du corpus et vos connaissances personnelles.

2. Vous rédigerez une conclusion à partir du plan proposé.

Sujet
Se souvenir, est-ce réinventer la réalité ?

Vous répondrez à cette question en vous appuyant sur les textes du corpus et vos connaissances personnelles.

Plan proposé
1. Se souvenir, c'est se tourner vers le passé, et tâcher de se remémorer la réalité.
2. Se souvenir peut amener à reconstruire la réalité, volontairement ou involontairement.

FAIT ☐ REVU ☐

Exercice 13 Voir Fiche Savoir 10

Rédiger un paragraphe d'écriture personnelle

D'après le thème et le sujet suivants, vous rédigerez un paragraphe d'écriture personnelle correspondant à la thèse : « Il arrive que la démesure nous fascine ».

Thème
L'extraordinaire

Sujet
La démesure peut-elle être fascinante ? Vous répondrez à cette question de manière argumentée.

Thèse défendue
Il arrive que la démesure nous fascine.

FAIT ☐ REVU ☐

Exercice 14 Voir Fiche Savoir 9

Rédiger une introduction d'écriture personnelle

Vous rédigerez l'introduction d'écriture personnelle du sujet suivant.

Thème
L'extraordinaire

Sujet
Ce qui est extraordinaire peut-il devenir insupportable ? Vous répondrez à cette question de manière argumentée.

FAIT ☐ REVU ☐

Exercice 15 Voir Fiche Savoir 9

Construire un plan d'écriture personnelle

Vous construirez le plan d'écriture personnelle du sujet suivant.

Sujet
Ce qui est extraordinaire peut-il devenir insupportable ? Vous répondrez à cette question de manière argumentée.

Corrigés

Exercice 1 Voir Fiche Savoir 1

Lire les documents et en reformuler les idées principales

Où vont tous ces enfants dont pas un seul ne rit ?
Ces doux êtres pensifs que la fièvre maigrit ?
Ces filles de huit ans qu'on voit cheminer seules ?
Ils s'en vont travailler quinze heures sous des meules
Ils vont, de l'aube au soir, faire éternellement
Dans la même prison le même mouvement.
Accroupis sous les dents d'une machine sombre,
Monstre hideux qui mâche on ne sait quoi dans l'ombre,
Innocents dans un bagne, anges dans un enfer,
Ils travaillent.

1. Première idée : la description des enfants
Deuxième idée : les conditions de travail

2. Reformulation : À travers la description des enfants et de leurs conditions de travail, Hugo dénonce avec violence le travail des enfants.

Exercice 2 Voir Fiche Savoir 2

Confronter les documents du corpus

DOCUMENT 1	Discrimination sexiste dans le sport : les médias se désintéressent du sport féminin	Des manifestations ont lieu pour dénoncer cette discrimination
DOCUMENT 2	Un constat : des discriminations dans le sport	Un comité est créé pour combattre les discriminations dans le sport
PISTES	Il existe des discriminations dans le sport	Les moyens pour lutter contre ces discriminations

Exercice 3 Voir Fiche Savoir 3

Problématiser

b, **d** et **e**.

Exercice 4 Voir Fiche Savoir 3

Bâtir un plan de synthèse

Plan

I. Les fonctions de l'objet (**a** et **d**)
II. La place de l'objet dans nos sociétés (**b** et **c**)

Exercice 5 Voir Fiche Savoir 4

Rédiger un paragraphe de synthèse

L'amour, par l'émerveillement qu'il provoque, nous transforme. Ainsi Flaubert montre-t-il dans *L'Éducation sentimentale* que l'on peut tomber amoureux très rapidement. Le personnage féminin est présenté comme une « apparition », évoquant ainsi un ange. Cet amour fou, inconditionnel est également évoqué dans l'article du *Parisien*. Dans les deux documents, l'amour transforme et provoque des émotions. Dans le roman de Flaubert, le personnage est ébloui par la beauté de la femme. L'article de presse, lui, décrit l'effet physique que produit le sentiment amoureux sur la personne. Ainsi, les émotions que l'amour engendre agissent sur nous et nous bouleversent profondément.

Exercice 6 Voir Fiche Savoir 5

Rédiger une introduction et une conclusion de synthèse

Introduction

Le thème du corpus de textes est « Je me souviens » et plus particulièrement, le devoir de mémoire lié aux génocides et crimes contre l'humanité. En quoi ce devoir de mémoire permet-il d'articuler le passé et le présent ? Pour tenter de répondre à cette question nous verrons, dans une première partie, comment l'évocation et la mémoire des événements permettent de connaître et de comprendre certains pans de l'Histoire. Puis dans une seconde partie de quelle manière, aujourd'hui, la transmission de ces événements éclaire l'époque contemporaine.

Conclusion

La mémoire de crimes contre l'humanité et de génocides nous permet de nous rappeler toute l'atrocité de ces événements. Leur souvenir est également l'occasion, notamment pour des artistes ou pour des personnalités politiques, de les reconnaître pleinement et de les inscrire dans notre présent.

Exercice 7 Voir Fiche Savoir 6

Lire le sujet d'écriture personnelle

1. Tableau

LES SOUVENIRS	HEUREUX
Enfance/Famille Amitiés École Traumatismes Mélancolie	Insouciance Désir de vivre, de réaliser des projets, de faire des rencontres

2. a. Thème : Twitter

b. Mots et expressions-clés : « Twitter », « outil de communication », « outil d'information »

c. Lien entre ces mots : « aussi »

d. Twitter peut être étudié à la fois comme outil de communication et comme outil d'information.

Exercice 8 Voir Fiche Savoir 7

Trouver les arguments

1. Les voyages ouvrent l'esprit. En effet, ils permettent d'aller à la rencontre de cultures différentes. Par ailleurs, ils sont l'occasion de nous confronter à nos représentations et à nos préjugés.

2. Nous devons exiger une égalité de traitement entre hommes et femmes. En effet, les personnes ne doivent être rémunérées qu'en fonction de leurs compétences. De plus, ces inégalités renforcent la fragilité des femmes qui sont en situation précaire.

3. L'environnement est devenu une préoccupation majeure, parce que nos vies sont fragilisées par la pollution. En outre, si nous ne nous préoccupons pas de l'environnement, la disparition d'espèces animales et végétales risque de se précipiter.

4. Le progrès peut être nuisible. En effet, nous n'avons pas toujours le recul nécessaire pour évaluer ses effets. De plus, ses répercussions – parfois indirectes – deviennent parfois difficiles à maîtriser.

Exercice 9 Voir Fiche Savoir 7

Faire le lien entre thèses et arguments

1. L'humanité s'installe dans la monoculture ; elle s'apprête à produire la civilisation en masse, comme la betterave, parce que la mondialisation homogénéise les sociétés.

2. Le sport de haut niveau est souvent réservé aux hommes parce que la société est discriminante à l'égard des femmes.

3. L'expansion des villes a pour conséquence une paupérisation de la population parce que ce phénomène entraîne, entre autres, la création de bidonvilles.

4. La fraude aux examens est un fléau parce que cela provoque des injustices et une rupture de l'égalité.

5. La mondialisation est bénéfique parce qu'elle permet une meilleure circulation de l'information.

Exercice 10 Voir Fiche Savoir 8

Trouver des exemples pour illustrer les arguments

1. Argument : chez le peintre Manet, la modernité s'exprime par le choix des sujets.
Exemples : *Le Chemin de fer* (1873), *Le Bar des Folies Bergères* (1882), *Olympia* (1863).

2. Arguments : b / Exemples : a et **c**

3. Internet a changé notre vie d'une manière plus profonde que la télévision. En effet, la télévision a changé seulement nos loisirs, alors qu'internet a bouleversé toute notre vie quotidienne. Ainsi, avec internet, on n'a plus besoin de se déplacer – si on a les moyens ! –, en quelques clics on reçoit chez soi livres, nourriture... On peut citer un autre exemple : celui des sites de téléchargement qui évitent d'aller chez le disquaire. On voit donc bien qu'internet n'est pas un simple loisir au même titre que les autres : il bouscule nos habitudes et incite à modifier nos comportements.

Exercice 11 Voir Fiche Savoir 9

Rédiger un paragraphe argumentatif

Les enfants qui passent plusieurs heures sur des jeux vidéo risquent de ne plus faire la différence entre l'univers du jeu et celui de la fiction. En effet, les jeux vidéo proposent souvent des situations réalistes auxquelles les plus jeunes peuvent adhérer sans discernement, et la frontière entre jeu et réalité peut devenir ténue. Ainsi, c'est le cas de certains jeux de guerre qui mettent en scène des personnages qui ressemblent à des êtres humains. Le joueur est sollicité et doit agir de manière violente avec ou contre ces personnages. Par ailleurs, même si cette violence est virtuelle, il n'est pas exclu que des enfants développent des comportements violents suite à un usage répété de ces jeux.

Exercice 12 Voir Fiche Savoir 10

Construire le plan et rédiger l'écriture personnelle

1. Chaque année, des fraudes aux examens sont constatées, tant au niveau du secondaire, au baccalauréat entre autres, que dans l'enseignement supérieur. Elles sont largement relayées par les médias qui mettent en avant l'inventivité des tricheurs et leur recours aux outils technologiques les plus récents : téléphones portables, iPhone... **(phrase d'appel)** Peut-on pour autant dire que l'évolution technologique entraîne une augmentation des risques de fraudes ? **(problématique)** On tentera de répondre à cette question en montrant, dans une première partie, que les nouvelles technologies peuvent certes rendre la fraude plus facile mais, dans une seconde partie, nous verrons qu'elles ne risquent pas, malgré cela, d'entraîner une recrudescence du nombre de fraudeurs. **(annonce du plan)**

2. Conclusion : On peut convoquer ses souvenirs et tenter de restituer la réalité, et ce de la manière la plus objective possible. Pourtant, comme on l'a vu dans le développement qui précède, cette démarche est complexe, et il arrive qu'en faisant appel à ses souvenirs, on travestisse les événements passés.

Exercice 13 Voir Fiche Savoir 10

Rédiger un paragraphe d'écriture personnelle

Paragraphe rédigé

La démesure peut être fascinante. En effet, l'individu peut être subjugué par ce qui est excessif et sort de l'ordinaire. C'est le cas, par exemple, quand une rixe violente se déclenche dans un lieu public. Les personnes qui se trouvent à proximité ont rarement le réflexe de faire cesser la bagarre. Elles restent hypnotisées, à la fois figées et fascinées par la violence de la scène. Cette fascination soudaine peut s'expliquer par le fait que les gens, peu habitués à une telle violence, n'ont pas immédiatement conscience de la gravité de l'acte.

Exercice 14 Voir Fiche Savoir 9

Rédiger une introduction d'écriture personnelle

Introduction rédigée

Nous vivons dans une société qui produit de l'inédit, notamment par l'intermédiaire des médias. On est dans une quête permanente de la sensation. On peut se demander si ce qui est extraordinaire ne risque pas de nous devenir insupportable. Pour répondre à cette question, nous verrons que, si l'extraordinaire peut s'avérer, par certains aspects, difficile à supporter, une vie ordinaire n'est pas toujours entièrement satisfaisante.

Exercice 15 Voir Fiche Savoir 9

Construire un plan d'écriture personnelle

Plan

I. L'extraordinaire peut s'avérer insoutenable.

A. En effet, quand l'extraordinaire repose exclusivement sur la violence, il est insupportable.
Exemple : La multiplication des attentats

B. Les événements ne sont extraordinaires que s'ils sont rares, exceptionnels ; s'ils sont trop fréquents, ils perdent tout intérêt et peuvent être difficiles à supporter.
Exemple : Les événements sont systématiquement présentés, dans certains journaux télévisés, de manière sensationnelle. Cette façon de présenter l'information peut agacer les télespectateurs et les éloigner de ces émissions.

II. Pourtant, l'être humain peut-il se satisfaire d'une vie ordinaire ?

A. Une vie sans événement, sans rencontre extraordinaire serait monotone, ennuyeuse.
Exemple : Dans la nouvelle de Maupassant, *La Parure*, Mme Loisel a épousé un employé médiocre et s'ennuie.

B. Les événements, les rencontres extraordinaires permettent à l'individu de se révéler à lui-même et de se dépasser.
Exemple : L'amour fou qu'éprouvent l'un pour l'autre Roméo et Juliette.

Savoir
1

La compréhension d'un enregistrement

Il est plus difficile de comprendre un enregistrement que de comprendre un texte écrit, mais vous y parviendrez mieux en procédant avec méthode.

1 Le sujet du document

Écoutez d'abord en cherchant à répondre à une question essentielle : quel est le sujet abordé dans le document ?
Avant la première écoute, servez-vous du titre et du sous-titre éventuels. Sachez que le titre et le premier paragraphe résument souvent le contenu d'un document/article.

EXEMPLE DE TITRE *Million women missing from Britain's workforce*
Le sujet est : les femmes et le travail en Grande Bretagne. Vous pouvez vous attendre à entendre des mots anglais signifiant : « femmes » (*women*), « le travail » (*work*), « un emploi » (*a job*), « l'emploi » (*employment*), « la garde des enfants » (*childcare*), « le revenu » (*income*), « rester à la maison » (*stay at home*).

2 La structure du document

Repérez la structure du document écouté : servez-vous des pauses entre les paragraphes.
Sachez qu'un article bien rédigé propose une idée par paragraphe.

3 Les sujets des phrases

Repérez les groupes nominaux (GN) sujets (S) des phrases. Le sujet grammatical du verbe indique ce dont on parle.
- Dans une phrase simple (sans proposition subordonnée), il y a un seul GN.
- Dans une phrase complexe (comprenant une proposition subordonnée), il y a un nouveau GN sujet ou bien une reprise du même sujet avec un pronom (*it, he/she*, etc.) après chaque conjonction de subordination comme *if*.

EXEMPLE
***Living standards** (S) would be improved **{if} more women** were in work.* (*living standards* : le niveau de vie) → Le niveau de vie s'améliorerait si plus de femmes travaillaient.

4 Le sens des mots inconnus

- Notez les mots inconnus que vous avez repérés en laissant des blancs.

Faites preuve de logique pour déduire le sens de ces mots inconnus.

EXEMPLE
Britain is <ranked?> 15th for female employment among the 34 OECD[1] countries. ranked = classé(e)

1. *OECD = Organisation for Economic Co-operation and Development* = OCDE : Organisation de coopération et de développement économiques.

- Avant les autres écoutes, concentrez-vous pour repérer les mots qui vous ont échappé lors de la 1re écoute.

EXEMPLE

The relative cost of <childcare provision?> appears to be a major factor <in whether?> a woman stays at home or chooses to work.

➜ Le coût relatif de ... apparaît comme un facteur essentiel ... une femme reste à la maison ou choisit de travailler.

Vous pouvez déduire qu'il est question des enfants à garder et de ce que cela coûte.

5 La compréhension globale

Sachez qu'il n'est pas nécessaire de tout comprendre.

Repérez les mots lexicaux, fortement accentués et porteurs de l'essentiel du sens, et les mots grammaticaux qui indiquent les rapports logiques (*because*, etc.) et chronologique (*until*, etc.).

Si vous ne connaissez pas le sens précis d'un mot, mais avez compris globalement de quoi il s'agit, remplacez-le par un terme plus général ou une définition (*3D printer* : imprimante 3D, machine pour fabriquer des objets en trois dimensions).

6 Les unités de sens

Habituez-vous à segmenter la chaîne sonore et à repérer les unités de sens. Dans une phrase anglaise, à l'oral, les mots d'un même groupe de sens sont reliés par des liaisons. Cela rend la compréhension plus difficile. Il faut donc segmenter les phrases pour distinguer les mots clés. La connaissance des mots grammaticaux vous aide.

EXEMPLE

Vous entendez : *Nations thatareaheadof Britain for femaleemploymentinclude thosein Scandinavia*, [pause] *renowned for family-friendly policies*, [pause] *butalso Russia, Germanyand Canada*, [pause] *the reporterargues.*

Vous lisez (script de l'enregistrement ; mots grammaticaux entre parenthèses) : *Nations {that} are {ahead of} Britain {for} female employment include {those} {in} Scandinavia, [pause] renowned {for} family-friendly policies, [pause] {but also} Russia, Germany {and} Canada, [pause] {the} reporter argues.*

7 Les points essentiels du document

Résumez le contenu de l'enregistrement à partir de vos notes. Ayez un cadre tout prêt :

« Le document enregistré que je viens d'écouter a pour sujet...

Il comporte (trois) parties/(six) paragraphes.

D'abord (l'auteur/le journaliste/la personne interrogée...)/ Ensuite.../ Puis.../ Après cela.../ Finalement ...

Le document est intéressant parce qu'il nous apprend/explique/montre/démontre que... »

S'ENTRAÎNER AU BTS
Exercice 1 : p. 379

Savoir **2**

Les articles : *a/an*, *the*/article zéro

1 Les emplois particuliers de *a/an*

1.1. Devant un nom au singulier attribut (après *be* ou *become*)

EXEMPLE Son père était (un) homme d'affaires. ➜ *Her father was* **a** *businessman.* (pas : ~~*was businessman*~~)

1.2 Après une préposition

EXEMPLES

Ils ont trouvé l'endroit **sans problème.** ➜ *They found the place without* **a** *problem.* (ou : *without* ***any*** *problem* = sans le moindre problème)

The operation went on ***without a*** *hitch.* ➜ L'opération s'est déroulée sans anicroche. (pas : sans ~~une~~ anicroche)

1.3 Pour dire « deux fois par semaine », « une fois par an »...

EXEMPLES *All the collaborators meet twice* **a** *week.* ➜ Tous les collaborateurs se réunissent **deux fois par semaine**.

The results are assessed once **a** *year.* ➜ Les résultats sont évalués une fois **par** an.

2 L'emploi de *the* et de l'article zéro (Ø)

2.1 L'article zéro pour parler de quelque chose en général

EXEMPLE **La vie** professionnelle est parfois difficile. ➜ ***Ø Professional life*** *can be tough.* (la vie professionnelle en général, pas : ~~The~~ professional life)

2.2 L'article zéro devant les noms de pays et de continents

EXEMPLES

Les chaînes d'hypermarchés ont envahi **l'Europe** et **l'Amérique**.

➜ *Giant superstore chains have invaded* ***Ø Europe*** *and* ***Ø America.***

La Grande-Bretagne se porte mieux que **la France**.

➜ ***Ø Britain*** *is doing better than* ***Ø France.***

Exceptions : *the United Kingdom – the UK (le Royaume-Uni), the United states – the US (les États-Unis), the Netherlands (les Pays-Bas).*

2.3 Pour parler de quelque chose en particulier

On utilise *the* comme le/la/les quand on parle de quelque chose en particulier, quand ce dont on parle est défini par la situation ou le contexte. On n'emploie pas *the* devant un nom propre au génitif (cas possessif).

EXEMPLES

La vie de certains cadres est difficile. ➜ ***The life*** *of some executives can be tough.* (la vie spécifique de certaines personnes ; quand vous employez *of*, employez aussi *the*)

Les bénéfices **d'**Apple ➜ Apple**'s** profits ('s = les ... de..., pas ~~the~~ Apple's profits)

S'ENTRAÎNER AU BTS
Exercice 2 : p. 379

Savoir
3 La possession

1 « son/sa/ses... » et « le mien, les leurs... »

1.1 L'emploi des adjectifs possessifs

On choisit l'adjectif possessif en fonction du possesseur, non de ce qui est possédé.

EXEMPLES *She immediately phoned* ***her*** *husband,* ***her*** *family,* ***her*** *friends.* ➜ **Elle** a aussitôt téléphoné à **son mari**, à **sa famille**, à **ses amis**.

N.B. : En français l'accord se fait à droite, avec le nom au masculin, féminin ou pluriel.

1.2 L'emploi de *their* pour éviter de choisir entre *his* ou *her*

EXEMPLES Tout le monde a **son badge** ? ➜ *Has everybody got* ***their identification badges****?*

Si quelqu'un essaie d'entrer, demandez-lui **sa pièce d'identité**. ➜ *If anybody tries to enter, ask them for* ***their*** *ID.*

Chaque visiteur doit ouvrir **son** sac. ➜ *Every visitor must open* ***their*** *bags.*

1.3 L'emploi des pronoms possessifs

EXEMPLES Ce stylo est **à vous** ? Oui, c'est **le mien**. ➜ *Is this pen* ***yours****? Yes it's* ***mine****.*

On a aussi un fourgon de livraison. **Le leur** est un Mercedes, **le nôtre** est un Ford.

➜ *We have a delivery van, too.* ***Theirs*** *is a Mercedes,* ***ours*** *is a Ford.*

2 Les équivalents de « le ... de... », « À qui est ... », « celui de... »

2.1 « le ... de... » : génitif avec un possesseur animé, sinon *the ... of...*

On emploie le génitif avec un possesseur animé et *the ... of...* avec un inanimé.

EXEMPLES

L'emploi de Frank. ➜ *Frank's job.* (pas ~~the~~ Frank's job) (animé)

La porte **du** bureau. ➜ *The door* ***of/to*** *the office.* (pas ~~the office's door~~) (inanimé)

MAIS :

He's ***a friend of the manager's****.* ➜ C'est **un** ami **du directeur**.

He's ***a friend of hers****.* ➜ C'est **un** ami **à elle**.

2.1 « À qui est ... », « celui de... » : whose et le génitif

EXEMPLES

À qui est ce portable ? ➜ ***Whose*** *cellphone is this ?*

C'est **celui de** Mary. ➜ *It's* ***Mary's****.*

3 Pour résumer

POUR DIRE...	NE DITES PAS...	DITES...
À qui est ce stylo ?	*Whose ~~the~~ pen is this?*	***Whose*** *pen is this?*
Ce stylo est **à Ann**. C'est **le sien**.	*This pen is ~~to Ann~~. It's ~~his~~.*	*This pen is* ***Ann's****. It's* ***hers****.*
Jane et **son** associé.	*Jane and ~~his~~ partner.*	*Jane and* ***her*** *partner.*
Tout le monde a **son** passe ?	*Has everyone got ~~his pass~~ ?*	*Has everyone got* ***their passes****?*
L'hôtel a **sa** piscine.	*The hotel has ~~his~~ pool*	*The hotel has* ***its own*** *pool.*

S'ENTRAÎNER AU BTS
Exercice 3 : pp. 379-380

Exercice 1 voir Fiche Savoir 1

La compréhension d'un enregistrement

Lisez les extraits d'un article de la BBC, puis répondez aux questions en français.

> The cobbled streets of Stockholm may be cold and snowy during winter, but **Europe's fastest growing city** is one of the world's hottest start-up hubs and a magnet for international talent.
>
> Sweden's capital is the birthplace of Skype, Spotify and Mojang; only Silicon Valley boasts more billion dollar companies per capita, according to investment firm **Atomico**.
>
> Many major international companies including Spotify, H&M and Ericsson offer expats accommodation for the first three months of their contracts in Stockholm.
>
> According to **Statistics Sweden**, October figures showed the average cost of renting a two-bedroom apartment in Stockholm was 6,518 Swedish kronor ($783) per month.
>
> The Swedish government offers free language classes for immigrants.
>
> Sweden frequently scores praise for having the **largest proportion of working mothers in the EU** and was recently ranked the fourth most gender equal country by the **World Economic Forum**.
>
> Source : BBC online

1. Le sujet de l'article est : **a)** Stockholm **b)** la Suède **c)** Stockholm et la Suède

2. La ville se développe : **a)** lentement **b)** rapidement **c)** très rapidement

3. Quel type d'entreprises trouve-t-on particulièrement dans la ville ?

4. L'article évoque la situation : **a)** des travailleurs suédois **b)** des expatriés **c)** des deux

5. Quel est le premier problème à régler pour les expatriés ?

6. Comment l'apprentisssage du suédois par les immigrants est-il facilité ?

7. La situation des femmes par rapport au travail est : **a)** la meilleure du monde **b)** la meilleure d'Europe **c)** la meilleure de Suède

FAIT ☐ REVU ☐

Exercice 2 voir Fiche Savoir 2

Les articles : *a/an, the*/article zéro

1. Traduisez les GN (groupes nominaux) en gras. Remarquez les différences entre les deux langues.

a) **Traders** earn a lot of money. (*N.B.* : *earn*, pas *win* = gagner au jeu)

b) **Time** is **money** and **business** is **business.** (*N.B.* : *business* = les affaires)

c) They even serve **salmon** at the cafeteria.

d) What about **gender equality** in **big companies**?

e) What are the main problems of **British society**?

f) They serve **breakfast** from 6 a.m.

g) **Petrol** is cheaper than last year. (*N.B.* : *petrol* = l'essence ; le pétrole = *oil*)

h) Most of my workmates like **football.** (*workmate* = collègue)

i) **Coffee** has become very popular in the UK.

j) Few business people can speak **Chinese.**

k) We'll get the new computers **next week.**

l) **Microsoft's turnover** is impressive. (*turnover* = chiffre d'affaires)

2. Complétez avec *a/an, this/that* ; *these/those* ou Ø/*the*.

a) His girlfriend is ... accountant. (*accountant* = comptable)

b) ... days (de nos jours) you can't live without ... cellphone.

c) The CEO (*PDG*) flies to China at least twice ... month.

d) ... China is the world's most populated country.

FAIT ☐ REVU ☐

Exercice 3 voir Fiche Savoir 3

La possession

1. Corrigez les erreurs indiquées.

a) She met ~~his~~ boyfriend at work.

b) I know him well but I haven't met ~~her~~ girlfriend.

c) Does everybody remember ~~his password~~?

d) ~~The Fred's~~ CV is impressive.

e) ~~The article's author~~ is a journalist.

2. Complétez les traductions.

a) Jane ? On lui a volé son portable et sa tablette !
➜ Jane ? They've stolen ... mobile and ... tablet !

b) Elle a créé sa propre entreprise. ➜ She's created ... company.

c) L'entreprise devrait améliorer son image. ➜ The company should improve ... image.

d) Ce stylo est-il à vous ? ➜ Is this pen ....

e) Il est à John. ➜ It's ...

FAIT ☐ REVU ☐

Exercice 4

Les noms

1. Complétez les traductions.

a) Les femmes sont-elles moins bien payées ? ➜ Are ... less well-paid ?

b) Qui garde les enfants ? ➜ Who looks after the ... ?

c) Ses analyses sont intéressantes. ➜ Her ... are interesting.

d) Il a travaillé pour deux entreprises. ➜ He's worked for two ... .

e) Elle leur a donné deux bons conseils. ➜ She gave them two good ... .

2. Corrigez les erreurs.

a) Don't wear ~~a jeans~~ to work.

b) Having lunch at the cafeteria is a good ~~mean~~ to meet your colleagues.

c) The storm caused a lot of ~~damages~~.

d) Now she's got a good ~~work~~.

e) He gave me ~~a good advice~~.

3. Mettez les segments de phrase dans l'ordre pour traduire.

a) l'Organisation mondiale du commerce ➜ the/Trade/World/Organisation

b) certains des pays les moins développés ➜ least developed/some of/countries/the

c) les pays les plus pauvres du monde ➜ the/poorest countries/world's

d) les règles internationales de la propriété intellectuelle ➜ Ø/ intellectual property/international/rules

FAIT ☐ REVU ☐

Exercice 5

Les adjectifs

1. Corrigez les erreurs.

a) They've launched two ~~news~~ products. (*launch :* lancer)

b) It's a car for the very ~~riches~~.

c) With 2,000 employees, it's a very ~~important~~ company.

d) The contestant gave all the ~~good~~ answers and won 3,000 euros. (*contestant :* concurrent)

e) Their boss is ~~a man very powerful~~.

f) The boss's PA ~~speaks very well German~~. (*PA = Personal Assistant :* secrétaire de direction)

g) They've hired two ~~handicaped~~. (*hire :* embaucher)

h) She's going out with ~~an English~~.

i) They've been taken over by a ~~chinese~~ firm. (*talken over :* repris)

j) He's very ~~interesting by~~ new technology.

k) The job applicant had an ~~afraid~~ look. (*applicant :* candidat)

l) The product is packed in ~~boxes in plastic~~.

2. Complétez avec la préposition qui convient.

a) en colère **contre** qqn : angry ... sb

b) en colère **au sujet de** qqch : angry ... sth

c) bénéfique pour qqn/qqch : beneficial ... sb/sth

d) occupé **par** qqch : busy ... sth

e) préoccupé **par** qqch : concerned ... sth

f) différent **de** : different ...

g) déçu **par** qqch : disappointed ... sth

h) mécontent **de** qqch : dissatisfied ... sth

i) intéressé **par** qqch : interested ... sth

j) satisfait **de** qqch : pleased ... sb

k) optimiste **à propos** de qqch : optimistic ... sth

l) responsable **de** qqch : responsible ... sth

FAIT ☐ REVU ☐

Exercice 6

La comparaison

Corrigez les erreurs.

a) It's a ~~biger~~ car ~~that~~ the Audi.

b) Italian is ~~more easy~~ than English.

c) Your open-plan office is as big ~~that~~ mine.

d) It's a ~~gooder~~ product.

e) We sell the ~~goodest~~ equipment.

f) The firm is the best ~~of~~ europe.

g) The atmosphere is even ~~badder~~ now.

h) This is our ~~baddest~~ season.

i) He's one of their best ~~employee~~.

j) Malta is the ~~less~~ populated country ~~of~~ the EU.

k) The company has grown ~~two times faster~~ than last year.

l) It's ~~three times faster~~ by plane.

FAIT ☐ REVU ☐

Exercice 7

Le présent

Complétez les traductions en mettant le verbe entre parenthèses soit au présent simple (a), soit au présent en V-ing (b), soit au present perfect (c), soit à la forme will + V (d).

a) Elle travaille pour une agence de voyages. ➜ She (work) for a well-known travel agent.

b) Cela fait maintenant deux ans qu'elle travaille pour eux. ➜ She (work) for them for two years now.

c) Je ne peux pas aller au pub. Je travaille. ➜ I can't go to the pub. I (work).

d) L'ordinateur s'arrête au bout de trois minutes. ➜ The computer (stop) after three minutes.

e) Je louerai une voiture quand j'arriverai à Londres. ➜ I (rent) a car when I (arrive) in London.

FAIT ☐ REVU ☐

Exercice 8

Le passé

1. **Donnez le prétérit et le participe passé des verbes suivants.**

a) become b) build c) drive d) fall e) give f) keep g) leave h) make i) meet j) take

2. **Complétez avec le mot grammatical adéquat.**

(two weeks) ago (Il y a deux semaines...) – for two weeks (pendant deux semaines) – yesterday – last week – next month (le mois prochain) – in the 20th century – on 8th April – at 10 p.m. (à 10 heures du soir)

a) The store opened three years ... .

b) The museum will be inaugurated ... June 6th ... 11 a.m.

c) They had to wait ... several hours.

d) These institutions were created ... the 20th century.

e) We'll try to do it ... week.

FAIT ☐ REVU ☐

Exercice 9

Les auxiliaires de mode

Complétez les traductions.

a) She could use a computer when she was five. ➜ Elle ... utiliser un ordinateur à cinq ans.

b) The firm was able to take over their main competitor. ➜ L'entreprise ... absorber son principal concurrent.

c) They'll never be able to compete with the Chinese. ➜ Ils ne ... jamais rivaliser avec les Chinois

d) They will have to fire dozens of employees. ➜ Ils ... licencier des dizaines d'employés.

e) Tourists needn't apply for a visa for a short stay. ➜ Les touristes ... à faire une demande de visa pour un court séjour.

f) The UK is to send $10m in urgent aid. ➜ Le Royaume Uni ... envoyer 10m de dollars d'aide urgente.

g) The CEO should have resigned. ➜ Le PDG ... démissionner.

h) They shouldn't have signed that contract. ➜ Ils ... signer ce contrat.

FAIT ☐ REVU ☐

Exercice 10

La construction du verbe

Complétez les traductions en construisant correctement le verbe entre parenthèses.

a) Arrête de jouer avec ton portable. ➜ Stop ... with your mobile. (to fiddle)

b) Elle s'est arrêtée pour répondre au téléphone. ➜ She stopped ... the phone. (to answer)

c) Ça dépendra du temps. ➜ It will ... the weather. (to depend)

d) Il n'a pas assisté à la réunion. ➜ He didn't ... the meeting. (to attend)

e) Écoutez leurs conseils. ➜ ... their advice. (to listen)

f) Regardez bien l'écran. ➜ ... the screen carefully. (to look)

g) Il n'a pas l'habitude de négocier. ➜ He ... negotiating. (to be used to)

h) La police les a fait reculer. ➜ The police made them ... . (to move back)

i) Elle a fait réparer l'ordinateur. ➜ She had the computer ... . (to fix)

j) Les clients sont sortis en criant. ➜ The passengers ... shouting. (to run out)

FAIT ☐ REVU ☐

Exercice 11

La phrase

1. Traduisez.

a) Il aime beaucoup son nouvel emploi (*new job*).

b) Elle m'a décrit la scène.

c) L'auteur nous explique comment ça marche. (*how it works*)

d) Il leur parle de l'accident.

e) Elle lui a donné son numéro de portable. (*her mobile number*)

f) Il y a eu beaucoup de plaintes. (*complaints*)

g) C'est ce qu'explique l'auteur.

h) Devenir traducteur n'est pas facile. (*a translator*)

i) Comment dites-vous « logiciel » ?

j) Comment cela s'appelle-t-il ?

2. Corrigez les erreurs de construction.

a) She ~~likes a lot her job~~.

b) He ~~described her the situation~~.

c) The man ~~explained us~~ how things work.

d) ~~Whose the seat~~ is this?

e) She gave ~~the address to him~~.

f) There ~~was~~ a lot of victims.

g) That's what ~~show the video~~.

h) What are you ~~looking~~?

i) How ~~you say~~ "système d'exploitation"?

j) I ~~understood not~~ that passage.

FAIT ☐ REVU ☐

Exercice 12

La phrase

Traduisez.

a) Employers would like immigrants to stay in the country.

b) The secretary they have just hired is very efficient.

c) They want it to be done by next Friday.

d) She wants him to make an effort.

e) We can either hire someone full time or resort to a part-time agency.

FAIT ☐ REVU ☐

Corrigés

Exercice 1 voir Fiche Savoir 1

La compréhension d'un enregistrement

1. c) Stockholm et la Suède

2. c) très rapidement

3. des startups et des grandes sociétés comme H&M ou Ericsson

4. b) des expatriés

5. trouver un logement

6. grâce à des cours de langue gratuits

7. b) la meilleure d'Europe

Exercice 2 voir Fiche Savoir 2

Les articles : *a/an*, *the*/article zéro, *this/that*

1. a) **Traders** : les traders

b) **Time** is **money** and **business** is **business**. : le temps ; de l'argent ; les affaires ; les affaires

c) They even serve **salmon** at the cafeteria. : du saumon

d) What about **gender equality** in **big companies**? : l'égalité des sexes ; les grandes sociétés

e) What are the main problems of **British society? :** la société britannique

f) They serve **breakfast** from 6 a.m. : le petit-déjeuner

g) **Petrol** is cheaper than last year. : l'essence

h) Most of my workmates like **football**. : le football

i) **Coffee** has become very popular in the UK. : le café

j) Few business people can speak **Chinese**. : (le) Chinois

k) We'll get the new computers **next week**. : la semaine prochaine

l) **Microsoft's turnover** is impressive. : le chiffre d'affaires de Microsoft

2. a) an **b)** These/a **c)** a **d)** Ø *(pas d'article)*

Exercice 3 voir Fiche Savoir 3

La possession

1. a) her **b)** his **c)** their **d)** Fred's **e)** the author of the article

2. a) her/her **b)** her own **c)** its **d)** yours **e)** John's

Exercice 4

Les noms

1. a) Are **women** less well-paid? **b)** Who looks after the **children**? **c)** Her **analyses** are interesting. **d)** He's worked for two **companies**. **e)** She gave them two good **words/pieces of advice**.

2. a) Don't wear **jeans** to work. **b)** Having lunch at the cafeteria is a good **way** to meet your colleagues. **c)** The storm caused a lot of **damage**.
d) Now she's got a good **job**. **e)** He gave me **a good word of advice**.

3. a) the World Trade Organization **b)** some of the least developed countries **c)** the world's poorest countries **d)** international intellectual property rules

Exercice 5

Les adjectifs

1. a) They've launched two **new** products. **b)** It's a car for the very **rich**. **c)** With 2,000 employees, it's a very **big** company. **d)** The contestant gave all the **right** answers and won 3,000 euros. **e)** Their boss is **a very powerful man**. **f)** The boss's PA **speaks German very well. g)** They've hired two **handicapped persons**. **h)** She's going out with **an Englishman**. **i)** They've been taken over by a **Chinese** firm. **j)** He's very **interested in** new technology. **k)** The job applicant had a **frightened** look. **l)** The product is packed in **plastic boxes**.

2. a) en colère **contre** qqn : angry **with** sb

b) en colère **au sujet de** qqch : angry **about** sth

c) bénéfique pour qqn/qqch : beneficial **to** sb/sth

d) occupé **par** qqch : busy **with** sth

e) préoccupé **par** qqch : concerned **with** sth

f) différent **de** : different **from**

g) déçu **par** qqch : disappointed **with** sth

h) mécontent **de** qqch : dissatisfied **with** sth

i) intéressé **par** qqch : interested **in** sth

j) satisfait **de** qqch : pleased **with** sb

k) optimiste **à propos** de qqch : optimistic **about** sth

l) responsable **de** qqch : responsible **for** sth

Exercice 6

La comparaison

a) bigger **b)** easier **c)** as **d)** better **e)** best **f)** in **g)** worse **h)** worst **i)** employees **j)** least **k)** twice **l)** three times as fast

Exercice 7

Le présent

a) works **b)** has worked **c)** I'm working **d)** will stop **e)** will rent/arrive

Exercice 8

Le passé

1. a) became, become **b)** built, built **c)** drove, driven **d)** fell, fallen **e)** gave, given **f)** kept, kept **g)** left, left **h)** made, made **i)** met, met **j)** took, taken

2. a) ago **b)** on/at **c)** for **d)** in **e)** next

Exercice 9

Les auxiliaires de mode

1. savait **2.** a pu **3.** pourront **4.** devront **5.** n'ont pas à/n'ont pas besoin de **6.** va **7.** aurait dû **8.** n'auraient pas dû

Exercice 10

La construction du verbe

a) fiddling **b)** to answer **c)** depend on **d)** attend **e)** listen to **f)** look at **g)** isn't used to **h)** move back **i)** fixed **j)** ran out

Exercice 11

La phrase

1. a) She likes her new job a lot. **b)** She described the scene to me. **c)** The author explains (to us) how it works. **d)** He's telling them about the accident. **e)** She gave him her mobile number. **f)** There were lots of complaints. **g)** That's what the author explains. **h)** Becoming a translator isn't easy. **i)** How do you say 'logiciel'? **j)** What do you call it?

2. a) likes her job a lot **b)** described the situation to her **c)** explained to us **d)** Whose seat **e)** him the address **f)** were **g)** the video shows **h)** looking at **i)** do you say **j)** didn't understand

Exercice 12

La phrase

a) Les employeurs voudraient que les immigrants restent dans le pays.

b) La secrétaire qu'ils viennent d'embaucher est très efficace.

c) Ils veulent que ce soit fait d'ici vendredi.

d) Elle veut qu'il fasse un effort.

e) On peut soit engager quelqu'un à plein temps, soit recourir à une agence d'intérim.

Nº projet: 10279528 - juillet 2022 -Imprimé en Espagne par Graficas Estella

Sommaire

Par Stéphanie Grison, enseignante

Votre enfant en CE1

Le **CE1 est la deuxième année du cycle 2**, celui des **apprentissages fondamentaux**. Votre enfant va construire ses **savoirs élémentaires** : dire, lire, écrire, compter, respecter les autres. À son âge, il entretient encore un **rapport très affectif avec l'école**. Il est donc nécessaire que votre enfant sente que vous marchez dans le même sens que son enseignant, que vos avis ne sont pas contradictoires et que vous vous **intéressez à sa vie d'écolier**.

Dialoguez avec lui

Posez-lui des questions sur sa journée d'école : «Qu'as-tu appris aujourd'hui?, est-ce que cela t'a semblé facile?, as-tu besoin qu'on retravaille quelque chose ensemble?»... Il ne s'agit pas que votre enfant vous fasse un compte-rendu détaillé de sa journée mais qu'il se rende surtout compte de l'intérêt que vous lui portez. N'hésitez pas à lui faire part vous aussi des évènements qui ont marqué votre journée, cela l'encouragera à **partager avec vous!**

Aidez-le dans l'organisation de son travail

→ Si vous en avez la possibilité, restez à côté de votre enfant lorsqu'il fait ses devoirs et **guidez-le** pour qu'il prenne de **bonnes habitudes** : ranger son espace de travail avant de faire ses devoirs, ne pas se laisser perturber par des éléments extérieurs (jouets, écrans...).

→ Il est important par ailleurs d'instaurer une **routine d'étude** : observer le moment le plus approprié pour qu'il se mette au travail et respecte au mieux cet horaire chaque jour. **Faire ses devoirs** juste après la classe permet généralement de bénéficier de l'inertie de la journée d'école, mais certains enfants ont néanmoins besoin d'un temps de décompression avant de s'y mettre.

Limitez le temps de travail à la maison

Les devoirs doivent durer **une vingtaine de minutes**, au-delà votre enfant risque de ne plus être suffisamment concentré. Pour faciliter son **autonomie** et rendre ce temps imparti moins abstrait, vous pouvez placer à côté de lui un réveil, en lui montrant où sera l'aiguille quand il devra avoir terminé ses devoirs.

Vérifiez son cartable

Il est bon pour votre enfant qu'il commence progressivement à **faire seul** son cartable, cela l'aide à devenir autonome. Incitez-le à **préparer** ses affaires la veille afin qu'il puisse y consacrer le temps nécessaire. Posez-lui des questions qui l'aideront à ne rien oublier : «Quel jour serons-nous demain? auras-tu sport? natation?»... N'hésitez cependant pas à jeter un œil sur son cartable avant son départ afin de vous assurer qu'il n'a pas oublié de glisser son carnet de correspondance, sa trousse...
L'apprentissage de l'autonomie est un long chemin!

Rencontrez son enseignant

Même si votre enfant ne présente aucune difficulté particulière, rencontrer au moins une fois dans l'année son enseignant lui montrera l'intérêt que vous portez à ses apprentissages.
Si par contre vous sentez la moindre difficulté chez votre enfant, n'attendez pas, prenez un rendez-vous à l'aide du **carnet de correspondance** afin de trouver avec l'enseignant les moyens d'améliorer la situation. Il suffit parfois de peu de chose pour débloquer une situation.
Une **bonne relation parents/enseignant** favorise les apprentissages.

Participez à la vie de l'école

Les enseignants font régulièrement appel aux parents pour mener un atelier dans la classe (de lecture, de mathématiques...), pour parler de leur métier, pour accompagner une sortie, pour faire des gâteaux qui financeront une classe de découverte... Si vos activités le permettent, n'hésitez pas à **donner un peu de votre temps**. Cela vous permettra de créer des liens avec d'autres parents d'élèves, de discuter avec l'enseignant dans un contexte différent et réjouira votre enfant!

Les apprentissages fondamentaux (cycle 2)

Les programmes de l'école élémentaire ont été redéfinis en 2018. Des **ajustements** ont été apportés afin de prendre en compte les résultats obtenus par la France lors des grandes enquêtes internationales en matière éducative. Ils visent à **renforcer la maitrise des savoirs fondamentaux** et à **cultiver** davantage le **plaisir d'être ensemble**.

L'acquisition des savoirs fondamentaux est la priorité : dire, lire, écrire, compter, respecter autrui

→ **Les apprentissages doivent être progressifs et avoir du sens** pour les élèves afin que leurs acquisitions soient solides et faciles à réinvestir. Il est donc nécessaire de revenir constamment sur les connaissances en cours d'acquisition et de s'adapter au niveau de connaissance et au type d'intelligence propres à chaque enfant.

→ **L'automatisation des savoir-faire doit se travailler simultanément à l'apprentissage des savoirs.**

Automatiser certains savoir-faire permet en effet de libérer de la place dans le cerveau, qui pourra ainsi accéder à de nouveaux savoirs et à des opérations plus élaborées. *En mathématiques par exemple, connaitre par cœur les tables de multiplication permet de « libérer de la place » pour se concentrer sur la technique opératoire.*

→ **La langue française est au centre des apprentissages.**

– La **construction du sens** et l'**automatisation des correspondances graphème/phonème** (qui va des lettres et groupes de lettres vers le son, et réciproquement) sont les **deux dimensions** nécessaires à l'**apprentissage de la lecture**. Elles seront pour cela enseignées en parallèle afin d'obtenir une lecture plaisante et fluide.

– Le travail de **lecture** est mené en **lien avec l'écriture**, puis progressivement avec le **vocabulaire**, la **grammaire** et l'**orthographe** (étude de la langue). Il sera demandé aux élèves de lire ce qu'ils écrivent et de pouvoir petit à petit avoir une réflexion sur leurs propres textes pour pouvoir les corriger.

– La **langue** est un **outil** mis au **service de tous les apprentissages**.

Les enfants doivent s'emparer de la langue française pour en faire un moyen de communication «utilisable» dans tous les domaines de compétence (sciences, arts, sport...). Ils perfectionnent leur discours oral en même temps qu'ils acquièrent des compétences de retranscription à l'écrit : *rendre compte oralement puis par écrit de visites, d'expériences, de recherches... en ayant toujours en tête de vrais destinataires.*

→ **L'abstrait et le concret se travaillent de concert.**

Les **observations, manipulations**... organisées en classe sont toujours menées dans le but de se faire une représentation concrète de la situation étudiée. *L'observation d'une plante donne par exemple lieu à l'élaboration d'un schéma, à un descriptif précis de son évolution...*

→ Le niveau de compétence à l'oral et à l'écrit est très décalé.

Ce qu'un élève est capable de comprendre et de produire à l'oral est d'un niveau très supérieur à ce qu'il est capable de comprendre et de produire à l'écrit. Il est donc nécessaire de **mettre l'élève en situation de s'exercer et de réfléchir sur la langue** afin qu'il en obtienne une bonne connaissance. Il pourra ensuite utiliser cette connaissance de la langue dans ses productions écrites. *Comprendre par exemple que lorsqu'il y a plusieurs objets on utilise le pluriel, permet d'une part en lecture de ne pas prononcer le* s *muet du pluriel et d'autre part de l'écrire dans ses propres textes.*

Ce décalage est encore plus vrai dans la langue étrangère ou régionale que l'enfant commencera à étudier en début de cycle. L'observation de cette nouvelle langue devra donc être prédominante dans cet apprentissage.

→ Les connaissances intuitives de l'enfant tiennent une place centrale.

Lorsque l'enfant arrive en CE1, il a déjà beaucoup de **connaissances personnelles**. Il est important de les valoriser, de les utiliser et de faire réfléchir l'élève sur ses savoirs et ses savoir-faire, sur tout ce qu'il a appris en dehors de l'école, tant d'un point de vue social (règles de vie...) que d'un point de vue de la connaissance, de la culture. Ses acquis antérieurs doivent être pour lui une ressource dans laquelle il peut puiser lors de ses apprentissages scolaires.

→ On apprend à réaliser des activités scolaires fondamentales.

Dans chacune des disciplines enseignées (français, mathématiques, arts, sport...), les enfants vont apprendre à lire et rédiger des documents, à résoudre des problèmes, à imaginer et construire des objets, des parcours... Les spécificités propres à chacune de ces activités seront sans cesse mises en avant afin d'être utilisées mécaniquement dans toutes les disciplines. *Par exemple, les spécificités d'un résumé de texte sont les mêmes quelle que soit la matière (histoire, sciences, français...) dans laquelle le résumé est effectué.*

→ On apprend à justifier de manière rationnelle.

Dans un contexte d'activité, les enfants doivent expliquer comment et pourquoi ils ont réalisé tel projet, écrit tel texte... **Justifier son propos** permet aux élèves de mettre en doute, de critiquer ce qu'ils ont fait, mais aussi d'apprécier ce qui a été fait par eux-mêmes ou par autrui, d'avoir un **avis construit**.

L'éducation aux médias et à l'information proposée dès l'entrée dans le cycle 2 permet elle aussi de préparer l'exercice du jugement et de développer l'esprit critique nécessaire à chacun.

Horaires de la semaine

Français*	10 heures
Mathématiques**	5 heures
Langue vivante (étrangère ou régionale)	1 heure 30
Questionner le monde (du vivant, de la matière et des objets)	1 heure 30
Éducation physique et sportive	3 heures
Enseignements artistiques	2 heures
Enseignement moral et civique	1 heure

* Au moins 2 heures 30 quotidiennes de lecture et d'écriture (réparties dans les autres disciplines).

** Au moins 15 minutes quotidiennes de calcul mental.

Le programme du CE1

Les cinq grands axes de l'enseignement du français

Écouter

→ Les élèves **apprennent à mettre leur attention** au service des consignes données par l'enseignant, des avis exprimés par leurs camarades.

→ Ils comprennent que **l'écoute** nécessite un investissement personnel.

S'exprimer

Les élèves sont sollicités pour :
- **prendre la parole** devant la classe, donner leur avis sur des sujets variés et le justifier ;
- **dire avec leurs mots** ce qu'ils ont lu, vu, entendu ;
- **employer un vocabulaire** de plus en plus précis et diversifié ;
- **articuler** correctement afin d'être compris de tous.

Lire

→ Les élèves revoient les sons et notamment les plus complexes.

→ Ils lisent et comprennent des textes de plus en plus variés. Ils **lisent de manière plus fluide** et doivent pouvoir lire environ 70 mots par minute en fin d'année.

→ Ils étudient entre 5 et 10 œuvres issues de la littérature jeunesse (albums, poèmes, fables...).

Étudier la langue (grammaire, orthographe, vocabulaire)

→ Les élèves étudient les différents types de phrases, les mots invariables.

→ Ils apprennent à **repérer** de manière systématique les verbe(s) et sujet(s) dans une phrase.

→ Ils apprennent la **conjugaison au présent**, **futur**, **imparfait** des verbes du 1er groupe et des auxiliaires (*être* et *avoir*).

Écrire

→ **Le travail quotidien d'écriture** permet de mémoriser l'orthographe des mots et d'améliorer la lecture.

→ Les élèves perfectionnent leur **écriture**, elle devient **plus soignée**, **plus rapide**. Ils écrivent et recopient des textes de plusieurs lignes (5 à 10) et apprennent à les améliorer. Ils apprennent à **tracer les lettres majuscules cursives**.

→ Ils écrivent des petits textes sur **ordinateur** en respectant les majuscules et la ponctuation.

Coup de pouce pour aider votre enfant en français

- **La lecture** reste l'activité la plus importante en CE1. Tout est mis en place cette année pour lui apprendre à mettre en œuvre des stratégies de compréhension car **savoir lire, c'est comprendre ce qu'on lit**.

Assurez-vous qu'il comprend :
– les éléments implicites d'un texte :
dans la phrase «Violette mange une poire mais elle la trouve trop mûre», sait-il de qui on parle quand est écrit *elle* et *la* ?
– le sens général de ce qu'il a lu en lui demandant de dire avec ses mots ce qu'il a retenu de sa lecture.

- N'oubliez cependant pas que la lecture doit rester un plaisir, que votre enfant a donc aussi besoin de temps de lecture où on ne lui demande rien !

Pour encourager la **lecture plaisir** : proposez-lui des **livres variés, adaptés à son âge et à ses gouts** (Il est dans une période châteaux forts ? Aidez-le à trouver des livres sur le sujet.), habituez-le à fréquenter les **bibliothèques**, faites ensemble **des recherches** par thème, par auteur sur des sites tels que celui de la BNF : http://cnlj.bnf.fr/

- **Bien écrire (avoir le bon geste graphique)**, c'est avoir une écriture soignée, cela demande de l'entrainement : pourquoi ne pas lui demander d'écrire la liste des courses ? Savoir qu'il écrit pour vous lui donnera envie de s'appliquer. Il prendra par ailleurs conscience que vous ne pourrez pas acheter ce qu'il faut si vous ne pouvez pas le relire !

- **Bien orthographier**, c'est écrire les mots avec une orthographe juste. Cela demande de connaitre des règles et de savoir les appliquer. Pour favoriser ce fastidieux travail de mémorisation, vous pouvez proposer à votre enfant hors contexte des devoirs, d'épeler un mot qu'il vient de rencontrer, de faire des mots croisés adaptés…

- Pour que votre enfant ait **plaisir à écrire** (à produire des textes), il ne doit pas être stressé à l'idée d'être jugé sur son orthographe. Incitez-le à faire les cartons d'invitation pour son anniversaire, à écrire une carte postale à ses grands-parents… en commençant par faire un brouillon, qu'il améliorera avec votre aide.

Les trois grands axes de l'enseignement des mathématiques

Nombres et calculs

→ Les élèves revoient les nombres jusqu'à 99 et abordent ceux à **3 chiffres** (unité, dizaine, centaine).

→ Ils consolident leurs connaissances sur les compléments à 10. Ils apprennent les **tables de multiplication de 1 à 5**. Ils revoient l'addition, apprennent la multiplication en ligne et abordent la **soustraction posée**.

→ Ils utilisent les trois opérations pour la **résolution de problèmes**.

Grandeurs et mesures

→ Ils étudient les **unités de mesure** :
- longueur (du cm au m) ;
- contenance (en L) ;
- masse (en g et kg) ;
- temps (heures, minutes).

→ Ils lisent les heures et demi-heures.

Espace et géométrie

→ Les élèves apprennent à **se repérer** de manière plus précise **dans l'espace**.

→ Ils consolident et approfondissent leurs connaissances sur les **formes géométriques** (leur tracé, le vocabulaire qui permet de les définir...) et les solides.

→ Ils utilisent les **outils de géométrie** : la règle graduée, l'équerre et le compas.

Coup de pouce pour aider votre enfant en mathématiques

• Pour l'aider dans la **manipulation des nombres**, vous pouvez utiliser des petits objets.
Un jeton représente une unité, une allumette représente une dizaine.
Demandez-lui de représenter 53, 119...

• Pour mémoriser de manière ludique les **tables de multiplication**, fabriquez avec lui un **jeu de cartes**. Écrivez une multiplication sur le recto, il écrit le résultat sur le verso.
Il pourra emporter ce jeu en voiture, dans le train ... et s'auto-tester sur l'état de ses connaissances en trouvant le résultat de chaque multiplication. Incitez-le à remettre dans le jeu les cartes pour lesquelles il n'a pas trouvé le résultat.

• Pour l'aider dans la **résolution de problème**, faites appel à **la vie courante.**
«Combien d'argent devez-vous lui donner s'il achète 3 baguettes? Vous n'avez qu'un billet de 10 euros, combien devra-t-on lui rendre?»

Questionner le monde

(pour se familiariser avec le temps, l'espace, les sciences)

Se situer dans le temps

Les élèves apprennent à **situer des évènements** dans un temps long (en s'aidant notamment de leurs connaissances sur les rythmes des saisons et sur les calendriers).

Se situer dans l'espace

→ Les élèves apprennent à **se situer sur un plan** (de quartier, de ville...), une carte, un globe.

→ Ils acquièrent le vocabulaire permettant de **définir leur position** et leur déplacement.

→ Ils étudient différents modes de vie liés à la géographie des lieux (campagne/ ville).

Sciences

→ Les élèves étudient les comportements bénéfiques pour leur **santé**. Ils expérimentent à l'aide d'**expériences** simples les **trois états de la matière** (solide, liquide, gazeux).

→ Ils découvrent **le cycle de l'eau**, le rôle de **la lumière**.

→ Ils s'interrogent sur les caractéristiques du **monde vivant** (animaux, végétaux), sur ses interactions, ses évolutions et sur sa diversité.

→ Ils comprennent la **fonction** et le **fonctionnement** d'objets fabriqués et identifient les **matériaux** qui les constituent.

→ Ils commencent à s'approprier un **environnement numérique**.

Coup de pouce pour aider votre enfant

- Guidez-le dans **l'identification des saisons**, en le rendant sensible au changement de la végétation qui l'entoure, en lui proposant de faire un herbier sur lequel il écrit le mois, la saison, il colle une feuille ou une fleur ramassée et marque des évènements personnels. Celui-ci lui permettra de matérialiser le temps qui passe et qui fait l'Histoire.
- Incitez-le à prendre des **repères lors de ses trajets** : un fleuriste, une boulangerie, une statue... puis à représenter ces trajets. Vous pouvez initier la représentation en traçant les routes puis lui demander de placer les éléments dont il se souvient. Ce plan pourra être enrichi régulièrement par de nouvelles découvertes faites sur son chemin.
- La meilleure aide que vous puissiez apporter à votre enfant pour qu'il adopte une **démarche scientifique**, c'est de stimuler sa **curiosité** et son **esprit critique**. *Mettez des graines de lentille dans du coton mouillé, faites-lui observer leur croissance et demandez-lui de dessiner chaque jour ce qu'il imagine découvrir le lendemain. La lentille a-t-elle autant poussé qu'il le pensait? A-t-elle fait une fleur comme il l'imaginait?*

Ce type d'expérience permet d'appréhender progressivement la différence entre une hypothèse (qui se vérifie scientifiquement) et une croyance. Ces deux qualités sont fondamentales en sciences.

Enseignement moral et civique

Respecter autrui

Les élèves sont initiés aux **valeurs de la République**, aux **droits des enfants**, aux **problèmes de discrimination**, aux **premiers secours** et aux **dangers** liés aux **réseaux sociaux**.

Acquérir les valeurs de la République

Ils apprennent :
- le fonctionnement d'une commune, le rôle du maire et de ses conseillers ;
- la devise et les symboles de la France.

Construire une culture civique

Ils apprennent :
- le sens de **l'intérêt général** ;
- à **trouver des informations** sur le monde qui nous entoure (presse écrite, Internet...).

Coup de pouce pour aider votre enfant en enseignement moral et civique

- **Aiguisez son esprit civique** en :

– favorisant les **débats** au sein de la famille : mettez en avant les différences qui existent au sein de son groupe d'amis, de la fratrie... et l'intérêt que cela apporte à tous ;

– imposant des **règles de vie** (mettre la table, ranger sa chambre avant de diner...) auxquelles il ne doit pas déroger !

Langue vivante étrangère ou régionale

Cet enseignement est majoritairement oral.

Les élèves apprennent à **se présenter** : se décrire, décrire son lieu d'habitation, les personnages de son entourage.

Ils répondent à des questions simples en utilisant un vocabulaire lié à la famille et à leur environnement proche.

Ils répètent des **chansons** et des **comptines** courtes.

Coup de pouce pour aider votre enfant

Aidez-le à travailler son oreille, en écoutant des comptines dans la langue étudiée, en regardant de temps en temps des films en version originale sous-titrée et en vous amusant à utiliser des mots, des expressions qu'il a appris en classe.

Comment aider votre enfant à se concentrer ?

Lorsqu'un enfant fait ses **devoirs**, il a besoin d'**être concentré**. Cela lui permet évidemment d'être plus efficace mais aussi plus rapide. Si vous sentez que votre enfant a ponctuellement ou régulièrement des difficultés à avoir une attention soutenue, vous pouvez **d'une part l'aider à se concentrer** en lui proposant des activités spécialement dédiées à la concentration (qu'il pourra effectuer avant de faire ses devoirs), et **d'autre part mettre en place des astuces pour qu'il reste concentré** lorsqu'il est au travail.

Les activités pour apprendre à se concentrer

La concentration sur sa météo intérieure

Apprendre à reconnaitre ses émotions, c'est **se concentrer sur soi**. C'est une première étape indispensable pour savoir ensuite se décentrer et ainsi se focaliser sur des évènements extérieurs à soi.
Demandez à votre enfant quel temps il fait à l'intérieur de lui. Les mots qui décrivent la météo sont très usuels dès la petite enfance. Il peut donc très vite associer l'état dans lequel il se sent à un mot de la météorologie. Plus le mot sera précis, plus il montrera à quel point il a réussi à chercher en lui ce qu'il ressentait (pluie fine, averse, orage, grand soleil, vent faible...).

Les étirements

Proposez à votre enfant de se déployer comme une fleur, un arbre, une chenille qui sort de son cocon. Il doit s'étirer lentement : chaque membre un à un, en partant du centre du corps jusqu'aux extrémités :
- de l'épaule jusqu'aux ongles, en passant par le bras, le coude, l'avant-bras, puis les phalanges ;
- des cuisses jusqu'aux doigts de pieds, en passant par le genou, le mollet, la cheville ;
- du ventre jusqu'à la tête, en imaginant qu'un fil tire délicatement.

L'auto-massage

Mimez-lui des **petits mouvements circulaires** qu'il peut faire sur son visage avec la pulpe de ses doigts. Ceux plus amples qu'il peut faire sur son ventre avec la paume de sa main, les **mouvements de haut en bas**, sur ses reins les poings serrés... Montrez-lui la posture et demandez-lui de vous imiter. Chaque posture se raconte comme une petite histoire, dure deux ou trois minutes et se pratique dans un **endroit calme**.

Les séances de yoga

POSTURE DU CHAMEAU

→ Assieds-toi sur tes genoux, les mains posées sur tes cuisses et respire doucement.

→ Décolle tes fesses de tes jambes et tiens ton dos bien droit.

→ Pose tes paumes de mains sur la plante de tes pieds.

→ Creuse le bas de ton dos : ta poitrine forme une bosse, comme celle remplie d'eau d'un chameau. **Respire calmement**.

La concentration auditive

Demandez à votre enfant de se mettre debout, les yeux fermés et d'écouter les bruits de son environnement. Incitez-le à les différencier, puis à se concentrer sur un seul type de bruit : celui des voitures, d'un oiseau, de quelqu'un qui parle... Invitez-le ensuite à reprendre contact avec l'ensemble des bruits, à imaginer que chacun d'entre eux est joué par un instrument de musique comme s'il assistait à un concert en plein air !

La concentration visuelle

Faites observer attentivement à votre enfant vos vêtements, bijoux... Lorsqu'il estime avoir bien mémorisé tout ce que vous portez, cachez-vous pour modifier un élément de votre tenue (une boucle d'oreille enlevée, une manche relevée...) et demandez-lui de rechercher le détail qui a changé.

Répondre aux besoins de votre enfant

- Certains enfants ont besoin de bouger, d'autres de rêver, d'autres d'avoir une relation très proche avec vous... Il est important d'en tenir compte et d'entamer des activités qui nécessitent de la concentration après que votre enfant a satisfait cette nécessité.
- Laissez-le donc se tortiller sur sa chaise, sauter sur place, vous demander un câlin, avoir la tête dans les étoiles... puis revenez vers lui en lui prenant doucement les mains, en le regardant dans les yeux avant de l'emmener sereinement vers une activité dans laquelle son attention sera sollicitée.

Des astuces pour maintenir sa concentration

1 Votre enfant a besoin de **savoir de quoi on va lui parler**.
Décortiquez avec lui le titre de sa leçon avant qu'il ne la lise.
Vérifiez qu'il a bien compris sa poésie avant qu'il ne l'apprenne par cœur.

2 Quand vous lisez ensemble la leçon pour la comprendre avant de l'apprendre, déclenchez une émotion forte quand vous sentez qu'il relâche son attention. Toute la palette des émotions est bonne à être utilisée : joie, tristesse, peur... Il suffit d'ajouter à la leçon des anecdotes amusantes, des cas concrets, des exemples de la vie quotidienne pour que son intérêt se réactive. Il ne s'agit pas de vous transformer en clown, ce qui pourrait vous faire perdre tout crédit de sérieux auprès de lui et rendre la leçon très décousue, mais simplement de rendre la **leçon vivante.**

Les différentes manières d'apprendre

Nous n'apprenons pas systématiquement de la même manière. Nos processus d'apprentissage varient en fonction du moment, mais aussi en fonction de la notion à acquérir. Il est donc important de **proposer différentes façons d'apprendre** aux enfants afin que chacun y trouve les ressources utiles en fonction de ses gouts, du moment et du sujet de la leçon.

Techniques d'apprentissage par la vue

Votre enfant peut :
- faire des schémas;
- faire des dessins;
- faire des cartes mentales;
- mettre de la couleur dans ses leçons.

Techniques d'apprentissage par l'ouïe

Votre enfant peut :
- réciter à voix haute;
- s'enregistrer;
- établir un dialogue par un système de questions/réponses avec quelqu'un qui l'interroge.

Certains enfants ont besoin de bouger pour apprendre. Laissez-les lire une leçon en marchant, malaxer une balle avec leurs mains, faire tourner un ballon sous leurs pieds… pendant leurs devoirs sans craindre que cela ne les distraie.

Techniques d'apprentissage par la manipulation

Votre enfant peut :
- se fabriquer des cartes de jeu;
- se confectionner des supports de travail : fiches, carnets…

Le **rôle du sommeil** est **capital** dans les apprentissages. Pour tirer le maximum de bénéfices du sommeil et du travail inconscient de consolidation des acquis qu'il fait, vous pouvez, quelle que soit la technique d'apprentissage qu'il a choisie, proposer à votre enfant de revoir sa leçon juste avant de s'endormir.

Comment aider votre enfant à mieux apprendre ?

Prenez des exemples dans la vie quotidienne

Avant toute chose, il est important de savoir que pour **apprendre efficacement**, il faut **avoir des raisons d'apprendre**.
Il est donc nécessaire que votre enfant comprenne clairement le but de ses apprentissages, qu'il **trouve du sens** à faire ce qu'on lui demande. Pour cela aidez-le à trouver des liens entre ses leçons et la vie quotidienne.
Vous aviez acheté un paquet de 25 biscuits, ses frères en ont mangé 12, combien en reste-t-il pour le reste de la famille?

Identifiez avec lui le sujet de la leçon

L'apprentissage d'une leçon sera plus «facile» pour votre enfant s'il sait de quoi elle va parler, s'il connait **le sujet de sa leçon avant de l'étudier.** Il doit intégrer que tout ce qui lui est proposé dans ses leçons converge vers le même but. Commencez par lui faire lire le titre du cours puis incitez-le à imaginer et à formuler avec ses propres mots le sujet de la leçon. Si vous constatez que le titre ne lui a pas permis de faire les bonnes hypothèses, guidez-le avec des questions.

En sciences, le titre de la leçon du jour est «Les êtres vivants dans leur milieu».
Demandez-lui de vous expliquer ce qu'est un «être vivant», s'il sait ce que signifie le mot «milieu» dans ce contexte. Il ne sait pas? Incitez-le à faire une recherche dans le dictionnaire (papier ou numérique).
Une fois le titre décortiqué, demandez-lui d'en déduire les informations qu'il pourrait trouver dans cette leçon. Proposez-lui de les noter afin de pouvoir vérifier leur exactitude lorsqu'il aura étudié la leçon.

Pour le motiver avant la mise en route des devoirs

1. Se mettre dans la pièce la plus calme de la maison, celle dans laquelle il sera le moins dérangé par les bruits, les visites impromptues des frères et sœurs, des chiens, des chats…
Vous pouvez lui proposer de fabriquer un écriteau rigolo : «Chut, ici on travaille ! Merci de ne pas déranger !».
2. Ranger son espace de travail.
3. Éloigner les objets de distraction (écrans, jouets, téléphone…).

Sollicitez ses connaissances

Apprendre est un processus actif qui exige que l'on s'investisse et se mobilise. Il est donc nécessaire que votre enfant soit pleinement **engagé** dans ses apprentissages. Proposez-lui des situations où il peut **expliquer** ce qu'il a appris.

Il doit faire une visite de contrôle chez le médecin? Profitez-en pour lui montrer son carnet de santé. Faites-lui remarquer la courbe de sa taille, de son poids, les changements d'alimentation proposés par le médecin au fur et à mesure de sa croissance. Il fera rapidement le lien entre cette discussion et sa leçon sur «la croissance de l'enfant».

Encouragez-le

Votre enfant a besoin d'être encouragé et soutenu. Le cerveau humain est sensible aux sourires, aux mots de soutien et de réconfort. Plus votre enfant baignera dans un climat détendu et chaleureux, plus il aura de facilité à rentrer dans ses apprentissages. Il a besoin de se sentir apprécié et avoir conscience qu'il progresse. Évitez tant que faire se peut les situations de conflit avant qu'il se mette au travail et profitez de la mise en route (la sortie du matériel nécessaire, le remplissage de son verre d'eau...) pour lui montrer la confiance que vous avez en lui.

Soulignez ses efforts

Votre enfant doit prendre conscience de la nécessité de faire des efforts pour apprendre. Notre niveau d'intelligence n'est pas fixé : il n'y a pas d'un côté ceux qui ont du talent et de l'autre ceux qui n'en ont pas. Notre intelligence se développe grâce aux efforts et à la persévérance. Profitez de toutes les occasions pour lui montrer le chemin qu'il a parcouru pour arriver là où il en est.

Il se décourage car il n'arrive toujours pas à utiliser son compas correctement?
Conservez les brouillons de ses premiers essais de cercles, pour qu'il puisse constater lui-même qu'il progresse. Tenez sa main dans un premier temps, puis dans un second temps aidez-le simplement à «enfoncer» la pointe dans la feuille pour que le compas tienne et laissez-le faire le tracé. Mettez-le en confiance, mais ne le laissez pas renoncer! Prenez du temps, guidez-le.

Sollicitez sa mémoire

On apprend à partir de ce que l'on connait déjà. Il est donc important que votre enfant fasse **des liens entre ce qu'il est en train d'apprendre et ses anciennes connaissances**. Invitez-le à faire des ponts avec les autres matières, avec les autres chapitres de la même matière. Lorsqu'il aborde une nouvelle leçon, demandez-lui à quoi elle lui fait penser.

Il doit apprendre la leçon sur «la sécurité routière»?
Demandez-lui s'il se souvient de panneaux qu'il a vus sur la chaussée. Saurait-il les dessiner? Y a-t-il des règles de conduite dans la rue qu'il a apprises avec vous et qu'il pourrait citer? (traverser sur les passages piétons, s'arrêter aux feux rouges...)

Incitez-le à réviser ce qu'il a déjà appris

Il est important pour votre enfant de savoir qu'il faut consolider sans arrêt ce que l'on vient d'apprendre. Pour cela, il faut revenir régulièrement sur ce que l'on a appris. Votre enfant doit donc apprendre un peu tous les jours et réviser fréquemment ses nouveaux apprentissages en espaçant de plus en plus les séances de révision.

Il doit apprendre la conjugaison à l'imparfait des verbes du 1er groupe?
Après la phase d'apprentissage à proprement parler, continuez à l'interroger régulièrement de manière «ludique». Soit à l'aide des cartes recto/verso qu'il aura pu se fabriquer, soit en lui proposant un verbe qu'il devra conjuguer en chantonnant...

On apprend de ses erreurs

Votre enfant doit **accepter** que ses **erreurs** font partie du processus d'apprentissage. Pour l'aider dans cette difficile acceptation, n'ayez pas de jugement de valeur lorsqu'il se trompe. Considérez simplement ses erreurs comme un moyen pour vous et pour lui de savoir où il en est dans ses apprentissages. L'erreur doit être envisagée comme un allié précieux pour avancer!

Rappelez-lui les besoins de son corps

Pour être efficace, votre enfant doit veiller à:
- s'assurer un sommeil régulier de 10 heures;
- avoir une alimentation équilibrée;
- pratiquer une activité sportive régulière;
- limiter le temps passé devant les écrans.

Pour faciliter son attention:

1. Proposez-lui de mettre en place un minuteur.
2. Aidez-le à structurer son temps de devoirs: *10 minutes de lecture puis 10 minutes pour faire les soustractions.*
3. Prévoyez avec lui des activités de réconfort après les devoirs: *une sortie au parc, un jeu de société, la lecture d'un livre...*

Comment aider votre enfant à mieux mémoriser ?

La mémoire humaine est complexe. Nos mécanismes de mémorisation varient en fonction du moment où l'on mémorise et de ce que l'on doit retenir. Il n'existe donc **pas une méthode unique** pour mémoriser efficacement mais plusieurs : l'une sollicitera davantage **la vue**, une autre **l'ouïe**, une autre **la manipulation**...

Quelle que soit la technique de mémorisation que votre enfant choisira, il est nécessaire pour qu'elle soit efficace d'inciter votre enfant à :

1 **Répartir ses séances d'apprentissage.** Chacune devra durer environ 20 minutes maximum.

2 **Réviser régulièrement** ce qu'il a appris. L'idéal étant de laisser passer une nuit entre le moment où il apprend et le moment où il révise (le sommeil aide à mémoriser).

3 **Espacer de plus en plus les séances de révision :** apprendre une notion par jour, y revenir le lendemain, puis laisser passer 2 nuits, puis 4 nuits... puis y revenir 1 mois plus tard, etc.

4 **Faire des tests de mémoire** sans avoir relu sa leçon : apprendre une nouvelle notion par jour et se la réciter le lendemain sans regarder son cours. Votre enfant met ainsi ses connaissances à l'épreuve et pourra par ailleurs retravailler sa leçon en fonction de ce qui n'a pas été retenu.

Il est indispensable de revenir régulièrement sur ses connaissances pour qu'elles s'enregistrent dans la mémoire à long terme.

Astuces pour mémoriser

Fabriquer une fiche de révision

MÉMORISER UNE LEÇON DE MATHÉMATIQUES SUR LES SOLIDES

1 Le lendemain de l'apprentissage de la leçon, sans la relire, il se fabrique **avec votre aide** une fiche personnelle.

Titre de la leçon : ....

Nom des solides	Nombre de faces	Nombre de sommets	Nombre d'arêtes

2 Il vérifie ensuite l'exactitude de sa fiche à l'aide de la leçon et la corrige ou la complète si nécessaire.

Fabriquer des cartes de jeu

MÉMORISER LES PRONOMS

1. Découper une feuille de cahier en 9 parties (9 cartes).

2. Écrire sur chaque recto un nom au singulier ou au pluriel (le chat, les pommes...).

3. Écrire sur le verso le pronom correspondant (il, elles...).

3. Poser les cartes face recto devant lui, lire le nom, trouver le pronom correspondant et le vérifier en retournant la carte.

4. Mettre de côté toutes les cartes pour lesquelles le pronom donné est faux et rejouer avec elles jusqu'à ce qu'il n'y ait plus de cartes dans ce paquet.

Mettre de la couleur sur ses leçons

MÉMORISER UNE LEÇON D'HISTOIRE

Les hommes ont inventé les calendriers pour se repérer dans le déroulement du temps.
Les calendriers indiquent les années, les mois, les jours et leur numéro dans le mois. Ils peuvent aussi signaler les fêtes.
Pour compter les années, le calendrier civil se base sur la naissance de Jésus-Christ en l'an 1. Chaque année débute le 1er janvier et finit le 31 décembre.

Amusez-vous à lui poser des questions sur ses leçons hors contexte de travail ! Il ne s'agira évidemment pas de le juger mais de lui faire prendre conscience de l'état de ses connaissances.

- *Comment dit-on «J'ai 7 ans» en anglais ?*
- *Combien font 43 + 10 ?*
- *Quelle lettre met-on à la fin de «tu manges ?»*

CORRIGÉS

FRANÇAIS

Chapitre 1 page 15

1 Non pour **a**, **b**, **c**, **d**.

2 **a.** farces. **b.** ce, son. **c.** garçon, désobéissant.

3 passé, passé, ciel, sombre, ciel, doucement.

Jeu malin
a. saucisson. **b.** leçons.

Chapitre 2 page 17

1 Vrai : **a**, **b**, **c**.

2 un dindon, simple, un chemin, un coquin, impoli, grimper, imbécile, un Indien.

3 **in** : la fin, un matin. **ein** : plein, il repeint. **ain** : un rain, vilain.

4 une moto, le loto, une corde, un veau, une auto, une taupe, un poireau, un chameau, bravo, une rose.

Jeu malin
singe, jardin, cadeau, cochon.

Chapitre 3 page 19

1 Non : **c**, **d**. Oui : **a**, **b**.

2 **a.** riant. **b.** dépliant. **c.** gardien. **d.** Indiens.

3 un électricien, rien, le teint, bien, un mécanicien.

4 Un Indien, chien, Soudain, cheval, loin, poulains, foin, L'Indien, lien, viande.

Jeu malin
avion, poulain, lion, pharmacien.

Chapitre 4 page 21

1 Vrai : **a**, **b**, **c**. Faux : **d**.

2 nettoyer, joyeux, employer, loyer, ployer.

3 un crayon, un paysage, balayer, une rayure, payer.

4 **a.** nettoyé. **b.** envoyé. **c.** s'appuyer. **d.** payer. **e.** renvoyé.

Jeu malin

s	e	n	n	u	y	e	r
v	v	o	f	q	v	p	t
j	o	y	e	u	x	a	f
i	r	a	b	b	e	y	s
y	x	u	g	c	a	e	j
o	e	a	m	p	h	r	k

Chapitre 5 page 23

1 **a.** pelle. **b.** abeille. **c.** rails. **d.** fauteuil.

2 la vanille, la famille, la rouille, la bouillie, le papillon.

3 masculin : épouvantail, écureuil, travail.
féminin : caille, corbeille, bouteille.

4 je réveille, je chatouille, je sommeille, je taille, je fouille.

Jeu malin
a. une chatouille. **b.** une grenouille.

Chapitre 6 page 25

1 **a.** 6 phrases. **b.** 3 phrases. **c.** 2 phrases.

2 Souligner en **bleu** : Père Ulu, chuchota Fred, vous m'entendez? Qu'y a-t-il donc de si pressé? Ne sais-tu pas que le soleil est levé et que les êtres raisonnables se couchent et dorment?
Souligner en **rouge** : Père Ulu, père Ulu! Écoutez-moi, j'ai besoin de vous parler!

3 **a.** Jamais nous n'avons tant ri! **b.** Comme tu es jolie aujourd'hui! **c.** Que la nuit est douce! **d.** Quel gentil garçon!

Jeu malin
a. La sorcière a-t-elle oublié sa formule magique?
b. La fleur qu'elle a fabriquée est beaucoup trop grande!
c. Le chapeau et le balai de la sorcière sont cassés.

Chapitre 7 page 27

1 a. sapin. b. poisson. c. fille. d. armoire.

2 Louise, Sourire, Max, Sourire.

3 a. un four, des couverts, des assiettes.
b. un lit, un oreiller, une couette.

4 Philomène / une fille. Léo / un garçon.
La France / un pays. La Seine / un fleuve.

Jeu malin
a. Un serpent. b. Un renard. c. Un vélo.

Chapitre 8 page 29

1 Non : a, b, d. Oui : c.

2 grise, blanc, bleu, vert, roux, rouge.

3 un petit lit; un gros oreiller; un garçon triste; un chapeau pointu; une fille contente.

4 malin, gourmand, rapide, beau, mignon, coquin.

Jeu malin
a. une orange. b. la grammaire.

Chapitre 9 page 31

1 Masculin : c. Féminin : a, b, d, e, f.

2 femme, poule, femme, omelette, poule.

3 l'animal (m), l'abricot (m), l'oiseau (m), l'année (f), l'auto (f).

4 une gardienne, une bouchère, une maitresse, une actrice.

Jeu malin
3 familles : magiciens, sorciers, démons pour lesquels il y a le père, la mère, la fille et le fils.

Chapitre 10 page 33

1 Non pour b. Oui pour a, c, d.

2 a. des boas. b. des oiseaux. c. des rats.
d. des moineaux. e. des pianos. f. des feux.

3 a. des os. b. des croix. c. des poulains.
d. des jouets. e. des nuages. f. des fois.

Jeu malin pieux, épées, chevaux, buissons, formules magiques, arbustes, petits bateaux.

Chapitre 11 page 35

1 a. le renard. b. les cochons. c. la chèvre.
d. les princesses.

2 Il était une fois une dame qui s'appelait Daphnée. Elle parlait aux fleurs. Un beau jour, elle examina son troène et soupira. Il avait tellement grandi qu'il menaçait d'étouffer les fleurs du jardin. Daphnée décida de faire quelque chose avant qu'il ne l'étouffe elle aussi. «Je vais tailler un bel oiseau dans ce troène envahissant», dit-elle.

3 Les chiens mangent de la viande. Ils chassent les petits animaux.

Jeu malin
Panier «Il est mûr.» : le potiron, le concombre.
Panier : «Elle est mûre.» : la pêche, la poire.
Panier «Ils sont mûrs.» : les poireaux, les abricots.
Panier «Elles sont mûres.» : les salades, les framboises.

Chapitre 12 page 37

1 Vrai : a, c, d. Faux : b.

2 a. aime. b. miaule. c. rugit. d. jouent. e. sourit.

3 tu chantes / chanter; il court / courir; nous jouons / jouer; je ris / rire.

4 il rit – il pleure – il saute – il jongle – il plonge.

Jeu malin
1. Agrafer en vertical. Horizontal : 2. Rugir. 3. Filer.
4. Raturer.

Chapitre 13 page 39

1 a. des enfants sages. b. une voiture colorée.
c. des vêtements propres. d. une grande armoire.
e. des longs cheveux.

2 une fille jolie, des filles charmantes, un garçon poli, des jouets neufs, un jouet neuf, des chiens noirs, des pays froids.

Jeu malin
Par ordre de haut en bas : 1. jaune. 2. vert.
3. marron. 4. violet. 5. rouge.

Chapitre 14 *page 41*

1 **a.** chantent à la chorale. **b.** roulent trop vite. **c.** monte à l'échelle. **d.** regardent trop leurs textos.

2 Les esquimaux habitent dans un iglou. Le hibou chasse la nuit. La mouette se nourrit de poisson. Les poussins sortent de leur coquille.

3 **a.** Mon chat a fait ses griffes sur le canapé. **b.** Le fleuriste vend des fleurs. **c.** Le bébé suce son pouce.

Jeu malin
a. Ce voilier est superbe. **b.** Tu dois hisser les voiles. **c.** Le vent souffle doucement. **d.** Attention aux rochers.

Chapitre 15 *page 43*

1 **a.** Pr. **b.** F. **c.** P. **d.** P.

2 Souligner : **a**, **d.**

3 Souligner : **b**, **c.**

4 **a.** Demain ; **b.** Aujourd'hui ou hier ; **c.** Aujourd'hui ou hier ; **d.** Demain.

Jeu malin
Tu rencontreras la sorcière Ratapoil sous le préau de ton école et tu lui demanderas la recette de la sagesse.

Chapitre 16 *page 45*

1 **a.** es sage. **b.** ai faim. **c.** est sage. **d.** a faim. **e.** sommes sages.

2 **a.** est. **b.** sommes. **c.** sont. **d.** es.

3 **a.** a. **b.** ont. **c.** a. **d.** as.

4 est ; est ; est ; suis ; suis.

Jeu malin

ê	t	e	s	i	e
s	o	m	m	e	s
o	s	u	i	s	v
n	a	z	r	u	b
t	e	s	t	l	m

Chapitre 17 *page 47*

1 Vrai : **a**, **b**, **c.** Faux : **d**

2 **a.** Tu finis de gouter. **b.** Elles choisissent une nouvelle robe. **c.** Les jonquilles fleurissent au printemps. **d.** Je pétris la pâte à pain. **e.** Nous nourrissons trop ce chien.

3 Tu manges. ; Vous cherchez. ; Je tire. ; Elles jouent. ; Nous sautons.

4 Il finit. ; Tu jaunis. ; Vous salissez. ; Nous remplissons. ; Ils grandissent.

Jeu malin
Je marche. Tu voles. Nous adorons le ski. Ils aiment les sucettes.

Chapitre 18 *page 49*

1 **a.** Non. **b.** Oui. **c.** Non. **d.** Non.

2 **a.** vous. **b.** il ou elle. **c.** je ou tu. **d.** ils ou elles. **e.** vous. **f.** il ou elle.

3 **a.** nous venons. **b.** ils vont. **c.** nous disons. **d.** elles viennent.

Jeu malin
1. vas. **2.** venons. **A.** allons. **B.** viens.

Chapitre 19 *page 51*

1 **a.** P. **b.** F. **c.** P. **d.** F.

2 **a.** partagerons. **b.** chassera. **c.** donnerai. **d.** aura. **e.** jouerons.

Jeu malin

	1			2		3					4		
				F		A					D		
				E		U					I		
a	I	P	O	U	R	R	A	I			R		
	R			L		A					A		
	O			E									
b	N			R		N	O	T	E	R	O	N	T
c	S	E	R	A	S								

Chapitre 20 *page 53*

1 Oui : **a**, **b**, **c**, **d.**

2 Dans l'ordre : encerclait, avaient, s'élevait, luisaient, formait, regardait, savait.

3 **a.** ils regarderont. **b.** il courut.

Jeu malin
Les loups allongeaient la foulée. Les clochettes redoublaient d'ardeur. Le comte menait cet attelage en riant.

Chapitre 21 *page 55*

1 Oui : **a**, **b**. Non : **c**, **d**, **e**.

2 Ajouter : **f**, **j**, **n**, **q**, **t**.

3 Le Petit Chaperon rouge a rencontré le loup dans la forêt.

4 Par ordre alphabétique : Agathe ; Astrid ; Benoit ; Charlotte ; Emmanuel ; Lucile, Marine ; Valérie.

Jeu malin
On ne dit pas : « Mon amiral » mais on dit « mon ami râle. »

Chapitre 22 *page 57*

1 **a.** SP. **b.** SP. **c.** SF. **d.** SF. **e.** SF.

2 À souligner : **b**, **c**, **d**.

3 Avoir un cheveu sur la langue = Zozoter. Prendre la clé des champs = S'en aller. Tomber dans les pommes = S'évanouir. Avoir un poil dans la main = Être paresseux. Jouer avec le feu = Prendre des risques. Recevoir des nouvelles fraiches = Avoir des nouvelles récentes.

Jeu malin
a. J'ai une peur bleue.
b. Je marche sur des œufs.
c. Je crois que les murs ont des oreilles.

Chapitre 23 *page 59*

1 Oui : **a**, **b**. Non : **c**, **d**.

2 Je dessine ; Je construis ; Tu écris ; Maman me tricote ; Mon frère prépare ; Papa tourne ; Mon frère nettoie.

3 **a.** un monsieur. **b.** un vélo. **c.** le vin. **d.** un chien. **e.** gentil. **f.** chic.

Jeu malin richesse / pauvreté. nouveau / ancien. dedans / dehors. beaucoup / peu. innocent / coupable. monter / descendre. présent / absent.

MATHÉMATIQUES

Chapitre 1 *page 63*

1 **a.** Vrai. **b.** Vrai. **c.** Faux **d.** Faux.

2 **a.** 10 + 10 + 10 + 10 + 5. **b.** 10 + 10 + 7. **c.** 10 + 10 + 10 + 10 + 10 + 4

3 **a.** 18. **b.** 27. **c.** 43. **d.** 52. **e.** 36. **f.** 61.

4 **a.** quarante-six. **b.** dix-huit. **c.** cinquante-sept. **d.** neuf.

Jeu malin
25.

Chapitre 2 *page 65*

1 **a.** Vrai. **b.** Faux. **c.** Faux : 93 = 90 + 3. **d.** Vrai.

2 **a.** 7. **b.** 8. **c.** 7.

3 **a.** soixante-quinze. **b.** quatre-vingt-treize. **c.** soixante-dix-sept.

4 **a.** 60 + 13. **b.** 50 + 7. **c.** 60 + 5.

5 **a.** 73. **b.** 87. **c.** 98.

6 **a.** $<$ **b.** $>$ **c.** $>$

Jeu malin

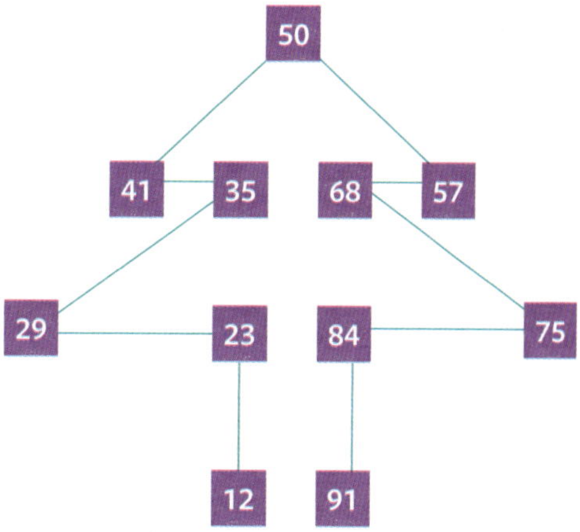

Chapitre 3 *page 67*

1 **a.** Vrai. **b.** Faux : 500 + 80 + 3. **c.** Vrai. **d.** Faux.

2 **a.** 4. **b.** 3.

3 **a.** 100 + 100 + 100 + 8. **b.** 100 + 100 + 10 + 9.

4 **a.** 275. **b.** 702.

5 **a.** < **b.** < **c.** >

6 **a.** quatre-cent-vingt-trois. **b.** sept-cent-cinq.

Jeu malin
180.

Chapitre 4 *page 69*

1 **a.** Vrai : 15 + 14 = 29 points. **b.** Vrai : 11 + 27 = 38 ans. **c.** Faux : c'est une soustraction, 30 pages. **d.** Faux : c'est une division, 49 pièces.

2 683.

3 377.

4 97.

5 28.

Jeu malin
Avec 192 points, Cécile a gagné.

Chapitre 5 *page 71*

1 **a.** Vrai. **b.** Faux : 493. **c.** Faux : 560. **d.** Faux : 795.

2 628 ; 829 ; 781.

3 104 ; 61 ; 165.

4 423.

5 472 + 324 = 796; 307 + 644 = 951;
235 + 374 = 609.

Jeu malin
340; 465; 250 points ont été ajoutés.

Chapitre 6 *page 73*

1 **a.** Faux : c'est une addition, 42 ans. **b.** Faux : c'est une addition, 73 €. **c.** Vrai : 48 − 17 = 31. **d.** Vrai : 125 − 84 = 41. **e.** Faux : c'est une multiplication, 32 cartes.

2 5 ans.

3 16.

4 38 €.

Jeu malin
60 (on enlève 10 puis 9 puis 8 puis 7 et enfin 6).

Chapitre 7 *page 75*

1 **a.** Vrai. **b.** Faux : 567. **c.** Vrai. **d.** Faux : 287.

2 122; 124; 126.

3 164; 44; 131.

4 **a.** + 3 ; + 10 ; + 32. **b.** 45.

Jeu malin
350; 225; 250 points ont été enlevés.

Chapitre 8 *page 77*

1 **a.** Vrai : 120 salades. **b.** Faux : c'est une addition, 23 billes **c.** Faux : c'est une soustraction, 7 ans. **d.** Vrai : 55 €.

2 **a.** 12 × 5 = 60. **b.** 8 × 7 = 56. **c.** 21 × 4 = 84. **d.** 45 × 3 = 135.

3 **a.** 13 × 4 ou 4 × 13. **b.** 52.

Jeu malin
96, on multiplie par 2 à chaque fois.

Chapitre 9 *page 79*

1 **a.** Vrai. **b.** Vrai. **c.** Faux : 13 x 3 = 39. **d.** Vrai.

2 10 ; 2 ; 10 × 4 = 40 ; 2 × 4 = 8.
10 ; 3 ; 10 × 5 = 50 ; 3 × 5 = 15.

3 20 ; 3 ; 20 × 4 = 80 ; 3 × 4 = 12.

4 68 ; 96 ; 86 ; 70.

Jeu malin
Comme 7 × 3 = 21, le résultat doit donc se terminer par 1 et non par 4.

Chapitre 10 *page 81*

1 **a.** Vrai, 8 cartes. **b.** Vrai, 8 cartons. **c.** Faux, c'est une multiplication, 5 × 6 = 30 salades. **d.** Faux : c'est une addition, 23 + 10 = 33 billes.

2 5 bouquets.

3 8 biscuits.

4 5 cahiers.

Jeu malin
En 8 bonds.

Chapitre 11 *page 83*

1 **a.** Non : 73 + 10 = 83. **b.** Oui.
c. Non : 49 + 9 = 58. **d.** Oui.

2 **a.** 55. **b.** 68. **c.** 35. **d.** 88. **e.** 114.

3 **a.** 94. **b.** 105. **c.** 88. **d.** 34. **e.** 53.

4 **a.** 26 ans. **b.** 33 ans. **c.** 1988. **d.** 1993. **e.** 72 €.

Jeu malin
Marie a donné le nombre 17 au magicien.

Chapitre 12 *page 85*

1 **a.** Vrai. **b.** Vrai. **c.** Faux, il n'y a pas d'angle droit. **d.** Faux, c'est un triangle rectangle.

2 et 3 À vérifier avec un adulte.

4

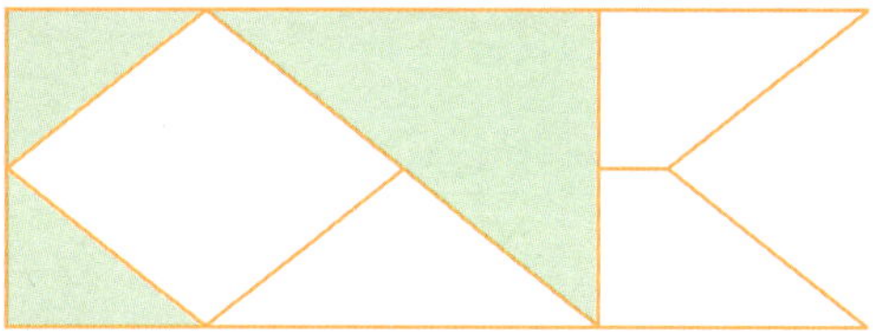

5 À vérifier avec un adulte.

Jeu malin
5 triangles.

Chapitre 13 *page 87*

1 **a.** Faux. **b.** Vrai. **c.** Faux. **d.** Vrai.

2 À vérifier avec un adulte.

3 Un compas.

4 À vérifier avec un adulte.

Jeu malin
À vérifier avec un adulte.

Chapitre 14 *page 89*

1 **a.** Vrai. **b.** Faux, c'est un cylindre. **c.** Faux, c'est une pyramide. **d.** Vrai.

2 **a.** 8. **b.** 5. **c.** 5.

3 **a.** sommet. **b.** arête. **c.** face.

Jeu malin
18 pavés.

Chapitre 15 *page 91*

1 **a.** Faux : 0 e. **b.** Faux : 3 b. **c.** Vrai. **d.** Faux : 4 c.

2 **a.** et **b.**

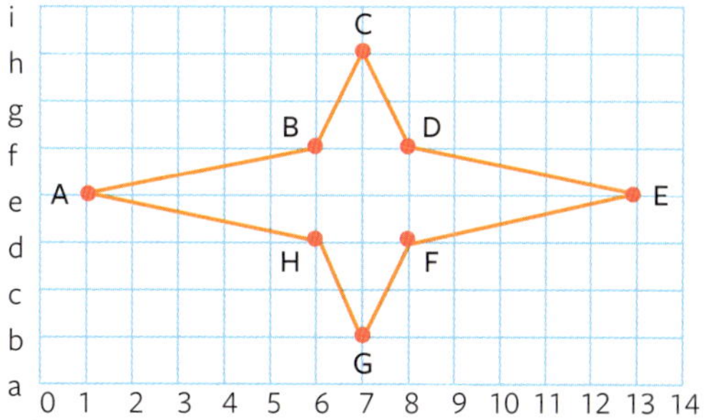

Jeu malin
MAGIQUE.

Chapitre 16 *page 93*

1 **A.** Oui : axe vertical. **Q.** Non. **F.** Non. **E.** Oui : axe horizontal.

2

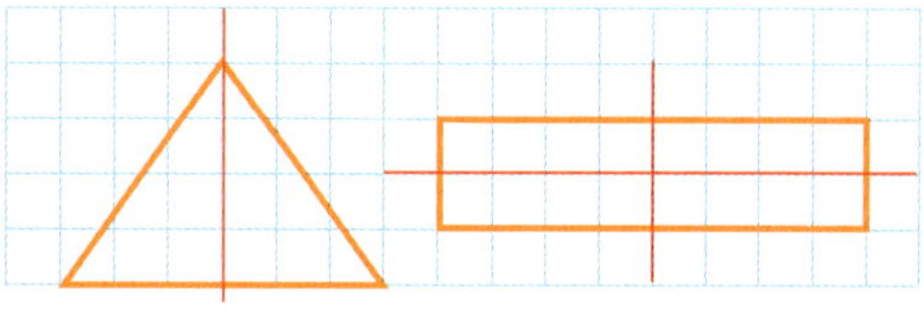

3

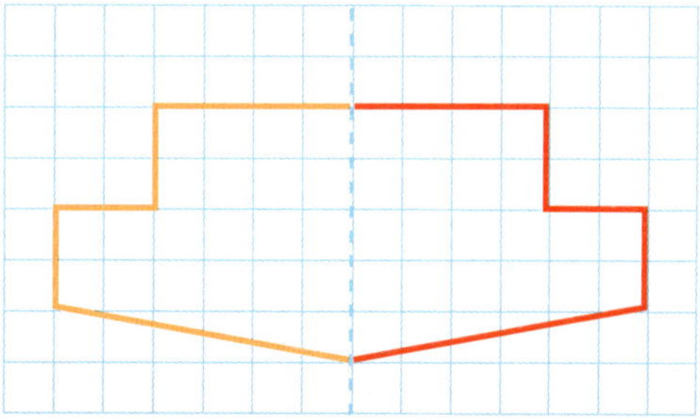

Jeu malin
C'est le papillon aux ailes vertes.

Chapitre 17 *page 95*

1 **a.** Faux : 100 – 45 = 55. **b.** Vrai.
c. Faux : 200 – 146 = 54. **d.** Vrai.

2 **a.** 68 €. **b.** 328 €. **c.** 359 €.

3 **a.** 10 € + 5 € + 2 €. **b.** 20 € + 20 € + 5 €.

4 **a.** 200 € + 50 €.
b. 100 € + 50 €.
c. 200 € + 50 € + 20 € + 5 €.
d. 200 € + 100 € + 5 €.

Jeu malin
Jacques est le plus riche.

Chapitre 18 page 97

1 **a.** Vrai. **b.** Vrai. **c.** Faux. **d.** Vrai.

2 30 minutes.

3 15 h 30.

4 20 h 15.

5 16 h 30 min

Jeu malin

C'est l'horloge qui indique 9 h 15 qui est à l'heure.

Chapitre 19 page 99

1 **a.** Faux : 1 km = 1000 m **b.** Faux, en centimètres. **c.** Vrai. **d.** Vrai.

2 **a.** 1 m 75 cm. **b.** 3 m 5 cm. **c.** 348 cm. **d.** 250 cm.

3 A : 1 cm; B : 3 cm; C : 8 cm; D : 6 cm; E : 4 cm. Du plus petit au plus grand : A, B, E, D, C.

4 17 cm.

Jeu malin

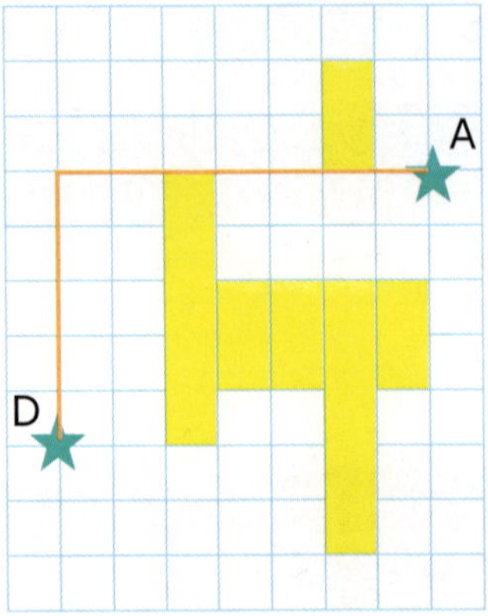

Chapitre 20 page 101

1 **a.** Faux : 4 000 g = 4 kg.
b. Vrai.
c. Faux, en kg.
d. Vrai.

2 **a.** 1 000 g.
b. 5 kg.
c. 7 000 g.
d. 8 000 g

3 A.

4 1 000 g ou 1 kg.

5 2 kg.

Jeu malin

La boite.

Chapitre 21 page 103

1 **a.** Vrai.
b. Faux : 45 + 45 + 15 = 105.
c. Vrai.
d. Faux, le double de 8 est 16.

2 Paul va payer 24 €.

3 15 kg.

4 5 paquets.

Jeu malin

27 petits cubes.

TEMPS – EMC – ESPACE

Temps

Chapitre 1 page 107

1 **a.** Faux. **b.** Vrai. **c.** Vrai. **d.** Vrai.

2 **a.** Il faut entourer lundi, mardi, mercredi, jeudi et vendredi.
b. De l'équitation.
c. De la musique.
d. C'est l'anniversaire de Léa.

Jeu malin
a. LUNE.
b. MARS.
c. MERCURE.
d. JUPITER.
e. VÉNUS.
f. SATURNE.
g. SOLEIL.

Chapitre 2 page 109

1 **a.** les calendriers. **b.** 11. **c.** une commémoration. **d.** 14 juillet. **e.** la fête du travail. **f.** le 31 décembre.

2 **a.** Vrai. **b.** Vrai. **c.** Faux. **d.** Faux. **e.** Faux. **f.** Vrai. **g.** Vrai.

Jeu malin

T	E	M	G	I	O	X	U	C	L	E
E	C	A	L	E	N	D	R	I	E	R
M	A	I	L	U	D	Z	W	V	Y	F
P	E	T	S	C	O	L	A	I	R	E
S	C	O	F	Q	U	O	N	L	O	T
E	F	E	R	I	E	D	U	P	R	E

Chapitre 3 page 111

1 **a.** Vrai. **b.** Vrai. **c.** Faux. **d.** Faux. **e.** Vrai.

2 L'ordre est **b**, **a**, **d**, **c**.

Jeu malin
a. ABRI.
b. SOLIDE.
c. PERSONNES.
d. DES INVASIONS.

Chapitre 4 page 113

1 **a.** Non. **b.** Oui. **c.** Non. **d.** Oui.

2 **a.** Antiquité. **b.** Notre époque. **c.** Préhistoire. **d.** Notre époque. **e.** Moyen Âge. **f.** Temps modernes.

Jeu malin
a. BIJOUX.
b. MANCHE.
c. JUPE.
d. POURPOINT.
e. FRAISE.
f. CHAUSSES.

EMC

Chapitre 5 page 115

1 **a.** Vrai. **b.** Faux. **c.** Faux. **d.** Vrai. **e.** Vrai.

2 Il faut cocher les situations **b**, **d**, **g**.

Jeu malin

					a.					
b.			P	E	D	I	L	U	V	E
					O					
					U					
					C					
					H					
c.	B	O	N	N	E	T				

Chapitre 6 page 117

1 **a.** Faux. **b.** Vrai. **c.** Vrai. **d.** Faux

2

3 Les dangers à entourer sont les travaux, l'échelle, la voiture mal garée.

Jeu malin

U	P	E	R	T	I	P	A	G	E
D	A	P	A	R	K	I	N	G	O
M	N	I	L	O	F	A	R	H	O
S	N	O	I	T	E	M	K	G	B
F	E	U	V	T	I	O	X	C	A
W	A	D	V	O	I	T	U	R	E
H	U	T	E	I	J	O	R	U	T
C	A	R	T	R	O	T	A	S	I
P	I	E	T	O	N	C	K	O	P

Chapitre 7 *page 119*

1 Il faut cocher **b**, **d**.

2 **a.** La Marseillaise. **b.** Il a été chanté par des Marseillais. **c.** C'est Rouget de Lisle. **d.** Il est chanté par exemple au début d'un match de football de l'équipe de France. **e.** On se lève par respect.

Jeu malin

1. DRAPEAU.
2. MARIANNE.
3. HYMNE.
4. DEVISE.
5. FÊTE.

Chapitre 8 *page 121*

1 **a.** maire. **b.** conseil municipal. **c.** une écharpe tricolore. **d.** coq.

2 1/d; 2/b; 3/a; 4/c.

Jeu malin

a. MAIRE.
b. COMMUNE.
c. CONSEIL MUNICIPAL.

Espace

Chapitre 9 *page 123*

1 Il faut cocher **d**, **e**, **f**.

2 **a.** C'est la carte des massifs montagneux français. **b.** Il y en a 6. **c.** Il y en a 3. **d.** La Corse. **e.** Le Massif central. **f.** Il est situé dans les Alpes.

Jeu malin

						R
	L		G			H
	O		A			O
	I		R	H	I	N
	R		O			E
S	E	I	N	E		
			N			
			E			

Chapitre 10 *page 125*

1 **a.** planisphère, globe.
b. équateur.
c. hémisphères.
d. bleue.

2 **a.** Vrai.
b. Faux.
c. Vrai.
d. Vrai.
e. Faux.
f. Vrai

Jeu malin

a. Je suis le globe.
b. Je suis le planisphère.

Chapitre 11 *page 127*

1 Il faut cocher **b**, **c**, **e**.

2 **a.** La campagne.
b. Il y a plus d'habitants en ville.
c. À la campagne.
d. Il n'y a pas assez d'espace.

Jeu malin

a. VILLE.
b. CHAMPS.
c. VOITURES.
d. CAMPAGNE.

SCIENCES

Chapitre 1 *page 131*

1 **a.** thermomètre. **b.** degré. **c.** Faux. **d.** Faux.

2 Barrer Sébastien car il tient le thermomètre par le réservoir, ce qui modifie la température.

3 De gauche à droite : 22 degrés, 5 degrés, moins 5 degrés.

Jeu malin

L'intrus est le thermomètre jaune qui indique «moins dix degrés», car c'est le seul qui indique une température négative.

Chapitre 2 *page 133*

1 **a.** la neige. **b.** – 4 degrés. **c.** 0 degré. **d.** Faux.

2 **a.** B. **b.** Le plus vite : A. Le moins vite : C.

Jeu malin

De gauche à droite et de haut en bas : 2; 6; 1; 5; 4; 3.

Chapitre 3 *page 135*

1 **a.** la mare, le ruisseau. **b.** Faux : il est omnivore.

2 **a.** les carnivores. **b.** en hiver.

Jeu malin

Réponses. **1 :** mulot; **2 :** pomme; **3 :** raisin; **4 :** souris; **5 :** vipère; **6 :** oiseau; **7 :** lézard; **8 :** écureuil **A :** omnivore

Chapitre 4 *page 137*

1 Vrai : **b**, **c**, **d**. Faux : **a**, **e**.

2 **a.** au cœur, aux vaisseaux. **b.** à grandir, à apporter de l'énergie. **c.** le sommeil, le sport.

Jeu malin

Animal : poulet, œuf, poisson, lait.
Végétal : carotte, banane, poireau, pâtes, pain, riz.
Minéral : sel, eau.

Chapitre 5 *page 139*

1 **a.** le torse, la tête. **b.** le torse, la jambe. **c.** Faux. **d.** Vrai.

2 **a.** → torse. **b.** → tête. **c.** → pied.

Jeu malin

À gauche : le cou, le bras, la main, la cuisse, le pied.
À droite : le coude, le poignet, le genou, la cheville.

Chapitre 6 *page 141*

1 **a.** 18 ans. **b.** Vrai.

2 **a.** 32 chez l'adulte; 24 chez l'enfant
b. Ce sont les dents définitives.
c. Parce que ses mâchoires sont plus grandes.

Jeu malin

a. Pierre : 136 cm; Nathalie : 131 cm; Jérémie : 127 cm. **b.** Pierre avec 8 cm.

Chapitre 7 *page 143*

1 **a.** Vrai. **b.** Faux. **c.** Faux. **d.** Vrai.

2 C et D.

Jeu malin

Pauline doit attacher le fil D.

ANGLAIS

Chapitre 1 *page 147*

1 I'm Brian. I'm Colleen. I'm Sasha.

2

a pullover

socks

a jacket

a shirt

trousers

a skirt

shoes

3 **a.** Good night. **b.** Good morning. **c.** Good afternoon.

Story – Traduction

- Salut Lucas !
- Salut Raphaël ! Comment vas-tu ?
- Je vais bien, merci !

Chapitre 2 *page 149*

1 John is in the garden. Jane is in the bedroom. Peter is in the dining room. Brittney is in the kitchen.

2

				M				
				O		B		
			S	N	A	I	L	
				K		R		
S	N	A	K	E		D	O	G
				Y				

Story – Traduction

Dans ma maison, il y a trois chambres et deux salles de bain. Ma chambre est grande.

Chapitre 3 *page 151*

1

S	M	O	N	D	A	Y	D
A	S	J	U	L	Y	T	A
T	U	I	A	C	T	U	U
U	N	I	P	J	M	E	G
R	D	O	R	U	A	S	U
D	A	N	I	N	Y	D	S
A	Y	A	L	E	R	A	T
Y	M	A	R	C	H	Y	Y

Le mot est DICTIONARY

2 **1.** Autumn. **2.** Summer. **3.** Spring. **4.** Winter.

Story – Traduction

Les mois d'été sont mes mois préférés parce que nous allons en Italie en juillet et en aout avec mes parents.

Chapitre 4 *page 153*

1

2	15	12	10	8	13
two	fifteen	twelve	ten	eight	thirteen

2

Story – Traduction

J'ai deux animaux domestiques : un chat noir et un oiseau bleu.

CORRIGÉS DES BILANS QUIZ !

Français page 154

1. Faux.
2. présent.
3. futur.
4. Vrai.
5. Vrai.
6. Vrai.
7. Faux.
8. un bonbon.
9. Vrai.
10. Vrai.
11. Vrai.
12. Vrai.
13. à l'imparfait.
14. 2e groupe.
15. Faux.
16. Vrai.
17. Vrai.
18. enfiler son jean.
19. Vrai.

Mathématiques page 156

1. Faux, il y a 8 dizaines.
2. Faux, 74 > 69.
3. Le plus grand nombre est 78.
4. Vrai.
5. Faux, c'est 4.
6. Faux, 290.
7. Vrai.
8. 741.
9. Faux, il me reste 29 €.
10. Faux, 445.
11. Faux, 450.
12. 15 boites.
13. B et C.
14. un compas.
15. 12.
16. 2 axes de symétrie.
17. Faux, 33 €.
18. 8 h 30.
19. 1 m 95 cm.
20. 3 kg.

Temps – EMC – Espace page 158

1. le cadran solaire, la montre.
2. le 1er janvier.
3. 365 jours.
4. le coq.
5. triangulaire.
6. courir, crier.
7. 6 ans.
8. Faux.
9. 2 parties.
10. Faux.

Sciences page 158

1. Faux.
2. Faux.
3. Vrai.
4. Faux.
5. en hibernant, en menant une vie au ralenti.
6. le cœur.
7. définitives.
8. Faux.